남두(南斗) : 남두육성(南斗六星)

은하의 중심인 사수자리에 있는 국자모양의 여섯 개의 별로서, 인간의 탄생을 결정하는 별로 알려져 있다.

머리말

21세기 글로벌 시대를 맞이하여 우리는 급격히 변화된 사회적 환경으로 국가 간의 정치・경제・문화・사회적 교류가 빈번해지고 있는 가운데 국제화가 가속화되고 있는 환경에서 살아가고 있다.

또한 경제적인 발달과 핵가족화의 영향으로 개인적인 욕구가 증폭되고 사회로부터 인정받고 싶어하는 욕구가 그 어느 때보다 증가하고 있다. 이와 같은 사회적 현상을 배경으로 살아가면서 인간은 자유의 극대화를 끊임없이 추구하고 있는 가운데 요즘 각 계층간 또는 세대간의 갈등이 증폭되고 있으며, 심지어는 혼란스런 사회환경을 조성하기도 한다.

이러한 개인적인 욕구와 자유를 동시에 극대화시키고 자유가 보장되면서 인간적인 대접을 받기 위해서는 변화된 사회 현상에 지혜롭게 대처하면서 타인으로부터 존중받기 위해서는 남을 존중해야 한다는 이율배반적인 상황이 되어버렸다. 즉 개인 지향적인 생활을 영위하기 위해서는 그만큼 남을 간섭하지 않아야 한다는 의미인 것이다.

이와 같이 개인적인 욕구를 충족시키기 위해서는 일반적으로 지켜야 할 사회적 규범이 있어야 할 것이다. 따라서 공동생활에서 자신이 남들로부터 인정받고 존경받기 위해서는 모든 사람들은 보편적으로 인정된 도덕과 예절의 생활화가 전제되어야 한다. 물론 자신이 존중받기 위해 자신을 낮추면서 남을 인정하고 존경하는 행위는 생각처럼 쉬운 일이 아니다.

더욱이 최근에는 인간적인 면보다는 효율을 지나치게 강조한 나머지 신속함을 초래하는 현상과 무분별한 행태의 예절과 직장인의 행동규범이 혼란스러운 상태로 치닫고 있기 때문에 이에 대한 올바른 개념정립이 요구되고 있다.

머리말

「국제예절과 고품격 매너」는 국제화를 추구하는 이 시대를 살아가면서 상황에 따라서 인간이 지켜야 할 일반적인 행동규범을 중심으로 올바른 에티켓을 정리한 책이다. 이 책이 다소 딱딱한 내용을 담고 있을지라도 직장인이나 대학의 학우들이 반드시 지켜야 할 정보를 수록하고 있기 때문에 조직이나 사회생활을 하는 데 많은 도움이 될 것으로 사료된다.

저 자 씀

차 례

제4장 테이블 매너

차 례

제 1 장

매너의 기본개념

제1절 매너와 에티켓

매너라는 말은 'manuarius'라는 라틴어에서 파생되었다. 'manuarius'라는 말은 'manus'와 'arius'라는 말의 뜻으로 손이라는 의미와 사람의 행동 · 습관 등의 뜻을 내포하고 있다. 'arius'는 영어로 'more at manual, more by manual'라는 뜻으로 방식 · 방법의 의미를 나타내며, 사람마다 갖고 있는 독특한 습관이나 몸가짐으로 해석할 수 있다.

반면에 에티켓은 영어로 'etiquette'로서 예의 · 예법 등을 의미한다. 그러나 에티켓은 프랑스어 'Estiquier'로 그 의미는 말뚝에 표기되어 출입금지를 나타냈다고 전해지고 있다. 이는 베르사유 궁전을 보호하기 위해 궁전 주변의 화원에 말뚝을 박아놓아 화원에 들어가지 못하도록 표시를 붙여놓은 것이 에티켓의 기원이라고 할 수 있다.

이러한 에티켓이 프랑스에서 어느 정도 정착된 것은 15세기부터이며, 그 후 루이 14세(1643~1715) 때 완전히 정립되었고, 다시 이것을 나폴레옹이 부활시켜 1830년 법령에 의해 현대에 이르는 공식의전의 형식이 되었다.

따라서, 오늘날의 에티켓은 반드시 지켜야만 되는 규범으로서 이것을 지키지 않으면 상류층으로 대접을 받을 수 없는 불문율을 의미하지만, 매너란 얼마나 세련되고 품위있는 방법으로 행동하는가를 중요시한다.

예를 들면, 우리가 고객의 사무실이나 가정집을 방문할 경우 전화 또는 서신 등의 수단으로 방문허락을 받은 후 방문일정을 정하는 것은 일반적으로 관례화된 규범이므로 에티켓이라고 할 수 있다. 그러나 전화나 서신을 통하여 방문허락을 받을 때 전화나 서신의 시기 또는 내용에 관한 것은 매너의 차원인 것이다. 따라서, 아무리 에티켓에 부합되는 행동이라 할지라도 매너가 올바르지 못하면 품위 있는 사람으로 대접받기 어려울 것이다.

에티켓은 공동체 생활 속에서 더불어 살아가는 지혜로서 단순히 형식적이고 표면적인 예의범절만을 의미하는 것이 아니라, 자신의 위치를 낮추면서 상대방의 인격을 존중하고 상황에 알맞도록 기분을 헤아려주는 마음을 상대방에게 전달하는 방법이라고 할 수 있다. 즉, 에티켓은 상대방의 인격과 품위를 반영하는 것이며, 더불어 살아가는 사회의 행동규범인 것이다.

제2절 매너와 이미지

1 매너의 필요성

현대는 개인을 중요시하는 사회로 점차 바뀌어가고 있는 추세이기 때문에 더불어 살아야만 하는 사회에서는 자발적으로 지켜야 할 규범이 요구되고 있다. 또한, 개인적인 생활을 보다 품위있는 수준으로 유지하기 위해서는 상대의 품위를 손상시키지 않는 범주 내에서 행동해야 한다. 매너는 사람이 살아가면서 일정한 질서를 유지하고 품위있는 삶을 영위하기 위해 반드시 필요하다.

역사적으로 우리 민족은 고유한 미풍양속과 도덕윤리를 바탕으로 더불어 사는 지혜를 터득해온 민족이다. 비록 가난한 생활 속에서도 인간의 도리를 지키기 위한 노력을 아끼지 않았으며, 끊임없는 외부의 간섭과 침략으로 인한 핍박의 시대에도 기본적인 윤리와 규범을 지켜왔다.

인간사회에서 우리가 지켜야 할 행동규범이 없다면 필경 동물의 세계와 무엇이 다르겠는가. 이러한 세상에서는 법이나 도덕이 존재할 수 없기 때문에 사회의 질서와 믿음도 없어질 것이므로 마치 동물의 세계처럼 힘세고 험악한 사람만이 활보하는 세상이 될 것이다.

따라서 우리는 잠시라도 이 시대를 살아가는 모든 사람들의 보편적이고 타당성 있는 예의와 매너의 정신세계를 벗어날 수 없다. 특히 시간적으로 또는 물질적으로 풍요로운 시대에 정신적으로 윤택한 삶을 영위하기 위해서는 매너를 생활화하지 않으면 안 된다. 왜냐하면 규제와 통제는 개인적으로는 다소 불편하겠지만 내가 먼저 질서를 지키고 널리 인정된 행동규범을 솔선수범했을 때 비로소 사회는 일정한 질서의 틀 내에서 신뢰와 사랑을 바탕으로 더불어 살아갈 수 있기 때문이다.

예를 들면 식당에서는 참석자의 지위나 연령에 따라 좌석의 위치가 정해지고, 거래처를 방문하거나 외국을 여행하기 위해서는 우리가 지켜야 할 에티켓이 존재하기 때문에 질서가 유지되고 아름다운 세상을 엮어갈 수 있는 것이다.

2 매너와 사회생활

최근에는 성숙하면서도 건전한 사회환경을 위해 일상생활은 물론이거니와 직장에서도 우리가 지켜야 할 에티켓이 강조되고 있다. 회의나 파티, 여행, 방문, 전화 등 사회생활을 해나갈 때 에티켓을 지키지 않으면 서로가 불편할 뿐만 아니라 혼란스러운 분위기가 연출될 수 있다. 즉, 사회생활을 하면서 자신이 타인으로부터 존경받고 간섭을 받지 않기 위해서는 상대방을 존중하고 자신을 낮출 수 있는 슬기로운 지혜가 요구된다는 것이다.

이와 같은 행동은 곧 무질서의 자유로운 사회환경 가운데 질서를 유지하기 위한 모든 사람들의 약속이라고 할 수 있다. 선진국일수록 자신을 보호받기 위해서는 항상 남을 배려하는 마음의 자세를 중요하게 생각하고 있다.

따라서 매너는 안정된 사회생활을 하기 위해 반드시 필요한 수단으로서, 스스로의 생활을 아름답게 꾸미고 사회의 질서유지를 위해 존재하는 윤활유 역할을 하는 가장 기본적인 요소인 것이다. 또한 매너는 자발적인 행위로서 사회생활을 쾌적한 환경으로 만들어 건강한 사회를 유도하는 매개체이기 때문에 법률적 통제 이상의 의미를 부여하고 있는 것이다.

제 2 장

일상생활의 매너

제1절 매너와 에티켓

인사의 중요성

인사는 인간관계를 형성하는 데 있어서 가장 기본이 되는 에티켓이다. 특히 고객을 대상으로 하는 서비스 관련 업종에서 근무하는 사람에게는 더욱 더 중요한 요소라 할 수 있다. 즉, 인사는 자신의 교양과 인격을 표현하여 상대를 존경한다는 상징적인 것이기 때문에 마음에서 우러나오는 인사가 되도록 해야 하며, 정성과 감사하는 마음으로 정중하고 상냥하게 이루어져야 한다.

밝은 미소와 정중한 인사가 때로는 상대방을 감동시키는 경우도 있다. 예를 들면, 직장에서 가벼운 불평사항이 있을지라도 종업원의 정성어린 사과와 애교스러운 인사는 고객의 마음을 긍정적으로 변화시켜 경우에 따라서는 그냥 지나칠 수도 있다. 따라서 인사는 만남의 시작이면서 헤어짐의 표현수단으로 이용되기 때문에 사회생활의 기초가 되는 것이다.

인사의 종류

인사의 종류에 따라 인사방법도 달라지는데 정중한 인사일수록 허리를 굽히는 각도는 커지며 인사의 속도는 늦어진다. 인사를 할 때 양손의 위치는 남자의 경우 가볍게 주먹을 쥔 상태로 바지의 재봉선에 대고, 여자의 경우는 왼손으로 오른손을 감싸서 아랫배에 가볍게 대도록 한다. 상황에 따른 인사의 종류는 다음과 같다.

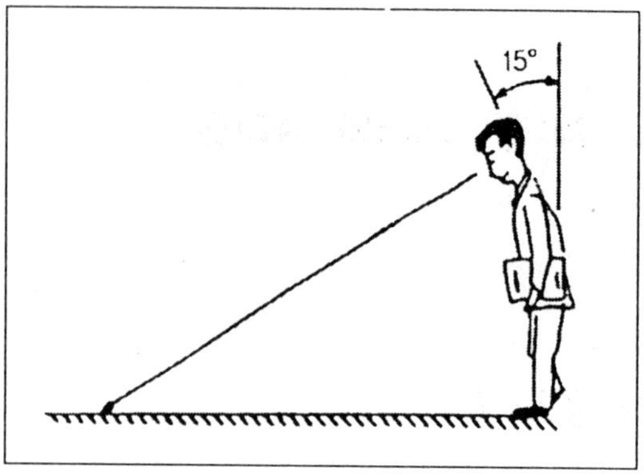

목 례

경 례

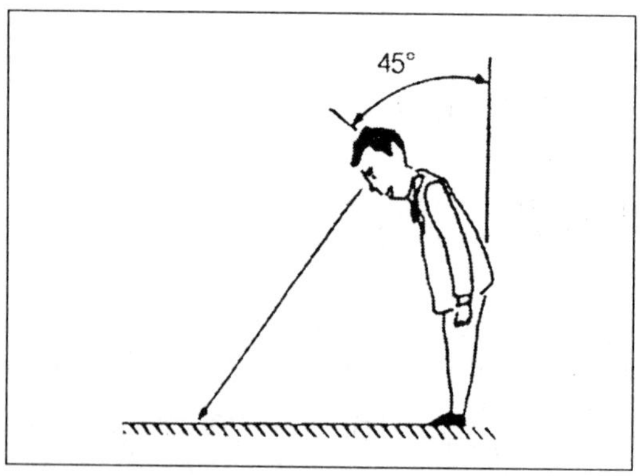

최경례

[그림 2-1] 인사의 종류

(1) 목례인사

목례는 동료나 서비스 제공과 직접적인 관련이 없는 고객과 마주쳤을 경우 고개를 가볍게 끄덕이거나 손을 가볍게 흔드는 정도의 인사를 말하는 것으로, 다음과 같은 경우에 적용된다.

① 공공장소에서 예를 갖추는 인사가 곤란할 경우
② 사무실의 복도에서 사람과 마주칠 경우
③ 업무중으로 인해서 인사의 예를 갖추기 곤란할 경우
④ 동료들과 마주쳤을 경우
⑤ 공공장소에서 전혀 모르는 사람과 조우하면서 지나칠 경우

(2) 일반적인 인사

1) 정중한 인사

정중한 인사시의 허리를 굽히는 각도는 약 45° 정도로 귀빈이나 행사의 의식 등에서의 인사나 사과를 할 경우에 한다. 남자의 경우는 차렷자세에서 허리를 굽히고, 여자는 두 손을 모아 가운데로 포개 잡고 가볍게 허리를 굽혀 인사한다. 정중한 인사가 적용되는 경우는 다음과 같다.

① 직위가 높거나 저명인사일 경우
② 환영의 인사를 할 경우
③ 사과의 메시지를 전달할 경우
④ 공식석상의 여러 사람 앞에서 자신을 소개할 경우
⑤ 상대방을 정식으로 소개받았을 경우

2) 보통 인사

보통 인사의 경우 허리를 굽히는 각도는 약 30° 정도로서 고객을 일상적으로 맞이할 때의 인사이다. 두 다리를 모으고 손은 가볍게 쥔 다음 팔을 아래로 내려 몸에 가볍게 댄 상태에서 허리를 굽히는 인사이다.

① 거래처의 고객을 처음으로 만나서 인사를 나눌 경우
② 서비스를 제공받기 위해 영업장을 방문하는 고객을 맞이할 경우
③ 비슷한 나이의 동료를 처음 만났을 경우
④ 나이가 비슷한 선배를 만났을 경우

3) 가벼운 인사

가벼운 인사의 경우 허리를 굽히는 각도는 약 15° 정도로서 공공장소나 통로 등에서 고객과 마주칠 경우, 또는 동료나 상사 등에게 하는 인사이다. 가벼운 인사가 적용되어야 할 경우는 다음과 같다.

① 직장 내에서 동료나 상사를 만났을 때
② 이웃사람들을 만났을 때
③ 복도에서 모르는 고객과 마주쳤을 때
④ 주문한 서비스를 제공할 때

4) 악수로 하는 인사

악수는 인류가 석기시대부터 지구상에 출현하여 살면서 발생한 자연스런 인사이다. 악수는 상대방의 눈을 마주보며 부드럽게 하는 것이다. 또한 악수는 인사이므로 고개를 숙이지 않아도 무방하다. 그러나 악수에도 상황에 따

라 여러 가지의 규범이 있기 때문에 주의해야 한다.

악수에 관한 내용은 제4항에서 자세히 설명하였다.

[그림 2-2] 악 수

〈표 2-1〉 인사의 종류와 방법(면세점의 경우)

인사의 각도	45°	30°	15°
인사의 속도	3초 — 상체 숙임	2초 — 상체 숙임	1초 — 상체 숙임
	1초 — 멈춤	1초 — 멈춤	1초 — 멈춤
	4초 — 정면응대	3초 — 정면응대	2초 — 정면응대
시 선	전방 1미터	전방 1.5미터	전방 2미터
남녀 공수법	남자	왼손을 오른손 위에 올린다.	
	여자	오른손을 왼손 위에 올린다.	
표 정	부드럽고 편안한 미소		
인 사 말	"안녕하십니까?" "어서 오십시오."		
발 모 양	다리는 곧게 펴고 무릎과 발꿈치는 붙인다.		

3 인사의 요령

일상생활에서 사람을 응대할 때나 영업장을 찾은 고객을 맞이할 때 가장 기본이 되는 것은 인사로서, 예의바른 인사는 주위 사람이나 고객에게 호감을 주고 긍정적인 관계를 유지하는 데 최상의 방법이다. 인사는 정성어린 마음가짐으로 밝고 상냥하게 그리고 정중하고 공손한 자세로 해야 한다.

또한 직장에서 서비스를 담당하는 종업원은 항상 절도 있고 예의바른 인사태도를 갖추어야 하는데 계절과 시간에 알맞은 말, 시선 등이 요구되며, 얼굴 표정에는 항상 미소가 포함되어야 한다는 것을 잊어서는 안 된다. 즉, 인사는 서비스의 근본으로서 상대에게 예의를 표시하는 것이며, 인격의 표현이다.

(1) 인사는 무엇을 표현하는 것인가

① 인사는 회사에 대한 애사심의 표현
② 인사는 상사에 대한 존경심의 표현
③ 인사는 동료에 대한 은애심의 상징
④ 인사는 고객에 대한 봉사정신의 표현
⑤ 인사는 자신의 교양과 인격의 표현

(2) 인사의 중요성

인사는 상술한 바와 같이 일상생활에서 갖추어야 할 기본적인 예절로서, 상대방과의 만남에 있어서 처음과 마지막을 장식하는 서비스 기법이다. 따라서 서비스를 제공하는 사람은 물론이거니와 사회생활을 하는 데 있어서 인사는 아무리 강조해도 지나치지 않을 것이다. 인사의 중요성은 다음과 같은 내용을 함축하고 있다.

① 인사는 서비스의 주요 기법이다.
② 인사는 상대방과 만남의 첫 단계이다.
③ 인사는 상대방에 대한 마음가짐의 표현이다.
④ 인사는 상대방에 대한 존경심의 표시이다.
⑤ 인사는 상대방의 마음을 열어준다.

(3) 인사의 마음가짐

인사는 상대와의 만남과 헤어짐을 표현하는 수단이기 때문에 상대를 존중한다는 마음자세가 전제되어야 한다. 즉 인사는 마음에서 우러나오는 진정한 마음으로 겸손을 표현하는 상징으로서, 다음과 같은 마음가짐이 요구된다.

① 정성과 감사의 마음을 가져야 한다.
② 예절 바르고 정중함이 표현되어야 한다.
③ 밝고 상냥한 미소를 곁들여야 한다.
④ 경쾌하고 겸손한 인사말이 있어야 한다.
⑤ 상황에 따라 일정한 격식을 갖추어야 한다.

(4) 인사의 몸가짐

인사는 국가의 관례나 전통적인 문화에 따라 다양한 형태가 있으나 이 책에서는 우리나라의 문화와 관례를 기준으로 하여 일반적인 기법을 살펴보기로 한다. 그 내용은 대개 다음과 같다.

① 인사를 할 때에는 상대방의 눈을 응시한다.
② 등을 편 상태에서 허리를 직선으로 숙이고 정중하게 머리를 숙인다.

③ 손은 양옆에 가볍게 붙이고 몸은 자연스럽게 앞으로 숙인다.
④ 허리를 굽혀 잠깐 멈추고 펼 때에는 조금 느린 속도로 몸을 일으킨다.
⑤ 인사를 할 때 너무 경직된 상태보다 자연스러운 자세를 취한다.

(5) 바른 인사의 자세

우리나라의 전통적인 인사기법을 기준으로 보다 구체적인 인사기법을 위한 신체별 주의사항은 다음과 같다.

① **표 정**

부드럽고 온화하게 한다.

② **시 선**

믿음과 애정 어린 시선으로 상대를 응시한다.

③ **고 개**

반듯하게 든다.

④ **턱**

자연스럽게 앞으로 당긴다.

⑤ **입**

입가에 미소를 머금고 상냥한 말을 곁들인다.

⑥ **어 깨**

힘을 빼고 균형과 편안한 자세를 유지한다.

⑦ **목 · 허리 · 무릎**

자연스럽고 곧게 허리선부터 일직선이 되도록 한다.

⑧ 손

자연스럽게 당긴다.

⑨ 발

발꿈치는 붙이고 양발의 각도는 30° 정도 벌린다.

⑩ 엉덩이

너무 뒤로 쑥 내밀거나 손으로 엉덩이를 만지며 인사하지 않도록 한다.

(6) 인사의 5단계

① 1단계

바른 자세로 선다.

② 2단계

상체를 1초간 숙인다.

③ 3단계

상체를 숙인 채 0.5초간 멈춘다.

④ 4단계

2초간 천천히 허리를 든다.

⑤ 5단계

바른 자세로 선다.

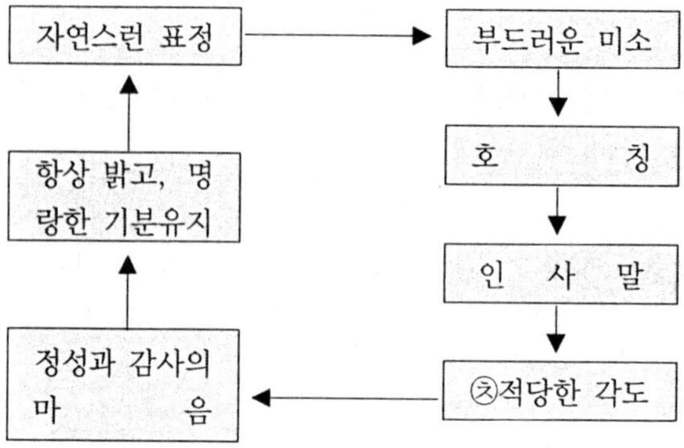

[그림 2-3] 인사의 흐름

TIP

삼가야 할 인사의 자세

- 상대방을 응시하지 않고 인사하기
- 고개만을 끄떡이는 인사
- 아무 말 없이 하는 인사
- 상황에 어울리지 않는 인사
- 미소가 없는 인사
- 계단 위에서 상급자에게 인사
- 윗사람에게 "수고했습니다"라고 인사

4 악 수

사회생활을 하는 데 있어서 악수는 만남에 대한 중요한 수단이 되고 있다. 악수는 서로간의 인사, 감사의 뜻, 존경의 뜻, 우정을 표시하기 위해 서로의 손을 맞잡는 것이다. 그러나 악수에도 일반적인 법칙과 예의가 있기 때문에 상황에 알맞은 방법을 선택하여 적용해야 한다.

악수는 본래 석기시대부터 내려오는 전통으로 석기시대의 사람은 서로 만나면 무기를 감추고 있지 않다는 것을 행동으로 보여주기 위해 서로 악수를 했다고 전해지고 있다.

그러나 악수도 나라의 습관이나 문화에 따라 그 형태가 다양하다. 예를 들면, 중동지역의 사람들은 악수를 한 다음에는 진정한 마음을 표현하기 위한 수단으로 반드시 자신의 오른쪽 손을 가슴의 심장 부분에 가볍게 갖다 대는 경우도 있으며, 악수 후에 상대의 가슴을 껴안는 경우도 있다. 악수에 대한 일반적인 사항은 다음과 같다.

(1) 악수의 방법

① 오른손으로 가볍게 잡고, 시선은 상대방의 눈을 향하며, 상체를 가볍게 숙인다.

② 이성간에는 여성이 손을 먼저 내밀었을 때 악수를 한다.

③ 지위가 높거나 나이가 많은 사람이 먼저 악수를 청할 때 악수를 한다.

④ 실내에서는 반드시 장갑을 벗고 악수를 한다. 단, 여성은 장갑을 벗지 않아도 무방하다. (예외 : 여성이 꼭 장갑을 벗어야 하는 경우는 승마장갑을 낀 경우 내지는 청소용 장갑을 착용했을 때)

⑤ 악수를 할 때에는 가벼운 인사말을 건넨다.

⑥ 악수는 진심과 호의로 해야 한다.

⑦ 악수는 한 손으로 한다.

⑧ 악수는 청결한 상태의 손으로 한다.

⑨ 악수는 가슴 높이 정도에서 적당히 상대의 손을 쥐면서 한다.

⑩ 유럽이나 남미 일부의 국가에서는 악수를 할 때 가벼운 포옹이나 손등에 키스를 하는 경우도 있다.

(2) 악수할 때의 주의사항

① 상대방의 손을 너무 꽉 쥐거나 너무 가볍게 쥐어서는 안 된다.

② 지위가 낮거나 나이가 적은 사람이 손을 흔들어서는 안 된다.

③ 악수하는 동안에는 상대의 시선을 응시한다.

④ 파티의 호스트(host)는 남성이라도 여성에게 먼저 악수를 청할 수 있다.

⑤ 상대방의 손바닥을 손가락으로 긁어서는 안 된다.

⑥ 특별한 경우가 없는 한 왼손으로 악수를 청하지 않는다.

⑦ 손에 물기가 있거나 오물이 묻어 있는 상태로 악수를 하지 않도록 한다.

⑧ 정중한 인사를 할 경우에는 굳이 악수를 하지 않아도 무방하다.

⑨ 악수의 형식은 관습이나 문화에 따라야 한다.

⑩ 일반적으로 조문을 할 경우에는 악수하지 않는다.

TIP

서구인의 악수 에티켓

상대방과의 첫 만남은 매우 중요하다. 처음 만났을 때 대부분의 사람들은 자신에 대한 간단한 소개와 더불어 악수를 하게 되는데, 이때 악수하는 관습이 나라마다 조금씩 다르기 때문에 악수하는 에티켓 정도는 알아두는 것이 좋다.

자칫 악수를 하는 데 있어서 당신이 여성이고 상대방이 남성인 경우 그 남성이 악수를 하면서 허리를 굽히고 당신의 손가락에 마치 키스하듯이 입을 갖다댄다면 아마 당신은 무척 당황하게 될 것이다. 이제까지 한국에서는 악수할 때 손에다 입을 맞추게 되면 자칫 성희롱이라는 커다란 문제에 봉착할 수가 있기 때문이다.

중남미 국가들은 민족성도 활기차고 성격이 쾌활해서 활동적이기 때문에 남성이 여성과 악수를 할 때 손에 키스를 하는 경우가 종종 있는데 절대 당황해서는 안 된다. 왜냐하면 이들 관습이기 때문이다. 또한 라틴계 사람들도 상대를 만났을 때 서로 껴안으면서 양쪽 볼에 키스를 하는데 이것도 이 나라에서는 상대방에게 예의를 갖춘 에티켓으로 여겨지고 있다.

가끔 TV에서 나오는 장면, 즉 양쪽 볼에 키스를 나누는 장면, 그것도 남성이 여성의 양쪽 볼에 번갈아가면서 키스를 나누는 인사법을 보게 된다. 이 역시 상대와의 만남에서 예의를 갖춘 에티켓이다. 이외에도 악수를 너무 빈번하게 하는 것은 매우 비문화적이라 생각하는 프랑스인, 악수를 밥먹듯이 자주 하는 벨기에인, 악수할 때 상대의 손을 잡고 위아래로 흔들어대는 미국인 등 서구인의 악수하는 방법은 천차만별이다.

~— Hotel & Restaurant, 2000년 2월호 —

5 소 개

사회생활을 하기 위해서는 많은 사람들을 소개받고 많은 사람들에게 자신을 소개하여 서로의 관계를 유지한다. 서비스 기업에서는 서비스 실명제의 도입으로 모든 서비스를 제공하는 데 있어서 자신을 소개하는 것이 일반화되어 있으며, 특히 상품이나 서비스를 위한 판매촉진이나 고객을 유치하기 위한 업무에 종사하는 사람들은 잠재고객을 대상으로 자신을 소개할 기회가 점점 증가하고 있는 추세이다.

따라서 자신을 소개하거나 소개받을 경우에는 정중한 마음으로 자신을 소개하고, 제3자를 소개받을 경우에도 진정 어린 마음으로 맞이하도록 해야 한다.

이처럼 사람을 소개하는 데에는 다음과 같은 일정한 절차와 방법이 있다.

(1) 소개방법

1) 동성간

① 직위가 낮은 사람을 직위가 높은 사람에게 먼저 소개한다.

② 후배를 선배에게 먼저 소개한다.

③ 미혼인 사람을 기혼자에게 먼저 소개한다.
④ 젊은 사람을 연장자에게 먼저 소개한다.
⑤ 상대의 이름과 직함을 정확하게 소개한다.

2) 이성간

일반적으로 남자를 여자에게 먼저 소개하지만, 남자가 높은 지위이거나 파티 또는 행사 등과 같은 특별한 경우에는 여자를 먼저 소개하는 경우도 있다. 이성간의 소개는 여성의 자존심과 여성 우선 원칙을 바탕으로 신중하게 해야 한다.

(2) 소개시의 주의사항

상대를 소개할 경우나 소개받을 경우에는 만남의 상황이나 장소의 분위기를 고려하여 소개하고자 하는 사람의 성함, 소속단체의 직함, 그리고 관련사항을 간략하게 소개한다.

소개할 때 주의해야 할 일반적인 사항은 다음과 같다.

① 소개는 일어서서 한다. 단, 앉아 있는 여성은 앉은 채로 해도 무방하다.
② 친한 사람을 새로운 사람에게 먼저 소개한다.
③ 도열해 있는 상태에서 차례로 악수할 경우에는 서 있는 차례대로 소개한다.
④ 단체와 개인일 경우에는 개인을 단체에게 먼저 소개한다.
⑤ 단체의 소속원을 소개할 경우에는 직위가 높은 사람부터 소개한다.

제2절 언 어

언어는 사람의 인격이며 지적인 수준을 측정할 수 있는 수단이다. 언어는 상황에 따라서 긍정적이거나 부정적인 분위기를 연출하기 때문에 사회생활을 하면서 가장 신중을 기해야 하는 요소인 것이다. 언어의 수단을 이용하여 성공하는 사람이 있는가 하면 잘못 사용하여 인생의 방향이 부정적으로 바뀌는 경우를 주위에서 흔히 볼 수 있다.

이와 같이 대화시의 언어는 자기의 의사와 생각을 표현하는 것이기 때문에 자신의 언어가 상대방에게 어떠한 영향을 미칠 것인가를 고려해야 할 것이다.

학창시절에는 동료들과 같이 생활하는 기회가 빈번하기 때문에 대화할 때 사용하는 언어가 많은 영향을 미치지 않을지 몰라도, 사회에 진출하면 다양한 계층의 사람들과 대화를 하고 사교생활을 해야 하기 때문에 초면인 상대와 만나는 기회가 점점 증가하면서 자신의 첫인상에 적지 않은 영향을 미칠 수 있는 언어구사력이 매우 중요하게 된다.

따라서 상대방에게 호감을 줄 수 있는 재치 있고 상황에 어울리면서도 격식을 갖춘 언어의 사용은 사회생활을 하는 데 있어서 인정을 받으면서 교양의 수준을 높이는 수단이 된다고 할 수 있다.

1 경 어

우리나라 사회에서는 경어의 사용이 매우 중요하게 취급되고 있다. 관례적으로 정해진 경어를 사용하지 않으면 상대방의 기분이 나빠질 수 있으며, 자신을 스스로 낮추는 결과를 초래할 수 있다. 따라서 사회적 신분이나 직위 또는 연령의 차이에 어울리는 적당한 경어를 사용할 수 있도록 노력해야 하겠다.

(1) 존경어

존경어는 이야기 상대, 즉 이야기를 듣고 있는 상대방 자신과 대화중 등장하는 인물에 대한 경의를 나타내는 말로서, 해당 인물의 소지품이나 행동에 대해서 사용하는 언어이다. 업무를 위한 만남이나 사교를 위한 만남에 있어서 지켜야 할 존경어는 필수적인 수단이다.

존경어의 예로는 다음과 같은 것들이 있다.

① OOO 선생님
② 전무님이 말씀하셨습니다.
③ OOO 귀하
④ 저기에 계시는 저분
⑤ 온당하신 말씀이십니다.

(2) 겸양어

겸양어는 말하는 자신의 입장을 낮추고 대화의 상대방이나 화제의 등장인물에게 경의를 나타내는 말이다.

겸양어를 나타내는 예로는 다음과 같은 것들이 있다.

① 소생
② 저희들

③ 우리들

④ 제가

⑤ 제 자식

⑥ 뵙다

⑦ 여쭙다

(3) 공손어

공손어는 말하는 사람의 품위를 고려할 때나 상대방에게 공손한 마음으로 표현할 경우 사용되는 것이다.

공손어의 예로는 다음과 같은 것들이 있다.

① 알려주십시오.

② 말씀드리겠습니다.

③ 지시대로 따르겠습니다.

④ 보고 드립니다.

⑤ 전화를 드리겠습니다.

〈표 2-2〉 경어의 예

원 형	존경어	겸양어
온 다	오십니다	오고 있습니다
간 다	가십니다	가고 있습니다
한 다	하고 계십니다	해 드립니다
본 다	보십니다	뵙습니다
먹 다	드십니다	먹고 있습니다
잔 다	주무십니다	주무시고 계십니다

TIP

높임말의 자기 테스트

● 다음의 각 문장에서 높임말의 사용이 바르게 된 것은 무엇입니까?
(○와 × 중 하나를 고르고 잘못되었다고 생각되는 문장을 올바르게 고쳐봅시다)

1. 거래처
"지금 곧 알아보겠습니다. 기다려 주십시오"(○ ×) 고침 :
2. 단골손님들이 모인 설명회에서
"팜플렛이 없는 사람은 말해주십시오"(○ ×) 고침 :
3. 단골거래처의 사람에게
"담당자 이용식이가 가서 이야기할 것입니다"(○ ×) 고침 :
4. 단골거래처의 사람에게
"앞서 보낸 자료가 도착했습니까?"(○ ×) 고침 :
5. 단골거래처에서 전화로 "○○과장 계십니까?"라고 물었을 때
"예, 계십니다."(○ ×) 고침 :
6. 선배인 이용식씨 부인의 전화를 받고
"이용식은 외출중입니다."(○ ×) 고침 :
7. "보내줄까요. 아니면 손님이 가지고 가시겠습니까?"(○ ×) 고침 :
8. "김 과장, ABC회사의 이 주임이 왔습니다."(○ ×) 고침 :
9. 고객의 말을 듣고
"기다려주십시오."(○ ×) 고침 :
10. "어제는 바쁘신 데도 찾아주셔서 고마웠습니다."(○ ×) 고침 :
11. 거래처의 과장에게
"카탈로그가 완성되었습니다. 보시겠습니까?"(○ ×) 고침 :
12. 거래처의 과장에게
"김 과장이 내일 그쪽으로 간다고 했습니다."(○ ×) 고침 :
13. 고객에게
"자동차로 왔습니까?"(○ ×) 고침 :
14. 고객에게
"여기에 이름과 주소를 적어주십시오."(○ ×) 고침 :
15. "선생님이 그리신 그림을 매일 감상하고 있습니다."(○ ×) 고침 :

TIP

높임말의 자기 테스트 정답

1. (x) "이제 곧 알아보겠습니다. 잠시만 기다려주십시오."
2. (x) "팸플릿을 받지 못한 분들은 말씀해주십시오."
3. (x) "담당자 이용식씨가 직접 찾아뵙고 말씀드릴 것입니다."
4. (x) "앞서 보내드린 자료는 도착했는지요?"
5. (x) "예, 있습니다."
6. (x) "이용식씨는 지금 외출하고 안 계십니다."
7. (x) "배달해드릴까요, 아니면 손님께서 손수 가지고 가시겠습니까?"
8. (x) "과장님, ABC회사의 이 주임이 오셨습니다."
9. (x) "잠시만 기다려 주시겠습니까?"
10. (O)
11. (x) "카탈로그가 완성되었습니다. 한번 보시겠습니까?"
12. (x) "과장인 김OO씨가 내일 찾아뵙겠다고 했습니다."
13. (x) "자동차로 오셨습니까?"
14. (x) "죄송합니다만, 여기에 존함과 주소를 써주시겠습니까?"
15. (O)

2 음 성

인간이 대화할 때에는 때와 장소 그리고 서비스 제공자의 마음자세와 대화의 줄거리 등에 따라 음성이 달라지게 된다. 바꾸어 말하면, 인간 음성의 높낮이나 음의 색깔에 따라 대화의 질과 환경을 파악할 수 있다.

따라서 환대산업의 경우 고객을 응대하는 데 있어서 음성은 대단히 중요한 역할을 한다. 종업원이 취해야 할 음성은 부드럽고 상냥하면서도 고객에게 제공하는 서비스의 종류와 부합되는 음성이어야 한다.

그러나 인간은 저마다의 독특한 목소리를 가지고 있다. 음성은 대개 타고난다고 하지만 꾸준한 발성연습에 의해서 개선된다고 한다.

(1) 효과적인 음성

1) 자 세

고객을 응대하는 데 있어서 음성을 효과적이고 부드럽게 발성하기 위해서는 먼저 자세를 바로 해야 한다. 자세가 흩뜨러지면 음성도 산만해질 수 있기 때문이다.

① 서 있는 자세

가슴을 위로 올리고 배에 힘을 약간 주고, 양발에 체중을 균등하게 분배하고 대화한다.

② 앉은 자세

양발을 가지런히 하고, 양발에 체중을 균등하게 분배한 상태의 자세를 취한다. 또한 양발을 벌리고 절대로 꼬지 않는다.

2) 정확한 발음

서비스를 제공하는 사람은 항상 정확한 발음으로 고객에게 생동감 있는 음성을 연출해야 한다. 만약 이야기의 말미를 축 처진 형태로 발음하면 고객에게 피곤한 이미지를 줄 수 있기 때문에 대화에 흥미를 잃는 결과를 초래할 수 있다.

3) 감미로운 음성

입을 통해서 나오는 음성은 감미롭고 매력적인 음성을 낼 수 있으나 콧노래를 내거나 감정을 통제하지 못하는 날카로운 음성은 상대를 흥분시킬 수 있다. 따라서 이러한 감미롭지 못한 음성을 없애기 위해서는 자세를 바로 하는 습관과 자신의 감정을 통제할 수 있는 노력이 필요하다.

부드럽고 감미로운 음성은 상대방의 마음을 부드럽게 하여 대화의 실마리를 찾는 데 매우 유리하다. 특히 여성들의 음성은 남성보다 감미롭기 때문에 고객과의 업무상담에 있어서 강점이 있다. 이러한 이유로 인하여 필자가 서비스업계의 판촉부에서 근무할 당시 외부의 고객을 상대로 비즈니스 상담을 전담하는 종업원을 여성으로 교체하여 많은 비즈니스를 유치한 경험이 있다.

4) 음성의 강약 조절

대화를 하기 위해서는 대화의 내용이나 분위기에 알맞도록 음성의 높낮이를 조절하여 다양한 음성을 구사할 수 있어야 한다. 서비스를 제공하는 현장에서 서비스 제공자 음성의 적당한 강약 조절은 고객을 유인할 수 있는 최대의 무기이다. 즉, 음성의 강약은 대화 상대의 주의를 유도할 수 있을 뿐만 아니라, 전달하고자 하는 초점을 명확히 할 수 있다.

(2) 음성연습

1) 피로로 인한 음성의 교정

피로한 상태에서 대화를 할 경우에는 좋은 음성을 낼 수 없기 때문에 성대에 부담을 주는 행위는 가능하면 피하도록 해야 한다. 목소리가 정상적으로 나오지 않을 경우에는 길게 숨을 쉬거나, 침묵 또는 레몬 즙이 섞인 따뜻한 음료를 마신다. 특히 성대를 보호하기 위해서는 우유나 맥주와 같은 음료를 삼가야 한다. 특히 요즘의 직장인들은 직장내의 회식이나 고객의 접대를 위해 노래방이나 주점에서 목청을 높여 노래를 부르는 기회가 많아지고 있기 때문에 서비스 제공자는 자신의 성대보호에 각별한 신경을 써야 한다.

2) 자세 훈련

① 아랫배에 가볍게 힘을 주고 가슴을 펴고 어깨를 똑바로 한 상태에서 음성연습을 한다.
② 숨을 짧게 들이마시는 연습과 함께 양쪽의 갈비뼈와 배꼽 선으로 된 삼각 부분을 수축시킬 때 나오는 힘으로 음성을 낸다.
③ 얼굴을 들고 턱을 당긴 상태에서 음성을 낸다.
④ 말의 속도를 조절하여 정확한 음성을 낸다.

3) 발성연습

① 발성연습은 정확한 발음을 내는 데 도움이 된다.
② 가슴을 펴고 입을 크게 움직여 뱃속으로부터 나오는 목소리를 낸다.
③ 풍부한 표정 연출을 위해 아래턱과 위턱의 균형을 유지하여 움직인다.
④ 처음에는 입을 크게 벌리면서 명확하게 발음한다.
⑤ 익숙해지면 말의 명확성을 유지하면서 4초 정도에 한 줄을 읽을 정도로 속도를 빨리 한다.
⑥ 하루에 5분 정도 지속적으로 연습을 한다.

(3) 삼가야 할 음성

① 질질 끄는 듯한 목소리

② 무미건조한 목소리

③ 상대의 말에 반발하는 듯한 목소리

④ 찢어지는 듯한 날카로운 목소리

⑤ 냉담한 목소리

3 화 법

인간이 사회생활을 하기 위해서는 끊임없는 대화를 통하여 자신의 감정을 표현하면서 살아가기 마련이다. 그러나 상대방과 대화를 하는 데에는 계층과 사회적 지위에 따라 격이 있으며, 대화의 내용은 그 사람들의 지식수준을 나타낸다. 따라서 원만한 사회생활과 함께 상대방에게 호감을 줄 수 있는 대화술로 자신의 인격을 높이도록 해야 하겠다.

TIP

응대화법의 세 가지 방법

전달하려는 의사를 고객에게 명확히 이해시킴은 물론 그 과정을 통하여 친절함과 정중함을 동시에 전달해야 한다.

1. 응댓말의 첫째는 '존댓말의 사용'이다.

고객에게 적절한 경어를 사용하지 않는다면 고객은 이탈해나간다. 상대방의 인격에 인간다운 존경이나 친절의 정을 표현하는 것이 바로 존댓말이다.

2. 상대에 따라 말을 가려 사용하는 것이다.

평소에 쓰는 말투에는 크게 나누어 세 가지가 있다.

① 명령조 : 친한 사람끼리 또는 손아랫사람인 경우에는 '해라!'의 명령조를 사용한다.

② 하오조 : 보통 사이의 대화에서는 '하시오'의 하오조를 사용한다.

③ 존댓말 : 손윗사람이나 정중한 대화에서는 '하십시오' 하는 존댓말을 사용한다.

3. 친절한 마음에서 우러나오는 말이라야 한다.

정확한 어휘 선택 못지 않게 부드럽고 상냥한 말씨가 필요한 것도 바로 그 때문이다. 또한 접객용어를 적절히 구사함으로써 '친절과 정중함의 동시전달'이라는 서비스 화술의 목적을 달성할 수 있다.

- 대 고객응대 화술에서 가장 많이 사용해야 할 응대용어는 "예", "고맙습니다", "죄송합니다"이다.

일상적으로 이 세 가지 말을 마음에 새겨 활용해간다면 틀림없이 고객과의 응대에 발전을 가져올 것이다.

TIP

올바른 대화법

1. 대화는 말하는 것보다 듣는 것이 더 중요하다.
2. 시선은 상대방의 얼굴을 향한다.
3. 대화는 명확한 발음으로 하되, 너무 빠르지 않도록 한다.
4. 대화중에는 주위의 사람과 귓속말을 하지 않는다.
5. 대화시에는 상대방과 50~60cm 정도의 거리를 유지한다.
6. 대화의 분위기에 알맞은 유머와 공통된 화제로 대화한다.
7. 남을 비방하거나 대답하기 곤란한 사적인 질문은 삼간다.
8. 전문용어나 외래어는 가능하면 사용하지 않는다.
9. 지나친 농담이나 불쾌감을 줄 수 있는 대화는 피한다.
10. 상대방의 말을 존중한다.

제3절 표 정

인간의 표정은 첫인상 또는 이미지를 결정짓는 데 직접적인 영향을 미치며, 밝은 표정은 인간관계에 있어서 긍정적이고 정감 넘치는 분위기를 자아내기 때문에 인간관계의 기본이라고 할 수 있다. 전문가들의 연구에 의하면 첫인상은 처음 대면 후 5초 내외에 80%가 결정되고, 첫인상이 좋아야 그 이후의 대면이 호감을 느끼면서 이루어진다고 한다.

흔히들 서비스 기업에서 근무하기 위해서는 타고난 성격과 사람을 부드럽게 할 수 있는 좋은 인상의 얼굴 표정이 전제되어야 한다고 한다. 이러한 이야기는 사람을 상대하는 데 있어서 거부감을 주지 않고 편안한 느낌을 주어 서비스의 질을 향상시키기 위한 기본적인 요소를 의미하는 것이다.

그러나 성격과 호감 가는 인상을 타고 나는 경우도 있으나 후천적으로 교육훈련을 통하여 과학적인 방법으로 교정하는 경우도 있다. 즉, 개인의 성향에 따라 체계적인 치료처방으로 자신의 표정을 바꿀 수 있다는 것이다.

따라서 서비스 기업에서는 대부분 종업원을 선발하여 일정한 기간 동안 소정의 서비스 교육과정을 이수하도록 하여 개인의 성격과 표정관리를 실시하고 있다.

1 얼굴 표정

얼굴의 형상은 부모님으로부터 물려받지만 얼굴의 표정은 자기 노력에 의하여 개인적인 이미지를 형성할 수 있다. 얼굴의 표정은 상대방과 무언의 대화를 하고 있다는 증거이므로 상대방에게 여러 가지의 의미를 나타낼 수가 있다.

영업장에서 고객을 상대로 서비스 상품을 판매하기 위해서는 상품 자체의 가치뿐만 아니라 서비스 제공자의 얼굴 표정에서 풍기는 따뜻한 분위기도 서비스 상품의 가치를 높일 수 있기 때문에 서비스 제공자의 얼굴 표정은 대단히 중요하다. 또한 얼굴의 표정은 사람의 감정에 따라 다양하게 변화하기 때문에 서비스 상품을 취급하는 사람은 긍정적인 얼굴 표정을 표출하여 상품의 가치를 향상시키도록 노력해야 한다.

따라서 대부분의 서비스 기업은 상품의 부가가치를 높이기 위해 서비스 제공자의 얼굴 표정 관리에 대한 교육을 실시하고 있다. 예를 들어, 찡그리는 얼굴상으로 고객에게 서비스를 제공하면 서비스를 제공받는 고객의 마음은 매우 부담스러울 것이다.

항공사나 호텔 등의 환대산업에 종사하는 종업원들은 자신의 얼굴에 대한 표정을 철저히 관리하여 제공하는 서비스 품질의 가치를 향상시켜서 고객들로부터 서비스에 대한 기대의 수준을 능가하기 위한 교육을 실시하고 있다.

(1) 부드러운 얼굴 표정

사람의 얼굴에는 약 80여 개의 근육이 있어서 7,000가지 이상의 표정을 표출할 수 있다고 한다. 따라서 얼굴의 근육을 활용하여 움직이는 모양에 따라 표정의 내용이 바뀐다는 것을 의미한다.

얼굴의 근육을 풀어서 표정을 부드럽게 만들기 위해서는 눈썹을 위아래로 움직이는 연습과 입의 크기를 변형하면서 상하좌우로 움직이는 연습을 반복하는 것이 효과적이다. 입을 적당히 움직이는 것이 아니라 정확하게 움직이면서 발음을 한다.

특별한 문제에 민감하게 반응을 하는 사람은 얼굴에 즉각적으로 표출되기 때문에, 내면의 감정을 얼굴에 긍정적으로 표현하여 부드러운 표정을 창출하기 위해서는 항상 긍정적인 사고와 적극적인 마음자세가 요구된다.

(2) 부드럽지 못한 얼굴 표정

얼굴의 근육을 잘 활용하지 못하고 움직이지 않는 표정을 지으면 딱딱하게 느껴져 상대방에게 부드럽지 못한 표정을 나타낼 수 있다. 특히, 고객을 대상으로 서비스 상품을 취급하는 종업원은 얼굴의 근육을 적절히 움직이는 연습으로 자신의 얼굴 표정을 관리해야 한다.

1) 무표정

얼굴의 근육을 전혀 사용하지 않는 표정으로서 무표정한 얼굴은 상대방이 인간미를 느끼지 못한다. 대개 차가운 표정이 여기에 속한다. 이러한 표정은 서비스업에서 어울리지 않으므로 자신의 지속적인 노력으로 교정하도록 해야 한다.

2) 눈썹의 수름

상대방이 화가 나 있거나 짜증스런 표정으로 오해할 수 있으며, 어두운 표정으로 느껴질 수 있고, 답답하게 느껴지기도 한다. 또한 상대방에게 불쾌한 감정을 줄 수 있기 때문에 이러한 사람은 의도적인 치료방법으로 얼굴의 표정을 관리해야 한다.

3) 입술을 굳게 다문 표정

상대방에 대한 불만족을 표현하는 것처럼 보여 두려움을 느낄 수 있는 표정으로서, 상대방이 회피하게 된다. 따라서 입술의 근육에 힘을 제거하고 가볍게 다물어 자연스런 모습을 유지하도록 스스로 거울을 보면서 교정하도록 해야 한다.

(3) 얼굴의 표정관리법

1) 온화한 표정

상대방에게 매력적인 얼굴 표정을 연출하기 위해서는 얼굴 전체에 부드럽고 온화한 모습을 나타낼 수 있어야 한다. 상기된 표정의 얼굴이나 근심이 있는 표정보다는 평화로운 모습의 표정으로 여유를 나타낼 수 있어야 한다.

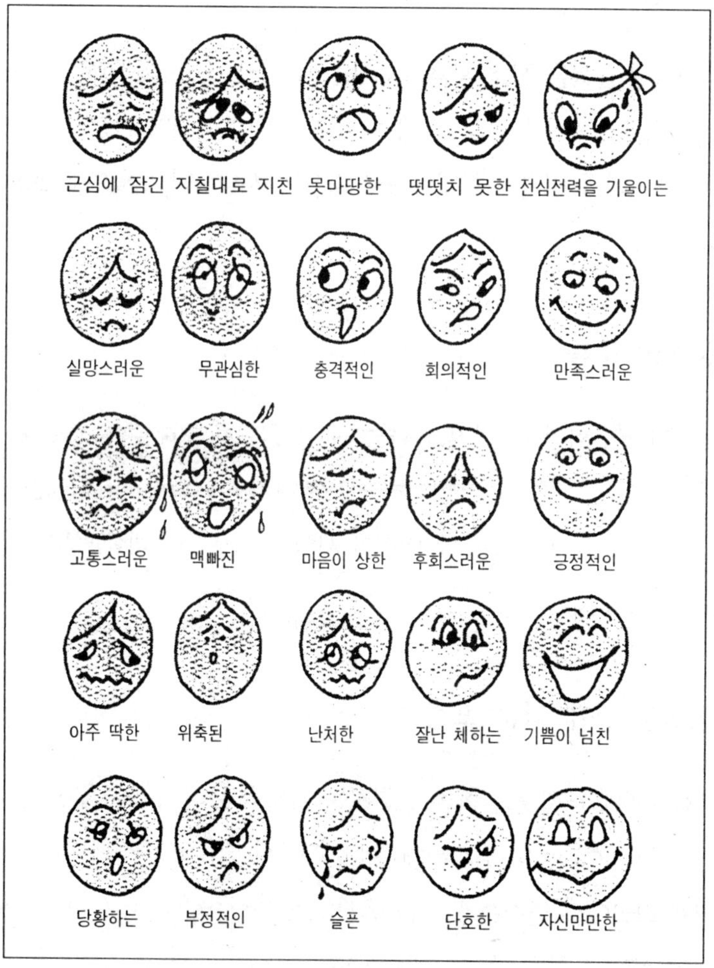

[그림 2-4] 마음의 변화에 따른 얼굴 표정

2) 상황에 어울리는 표정

무표정한 얼굴은 상대와 대화를 하거나 대면을 할 경우 답답한 감정을 줄 수 있기 때문에 대화의 내용이나 분위기에 알맞은 표정을 연출해야 한다. 즉, 고객을 상대할 때에는 슬픈 상황의 대화, 엄숙한 공식행사의 상황, 기쁠 때의 상황 등의 다양한 상황에서 대화가 이루어진다. 따라서 얼굴의 표정은 상황에 따라 적절히 감정을 표출해내어야 한다.

그러나 이와 같이 상황에 어울리는 표정은 자연스러우면서도 부드럽게 연출되어야만 하지만, 인간은 감정의 동물이기 때문에 자신이 처해 있는 상황에 따라 표정이 다양하게 표출되므로 고객을 대상으로 서비스를 제공하는 사람은 언제나 자신의 입장보다는 고객의 입장에서 분위기에 알맞은 표정을 지을 수 있도록 평소에 연습을 해야 한다.

3) 턱의 자세

턱을 의도적으로 끌어올리면 어색한 표정이 될 수 있으므로 턱을 자연스럽고 반듯하게 유지한다. 특히, 남성의 경우 턱을 앞으로 당겨 고객에게 서비스를 제공하기 위한 자세가 되어 있다는 느낌을 줄 수 있도록 한다.

4) 진지한 표정

마음에서 우러나오는 것이 아니고 의도적으로 짓는 얼굴 표정은 상대방에게 가식적으로 보일 수 있으므로 진지한 표정을 지어야 한다.

(4) 눈의 표정

흔히들 어린아이의 눈을 맑고 청순함으로 표현한다. 눈의 표정은 사람의 심리

상태를 숨김없이 반영한다는 의미일 것이다. 즉 사람의 속마음을 눈의 표정으로 나타낸다는 것이다. 따라서 상대에게 마음을 진지하게 전할 수 있는 눈의 표정을 아름답게 나타내기 위해서는 마음의 수양이 필요하다.

심리학자들의 연구에 의하면, 사람의 눈동자는 자신이 처해 있는 상황에 따라 형상이 달라진다고 한다. 또한 눈동자를 통하여 상대의 모든 정보를 뇌에 전달하고 판단하기 때문에 그 판단 결과는 눈동자를 통하여 표출된다는 것이다. 따라서 눈동자의 형태에 따라 마음을 읽을 수 있기 때문에 상대를 가벼운 마음으로 응시하도록 해야 한다.

대화할 때에는 상대의 눈을 응시하면서 메시지를 전달해야 한다고 교육을 하는 것도 바로 상대의 마음을 읽어가면서 대화를 진행하라는 의미일 것이다.

1) 매력적인 눈의 표정

① 대화중에는 상대의 미간을 응시한다.
② 정직하고 다정한 시선을 위해 눈 주위의 근육에 힘을 가볍게 가한다.
③ 대화의 상황에 따라 동공의 크기를 적절히 조절한다.

2) 삼가야 할 눈의 표정

① 눈을 자주 깜박이는 행위
② 안구를 좌우로 굴리는 행위
③ 상대방을 아래위로 훑어보는 행위
④ 눈을 흘기는 행위
⑤ 곁눈질하는 행위
⑥ 상대방을 뚫어지게 응시하는 행위
⑦ 눈가의 근육에 힘을 가하는 행위
⑧ 눈을 위로 치켜 뜨거나 아래로 뜨는 행위

2 미 소

인간이 대화를 하든 하지 않든 얼굴에서 풍기는 분위기는 그 사람의 감정을 읽을 수 있는 수단이 된다. 따라서 자신의 얼굴을 상대방에게 노출시킬 때에는 처해진 상황에 따라 다르겠지만 상대방에게 좋은 감정을 전달하기 위해서 노력해야 하는데, 슬픈 상황이나 두려운 상황이 아니라면 얼굴에 미소가 있어야 한다.

즉, 미소는 경우에 따라서 말은 하지 않지만 상대의 이야기에 동의한다는 무언의 대화를 의미하기도 한다. 특히 환대산업의 경우 고객을 대상으로 서비스를 제공하는 데 있어서 서비스 제공자의 미소(smile)가 빠진다면 서비스의 핵이 없는 것과 다름이 없다.

상술한 바와 같이 미소는 서비스의 가치를 높여주는 역할과 함께 지속적인 서비스의 구매로 연결되는 중요한 역할을 한다. 즉 서비스를 제공하는 데 있어서 상품 자체로서의 가치는 동일하지만 미소를 곁들인 서비스는 고객의 마음을 훈훈하게 하여 서비스를 획득하는 데 부담을 덜어주는 역할을 한다.

따라서, 서비스를 제공하는 사람은 항상 얼굴에 가벼운 미소로 고객을 응대하여 고객이 편안한 마음으로 서비스를 구매할 수 있도록 해야 한다. 예를 들면, 고객이 비위에 거슬리는 언행으로 불쾌하게 했을지라도 가벼운 미소와 함께 기교와 재치로 응대할 수 있는 아량이 있어야 한다.

아무리 잘생긴 선남선녀라 할지라도 얼굴의 표정이 어두우면 상대방에게 호감을 줄 수 없다. 미소는 어떠한 상황에서도 강력한 무기의 역할을 할 수 있으며, 어느 사람에게도 잘 어울릴 수 있는 수단이다. 미소는 상대방에게 편안한 기분이 들도록 해주고, 자기 자신에 대한 호감을 갖도록 해준다. 또한 미소는 좋은 이미지 가운데 인간관계를 유지시켜주어 결과적으로 자기 자신의 마음도 즐거워진다.

유교적 전통이 있는 우리나라에서는 얼굴의 무표정을 정상적인 표정으로 간주하기도 하나 외국에서는 무표정을 불만족이나 반감 등으로 이해한다. 또한 우리나라에서는 웃는 사람은 싱거운 사람으로 이해하고 있는 반면 외국에서는 웃는 얼굴을 친밀감을 나타내는 표현이라고 생각한다. 세계화를 추구하고 있는 현시점에서 표정관리에 대한 사고전환이 필요하다.

우리나라 사람들은 내적인 감정은 매우 따뜻할지라도 다음과 같은 이유로 다른 나라 사람들보다 미소 띤 얼굴을 표현하는 데 매우 인색하다.

첫째, 유교적인 영향이다. 오랫동안 유교적인 관습의 영향으로 어른 앞에서 웃는 행위가 흠이 되며, 여자가 큰 소리로 웃는 것도 예의에 어긋나는 행위로 간주되고, 어른에게 유머를 사용하는 것도 실례로 취급하였다.

둘째, 폐쇄적인 정치적 환경하에서 상당기간 동안 경제적으로 궁핍했기 때문에 기본적인 삶을 영위하기 위해 여유로운 표정으로 웃음을 지을 수 없었다.

셋째, 외부의 간섭을 싫어하는 민족일지라도 역사적으로 외부의 간섭과 침략이 끊임없이 계속되어왔기 때문에 웃을 수 있는 여유를 갖지 못했다.

넷째, 뿌리 깊은 자존심이다. 우리나라 사람은 한사코 자기 자신에 대한 속마음을 드러내지 않기 때문에 얼굴의 표정이 근엄하게 보일 수밖에 없다.

(1) 미소가 있는 입의 표정

표정 연구가에 의하면 미소짓는 입의 표정은 입 꼬리가 위로 올라가는 형태를 취해야 한다고 한다. 즉, 입 꼬리가 위로 올라가도록 웃는 얼굴은 매력적이며 상대방에게 호감을 줄 수 있다. 무심코 지나쳐버릴 수 있는 미소지을 때의 입 표정은 평소에 훈련에 의해서 매력적인 형태로 만들 수 있다. 입가의 근육은 나이가 들수록 처지는 경향이 있으나 젊은 사람일수록 입 꼬리의 근육에 탄력이 있어 연습에 의해서 아름다운 모습의 미소를 연출할 수 있다.

(2) 입의 근육

눈 언저리의 근육보다 입 언저리에 표정근이 집중되어 있기 때문에 입 언저리 표정근의 모습으로 상대의 기분을 파악할 수 있다. 따라서 서비스를 제공하는 사람은 항상 기쁜 마음으로 서비스를 제공하고 있다는 표정과 함께 미소를 지을 수 있도록 평소에 아름다운 입 꼬리의 형태가 표출될 수 있도록 노력해야 한다.

(3) 미소 훈련[1)]

1) 웃는 얼굴을 위한 발성법

웃는 얼굴을 만드는 연습에서는 입 언저리의 근육을 부드럽게 하기 위해 다음과 같이 발성연습을 한다.

제일 먼저 '하, 히, 후, 헤, 호' 연습을 한다. 기존 입 주위 근육운동은 '아, 에, 이, 오, 우'로 많이 했지만 '아' 대신 '하' 발음을 이용하면 운동 폭이 훨씬 강해진다. 사람들의 웃음소리가 주로 '하하하' '후후후' '호호호'이므로 이렇게 연습하면 보다 실제적이다.

하하, 후후, 호호는 품위 있는 웃음소리다. 하지만 히히, 헤헤는 그 반대이므로 이런 웃음소리는 내지 않는 것이 좋다. 하지만 입 꼬리 올려주기 근육운동에는 꼭 필요한 소리이므로 주의 깊게 발음해보자.

① '하' 소리 연습

큰 소리로 '하' '하' 하고 두 번 소리를 낸다. 턱이 움직일 정도로 될 수 있는 한 크게 입을 벌려 소리를 낸다.

1) 최동렬, 『관광서비스론』, 기문사, 1999, pp.199~200.

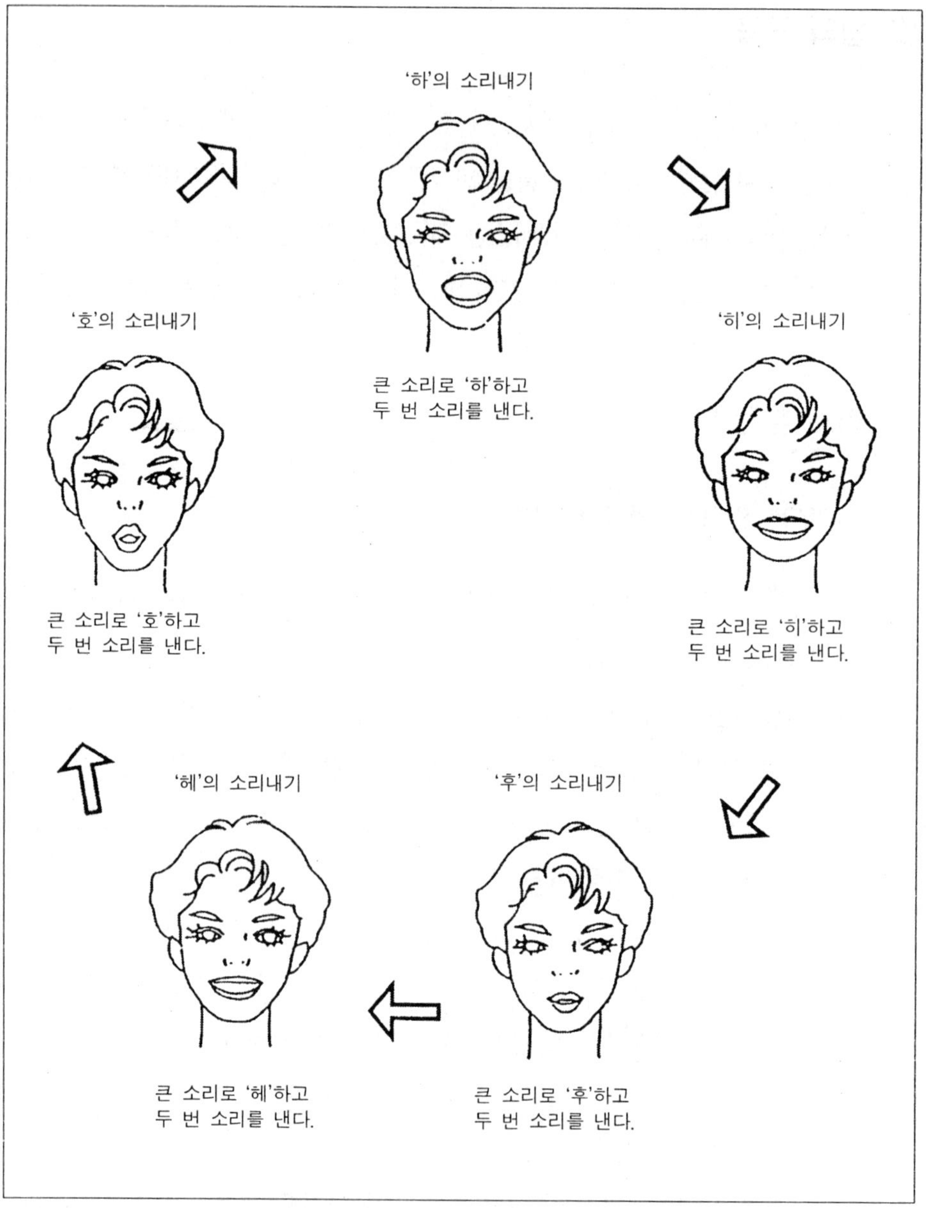

[그림 2-5] 발성연습과 함께 하는 미소연습

② '히' 소리 연습

큰 소리로 분명하게 '히' '히' 하고 두 번 소리낸다. 입 꼬리를 한 일자로 좌우로 힘껏 당기고 입술의 근육을 긴장시킨다.

③ '후' 소리 연습

큰 소리로 분명하게 '후' '후' 하고 두 번 소리낸다. 입 꼬리를 약간 긴장시키는 것처럼 입술을 가볍게 앞으로 내밀고 소리낸다. 생일 케이크 촛불 끌 때의 입 모양을 생각하면 된다.

④ '헤' 소리 연습

큰 소리로 분명하게 '헤' '헤' 하고 두 번 소리낸다. 입 꼬리를 의식하고 힘을 넣어 위로 올리는 것처럼 한다.

⑤ '호' 소리 연습

큰 소리로 분명하게 '호' '호' 하고 두 번 소리낸다. 입술을 뾰쪽하게 내밀고 입에 알사탕을 넣었다는 기분으로 한다.

2) 미소 근육운동

미소짓는 아름다운 입술을 위해서는 입술 근육운동을 해야 한다. 매일 입술 근육을 단련시키면 입 언저리의 주름도 방지하고 매력적인 입매를 만들 뿐 아니라 입 꼬리의 모양을 단정하게 하는 효과가 있다.

① 입 꼬리 누르기

두 집게손가락과 가운뎃손가락으로 입 꼬리를 누르고 입술을 앞으로 내민다. 입 꼬리가 느슨해지는 것을 방지한다.

② 볼 당기기

입술은 긴장을 풀고 다문 채로 두 손을 볼에 대고 가볍게 귀 방향으로 끌어올려주듯 당긴다.

③ 3볼 당겨 '후후' 소리내기

손은 볼 당기기 상태대로 손의 힘을 빼지 말고 '후' '후' 하고 몇 번 더 되풀이하여 소리낸다.

3) 웃는 얼굴을 유지하는 연습

① 크게 웃는 얼굴에서의 연습

크게 웃는 얼굴을 한 상태에서 입 꼬리를 두 집게(검지)손가락으로 고정시킨다. 입매의 근육이 원래대로 돌아가지 못하게 손가락 끝으로 입 꼬리 근육을 꽉 누른다. 이때 입매 근육을 제외한 다른 얼굴 근육은 최대한 풀어준다. 손가락 끝으로 입매의 근육이 움직이는 것을 확인하면서 10초간 이 상태를 유지한다.

② 보통 웃는 얼굴에서의 연습

크게 웃는 얼굴에서 보통 웃는 얼굴(1/2 크기 웃음)로 돌아간다. 두 집게손가락은 떼지 말고 그대로 입 꼬리를 고정시킨다. 원래의 모습으로 돌아가려고 하는 입매 근육의 움직임에 저항하기 위해서다. 이때도 손가락 끝으로 근육의 움직임을 확인하면서 10초간 웃는 얼굴로 있도록 한다.

③ 작게 웃는 얼굴에서의 연습

보통으로 웃는 얼굴에서 작게 웃는 얼굴로 돌아간다. 이때도 집게손가락을 떼지 말고 10초간 웃는 얼굴을 유지한다.

④ 입술을 다문 상태에서의 연습

입술을 다문 상태에서 10초간 집게손가락으로 입 꼬리를 고정시킨다.

⑤ 입을 최대한 오므린 상태에서의 연습

입 꼬리를 집게손가락으로 고정한 채로 입을 최대한 오므린다. 크게 웃는 얼굴에서 여기저기 손가락 끝으로 근육의 움직임을 확인하고 그대로 10초간 유지한다.

이러한 훈련은 하루에 4~5회 정도 해주는 것이 좋다. 안면운동을 할 때 가장 염두에 두어야 할 점은 평상시에 잘 사용하지 않는 근육을 움직여주는 것이다. 또 마음을 편안하게 가져 스트레스(stress)가 없는 상태에서 하는 것이 좋다.

입 꼬리가 처진 사람은 소근운동을 화장 전이나 목욕중, 또는 생각날 때마다 하는 것이 좋다. 근육유동을 해서 입 주위가 얼얼한 느낌이 들면 정확하게 했다는 증거이고 입 언저리 근육운동에 성공한 셈이다.

제4절 용 모

1 복 장

(1) 유니폼 착용자의 의의

'uniform'이라는 말을 사전에서 찾아보면 형용사로서 '동일한' '한 모양의' '일정한'이라는 의미와, 명사로서 '제복 · 군복 · 관복'의 의미를 가지고 있다. 이는 곧 개개인의 개성을 배제한 채 같은 모양의 옷을 착용한다는 의미이다. 따라서 적어도 유니폼을 착용한다는 것은 한 조직에 속해 있다는 것을 의미한다.

유니폼을 착용했다는 것은 그 유니폼이 대변하는 조직을 대표한다는 것이기 때문에 그 조직이 요구하는 행동 및 태도를 보여주어야 한다는 것이다. 환언하면, 기업은 종사원들의 유니폼 착용을 통해 종업원 개개인의 다른 생각이나 개성을 효율적으로 억제하는 동시에 그들을 기업의 이름으로 결속하여 소속감을 가지게 하는 효과를 얻을 수 있다.

군인의 예를 보면, 그들의 복장은 일반인들의 그것에 비해 확연히 구별되며, 그 제복의 모습만으로도 우리는 그들이 군인임을 쉽게 알아볼 수 있다. 유니폼이 그들이 속한 단체를 대표하여 말해준다는 것을 알 수 있는 부분이다.

그들의 유니폼(군복)을 착용하는 방법 또한 모두가 동일하다. 상의는 반드시 하의 안으로 집어넣고 상하의 재봉선을 정렬한다든지, 팔 소매를 접는 방법이나 바지를 걷는 법, 심지어 전투화 끈을 매는 법까지 모두가 동일하다. 그들 개개인은 분명히 개성이 있고 취향이 다르겠으나, 이처럼 같은 모습을 하고 있는 것을 보면 유니폼이(엄밀히 말하자면 단체가) 이들을 어느 정도 구속하고 있음을 알 수 있다.

군인들은 비가 와도 우산을 쓰지 않으며, 상급자를 만나면 경례를 하고, 인식표를 걸고 다니며, 계절에 따라 정한 군복을 입고, 호주머니에 손을 집어넣지 않는 등 여러 가지 행동에 보이지 않는 규제를 받는다. 이것은 이들이 소속된 단체가 요구하는 일종의 규칙이며, 이들이 유니폼을 착용하고 있는 한 지켜야 하는 것들이다.

또한, 군복은 착용하고 있는 사람으로 하여금 소속감도 느끼게 하여 군복을 착용한 다른 사람을 보면, 소속을 묻거나 하며 반가움을 나타내기도 한다.

이와 같은 예는 주위에서 쉽게 찾아볼 수 있으며, 누구나 경험하기도 한다. 학교에서는 교복이라 부르는 유니폼들을 정해 소속원들에게 착용하도록 하고, 소속원들은 그것으로 일체감을 느낄 수 있도록 한다.

과거에는 명문학교일수록 교복에 대한(사실은 그 학교에 대한) 자부심이 강했던 시절도 있었다. 하지만 그 교복을 착용한 후 느끼는 자부심·소속감이 증가하는 만큼 보이지 않는 규칙도 뒤따르는 법이다. 그리고 체육대회 같은 크고 작은 단체간의 스포츠 게임이 있을 경우에도 동일한 모양, 색깔의 유니폼을 착용하고 응원을 한다. 바로 소속감·일체감을 맛보기 위함이라고 볼 수 있다.

예를 들면, 유니폼을 입는다는 것은 그 유니폼이 나타내는 단체에 속해 있다는 표식이다. 유니폼을 통해 구성원들은 소속감·일체감·자부심 등을 느끼는 대신 각자의 개성을 상당 부분 양보한 채 그 단체가 요구하는 태도와 행동, 심지어는 생각까지도 나타내는 것이다.

(2) 서비스 제공자가 지켜야 할 복장

복장의 의미를 살펴보면 흔히 우리가 복장이라는 개념을 단순한 옷차림을 말하는 경우가 많은데, 물론 틀린 말이라고는 볼 수 없다. 하지만 사전적 의미의 '복장(服裝)'이란 나이나 직업·신분에 따라 달리 만든 옷이라는 것을 알 수 있다. 이와 같이 복장은 성별에 따라 또는 직업이나 사회적 지위에 따라 매우 다양하다.

사회생활을 하는 데 있어서 옷차림은 개성이나 신분을 고려한 다양한 형태가 있으나 옷차림의 형태에 따라 외모로 풍기는 이미지가 달라지는 경우가 많다. 또한 파티나 의식행사에서는 일반적으로 특별한 복장을 하기도 하지만 여기에서는 일반적으로 서비스 기업에서 고객을 상대로 서비스를 제공하는 종업원을 중심으로 근무할 경우 갖추어야 할 복장에 대해서 살펴보기로 한다.

1) 남자 종업원의 복장

① 유니폼은 구김 없고 깨끗하게 다림질을 잘하여 착용한다.
② 얼룩 또는 오물이 묻었을 때는 즉시 교환하여 착용한다(라커룸에는 항상 여분의 깨끗한 옷이 준비되어 있어야 한다).
③ 단추가 떨어졌거나 바느질이 터진 옷을 착용해서는 안 된다.
④ 착용한 복장에 먼지 · 비듬 등이 묻어 있어서는 안 된다.
⑤ 명찰은 옷깃에 가리지 않도록 하며, 왼쪽 정위치에 반듯하게 단다(대부분의 호텔 종사원의 유니폼에는 명찰이 달려 있다).
⑥ 주머니가 불룩해지는 것을 막기 위해 불필요한 것을 넣지 않는다.
⑦ 메모를 위한 펜은 항상 안쪽 주머니에 넣는다.
⑧ 와이셔츠의 소매 끝이나 깃의 오염에 주의한다.
⑨ 옷자락이 바지 바깥으로 보여선 안 되며, 소매 길이는 3~5mm 정도로 유니폼 소매보다 조금 긴 것이 적당하다.
⑩ 넥타이(tie)는 항상 제 위치에 반듯하게 매어져 있는지 확인한다.
⑪ 넥타이 핀(tie pin)은 바르게 착용한다.
⑫ 구두는 항상 깨끗하고 광택이 나도록 손질된 검정색 단화를 착용한다.
⑬ 모양이 너무 화려하거나 장식이 복잡한 구두는 피한다.
⑭ 구두 밑창이나 뒷굽을 항상 점검한다.
⑮ 양말은 검정색 계통으로 청결하게 착용한다.

2) 여자 종업원의 복장

① 유니폼은 구김 없고 깨끗하게 다림질을 잘하여 착용한다.
② 얼룩 또는 오물이 묻었을 때는 즉시 교환하여 착용한다(라커룸에는 항상 여분의 깨끗한 옷이 준비되어 있어야 한다).
③ 단추가 떨어졌거나 바느질이 터진 옷을 착용해서는 안 된다.

④ 착용하고 있는 복장에 먼지·비듬 등이 묻어 있어서는 안 된다.

⑤ 명찰은 옷깃에 가리지 않도록 하며, 왼쪽 정위치에 반듯하게 단다(대부분의 호텔 종사원의 유니폼에는 명찰이 달려 있다).

⑥ 주머니가 불룩해지는 것을 막기 위해 불필요한 것을 넣지 않는다.

⑦ 스커트(skirt)는 회사에서 지급된 것으로 임의로 올리거나 내려서 착용해선 안 된다.

⑧ 한복 치마는 땅에 끌리지 않도록 길이를 맞추고, 저고리 동정은 수시로 교체하여 깨끗이 한다.

⑨ 블라우스(blouse)의 소매 끝이나 깃의 오염에 주의한다.

⑩ 옷자락이 스커트 바깥으로 보여선 안 되며, 소매 길이는 3~5mm 정도로 유니폼 소매보다 조금 긴 것이 적당하다.

⑪ 리본(ribbon)은 항상 제 위치에 반듯하게 매어져 있는지 확인한다.

⑫ 에이프런(apron)은 다림질이 잘된 것으로 매듭을 보기 좋게 묶어 사용한다.

⑬ 모양이 너무 화려하거나 장식이 복잡한 구두는 피한다.

⑭ 구두 밑창이나 뒷굽을 항상 점검한다.

⑮ 스타킹은 짙은 색상을 피하고 엷은 살색을 착용하며, 스타킹이 흘러내리거나 올이 나가지 않은 것으로 착용한다.

(3) 서비스 제공자의 복장이 영업에 미치는 영향

서비스를 판매하는 영업장, 또는 다른 종류의 모든 영업장에서 고객과 직접 접촉하는 종업원이 영업에 미치는 영향이란 별도로 설명할 필요가 없을 만큼 매우 중요하다고 볼 수 있다.

종업원으로부터 창출되는 서비스가 주 상품인 영업장은 물론 상품의 판매가 주업무인 영업장에서도 판매시 이루어지는 종업원의 서비스는 그 영업장의 매출과 밀접한 관계가 있다.

사람의 복장은 그 사람을 상징하는 첫인상의 일부분이기도 하며, 잘 모르는 사람을 판단할 때 첫인상 · 겉모습이 많은 영향을 끼치는 것 또한 사실이다. 영업장에서 종업원이 미치는 영향이 큰 점을 돌이켜볼 때 종업원의 겉모습(복장)이 고객의 심리, 곧 구매행동이나 태도에 어떤 영향을 끼칠지는 너무나도 분명한 사실이다.

이와 같은 현상을 기업들은 너무나도 잘 인식하고 있기 때문에 우리 주위를 보게 되면 많은 영업장이 종업원들의 복장에 상당한 관심을 기울이는 것을 볼 수 있다.

이와 같은 이유로 인하여 호텔은 물론, 백화점, 패션매장, 크고 작은 식당들, 주유소, 택시·버스 기사, 항공사, 철도, 금융기관, 유흥업소 등과 같은 조직에서는 어김없이 종업원들의 복장에 적지 않은 신경을 쓴다는 것을 알 수 있다.

식당을 방문하는 경우 그곳의 종업원들에게서 단정하고 깨끗하다는 인상을 받게 된다. 서비스를 제공하는 그들의 청결한 복장은 고객에게 그 식당의 음식 또한 그렇게 청결할 것이라는 일종의 신뢰감을 심어준다. 즉, 종업원의 복장상태는 식당의 영업에 많은 영향을 줄 뿐만 아니라 이는 곧 고객만족으로 이어져 식당의 매출향상에 도움이 된다는 것이다.

또한 택시나 버스 같은 대중교통 운전기사들의 복장을 살펴보면 교통경찰관의 복장과 비슷하다는 것을 느낄 수 있을 것이다. 그것은 아마도 승객들에게 '안전'의 의미를 제공하는 목적이 있을 것이고, 자유분방한 복장보다는 교통경찰관의 분위기를 느끼게 하는 복장이 승객들에게 안심을 줄 수 있기 때문일 것이다.

백화점이나 고급 의류매장의 종업원들은 그 복장이 하나같이 깔끔하고 세련된 느낌을 준다. 고객들은 세련되어지기를 원하며, 세련된 복장은 그들이 권하는 상품에 대해서도 호감을 갖게 하는 경우가 많다. 즉, 옷차림새가 세련되지 못한 종업원이 권하는 것보다 세련된 복장을 한 종업원이 권유하는 상품에 더 많은 관심을 갖는다는 사실이다.

주유소의 종업원들은 일반적으로 활동적인 복장을 하고 있으며, 그들이 착용하고 있는 복장에는 그 기업의 브랜드 이미지(brand image)나 특징이 아주 잘 나타나 있다는 것을 알 수 있다. 그들의 모자며, T셔츠, 점퍼에는 그 기업의 로고(logo)가 아주 확실히 새겨져 있는 경우가 대부분이다. 이것은 종업원들의 복장을 통하여 기업의 이미지를 고객들에게 심어주기 위한 노력일 것이다.

호텔을 이용할 때 그곳에 있는 종업원들의 복장을 보면 단정하고 청결하며 정중하기까지 하다. 이러한 복장과 태도는 고객에게 더불어 단정하며 청결하고 정중한 차림과 태도를 유도한다고 볼 수 있다.

이와 같은 사실을 바탕으로 복장에 관해서 종합해 보면 공통점을 발견할 수 있다. 그들의 복장은 모두 각 영업장 나름대로의 특색을 살려야 하고, 고객이 편안하게 느낄 수 있어야 한다는 점이다. 고객에게 위압감이나 부담감을 주는 복장은 아무리 그 자체의 가치가 높더라도 서비스가 주는 부가가치를 잃는다는 것이다.

기업들은 종업원의 복장을 통해 고객으로부터 원하는 것을 간접적으로 얻으려 하고 있다. 각 영업장의 분위기와 목적을 고려해 알맞은 복장을 선택함으로써 그것이 영업에 미치는 효과를 극대화시키려고 노력한다. 그리고 종업원의 복장을 통하여 기업홍보의 효과도 얻고 있다.

(4) 서비스 제공자의 용모

'용모(容貌)'라 하면 대개 사람의 겉모습을 말하는 경우가 많은데 그렇다면 앞에서 말한 복장도 용모에 포함되는 개념인가? 용모의 사전적인 개념을 살펴보면, '용모란 명사로서 얼굴 모양을 일컫는 말'이다. 따라서 우리는 훨씬 넓은 의미로 해석할 경우가 많지만 어휘 본래의 의미를 알아둘 필요가 있다고 생각한다.

2 몸 단 장

단정한 용모와 복장은 선천적인 자질이 아니고 후천적으로 길들여지는 것이기 때문에 세련됨과 내면에 쌓여진 교양과 지성을 창조하기 위해 부단한 노력이 요구된다. 따라서 주위 사람들 앞에서 항상 겸손한 마음과 진정으로 서비스를 제공할 수 있는 마음의 자세가 갖추어져 있음을 보여줄 수 있도록 예의를 지켜야 한다.

① 손을 바지의 주머니에 넣지 않도록 한다.
② 양손을 뒤로 하지 않는다.
③ 앉아서 휴식을 취할 경우에는 양다리를 꼬지 않고 한쪽 다리에 중심을 두고 다른 한쪽 다리는 가볍게 앞으로 내민다.
④ 의자 · 탁자 · 벽 · 기둥 등에 절대로 기대지 않는다.
⑤ 다른 사람과 잡담을 하지 않아야 한다.
⑥ 머리를 빗거나 옷매무새 등을 고칠 경우에는 고객이 보이지 않는 곳에서 한다.
⑦ 항상 상대의 요구에 적극적으로 응할 수 있는 자세를 취하고, 가볍게 긴장한 모습으로 대기한다.

(1) 머 리

1) 여 성

앞머리가 너무 내려오지 않도록 항상 단정히 빗고 얼굴에 어울리는 형태로 요란스럽지 않은 상태를 유지한다. 여성의 머리 스타일은 항상 단정하고 깔끔한 인상을 주어야 하는데, 다음과 같은 사항에 주의해야 한다.

① 단발머리

앞이마가 넓은 사람의 경우 앞머리를 짧게 잘라 가지런히 내리면 아주 귀엽다. 이와 같은 머리의 형태는 머리길이가 너무 짧지 않도록 주의하고, 앞머리의 길이는 눈썹 정도 내려오는 것이 적당하다.

② 포니테일

머리를 뒤로 묶어 행동하는 데 편리한 머리 형태이다.

③ 리본(ribbon)

여성은 머리를 리본으로 장식하여 예뻐지고 싶어하나 요란스러운 리본의 사용은 피하는 것이 좋다.

2) 남 성

신사숙녀의 기본 자세는 언제나 두발이 단정해야 하므로 전문적인 서비스 제공자다운 모습을 풍기도록 해야 한다. 이와 같이 프로다운 모습이 되기 위해서 지켜야 할 사항은 다음과 같다.

① 옆머리가 귀를 덮어서는 안 된다.

② 뒷머리가 셔츠의 깃을 덮지 않도록 한다.

③ 앞머리는 이마를 덮지 않도록 짧게 깎고 반듯하게 빗는다.

④ 머리가 날리는 것을 방지하고 산뜻하게 보일 수 있도록 머릿기름(포마드 · 무스 · 스프레이 · 젤리 등)을 바른다.

⑤ 머리의 색깔을 바꾸기 위해 일부분 또는 전체에 약품을 사용해서는 안 된다.

⑥ 수시로 거울을 보아 흩뜨려진 머리를 빗어 청결한 상태를 유지한다.

⑦ 가발인 경우에는 목덜미 부분을 바짝 쳐올려서 뒷머리를 짧게 한다.

⑧ 뒷머리가 셔츠 깃 부분에 덮이지 않도록 하고, 단정히 빗으로 손질하여 우로부터 7 : 3 비율의 위치에 가르마를 유지한다.

(2) 얼 굴

얼굴은 자신을 나타낼 수 있는 가장 중요한 포인트이기 때문에 상대와의 분위기를 생동감 넘치도록 만들기 위해서 항상 밝은 표정을 유지할 수 있도록 얼굴을 관리해야 한다. 즉, 평상시에 사람을 응대할 때에는 부드럽고 온화한 표정을 지어야 하며, 기쁠 때, 슬플 때, 엄숙한 식전 등과 같이 때와 장소에 따른 표정과 적응이 무엇보다 중요하다.

얼굴 피부는 결이 곱고 매끄러우면서 탄력성 있는 중성 피부로 가꾸는 것이 바람직하며, 상대에게 호감을 줄 수 있어야 한다.

1) 여 성

① 귀걸이나 목걸이 등의 액세서리(accessary)는 소형이면서 간단한 것을 선택하고, 가능하면 서비스를 제공하는 시간에는 착용하지 않는 편이 좋다.

② 얼굴의 화장은 진하게 하지 않도록 하고, 향이 강한 화장품은 사용하지 않는다.

③ 얼굴에 상처를 입었거나 기타 질병으로 인하여 연고나 반창고를 붙였을 경우에는 가능하면 상대가 볼 수 없도록 최대한 감추도록 해야 한다.

④ 얼굴은 지나치게 그을린 상태가 되지 않도록 한다.

⑤ 식사 후에는 반드시 양치질을 해야 한다.

2) 남 성

상대가 자신을 가장 먼저 볼 수 있는 곳이 얼굴이기 때문에 좋은 인상을 줄 수 있도록 항상 밝은 표정을 지어야 하고, 상대에게 부드러운 이미지를 자아낼 수 있도록 노력해야 한다.

① 얼굴에 상처가 난 경우에는 상처의 부위를 최대한 가릴 수 있도록 한다.
② 매일 면도를 하여 턱수염이나 콧수염이 보이지 않도록 한다.
③ 세면이나 면도 후에는 반드시 기초 화장품을 사용하여 피부를 보호한다.
④ 얼굴은 지나치게 햇볕에 그을리지 않도록 한다.
⑤ 식사 후에는 반드시 양치질을 하여 입안의 냄새와 오물을 제거한다.
⑥ 상대방 앞에서 재채기·기침·딸꾹질 등을 하지 않도록 조심한다.
⑦ 귓속이나 콧속은 항상 청결하게 한다.

(3) 손

손은 자칫하면 청결에 소홀히 하기 쉬우나 손은 대화를 하면서 제스처나 방향 제시 등으로 상대의 눈앞에 가장 가깝고 자주 보이게 되는데, 청결하지 못하면 자신의 품위를 상실하게 된다. 또한 손은 위생 측면에서 손톱이 2mm 이상 길어서는 안 되고 청결하게 유지해야 한다.

1) 여 성

① 손톱은 적당히 깎아 불순물이 손톱 사이에 끼지 않도록 한다.
② 매니큐어(manicure)는 색상이 있는 것보다 무색이나 엷은 색을 선택하여 바르도록 한다.
③ 손목시계는 스포츠나 장식용이 아닌 일반적인 것으로 착용하고 손등까지 흘러내리지 않도록 한다.
④ 팔찌와 반지 등의 액세서리나 보석류는 가능한 한 착용하지 않는다.
⑤ 손은 항상 깨끗하게 관리하여 청결을 유지한다.

2) 남 성

① 손등에 문신이 있는 경우 반드시 제거하도록 해야 한다.
② 손톱은 주기적으로 깎아 불순물이 끼지 않도록 관리한다.
③ 시계는 손목 윗부분에 착용하고 스포츠용 시계를 착용해서는 안 된다.
④ 손등이나 바닥에 각질이 발생하지 않도록 기초 화장품을 바른다.
⑤ 팔찌와 반지 등의 액세서리나 보석류를 착용해서는 안 된다.

(4) 구두 및 양말

파티(party)나 회의 등과 의식행사에 참석하기 위해 정장 차림으로 착용할 경우에는 자기의 발에 알맞고 편안하게 걸을 수 있는 구두를 선택한다. 또한 구두는 야하거나 장식이 요란스럽게 달린 것을 신어서는 안 되며, 절대로 뒷굽을 구겨 신어서도 안 된다. 양말은 어두운 색상을 착용하고 헤진 양말이나 무늬가 들어 있는 것을 착용해서는 안 된다. 눈이나 비가 내리는 날 외출을 하여 구두에 흙이나 물기가 묻어 있는 상태로 활동을 하는 것도 실례이다. 이러한 상태에서 실내에 들어갈 경우에는 반드시 흙이나 물기를 말끔히 털고 들어가야 한다.

1) 여 성

① 구두는 활동하는 데 편리하도록 뒷굽이 너무 높지 않아야 하고 검정색 계통을 착용한다.
② 구두의 뒷굽이 닳아서는 안 되며, 항상 윤이 나도록 해야 한다.
③ 스타킹의 경우 색상이 있는 것은 피하고, 피부 색깔과 비슷한 살색을 착용하도록 한다.

TIP

멋을 위한 스타킹의 선택

지하철 맞은편 좌석에 앉은 아줌마의 치마 아래로 보이는 무릎 길이 스타킹에 눈살을 찌푸려본 경험은 누구나 한 번쯤 갖고 있다.

아이보리색 추하용 구두에 검은색 스타킹을 보란 듯이 신었거나 밤무대 가수나 연예인처럼 검정 그물 스타킹을 신고 대낮에 활보하는 용감한 여성들도 있다.

그러나 이제 스타킹도 패션시대다. 그날 분위기에 따라 의상이 달라지듯이 옷차림에 맞는 스타킹을 제대로 골라 신어야 멋쟁이다.

스타킹을 고를 때는 긴 치마, 짧은 치마, 바지 중 어떤 옷을 입느냐에 따라 적절한 제품을 선택해 그날의 맵시를 살려주는 센스가 필요하다.

짧은 치마나 바지를 입을 때 일반 팬티스타킹을 신으면 팬티 부분과 다리 부분의 이음새를 없앤 제품을 선택하는 것이 좋다.

바지 정장을 입을 때는 평범한 커피색 스타킹 대신 발목 부분에 화려하고 우아한 레이스가 달린 스타킹 양말을 신어보자. 정장 바지에 판타롱 스타킹을 신었을 때의 흘러내리는 불편함과 양말을 신었을 때의 투박함을 동시에 없애준다.

따스한 봄바람 속에 야외 나들이를 계획하고 있다면 자외선 차단의 효과가 첨가된 스타킹이 적합하다. 피부에 유해한 자외선으로부터 손상받기 쉬운 다리를 보호해준다.

여름이 가까워지면 발끝이 트인 샌들을 신는 여성이 많아지게 된다. 이때는 발끝을 재봉선이 없게 처리한 스타킹이 안성맞춤이다.

조금 밋밋해 보이는 단색 치마 정장 아래 패션 스타킹으로 악센트를 준다. 귀여운 이미지를 강조하고 싶다면 자잘한 꽃무늬 패턴이 들어간 제품을 신는다.

— 매일경제신문, 2000년 4월 28일자 —

① 외부에서 고객을 만나 업무를 수행하는 사람은 옷의 색깔에 어울리는 색상의 구두를 착용하도록 한다.

② 샌들은 단순한 모양이어야 하며, 실내에서 꺾어 신으면 안 된다.

2) 남 성

① 구두의 색상은 검정색 계통을 착용한다.

② 구두의 뒷굽이 닳아서는 안 되며, 앞굽은 항상 광택이 나도록 손질해야 한다.

③ 양말은 검정색 계통의 색상을 착용하고 너무 두꺼운 것은 피한다.

④ 외부에서 고객을 상대하는 종업원은 양복의 색상에 어울리는 색깔의 구두를 착용해도 무방하다.

⑤ 신발을 절대로 꺾어 신어서는 안 된다.

⑥ 앵글 부츠(angle boots)는 정장 차림에 어울리지 않으며, 캐주얼(casual)용으로 신는다.

(5) 액세서리

몸의 치장을 위해 다양한 형태의 액세서리가 사용되는데, 너무 요란한 것을 착용해서는 안 된다. 목걸이 · 귀걸이 · 팔찌 · 반지 등은 사치스럽지 않은 것으로 옷차림과 조화를 이룰 수 있도록 착용한다. 최근에는 남성도 각종 목걸이 · 반지 · 팔찌 등의 액세서리를 착용하는데 가능하면 이와 같은 액세서리를 착용하지 않는 것이 좋다.

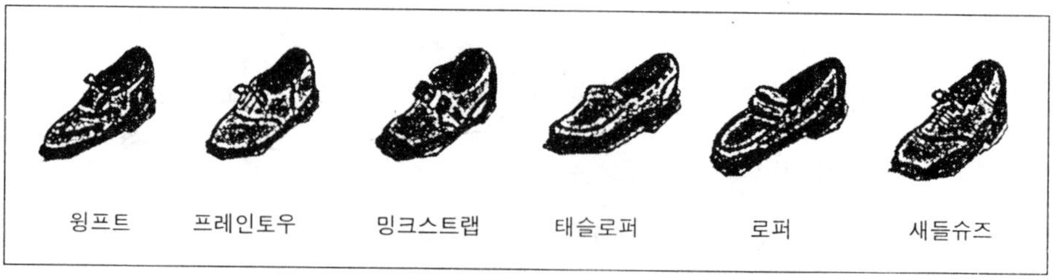

[그림 2-6] 남성구두의 종류 : 검정색 계통을 착용

(6) 모 자

일상생활에서 모자를 착용한다는 것은 매우 드문 일이지만 외출하는 경우 개인의 선호에 따라 모자를 착용할 경우에는 다음과 같은 매너를 염두에 두어야 한다.

1) 여 성

여성의 경우 모자의 착용이 일반화되어 있으며, 특별한 경우를 제외하고는 모자를 쓴 상태에서 대화할 수 있으나 다음과 같은 경우에는 모자를 벗어야 한다.

① 세미나나 회의를 위한 연회행사에 참석할 경우에는 반드시 모자를 벗어 클로크 룸(cloak room)[2]에 맡기거나 모자를 벗어 무릎 위에 올려놓아야 한다.
② 만찬석상에서는 모자를 벗어야 한다.
③ 여성이 고객을 초대한 주빈일 경우에도 모자를 벗어야 한다.

2) 남 성

여성은 특별한 경우를 제외하고 쓰고 있는 모자를 벗지 않아도 무방하지만, 남성의 경우는 관례적으로 다음과 같은 경우에는 반드시 모자를 벗도록 해야 한다.

---

2) 고객의 외투나 모자·소지품 등을 맡아두는 곳으로, 보통 여성용과 남성용으로 구분되어 있다. 예를 들면, 호텔에서 연회행사의 참석자들이나 식당 고객들이 소지한 개인물품을 맡기고 행사장이나 식당에 들어갈 수 있도록 클로크 룸을 운영하고 있다.

① 실내에 들어가거나 머물 때
② 길에서 여성고객과 이야기를 나눌 때
③ 실외에서 소개를 받았을 때
④ 실외에서 지인(知人)을 만났을 때
⑤ 작별인사를 할 때
⑥ 선배나 성직자를 만났을 때
⑦ 외부 사람으로부터 인사를 받았을 때(모자를 가볍게 들어올린다)
⑧ 여성을 동반한 친구를 만났을 때(모자를 가볍게 들어올려 경의를 표한다).
⑨ 동행한 사람이 아는 여성과 인사를 할 때

3 화 장

화장은 여성이 지켜야 할 기본적인 예의이지만 너무 진한 화장은 오히려 상대방에게 부정적인 이미지를 줄 수 있기 때문에 연하게 하는 것이 아름다워 보인다. 특히, 젊은 여성일수록 자연상태의 얼굴 피부가 순수해 보이고 매력적일 수 있다. 따라서 자신의 매력 포인트를 강조할 수 있는 가벼운 화장을 해야 한다.

① 화장은 눈 주위나 입술 등이 너무 요란하지 않도록 한다.
② 기초 화장은 개성을 살려서 한다.
③ 화장을 업무중에 해서는 안 된다.
④ 너무 진한 향수를 사용하여 주위 사람에게 자극을 주지 않도록 한다.
⑤ 아이섀도(eye shadow) · 아이라인(eye line)은 진하지 않게 하며, 속눈썹은 붙이지 않는다.

〈표 2-3〉 여성의 아름다운 화장법

눈 화 장	입 술 화 장
• 자신의 얼굴색과 어울리는 색을 선택한다. • 아이섀도는 자연스럽게 펴서 바른다. • 붙이는 속눈썹이나 색깔 있는 마스카라는 오히려 부담이 될 수 있다. • 지나친 화장은 상대를 어색하게 할 수 있으므로 삼가는 것이 좋다. • 눈썹은 상대방이 알아볼 수 없을 정도로 엷게 칠한다.	• 자신의 복장과 어울리는 색상의 립스틱(lipstick) 혹은 립그로스 등을 사용한다. • 립스틱은 치아에 묻지 않도록 한다. • 립스틱을 너무 진하게 발라 번들거리면 안 된다. • 입술선을 따라 자연스럽게 발라준다.

TIP

향수의 올바른 사용법

1. 보석이나 모피에 뿌리는 것은 바람직하지 않다.
2. 향수의 냄새를 많이 발생시키기 위해서는 귀 뒤, 손목, 목 뒤, 발목 등과 같이 맥박이 뛰는 부분에 뿌린다.
3. 향취는 보통 밑에서 위로 올라오기 때문에 하체의 일부분이나 치마 또는 바지에 뿌리면 움직일 때마다 은은한 향기를 즐길 수 있다.
4. 향수는 여러 가지를 섞어서 사용하지 않는다.
5. 조문이나 의식행사 등과 같이 정숙한 자리에는 향수를 가볍게 뿌리도록 한다.

4 호감가는 외형적 이미지의 변신 요령

외형적인 이미지는 유전적으로 타고나는 부분도 있겠지만 대부분이 후천적이며 다원적이고 다변적이다. 나라는 사람은 하나지만 '나'에 대한 이미지는 수없이 많은 모습으로 타인에게 비춰지고 있다.

이제 타인의 시선에 나의 이미지를 그냥 맡겨두어서는 안 된다.

내가 타인에게 보여주고 싶은 이미지를 스스로 선택해서 연출해야 한다. 이미지의 연출은 남을 위해서가 아닌 바로 자기 자신의 삶의 질을 높이기 위한 작업이기 때문이다.

자신감을 잃지 않도록 하며 자신의 외모에 대해 스스로 책임을 지고 이미지 향상을 위해 노력하고 자신의 단점은 인정할 것은 인정하고 위축되지 않은 자세를 길러야만 보다 호감 있는 외형적 이미지를 연출할 수 있다.

(1) 헤어스타일

헤어스타일은 그 사람의 인상을 좌우하는 절대적인 변수가 될 수 있다. 먼저 자신의 얼굴형을 제대로 파악하는 것이 중요하다. 장점을 최대한 살리고 결점을 보완할 수 있는 헤어스타일을 결정하는 것이 첫 번째 작업이고, 둘째로 전체적인 이미지를 고려해서 때에 따라 변신을 시도해보도록 한다.

1) 모발관리

윤기와 매끄러움, 건강함은 아름다운 모발을 유지시켜 주는 3대 요소이다. 즉, 모발에 윤기와 광택이 있으며 매끄럽고, 또 부서지거나 갈라지지 않고 건강해야 아름다운 머리라 할 수 있다. 그러나 매연, 소음 등의 공해와 정신적·육체적 스트레스나 파마, 염색, 젖은 헤어기구의 사용 등으로 모발의 손상이 많다.

TIP

꼭 필요한 모발관리 포인트

모발은 특별히 관리하는 방법이 있다기보다 평소에 작은 생활습관이 중요하다.

1. 샴푸 후에는 타월로 머리의 물기를 닦아내고 어느 정도 자연건조를 시킨 다음에 드라이한다. 닦을 때는 모발을 비비거나 박박 문지르지 않는다.
2. 드라이어로 말릴 때는 모발이 부분적으로 뜨겁게 되지 않도록 주의한다. 모발에서 25~30cm 정도 떨어져서 전체적으로 온풍이 닿아야 모발이 상하지 않는다.
3. 전기 헤어컬 등의 기구는 고온이 되면 될수록, 오래하면 할수록 모발에 나쁜 영향을 미치므로 1회에 170도, 30초 정도 사용하는 것을 기준으로 한다.
4. 나일론계의 브러시는 마찰이 크므로 가능한 한 피하도록 한다. 돼지 동물 털이나 나무 브러시를 이용하면 모발에 더욱 윤기가 난다.
5. 연어 등의 흰살 생선류, 쇠고기의 살코기 부위, 간 등의 비교적 지방이 적은 동물성 식품은 모발에 영양을 공급해주므로 적극적으로 섭취한다.
6. 모발의 구성성분인 단백질을 공급해준다. 양질의 단백질 덩어리인 달걀은 탈색되거나 갈라진 머리카락을 회복시키는 데 더 효과적이다.

모발의 특성상 손상은 쉽게 되지만 회복하는 데는 많은 노력과 시간이 필요하므로 평소에 머리손질과 두피 마사지, 팩 등으로 건강하고 아름다운 모발을 유지하도록 노력해야 한다.

건강하고 윤기 있는 머릿결만으로도 적극적이며 생기 있는 이미지로 비춰질 수 있음을 명심하라.

2) 얼굴형에 따른 헤어 연출

헤어스타일만큼 사람의 인상을 달라 보이게 하는 것이 또 있을까?

자기 얼굴형이나 분위기에 꼭 맞는 헤어스타일을 찾는다면 자신만의 이미지를 개성 있고 분위기 있게 연출할 수 있을 것이다. 얼굴형에 따른 개성을 최대한 살리고 결정을 커버할 수 있는 헤어스타일을 알아보자.

외형적 이미지 변신에 가장 큰 역할을 할 수 있는 헤어스타일은 어떤 색으로 염색을 하는가도 빼놓을 수 없는 중요한 부분이다. 색이 주는 심리적인 영향력은 첫 인상의 가장 첫 번째 요인이기도 하기 때문이다.

특히 자신의 피부색이나 눈동자 색과 맞는 머리카락 색깔을 제대로 선택한다면 이미지 변신의 첫 번째 성공작업이 된다.

(2) M/P

1) 피부 미용

피부는 계속해서 피지를 분비하고 있기 때문에 알맞은 습기가 있어 먼지나 세균이 흡착되기 쉬운 상태이다.

〈표 2-4〉 얼굴형과 헤어연출

계 란 형	어떤 스타일도 소화해낼 수 있는 이상적인 얼굴형이다. 개성적으로 보이고 싶을 때 올백 스타일의 과감한 커트로 섹시하게 변신해보는 것도 좋은 방법이다. 단, 키를 비롯한 체격조건과 전체 자신의 이미지를 고려해서 결정하는 것이 현명하다.
둥 근 형	단발형의 스타일을 원할 때 복고풍의 옆은 길고 뒤는 약간 올려치는 스타일이 좋으며 앞머리를 가리지 않게 이마를 드러내는 편이 좋다. 머리카락 부피가 옆쪽에 많이 올리는 단발 파마는 촌스러움을 유발할 수 있다.
사 각 형	개성적이며 지적인 가장 현대적인 얼굴형이다. 약간 흘러내리는 듯한 자연스런 단발머리는 가장 지적인 느낌을 주며 흐트러진 듯한 굵은 웨이브도 멋지게 소화해낼 수 있다. 앞머리를 클레오파트라처럼 자른다든지 귀여운 스타일의 핀이나 헤어밴드 등은 이미지와 어울리지 않음을 기억하도록 한다.
장 방 형	이마를 한쪽만 비스듬히 가리고 부드러운 곡선의 긴 웨이브 머리가 좋다. 앞가르마를 한 긴 생머리는 피하는 것이 좋다.
역삼각형	귀엽고 발랄한 이미지를 낼 수 있는 최적의 얼굴형이다. 웨이브가 적고 많은 파머머리형도 소화해낼 수 있고 세미커트도 발랄해 보인다.
마름모형	광대뼈가 튀어나온 스타일로 억세 보일 수 있으므로 눈썹도 부드럽게 그려주고 헤어스타일도 부드러운 이미지를 만들어야 한다. 윗머리를 적당히 볼륨을 주어 초라한 느낌만을 피하는 것이 좋다.

또 얼굴에도 오래된 각질, 즉 때가 생겨나므로 세안을 게을리 한다면 이런 더러운 것들이 얼굴에 쌓여 피부를 숨쉬지 못하게 하므로 여드름이나 피부 노화 촉진이 일어나게 된다.

2) 고운 피부를 망치는 열 가지 적

① 피부를 자극하는 일

피부의 가장 중요한 기능은 보호작용이며 이것은 피부의 제일 바깥층인 각질층과 표면 지방막이 담당한다. 비누 등의 청결제가 너무 강하거나 화학섬유로 된 수건 등으로 피부를 심하게 자극하는 것은 극히 해롭다.

② 약용크림의 남용

여드름이나 기미를 만들거나 악화시킨다. 특히 부산피질 호르몬제를 얼굴에 많이 바르면 악성 여드름이 생기거나 모세혈관이 확장된다.

③ 정신적 긴장과 수면부족

피부를 거칠게 하거나 기미, 여드름을 발생시키며 심하면 머리털을 빠지게도 한다.

④ 과도한 일광 노출

피부를 두껍게 하고 검버섯, 피부암, 피부색의 과잉침착을 가져온다. 특히 과도한 향료가 든 화장품을 바른 후의 자외선 노출은 피부, 염증과 색소침착을 쉽게 가져온다.

⑤ 생리불순과 변비

장운동이 원활하지 않고 여성 호르몬의 균형이 깨지면 잔주름이나 여드름, 기미 등이 생긴다.

⑥ 짙은 메이크업

지나치게 짙은 메이크업을 하면 피부의 신진대사와 호흡이 방해되어 거칠고 건조한 피부로 되며 노화가 쉽게 일어난다.

⑦ 편식과 과식

음식을 골고루 잘 먹고 비타민이나 광물질의 섭취는 물론 신선한 야채와 과일이 피부에 좋다.

⑧ 약의 남용

필요 없이 과다하게 먹는 항생제, 피임약, 고혈압 치료제 등은 피부병을 일으킬 수 있다.

⑨ 지나친 기호품

술이나 담배, 커피 등이 지나치면 메이크업도 잘 받지 않고 잔주름이 생겨 마치 '젊은 늙은이' 같은 피부를 만든다.

⑩ 화장품의 오용

남에게 좋은 것이 자기에게도 좋으란 법은 없다. 화장품에는 유행이 있지만 메이크업 테크닉은 일반적인 것을 제외하고는 자기만의 것을 개발해야 한다. 비싼 화장품이 반드시 좋은 화장품이 아니며 또한 이것에 의한 메이크업 테크닉이 최상의 것은 아니라는 이야기이다.

또한 스트레스는 피부의 가장 큰 적이다. 피부는 스트레스나 짜증에 아주 민감하다. 스트레스를 적당히 해소할 수 있는 요령을 터득하고 즐겁고 긍정적인 사고도 스트레스를 줄일 수 있는 좋은 방법이 된다. 또한 피부관리를 위해서는 첫째로 자신의 피부특성을 알아두는 것이 중요하다.

〈표 2-5〉 피부 타입별 특성과 관리 요령

	건성피부(dry skin)
특 징	• 피지분비가 적어 피부에 윤기가 없고 피부의 표면이 거칠다. • 세안을 하고 난 후 손질하지 않으면 피부가 당기고, 퍼석퍼석하고, 환절기가 되면 하얀 각질이 일어나기도 한다. • 피부에 유수분이 부족한 상태라 노화현상이 빨리 오고 입가나 눈꼬리에 잔주름이 생기기 쉽다. • 여드름이나 뾰루지 등 피부 트러블은 적지만 화장이 잘 먹지 않고 하루종일 푸석푸석해 보인다.
관 리	• 건성피부는 기름기가 부족하기 때문에 순한 비누로 세안해야 하며 언제나 적당한 모이스처라이저를 발라 피부를 촉촉하게 한다. • 피부에 자극을 일으키지 않으면서 건조함을 막아주는 제품을 쓰고 물을 자주 마신다. • 수분과 유분이 땀으로 많이 빠지기 때문에 사우나탕 같은 곳에 오래 있지 않도록 한다. • 다른 피부 타입보다 피지선의 활동이 둔하므로 혈액순환과 신진대사를 도와주는 마사지를 한다.
클렌징	• 세안 시 탈지력이 강한 비누 사용은 삼가고 폼클렌징 크림을 사용한다. • 너무 뜨거운 물로 세안하면 피지가 지나치게 씻겨져 나가므로 반드시 미지근한 물을 사용하도록 한다. • 피부건조가 심한 경우에는 세안도 하루에 한 번만 하는 것이 좋다.
팩	• 바나나팩 재　료 : 바나나 으깬 것, 영양크림 약간 만들기 : 세안한 얼굴에 고루 바른다. 랩을 씌워 20분 정도 둔다. • 계란팩 재　료 : 계란노른자 1개, 꿀 1티스푼, 레몬즙 1티스푼 만들기 : 거품기를 이용해 마요네즈가 되도록 한다. 깨끗이 세안하고 준비된 팩을 20~30분 정도 둔다. 여름휴가 후나 겨울철 건조한 피부에 더욱 좋다.

지성피부(oil skin)	
특 징	• 피지분비량이 많아서 더러운 오염물질이나 먼지 등이 달라붙기 쉽다. • 전체적으로 피부가 번들거리고 코와 이마(T-zone) 부위에 유분이 많다. • 코 주변에 때가 낀 것처럼 미세한 검은 점들이 많다. • 모공이 눈에 잘 띄며 피부가 약간 두꺼운 편이다. • 피부결이 고르지 않고 거친 편이고 여드름이나 뾰루지 등의 피부트러블이 자주 생긴다. • 화장을 해도 금방 번들번들해지고 쉽게 지워져서 피부가 칙칙해 보인다.
관 리	• 철저한 세안으로 과다하게 분비되는 피지를 제거하면서 유분이 적은 기초 제품을 선택해 거친 피부를 방지하는 데 주력한다.
클렌징	• 유분이 적은 클렌징 젤이나 로션을 선택하고 클렌징 폼이나 비누로 반드시 이중세안을 한다. 특히, 피지분비가 많은 T-zone 부위에 아스트리젠트를 충분히 적힌 솜을 올려놓고 10분 정도 진정시켜주면 번들거림이 덜해진다.
팩	• 필 오프타입의 제품을 선택, 일주일에 2~3회 정도 해주는 것이 좋고 팩을 한 후 아스트리젠트와 에센스로 기초 손질을 마무리하면 된다.

복합성 피부(dry-oil skin)	
특 징	• 볼 부위는 중성이나 건성인데 T-zone 부위는 번들거린다. T-zone 부위에 여드름이나 뾰루지가 자주 생기며 계절이 바뀌면 피부 트러블이 자주 생긴다.
관 리	• 중성, 건성, 지성 피부의 특징이 모두 나타나는 복합성 피부는 부분에 따라 각각 다른 손질을 해주어야 한다.
클렌징	• 건조한 다른 부분에는 보습이나 영양을 보충해 주어야 한다.

민감성 피부(sensitive skin)	
특 징	• 특별한 질환이 없는데도 여드름, 발진, 알레르기 등 피부 트러블이 잦은 타입은 민감성 피부로 분류한다. • 피부 조직이 섬세하고 얇아 기후나 화장품 등 외부의 물리적인 자극이나 물질들에 대하여 민감하게 반응하는 피부 타입이다. • 건성, 지성, 여드름, 노화된 피부 등 어느 피부 타입에나 민감한 피부가 있을 수 있으며, 특히 모세혈관이 확장되어 혈액순환이 되지 않아 피부가 붉게 보이는 피부는 외부의 자극을 피해야 한다. 한마디로 델리케이트한 피부라고 말할 수 있는데 개인에 따라 그 원인과 반응에 차이가 있을 수 있다. 가령 과민감성 피부인 사람은 평소 바르던 화장품에 의해서도 가려움증을 일으키기도 하고, 추운 곳에서 따뜻한 실내로 들어오면 피부가 가렵고 얼굴이 빨갛게 되는 경우도 있다. • 그 민감도를 결정하는 요인은 유전적 · 개인적 · 환경적 요인뿐 아니라 직업적인 관계나 인종에 따라서도 달라질 수 있다. 이렇듯 가려움증과 피부건조증 같은 가벼운 증상에서 피부발진이나 두드러기와 같은 심한 증상까지도 나타난다

관 리	• 과도한 영양 공급이나 물리적인 자극을 피하는 것이 좋다. • 에센스나 영양크림을 적당히 사용하는 것이 바람직하다. 또한 영양크림을 바르더라도 거칠게 피부를 문지르는 마사지 동작을 피하고 부드럽게 손질하는 것이 좋다. • 기초 손질 제품으로는 손상된 모세혈관 피부 전용 제품을 선택하고 비타민 C를 충분히 섭취하는 것이 좋으며 외부적인 요인 못지 않게 스트레스 같은 심리적 요인도 중요하므로 마음을 편안하게 가져야 한다.
클렌징	• 일주일에 몇 번씩 딥클렌징 팩을 하거나 세수할 때마다 각질제거제를 쓰는 등 이런 행동은 피하도록 한다. • 심하면 피부염을 일으킬 위험이 있다. • 오염된 메이크업 도구를 사용하지 말아야 된다. 스펀지, 퍼프, 브러시 등의 화장도구는 주 1회 정도는 세제로 씻어 항상 청결을 유지한다.

제5절 전 화

2 전화의 역할

전화는 개인이나 조직에서 필수적인 수단이 되고 있기 때문에 전화에 대한 응대 서비스는 일상생활에서 중요한 역할을 한다.

특히, 전화는 상대방을 보지 않고 유선이나 무선으로 음성을 통하여 대화를 하는 도구이기 때문에 상대방의 표정이나 자세를 읽지 못한다.

전화 서비스는 상대의 음성만으로 분위기를 파악하면서 대화를 해야 하므로 최대한의 경어와 음성의 부드러움으로 상대의 마음을 편안하게 해야 한다.

따라서 전화응대 서비스는 개인이나 기업의 이미지를 좌우하는 수단이 되고 있다.

(1) 전화응대의 특성

전화는 공간을 초월하여 원거리의 고객과 함께 업무에 대한 이야기나 비즈니스(business)에 대한 상담을 할 수 있는 수단이기 때문에 특별히 전화응대에 대한 매너가 요구되고 있다.

서비스업계에서는 전화를 이용하여 상품이나 서비스 판매를 위한 상담과 판촉활동을 수행하고 있으며, 제한된 시장의 고객까지도 확보하고 있다.

서비스 기업에서 전화는 다음과 같은 역할을 한다.

① 간접응대로서 목소리만의 응대이다.
② 고객접점의 제1선이다.
③ 에티켓이 요구된다.
④ 얼굴 없는 면담이다.
⑤ 예고 없이 찾아오는 방문객이다.

(2) 전화응대의 기능

전화를 이용한 비즈니스는 서비스 기업에서 다양한 수단으로 이용되고 있다. 예를 들면, 시장조사의 수단으로 고객의 의견을 청취하거나, 마케팅 수단으로 새로운 상품의 정보를 제공하거나, 고정고객(loyal customer)의 관리업무를 수행할 수 있다.

전화의 일반적인 기능은 다음과 같다.

① 업무를 신속하게 처리할 수 있다.

② 마케팅 조사를 위한 정보수집의 기능이 있다.

③ 수신자는 시간의 제약을 받지 않고 메시지를 통하여 상대의 의견을 인지할 수 있다.

④ 신상품을 소개하거나 상품이나 서비스의 예약 접수의 기능을 수행한다.

(3) 전화 에티켓

전화는 상대가 처해 있는 상황을 인지하지 못한 상태에서 이루어지기 때문에 상대에 대한 특별한 배려가 요구된다. 특히 업무적으로 바쁜 시간이나 개인적인 시간을 취하고 있는 시간에는 전화를 피해야 한다.

또한, 상대가 특별한 이유로 인하여 의도적으로 수신을 거부하는 경우에도 긴급한 전화가 아니면 다음으로 미루는 것이 좋다.

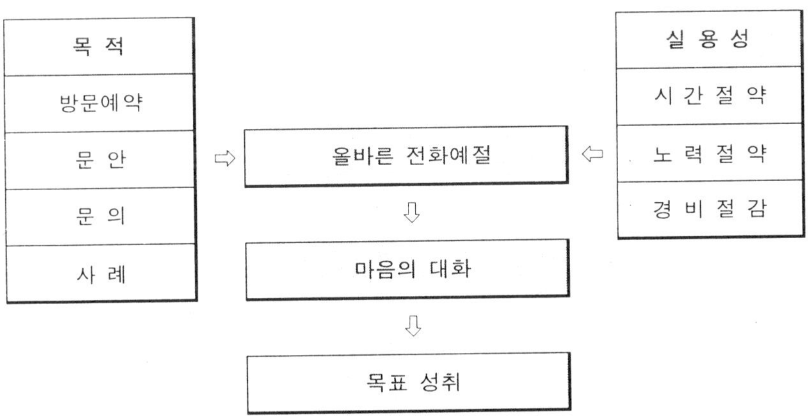

[그림 2-7] 전화의 역할

특히 최근에는 시간과 공간적인 제약을 받지 않는 이동전화(mobile phone)의 보급이 확대되어 상대와 언제라도 통화가 가능하지만, 상대의 업무활동 상황이나 시간대를 고려하여 조심스럽게 통화연결을 해야 한다. 또한 국제전화인 경우에도 상대국의 시차를 고려하여 편리한 시간대를 이용하여 전화를 걸어야 한다.

이러한 점을 고려하여 다음과 같은 시간대에는 전화를 피하도록 한다.

1) 출근시간대

업무파악이나 각종 회의로 인하여 바쁜 시간이므로 특별한 경우가 없는 한 전화를 피하는 것이 예의이다. 기업의 영업을 담당하는 부서는 아침부터 고객을 접촉하기 위해 대부분 전화를 이용하지만 상대가 부담을 느끼지 않는 시간대에 전화를 걸어야 한다.

2) 점심시간 전후

점심시간 전후에는 개인적인 약속이나 업무를 처리하고 휴식을 취하는 경우가 대부분이므로 전화를 삼가도록 한다. 특히, 직장생활을 하는 사람인 경우 하루의 일과 중에서 잠시 동안이라도 개인적인 시간을 갖기 원하기 때문이다.

3) 퇴근시간대

기업 내에서 하루의 업무를 마무리하는 시간으로서 업무처리에 바쁘기 때문에 가능하면 상대에게 부담이 되는 전화는 삼간다.

4) 심야전화

아무리 개인적인 전화일지라도 심야에는 자신을 위한 시간을 갖고 휴식을 취하고 있는 시간이기 때문에 가능하면 전화를 익일로 미루는 것이 바람직하다.

(4) 전화기 근처에 비치해두어야 할 것

① 메모용지
② 필기도구
③ 전화번호부
④ 자주 거는 상대방의 전화번호 리스트

2 전화통화의 종류

오늘날에는 정보통신의 발달로 인하여 전화의 보급이 일반화되어 세계 어느 곳이든지 실시간으로 통화가 가능하게 되었다. 과거에는 전화 이외의 통신수단을 이용하였으나 최근에는 거의 전화를 통한 정보의 교환이나 전화를 이용한 의사전달이 보편화되어 전화는 생활의 필수품으로 여겨지고 있다.

또한 통신기술의 발달은 유선뿐만 아니라 무선으로 통신(mobile telecommunication)이 가능하여 공간의 제약을 받지 않는 시대가 되었으므로 전화 서비스에 대한 에티켓이 절실히 요구되고 있다.

(1) 시내전화

시내전화(city call)는 거주지 내에서 통화하는 것을 말하는 것으로, 지역번호 없이 다이얼을 하여 전화통화를 할 수 있다. 대부분의 직장에서는 시내통화를 개방하고 있으나 업무 이외의 용도로 사용해서는 안 된다. 전화통화에 대한 비용부담도 있으나 더 중요한 것은 서비스를 제공하는 동안 종업원이 고객 앞에서 사적인 내용의 전화를 한다면 실례를 범하는 것이다.

(2) 국제전화

서비스 기업의 글로벌화(globalization)로 인하여 대부분의 경우 다국적 기업의 성격을 띠고 있기 때문에 국제전화가 점차적으로 증가하고 있는 추세이다.

특히 호텔이나 항공사 · 여행사 등과 같은 기업은 업무특성상 국제 관련 업무의 비중이 높기 때문에 국제전화에 대한 일반적인 규범과 절차를 표준화하여 고수준의 통신문화를 이룩해야 하겠다.

1) 수신자부담 전화

수신자부담 전화(collect call)는 전화국의 교환을 통하여 전화를 받는 상대방이 전화요금을 부담하는 전화로서, 교환은 상대를 연결하여 요금부담 여부를 문의한 다음 상대가 승낙을 하면 최종적으로 전화를 연결하는 방법이다. 우리나라에도 이러한 전화통화 방식이 일반화되어가고 있다. 예를 들면, 관광지에서 가족에게 전화통화를 할 경우 전화비용을 자신의 집 전화번호로 부담하여 전화통화를 할 경우 아주 편리한 제도이다.

2) 지명통화

지명통화(person to person call)는 국제전화를 거는 데 있어서 상대방의 전화번호와 통화하고 싶은 상대를 직접 연결하는 통화방법으로, 전화를 연결하였으나 원하는 상대가 부재중일 경우에는 요금이 부과되지 않는다. 그러나 지명통화를 신청하여 전화통화를 한 경우에는 요금이 비싸진다.

3) 번호통화

번호통화(station to station call)는 일반적인 전화통화 방식으로 상대의 전화번호로 연결하는 전화이다. 최근에는 대부분 교환을 통하지 않고 직접 다이얼링(direct dialing)하도록 되어 있어 전화번호만 있으면 세계 어느 곳이든 통화를 할 수 있다.

(3) 이동전화

통신기술의 발달로 무선전화가 급속히 보급되어 성인이면 대부분 이동전화(mobile phone/cellular phone)를 소지하고 있어 이동전화에 대한 매너(manner)가 습관화되지 않아 사회문제로 대두되고 있다. 고객과의 대화나 상담시에 자신의 이동전화로부터 신호음이 울리면 실례가 되기 때문에 이러한 경우에는 반드시 이동전화를 끄거나 매너 기능으로 전환시켜놓아야 한다. 특히 대학의 강의실에서도 이동전화의 벨이 울려 강의를 방해하고, 기차나 항공기 내에서도 마치 업무를 보면서 여행하는 것처럼 이동전화의 이용빈도가 많아 주변의 고객을 짜증나게 하는 경우가 있기 때문에 이에 대한 사회적 규제가 시급하다.

TIP

이동전화의 올바른 사용법

1. 통화는 가능하면 짧게 한다.
2. 전화를 받을 때에는 적당한 장소로 이동하여 받고 목소리는 적게 한다.
3. 전화벨은 작게 하고 가능하면 진동으로 작동되도록 한다.
4. 공공장소나 특별한 의식행사장에서는 이동전화의 스위치를 끄도록 한다.
5. 차량 운전중에는 절대로 이동전화를 사용하지 않는다.

TIP

이동전화 예절 10계명

- 병원에서 사용 금지
- 운전중 사용 자제

- 볼륨을 줄여서 사용
- 꼭 필요할 때만 사용
- 공공장소에선 꺼둘 것
- 통화할 때 조용히
- 가급적 공중전화 이용
- 청소년들의 가입 자제
- 보행중 사용 자제
- 장난전화 금지

3 전화응대의 방법

(1) 송신예절

전화는 반드시 상대가 처해 있는 상황(TPO : time, place, occasion)을 고려하여 걸도록 해야 한다. 유선전화는 물론이거니와 특히 이동전화인 경우 상대가 식사를 할 수도 있고, 회의나 강의를 할 수도 있기 때문에 신중을 기하여 걸어야 한다.

1) 준비사항

전화를 연결하기 전에는 짧은 시간에 메시지를 간단하고 명확하게 전달하기 위해 전화하고자 하는 내용을 미리 정리하고, 상대의 의견이나 통화내용을 기록할 수 있는 메모지(memo pad)나 펜 등을 준비하도록 해야 한다.

일반적으로 전화통화를 위한 준비사항은 다음과 같다.

① 상대의 전화번호가 정확한가를 재확인한다.

② 용건이나 대화할 내용 및 순서를 미리 정리한다(이때 복잡한 내용은 미리 메모해둔다).
③ 메모지와 필기도구를 미리 준비한다.
⑤ 상대방의 이름이나 직함 등을 미리 파악한다.

2) 전화 거는 방법

요즘에는 이동전화기를 통한 전화뿐만 아니라 사이버 공간(cyber space)을 이용하여 전화통화를 하는 경우가 점차 증가하고 있는 추세이다. 즉, 개인 컴퓨터(personal computer)의 모뎀(modem)을 통하여 상대방과 통화하는 경우를 말한다.

어떠한 통신수단이라 할지라도 전화를 걸 경우에는 전화번호를 정확히 확인하는 것을 잊지 않아야 한다.

① 왼손으로 수화기를 들어 왼쪽 귀에 댄다.
② 발신음을 확인하고 번호를 천천히 정확히 누른다.
③ 호출음이 들리면 상대가 나올 때 이야기할 수 있도록 준비한다.
④ 이동전화인 경우에는 가능하면 실내의 조용한 곳에서 전화를 걸어야 한다.
⑤ 이동전화의 송신상태가 불량일 경우에는 잠시 후에 이용하거나 유선전화를 사용한다.

3) 통화 요령과 용건의 전달방법

① 상대가 나오면 먼저 자신의 신분을 밝힌 후 상대를 확인한다.
② 상황에 알맞은 간단한 인사말을 건넨다.
③ 용건은 간단하고 요령 있게 순서를 정해서 이야기한다.

④ 날짜나 숫자 등 중요한 부분은 상대가 정확히 이해했는지 반드시 재확인한다.

⑤ 걸려오는 전화를 예상하여 용건은 간략히 마쳐야 한다.

⑥ 상대가 부재중일 때를 고려하여 부탁내용을 미리 생각해둔다.

⑦ 상대의 전화에 메시지를 남길 경우에는 메시지의 내용을 간단명료하게 남긴다.

4) 전화가 도중에서 끊겼을 때

① 반드시 건 쪽에서 다시 전화를 걸어 죄송하다는 말과 함께 계속 통화한다.

② 통화 도중 끊겼을 경우 재다이얼링(redialing)을 하여 끊긴 것을 사과한다.

③ 이동전화인 경우에는 끊길 것을 대비하여 미리 상대에게 이동전화라는 사실을 알린다.

TIP

직장에서의 전화 받는 법

상대방의 목소리가 들린다면 자기가 건 데와 틀림이 없는가를 먼저 확인한다. "여보세요, ○○회사인가요?" 하고 묻는다. 그렇다는 대답이 있으면 자기의 회사명과 성명을 말한다. "○○호텔 마케팅부서의 ○○○입니다"라고 말한다. 상대방이 원하는 사람이 아니면 찾는 분을 바꾸어달라고 부탁한다. 그것을 확인하지도 않고 용건을 말한다면 경솔하게 보일 수 있기 때문에 삼가야 한다.

특히 전화를 받을 때는 오랫동안 인사를 해서는 안 된다. 상대방의 사정을 충분히 고려하여 가능하면 간단명료하게 대화를 하고 용건이 끝나면 "바쁘신 데도 불구하고 시간을 빼앗아 죄송합니다"라는 말과 함께 전화를 끊는다. 다만 상대방에게 예의를 표현하기 위해 통화가 끝났을지라도 2~3초는 수화기를 귀에 대고 있는 것이 바람직하다.

왜냐하면 찰칵하고 난폭하게 수화기를 놓는 소리는 상대방의 수화기를 통하여 들리기 때문에 아무리 기분 좋은 통화라도 최후의 수화기 놓는 소리로 상대방이 전화 거는 태도를 의심하여 이미지를 손상시키는 일이 없도록 해야 한다.

5) 전화를 끊을 때

① 간단한 감사의 인사말을 전한다.

② 조용히 끊는다(연령·직위 등의 상급자나 고객이 먼저 끊는 것을 확인하고 수화기를 내려놓는 것이 예의이다).

(2) 수신예절

1) 전화응대의 3원칙

① 신 속

- 전화벨이 2~3번 이상 울리기 전에 수화기를 든다.
- 벨의 횟수가 증가하면 할수록 송신자를 짜증나게 한다.

② 정 확

- 수신자의 말 속도를 천천히 한다.
- 목소리의 발음을 정확히 한다. 특히 숫자 중에서 1(일), 2(이), 10(십) 등 발음상 혼동되기 쉬운 것은 '하나', '둘', '열' 식으로 새겨서 확인한다.
- 목소리의 톤(tone)을 높인다.
- 말끝을 끌지 않는다.
- 의문사항은 반드시 재확인한다.

③ **친 절**

- 밝은 음성 · 표정 · 자세가 음성에 섞여 나오도록 한다.
- 메모를 습관화한다.
- 최대한 경어를 사용한다.

2) 전화응대의 기본 요령

① 전화는 상대를 앞에 두고 대화하는 것처럼 받는다.

② 고객을 맞이하는 마음으로 전화를 받는다.

③ 발음은 정확하게 한다.

④ 태도는 친절하고 말은 정중하게 한다.

3) 전화 받기 전의 기본 자세

① 왼손으로 수화기를 잡는다(송화거리는 5~7cm).

② 오른손으로는 필기도구를 잡는다(메모용지 준비).

③ 전화벨이 2~3회 울리면 받는다.

④ 자세는 의자에 단정히 앉은 상태로 받는다.

4) 찾는 사람이 본인이 아닐 경우

① 즉시 담당자에게 바꾸어줄 경우 : 상대편의 소속 · 성명 · 용건을 들은 다음에는 다시 말하지 않도록 담당자에게 정확히 전달한다.

② 담당자가 용무중으로 즉시 담당자에게 바꾸어줄 수 없는 경우 : 이유를 분명히 밝히면서 “잠시만 기다려 주십시오”라고 한다.

- 잠시 후 담당자가 받으면서 “기다리게 해서 죄송합니다”라는 말을 전한다.

• 오랜 시간(30초 이상) 기다리게 될 경우에는 수화자가 "죄송합니다만 통화중입니다. 조금만 기다려 주시겠습니까? 아니면 전화를 드리라고 할까요?"라고 묻는다.

TIP

올바른 전화통화의 예절

올바른 전화응답법(telephone etiquette)

* 전화를 받을 때 :
  - Greeting (Good Morning, Good Afternoon, Good Evening) Department (Name) Speaking, May I help you?
  - 한 전화의 응답중에 또 다른 전화가 울릴 경우

* 응답중인 전화 통화자에게 :
"Name/Sir/Madam, would you hold for a moment, please?"
(죄송합니다만 삼시만 기다려 주시겠습니까?)

* 또 다른 전화를 받을 때 :
"Good Morning(afternoon, evening), could you please hold on for a moment? I'll be right back."
(죄송하지만 잠깐 기다려 주십시오. 곧 도와 드리겠습니다.)

* 기다리던 손님에게 :
"Thank you for waiting. May I help you?"
(기다려 주셔서 감사합니다. 무엇을 도와 드릴까요?)

* 통화를 끝낼 때 :
"Thank you for calling."
(전화해주셔서 감사합니다.)

전화는 3번 이상 울리기 전에 반드시 받아야 한다. 메시지를 받을 땐 상대방의 말을 반복하여 확인한다. 목소리는 항상 명랑하게 미소를 담고 이야기한다.

5) 찾는 사람이 부재중일 경우

① 부재중인 이유(회의 · 외근 · 출장 · 결근 등)를 전하고 대신 용건을 받아도 좋은가를 묻는다. (예) "지금 외근중인데 어느 분이시라고 전해 드릴까요?"

② 상대가 대리통화를 허락하면 정중히 묻고 반드시 메모하고 용건은 반드시 복창하여 재확인한다.

③ 내용을 잘 모르는 경우에는 잘 아는 사람에게 대신 받도록 한다.

④ 찾는 사람이 돌아오면 이쪽에서 걸도록 하겠다는 대답을 해준다.

6) 용건을 마치고 전화를 끊을 경우

① 간단한 인사를 한다. "그럼 안녕히 계십시오. 다음에 또 뵙겠습니다."

② 수화기는 연령이나 직위가 높은 사람 · 고객 등이 먼저 끊고 조용히 제자리에 놓는 것이 예의이다.

7) 잘못 걸려 왔을 경우

① 상대방이 당황하지 않도록 정중하게 전화번호를 확인한다.

② 공손하게 받는 자의 신상을 밝힌다. "여기는 OOO-OOOO번, OO 마케팅부서 OO입니다. 죄송합니다만 전화를 잘못 거신 것 같습니다" 라고 공손히 응답한다.

(3) 메시지 처리 요령

찾는 사람이 부재중일 경우에는 반드시 6하 원칙에 의하여 용건을 메모하고 돌아오는 즉시 전달하여 처리하도록 해야 한다. 특히 직장에서는 영업에 관련된 경우가 대부분이므로 용건을 신속하고 정확하게 전달하여 기업의 이미지를 향상시켜야 할 것이다.

실제로 이미지가 좋고 우량기업일수록 전화 메시지를 매끄럽게 처리하는 것을 경험할 수 있다.

전화 왔었습니다

_______________ 귀하

월　　일　　시　　분에

의　　씨로부터

전하는 말씀

☐ 전화 왔었다고만 전해 달라고

☐ 전화해 달라고(☎　-　) 교환 (○○○)으로

☐ 또 전화하신다고(　시　분경에)

☐ 직접 오신다고(　일　시경에)

용건 :

받은 사람 :

(참고 : 해당란에 ☑함).

[그림 2-8] **전화 메시지 용지의 예**

제6절 사이버 통신 에티켓

1 사이버 통신의 기본교양

오늘날 사이버 공간을 통하여 각종 통신이 이루어지고 있으며, 엄청난 정보가 교환되고 있어 무분별하고 사회윤리를 벗어난 현상이 발생하고 있다. 따라서 인터넷을 이용하는 사람들이 혼란스럽지 않고 윤리와 도덕을 지키면서 편리하게 사이버 공간을 이용하기 위해서는 서로가 지켜야 할 에티켓이 요구되고 있다. 이로 인해 네티즌(netizen)이 지켜야 할 네티켓(netiquette)이라는 신조어가 등장하게 되었다. 즉, 네티켓은 네티즌과 에티켓의 합성어이다.

기본적인 네티켓은 인터넷 서비스를 사용할 때에는 네트워크의 부하(load)를 고려해야 하고, 게시판이나 토론 그룹에 글을 적을 때 다른 사람들이 자신의 글을 읽은 것이 시간낭비가 되지 않도록 해야 하며, 다른 사람의 실수를 용서할 줄 알아야 한다.

또한 누군가가 맞춤법에 어긋난 글을 적거나 어리석은 질문을 할지라도 친절하게 대하여야 하고, 사소한 잘못은 눈감아주고 큰 잘못이라 느껴 그것을 알리고자 할 때에는 정중하게 지적하여야 한다. 이때에는 개인적인 메일을 보내는 것이 좋다. 발신인의 실수로 잘못 배달된 이메일(e-mail)은 발신인에게 사실을 알려주는 친절과 배려가 필요하다.

(1) 암 호

암호(password)는 사이버 공간의 개인 사서함을 드나들 수 있는 열쇠와 같은 역할을 하는 것으로 소중하게 관리해야 하며, 암호를 관리하는 데 있어서 다음과 같은 사항을 준수하도록 한다.

① 사용자는 자신의 암호를 철저히 관리해야 한다.
② 암호는 쉽게 짐작할 수 없는 것으로 정한다.
③ 이름, 생년월일, 주민등록 번호, 학번, 자동차 번호, 군번, 전화번호 등은 쉽게 해킹(hacking)당할 우려가 있다.
④ 주기적으로 암호를 바꾸어준다.

(2) 통신상 대인관계 예절

상술한 바와 같이 통신은 상대방을 응시하지 않고 글로서 대화하는 수단이기 때문에 특별한 에티켓이 요구된다. 따라서 에티켓을 잘 지키는 현대인이 되기 위해서는 사이버 통신을 하는 데 있어서 다음과 같은 규칙을 지키도록 각자가 노력해야 하겠다.

① 전자게시판(electronic bulletin board) 등에 처음으로 접속하면 소개 메일을 공개로 띄운다.

② 처음으로 통신하는 사람에게 자신의 신분을 밝힌다.
③ 타인에 대한 비방을 삼간다.
④ 거친 용어, 외설스러운 표현, 그리고 상소리를 삼가도록 한다.
⑤ 다른 사용자의 계층과 연령을 고려한다.

(3) 저작권

사이버 공간은 각종 정보를 공유할 수 있는 장소이므로 정보 게재자의 저작권(copyright)을 존중해야 한다. 따라서 게재된 정보를 이용하기 위해서는 다음과 같은 사항을 준수해야 한다.

① 다른 사람의 글을 인용할 경우에는 원전을 표기한다.
② 통신 시스템(telecommunication system) 내에서 상용 프로그램(commercial program)을 복사할 수 있도록 게재해서는 안 된다.
③ 관심 분야의 정보를 이용할 경우에는 게재자와 통신을 이용하여 협의한다.
④ 특정한 정보나 글을 게재할 경우에는 출처와 게재자를 정확하게 밝히도록 한다.

2 게시판

사이버 통신에는 각종 정보를 제공하는 사이트(site)가 많이 있는데 그 사이트마다 게시판을 운영한다. 게시판의 글을 통하여 운영자는 사이트의 의견을 수집하기도 하고, 자신이 목표하는 바를 달성하기 위한 목적으로 운용하기도 한다. 따라서 네티즌들은 사이트의 게시판을 이용할 때에는 반드시 표준언어를 사용해야 하며 존대어를 사용해야 한다. 그렇지 않으면 글을 읽는 사람들이 혼란스럽거나 상대방에게 불쾌감을 줄 수 있기 때문이다.

① 게시판의 글은 간단명료하게 쓴다.
② 게시물 내용을 나타낼 수 있는 적당한 제목을 표기한다.
③ 문법에 알맞은 표현과 올바른 맞춤법을 사용한다.
④ 근거 없는 내용이나 애매모호한 사실의 내용을 올리지 않는다.
⑤ 자기의 생각을 일방적으로 주장함으로써 상대방에게 불쾌감을 주지 않도록 한다.
⑦ 다른 사람이 게재한 글에 대해 지나친 반박은 삼간다.
⑧ 음란한 내용은 절대로 기술하지 않는다.

공개자료실

공개자료실은 각종 정보를 관심 분야의 네티즌들이 서로가 공유하기 위해 운영하는 것으로, 최근에는 일상생활에서부터 전문 분야의 자료에 이르기까지 필요한 정보를 검색할 수 있도록 되어 있다. 따라서 공개자료를 사이버 공간에 올리거나 이용하는 네티즌들은 건전한 목적으로 정보를 게재하고 이용하는 환경을 조성하는 데 앞장서야 하겠다.

① 상업용 소프트웨어는 올리지 않는다.
② 음란물은 절대로 올리지 않는다.
③ 공개용 소프트웨어를 올리기 전에 반드시 바이러스 검색을 한다.
④ 유익한 프로그램이나 자료를 받았으면 배포자에게 감사의 메일을 보낸다.
⑤ 공개자료실에 등록할 자료는 가능하면 압축한다.

4 네티켓

앞에서 설명한 바와 같이 네티즌들이 건전한 환경 가운데 통신을 이용하여 각종 정보를 얻고 사교활동을 하는 데 있어서 윤리와 도덕의 바탕에서 이루어지기 위해서는 무엇보다 네티켓을 철저히 지키는 습관을 길러야 한다.

(1) 남성의 네티켓

① 사이버 공간과 현실을 혼동하지 않는다.
② 컴퓨터에 자신을 팔지 않는다.
③ 적절한 감정조절로 자신의 행동을 반성한다.
④ 상대방에게 모욕(욕설 · 비방 · 혐오감 · 수치심)을 주지 않는다.
⑤ 상대방에게 피해(해킹 · 사이버 폭력 · 테러)를 주지 않는다.
⑥ 채팅(게임)에서 만난 상대를 자신과 동등한 입장에서 존중한다.
⑦ 포르노(음란물)의 노예가 되지 않는다.
⑧ 타인의 자료(정보)를 허락 없이 도용하지 않는다.
⑨ 자신의 감정(스트레스) 풀이를 위해 통신을 남용하지 않는다.
⑩ 건전한 통신문화를 지키고, 예의를 준수한다.

TIP

채팅의 10계명

1. 입장 혹은 퇴실할 때 서로에게 인사를 나눕시다.
2. 상대방의 호칭은 "대화명"님이라 합시다.
3. 진행되는 주제에 맞는 대화를 합시다.
4. 상대방에게 불쾌감을 주는 대화를 하지 맙시다.

5. 초보자를 위해 배려합시다.
6. 연하(연상)의 상대방을 존중해줍시다.
7. 음란 · 퇴폐스러운 대화를 하지 맙시다.
8. 불건전한 만남을 전제로 대화를 하지 맙시다.
9. 언어폭력도 폭력입니다. 상대방에게 피해를 주지 맙시다.
10. 대화방을 건전한 만남과 정보교류의 장으로 만듭시다.

(2) 여성의 네티켓

① 사이버 공간과 현실을 혼동하지 않는다.

② 컴퓨터에 자신을 팔지 않는다.

③ 적절한 감정조절로 자신의 행동을 반성한다.

④ 채팅(게임)에서 만난 상대를 자신과 동등한 입장에서 존중한다.

⑤ 포르노(음란물)에 대하여 자신을 지킨다.

⑥ 현실에서 못하는 욕실 · 비방을 통신에서 행하지 않는다.

⑦ 사이버 공간의 건전한 만남을 소중히 하고 가볍게 여기지 않는다.

⑧ off-line(번개, 미팅)시 항상 주의한다.

⑨ 사이버 공간에서 피해를 입으면 즉시 도움을 요청한다.

⑩ 스스로가 파수꾼이며 네티켓 도우미임을 인지한다.

제7절 공공생활의 매너

공공장소에서의 적절한 행동이나 공공시설을 사용할 경우에 지켜야 할 에티켓의 근본적인 발상은 개인의 행동제약이라는 측면보다 개인의 행동을 보장받기 위한 규범이라는 측면에서 접근해야 할 것이다. 이와 같은 개념에서 공공생활이 출발된다면 우리가 지켜야 할 행동양식이나 자세가 번거롭거나 귀찮게 여겨지지 않을 것이다. 즉, 자신의 보호와 이익을 위해 자연적이고 무의식적으로 지켜야 할 에티켓이 몸에 밸 것이다.

공공장소나 공공시설은 사유물이 아니라 불특정 다수가 사용하는 것이기 때문에 보다 소중하게 이용되어야 한다. 따라서 공공생활에서 자신을 보호하고 추구하는 이익을 보장받기 위해서는 어느 정도 자신의 사생활을 양보하는 미덕을 바탕으로 공동의 이익을 먼저 생각함으로써 보이지 않는 질서가 유지될 수 있다.

이 절에서는 주요 공공장소나 시설을 이용하는 데 있어서 우리가 지켜야 할 내용을 살펴보기로 한다.

1 공공장소

(1) 공 원

공원은 여러 사람이 일상생활의 피로를 풀고 기분전환을 위한 휴식과 산책을 할 수 있는 공공장소이므로 개인이 사적으로 이용한다는 생각을 버려야 한다.

특히, 공원은 문화재나 기념비 등과 같이 문화적인 유산이 보존되는 곳도 있기 때문에 이용하는 사람 모두가 아끼는 마음으로 감상하면서 그 의미를 되새겨야 하겠다.

TIP

공원에서 삼가야 할 행위

1. 가족이나 동료들이 모여 고성방가와 함께 가무를 즐기는 행위
2. 음주 후 몸을 가누지 못하거나 아무 데나 누워 있는 행위
3. 빈 캔이나 병·쓰레기 등을 마구 버리는 행위
4. 나무나 꽃을 꺾는 행위
5. 레코드 테이프나 라디오를 고음으로 틀고 듣는 행위
6. 공공시설물을 손으로 만지거나 훼손하는 행위
7. 주위 사람에게 혐오감을 주는 행위

(2) 음악회·공연

음악회는 음악에 관심이 있는 사람들이 언어나 인종 및 연령을 초월하여 일정한 장소에서 개최되는 활동으로서 여기에 참석하는 사람들은 차분하면서도 진지한 모습으로 감상을 하도록 해야 한다. 특히 음악회는 소리가 조합되어 표현되

는 예술적인 활동이므로 주위의 사람들에게 방해가 되지 않도록 신경을 써야 한다. 음악회에서 지켜야 할 사항들을 열거하면 다음과 같다.

① 참석자는 반드시 음악회가 시작되기 전에 공연장에 도착하여 공연의 내용이나 프로그램(program)을 훑어본다.
② 특별한 경우를 제외하고는 음악회나 공연이 종료될 때까지 감상한다.
③ 옆 사람과 잡담을 하거나 음식을 먹지 않는다.
④ 연주나 공연중에는 소리내어 평가하지 않는다.
⑤ 하나의 주제가 종료되거나 감동적인 장면이 있을 경우에는 박수를 보낸다.
⑥ 참석자의 복장은 정장이 바람직하다.

(3) 전시회

전시회는 전시하는 내용물에 따라 매우 다양하게 개최되는데, 사람들에게 어떤 사물을 일목요연하게 보여줌으로써 정보를 제공하는 역할을 한다. 따라서 전시회장에서는 시각을 통해 특정한 정보를 얻거나 지식을 터득하겠다는 진지한 자세가 요구된다. 전시회에서 주의해야 할 사항은 다음과 같다.

① 전시회장에 들어가기 전에 전시회 주최자의 정보나 전시품의 내용을 익힌다.

② 전시회는 일정한 공간에서 시각을 통하여 감상하는 것이기 때문에 정숙하게 감상하도록 한다.

③ 작품을 손으로 만지거나 소리내어 평가해서는 안 된다.

④ 전시장에서 음식물은 섭취하지 않는다.

⑤ 안내자가 있을 경우에는 안내자의 지시에 적극적으로 협조한다.

(4) 교회 · 성당

누구에게나 개인적인 의사에 따라 종교생활을 할 수 있는 자유를 보장하고 있다. 그러나 종교에는 자체에서 규정하고 있는 특별한 의식이 있기 때문에 이와 같은 규율을 준수하면서 예배에 임해야 한다. 교회나 성당의 경우는 일반적인 공공장소와는 달라 전통적인 의식절차나 관습을 존중해야 하며, 신중하고 경건한 마음으로 출입해야 한다.

교회 · 성당의 예배를 위해 처음으로 참석하는 사람이 일반적으로 지켜야 할 에티켓은 다음과 같다.

① 예배를 위한 복장은 너무 화려하지 않은 정장을 착용하도록 한다.

② 예배시간을 엄수하여 시작 전에 참석하도록 한다.

③ 예배에 참석할 경우에는 엄숙한 마음으로 예배순서를 훑어본다. 이때 예배순서지에 낙서를 해서는 안 된다.

④ 옆 사람과 사담을 하거나 잠을 자는 행위는 삼간다.

⑤ 예배 도중에는 특별한 경우가 없는 한 출입을 삼간다.

⑥ 예배당에서는 개인이 소지한 이동전화의 스위치를 끈다.

⑦ 여러 사람이 모여 있는 장소에서 해당 종교를 비판하지 않도록 한다.

⑧ 예배 후에는 주위의 참석자들에게 인사를 청하면서 자연스럽게 친교를 나눈다.

(5) 백화점

백화점은 다양한 상품을 부문별로 구분하여 일반 소비자들을 대상으로 판매활동을 하는 대규모 소매점이라 할 수 있다. 대규모 소매상점의 한 형태로 남녀의류·액세서리·화장품 등의 작은 상품·가정생활용품 등을 포함한 여러 계열의 상품들을 판매하는 전문화된 소매업체이기 때문에 특정한 공간 내에 많은 상품을 쇼핑하기에 편리하도록 진열해놓고 소비자들에게 상품에 대한 각종 정보나 서비스를 제공하는 곳이다. 따라서 상품을 구매하기 위해 백화점을 방문할 경우 지켜야 할 다음과 같은 에티켓이 요구된다.

① 백화점을 방문할 때는 구매하고자 하는 상품에 대해 미리 알아보는 것이 바람직하다.

② 주차장에서는 백화점 안내원의 안내에 적극 협조하여 주차질서를 유지한다.

③ 엘리베이터나 에스컬레이터를 이용할 경우에는 질서를 지키도록 노력한다.

④ 백화점 종업원과 대화할 경우에는 인격을 존중하는 언어를 사용한다.

⑤ 필요 이상의 충동구매를 자제한다.

공공시설

(1) 도서관

도서관은 도서를 빌리거나 열람하기 위해 많은 사람들이 드나드는 공공시설물로서, 이용하는 사람들 서로간의 에티켓이 매우 중요하다. 특히 도서관은 도서를 읽는 경우가 많아 정숙한 분위기를 유지해야 하기 때문에 행동에도 많은 제약이 따른다.

① 출입문을 조용하게 여닫는다.
② 실내에서는 기침소리나 발자국소리가 나지 않도록 조심한다.
③ 책장을 넘길 때에는 옆 사람에게 방해가 되지 않도록 한다.

④ 실내에서 음식물을 섭취하지 않는다.
⑤ 소지한 이동전화는 스위치를 끄고 전화는 밖에서 걸도록 한다.

⑥ 책을 열람할 경우 더럽히거나 낙서를 하지 않는다.

⑦ 책을 열람한 후에는 반드시 제자리에 꽂아둔다.

⑧ 주위 사람과 잡담을 하지 않도록 한다.

⑨ 잡지나 일간지 등의 관심 부분을 찢거나 칼로 오려내지 않는다.

⑩ 기타 도서관의 규칙을 준수한다.

(2) 병 원

인간이 살아가는 데 있어서 여러 가지의 질병이 발생하거나 불의의 사고로 인하여 병원에서 진료나 치료를 받아야 하는 경우가 있다. 또한 문화수준이 높은 선진국일수록 질병을 사전에 예방하기 위한 목적으로 병원을 방문하는 기회가 많다. 병원은 보호자를 동반한 환자들, 그리고 문병 등의 목적으로 많은 사람들이 드나드는 장소이기도 하다.

따라서, 병원에서 지켜야 할 여러 가지의 에티켓을 살펴보면 다음과 같다.

① 보호자는 환자를 불안하게 할 수 있는 행동을 삼가고, 안정을 취할 수 있도록 마음의 여유를 보인다.

② 병원은 위생을 생명으로 하는 곳이기 때문에 개인위생에 특별히 관심을 갖는다.

③ 실내에서는 지정된 장소 이외의 흡연은 절대로 삼간다.

④ 실내에서 큰 소리로 이야기를 하거나 잡담을 하지 않는다.

⑤ 환자를 면회할 경우에는 정해진 시간을 준수하며, 너무 오랫동안 머물지 않도록 한다.

⑥ 문병시의 선물은 환자의 상황을 충분히 고려하여 선택한다.

⑦ 영안실을 방문할 경우에는 검정색 계통의 옷차림 또는 요란스럽지 않은 복장을 한다.

TIP

환자 면회시 주의사항

1. 규정된 면회시간을 준수한다.
2. 환자를 안정시킬 수 있는 대화를 유도한다.
3. 음료 : 환자의 병명과 상태를 고려하여 결정한다.
4. 꽃 · 화분 : 향기가 너무 강하거나 시들기 쉬운 꽃은 피한다.
5. 서적 : 이해하기 쉽고 시사성 있는 잡지나 에세이집이 좋다.

〈표 2-8〉 문병시 과일 선택

환자의 병명	과일류
신장병	체내에서 오줌을 만드는 작용을 하는 수박이나 참외 등이 좋다.
위장병	위궤양이나 십이지장궤양에는 감귤류 등의 신맛이 강한 것을 피하는 것이 좋으나, 그밖의 위장병에는 신맛이 나는 과일이 오히려 좋다.
고혈압 · 동맥경화 · 심장병	칼륨이 풍부한 수박 · 감 · 복숭아 · 바나나 · 참외 · 딸기 · 레몬 · 오렌지 등이 적당하다. 칼륨은 혈압의 상승을 억제시켜주는 역할을 한다.
간장병	고칼로리 · 고단백질이 함유된 아보카도 과일이 좋다.
당뇨병	감 · 파타야 · 감귤 등과 같이 비타민 C가 함유된 과일이 좋다.

(3) 은 행

은행은 사람들의 경제활동을 지원하기 위해 금융 서비스를 제공하는 공공시설물이므로 저축이나 공공요금의 납부 또는 예금인출 등을 위해 많은 사람들이 드나든다. 따라서 은행에서는 이용하는 고객들에게 공평한 서비스와 안전한 서비스를 제공하기 위한 여러 가지의 수단을 강구하고 있다. 이와 같은 금융 서비스를 제공하는 기능이 정상적으로 이루어지기 위해서는 상호간의 협조와 신뢰가 요구되기 때문에 공공질서를 위한 에티켓이 지켜져야 하겠다.

은행의 서비스를 제공받기 위해서는 다음과 같은 에티켓이 요구된다.

① 은행에 도착하면 번호대로 차례를 조용히 기다린다.

② 은행업무에 대해서 궁금한 점이 있으면 즉시 담당 안내원에게 문의한다.

③ 자동 입·출금기를 이용할 경우에는 통장이나 카드를 즉시 확인한다.

④ 자동 입·출금을 위해 기다리는 경우 타인의 거래내역을 곁눈질하지 않는다.

⑤ 손님이 자동 입·출금을 대신 부탁할 경우 지체없이 안내원에게 부탁하도록 권유한다. 왜냐하면 쓸데없는 오해의 소지가 있을 수 있기 때문이다.

⑥ 공동으로 사용하는 안경이나 필기구 등은 이용 후에 반드시 정위치에 반납한다.

⑦ 많은 현금을 취급할 경우에는 청원경찰의 도움을 청한다.

(4) 목욕탕

공중 목욕탕이나 사우나 시설은 자신의 위생관리를 위해 이용하는 시설이므로 목욕 후에는 누구나 피로가 풀리고 쾌적한 신체의 컨디션으로 변화되기를 기대한다. 이러한 기대가 달성되기 위해서는 욕탕이 먼저 쾌적해야 하고, 서로가 질서의식을 바탕으로 시설을 이용해야 한다.

TIP

목욕탕에서 삼가야 할 행위

1. 탕 내에서 담배를 피우는 행위
2. 샤워를 하지 않고 탕에 들어가는 행위
3. 탕 내에서 물장구를 치거나 때를 벗기는 행위
4. 사우나실에서 면도를 하는 행위
5. 목욕탕에서 빨래를 하는 행위
6. 샤워장에서 소변을 보는 행위
7. 때를 벗기는 동안에 물을 계속해서 틀어놓는 행위
8. 탕 내에서 수면을 하는 행위
9. 옆 사람의 몸매를 훔쳐보는 행위
10. 필요 이상으로 수건을 많이 사용하는 행위

따라서 목욕탕에서 지켜야 할 에티켓은 다음과 같다.

① 자신의 피부에 전염성 질병이 있을 경우에는 목욕탕의 사용을 삼간다.

② 탈의실에서는 조용한 가운데 주위 사람에게 방해가 되지 않도록 옷을 벗는다.

③ 귀중품은 반드시 카운터에 맡긴다.

④ 목욕탕에서 지인(知人)을 만났을 경우에는 조용히 눈인사를 한다.

⑤ 목욕탕의 비품은 사용 후 제자리에 놓는다.

(5) 공중 화장실

공중 화장실의 청결 수준은 그 나라 국민의 문화수준과 동일하다는 말이 있듯이 화장실의 청결상태는 화장실의 생명이다. 그러나 사용하는 사람들의 의식수준도 많은 영향을 미친다. 즉, 화장실이 깨끗한 장소일수록 모든 시설이 잘 정돈되어 있고 위생적으로 관리되고 있다는 것을 쉽게 발견할 수 있다. 따라서 공중 화장실의 청소도 중요하지만 이용하는 사람들의 사용방법도 화장실 청결에 많은 영향을 미치기 때문에 서로가 화장실의 청결상태가 지속될 수 있도록 노력해야 한다.

화장실을 사용하는 사람들이 지켜야 할 에티켓을 살펴보면 다음과 같다.

① 화장실에서는 이미 사용하고 있는 사람들을 위해 정숙을 기한다.

② 화장실 내에서 흡연을 할 경우에는 지정된 장소에서 한다.

③ 화장실에 들어가기 전에 가볍게 노크한다.

④ 용무를 마친 후에는 다음 사람을 위해 반드시 물로 씻어낸다.

⑤ 얼굴이나 손을 씻거나 화장을 할 경우에는 차례를 지킨다.

⑥ 화장실을 나오기 전에 반드시 복장상태를 점검한다.

⑦ 임시로 설치된 원거리 화장실을 여성이 사용할 경우에는 동행인과 함께 가는 것이 좋다.

⑧ 화장실에서는 음식물을 섭취하지 않는다.

⑨ 화장실의 벽에 걸린 그림이나 장식품은 눈으로만 감상한다.

⑩ 지인을 만나면, 눈인사를 한 다음 화장실 밖에서 대화한다.

TIP

공중 화장실에서 삼가야 할 행위

1. 큰 소리로 떠드는 행위
2. 옆 사람을 이유 없이 쳐다보는 행위
3. 화장실 내에서 이동전화를 걸거나 받는 행위
4. 용변을 보면서 담배를 피우는 행위
5. 화장실 내에서 잡지나 신문을 숙독하는 행위
6. 화장실 바닥에 침을 뱉는 행위
7. 화장지를 지정된 장소 이외에 버리는 행위
8. 화장실에서 발을 씻는 행위
9. 껌을 소변기에 버리는 행위
10. 화장실에 낙서를 하는 행위

(6) 기 차

기차는 대중이 이용하는 교통수단으로서 원거리를 방문하는 데 중추적인 역할을 담당한다. 또한 최근에는 보다 편안한 여행을 위해 객실이 쾌적한 분위기로 꾸며져 있어 조용한 상태에서 여행하는 데 안성맞춤이다. 따라서 기차여행을 하는 데 있어서 승객이 지켜야 할 에티켓을 살펴보면 다음과 같다.

① 기차의 객실 통로나 출입구에 수하물이나 가방을 놓아 승객의 통행을 방해해서는 안 된다.
② 창가 또는 복도 쪽을 구분하여 기차표에 표기된 좌석에 앉는다.
③ 두 사람이 나란히 동일한 의자에 앉을 때에는 창가 쪽이 상석이다.
④ 의자를 마주보도록 하여 여행할 경우에는 큰 소리로 떠들지 않도록 한다.
⑤ 이동전화로 통화를 할 경우에는 지정된 장소를 이용한다.
⑥ 음료수 캔이나 과일껍질 등을 바닥에 버리지 않는다.

⑦ 좌석에 비치된 잡지를 볼 경우 훼손하지 않는다.

⑧ 흡연은 지정된 장소에서 한다.

⑨ 화장실에서 흡연을 하거나 잡지나 신문을 읽지 않는다.

⑩ 개인용무를 위해 자리에서 일어날 경우에는 옆 사람에게 방해가 되지 않도록 한다.

3 취 미

요즘은 사람들의 교육수준과 문화수준이 향상됨에 따라 개인의 취미가 매우 다양해지고 있다. 그러나 개인의 취미는 모든 사람에게 즐거운 것이 아니라 개인의 취향에 따라 그렇지 못할 수도 있기 때문에 자기가 즐기는 취미를 다른 사람들도 함께 즐길 것이라는 생각으로 강요해서는 안 된다. 즉, 나의 취미가 남에게는 관심 밖의 일이 될 수도 있기 때문이다. 따라서 취미활동으로 인하여 타인에게 방해가 되어서는 안 된다.

(1) 등 산

휴일에 쾌적한 공기를 마시면서 신체단련과 정신건강을 위해 최근에 많은 사람들이 산에 오르고 있는 추세이다.

등산활동이 널리 보급되면서 자연보존과 개인의 인격을 존중하는 차원에서 우리가 지켜야 할 공중도덕을 지키지 못하는 경우도 있다. 전문산악인은 물론이거니와 일반인들도 등산을 하는 경우에는 자연스럽게 지켜야 할 예절이 있게 마련이다.

① 등산을 할 경우에는 등산복을 착용한다.
② 산행 길은 보통 비좁기 때문에 모르는 사람과 조우할지라도 가벼운 인사를 나눈다.
③ 자연을 훼손시키지 않도록 노력한다.
④ 등산중에는 흡연을 삼간다.
⑤ 산에서의 취사행위는 정해진 장소에서만 한다.
⑥ 쓰레기는 반드시 수거한다.
⑦ 음주 및 가무행위를 해서는 안 된다.

TIP

등산할 때 삼가야 할 행위

1. 음주와 고성방가 행위
2. 바위나 돌에 자신의 이름이나 글을 새기는 행위
3. 나무나 꽃을 꺾거나 뽑는 행위
4. 흡연을 하는 행위
5. 허가 없이 산짐승을 잡는 행위
6. 취사장 이외의 장소에서 취사를 하는 행위
7. 쓰레기를 지정장소 이외에 버리는 행위
8. 지정되지 않은 등산로를 이용하는 행위
9. 지정되지 않은 곳에서 캠프 파이어를 하는 행위
10. 지정되지 않은 곳에 캠프를 설치하는 행위

(2) 스포츠 클럽

최근에 경제적으로 부유해지고 노동시간이 단축되면서 건강한 몸매관리에 많은 노력을 투자하는 추세이다. 이와 같이 스포츠 클럽(sports club)은 자신의 욕구를 충족시키는 활동이기 때문에 개인의 프라이버시(privacy)를 철저하게 보호해주어야 한다. 따라서 이 책에서는 스포츠 활동을 통한 취미생활을 하는 데 있어서 지켜야 할 기본적인 에티켓을 살펴보기로 한다.

1) 골 프

흔히 골프(golf)를 사치스런 운동으로 생각하는 경향이 있으나 실제로는 골프가 매우 신사적인 운동이며 정서적인 운동이다. 그러나 우리나라에서는 아직까지 일반인들에게 대중화가 되지 않았기 때문에 고비용의 운동으로 여겨지기도 한다. 우리나라에도 가까운 미래에는 골프를 통한 스포츠 활동이 대중화될 것으로 사료되는 바 골프에 대한 사회적인 인식이 긍정적으로 바뀔 것으로 생각된다.

골프는 조용한 분위기에서 정서적으로 안정된 자세가 요구되므로 게임 중에는 여러 가지의 매너가 요구된다.

① 골프를 치기 위해서는 반드시 골프용 복장을 착용하도록 한다.
② 티오프(tee-off) 시간을 반드시 준수한다.
③ 필드(field)에서는 골프장의 규정을 준수한다.
④ 팀원이 티오프를 할 때에는 조용하게 지켜본다.
⑤ 필드에서는 골프 공에 손을 대지 않는다.
⑥ 필드의 잔디가 훼손되지 않도록 한다.
⑦ 캐디와 지나친 농담이나 사적인 이야기는 하지 않는다.
⑧ 골프장 내의 시설을 소중하게 다룬다.

2) 테니스 코트

테니스 코트(tennis court)는 골프와 같이 넓은 공간이 필요 없고 경기를 위한 비용부담이 저렴하기 때문에 우리의 주위에서 흔히 찾아볼 수 있을 정도로 대중화되어 있는 시설이다.

테니스 게임(tennis game)을 위해 코트에서 지켜야 할 에티켓을 살펴보면 다음과 같다.

① 게임을 하기 위해서는 반드시 라켓(racket)이나 볼 등을 점검하고 흰색 계통의 복장을 착용한다.
② 테니스 경기를 위해서는 사전에 경기규칙을 파악하도록 한다.
③ 테니스장에서는 운동에 방해가 되지 않도록 화려한 액세서리의 착용은 금한다.
④ 연습이나 경기 도중에 땀을 닦을 수 있는 소형 및 대형 타월을 준비한다.
⑤ 경기 도중에는 상대방을 존중하고, 경기 종료 후에는 게임의 내용에 관계없이 격려의 인사말을 나눈다.

3) 수영장

오늘날 수영장은 건강관리를 위한 시설로 인기가 폭발적으로 확산되고 있으며 대중화되고 있는 추세이나 위생적인 관리와 질서가 특히 요구되는 장소이다. 특히, 수영장은 옷을 벗은 상태에서 물 속에서 운동을 하는 장소이기 때문에 특별한 에티켓은 물론이거니와 안전에도 신경을 써야 되는 곳이다.

따라서 수영장에서는 안전요원의 통제에 적극 협조하면서 공공위생을 위한 자기 노력이 요구되기 때문에 다음과 같은 사항을 준수해야 하겠다.

① 수영장에 들어가기 전에 반드시 준비운동과 샤워를 한다.

② 수영장의 물 깊이를 사전에 파악한다.

③ 수영에 적합한 복장을 착용한다(수영복 · 수영모 · 수경 등).

④ 수영중인 다른 사람을 방해하지 않도록 한다.

⑤ 자신의 수영능력을 고려하여 수영범위를 정한다.

⑥ 수영장 관리자의 지시에 적극 협조하고 규정을 준수한다.

TIP

✓ 수영장에서 삼가야 할 행위

1. 샤워를 하지 않고 입수하는 행위
2. 보디 오일(body oil)이나 로션 등을 바르고 입수하는 행위
3. 수영모나 수경 등을 착용하지 않고 수영을 하는 행위
4. 안전요원의 통제를 무시하는 행위
5. 여성의 수영하는 모습이나 휴식을 취하고 있는 모습을 훔쳐보는 행위
6. 수영의 초보자(특히 여성)에게 지나친 호의를 베푸는 행위
7. 수영장에서 흡연을 하거나 필요 이상으로 잡담을 하는 행위
8. 수영하는 옆 사람을 방해하는 행위
9. 수영장 내에서 코를 풀거나 침을 뱉는 행위
10. 필요 이상의 액세서리를 착용하고 수영하는 행위

4) 헬스 클럽

경제적인 여유와 여가시간의 증가로 인하여 각종 취미생활이나 건강활동을 할 수 있는 환경이 조성되면서 많은 사람들이 개인의 건강에 관심을 갖게 되었다. 특히 건강관리는 일상생활의 필수가 되어가고 있기 때문에 주변에서 몸매를 관리할 수 있는 헬스 클럽(fitness club)들이 점점 증가하고 하고 있는 추세이다.

과거의 헬스 클럽은 단순히 남성 위주의 근육을 키우기 위한 목적이었으나 최근에는 전문적인 지식을 바탕으로 강사가 남성뿐만 아니라 여성들에게도 동일한 기회를 제공하면서 개인의 건강을 점검하고 관리하는 전문 센터로 변화하고 있다. 예를 들면, 자신의 건강상태에 알맞은 운동처방으로 특수기구를 이용한 운동이나 에어로빅 등으로 헬스 클럽이 운영되고 있다.

그러나 운동을 하기 위해서는 운동복을 착용한 상태에서 남성과 여성이 동일한 장소를 이용하기 때문에 헬스 클럽에서도 서로가 지켜야 할 에티켓이 있다.

헬스 클럽에서는 좋은 기분으로 운동을 해야 하기 때문에 주위 사람들과 가벼운 인사는 필수적이고, 항상 운동복을 착용한 상태에서 기구를 사용하는데 질서를 지켜야 한다. 그리고 헬스 클럽은 각종 기구를 사용하면서 운동을 하기 때문에 기구를 사용하는 개인은 물론이고 타인의 안전에 각별한 주의가 요구된다. 또한 헬스 클럽은 남성과 여성이 함께 이용하는 장소이므로 여성을 배려하는 에티켓을 잊어서는 안 된다.

TIP

헬스 클럽에서 삼가야 할 행위

1. 양말과 운동화를 착용하지 않고 맨발로 출입하는 행위
2. 정해진 운동복 이외의 복장을 착용하거나 상의를 벗는 행위

3. 기구의 사용법을 익히지 않고 사용하는 행위
4. 여성의 운동하는 모습을 힐끗힐끗 쳐다보는 행위
5. 강사의 통제에 불응하거나 무시하는 행위
6. 자신의 근육이나 몸매를 과시하는 행위
7. 운동을 하면서 떠드는 행위
8. 음주 후 운동을 하는 행위
9. 다른 사람이 대기하고 있는 상태에서 혼자서 기구를 장시간 사용하는 행위
10. 운동기구를 사용한 후 정리하지 않는 행위

제 3 장

직장 매너

제1절 업무수행중 매너

직장은 인간이 살아가기 위해 또는 자신의 개인적 목표를 달성하기 위해 주어진 과업을 수행하는 곳이다. 바꾸어 말하면, 직장은 일하는 장소, 조직생활을 하는 집단, 생활의 터전, 봉사하는 장소이다. 따라서 직장은 누구에게나 공평하게 주어진 하루의 시간 중 가장 비중을 많이 차지하기 때문에 원만한 인간관계 속에서 기쁜 마음으로 업무를 수행해야 한다.

그러나 직장이라는 조직은 업무의 형태나 장소의 특성 또는 환경에 따라 매우 다양하기 때문에 항상 쾌적한 분위기와 함께 생활할 수 있는 것은 아니다. 즉, 직장은 최고경영자의 사명이나 목표를 달성하면서 자신이 추구하는 이상을 실현시켜야 하기 때문에 많은 제약이 동반될 수 있다. 이와 같이 기업이 만족하고 자신이 만족하면서 멋있는 직장생활을 하기 위해서는 조직 내의 모든 사람들이 지켜야 할 에티켓을 준수하지 않으면 안 된다.

직장인의 자세

직장은 영업활동을 통해 이익을 창출하는 조직체이므로 조직원으로서 지켜야 할 에티켓이 있다. 직장인은 자신이 직장에서 만족하기 위해서는 경영자와 동료 그리고 영업과 관련된 고객을 동시에 만족시켜야 하기 때문에 매우 중요한 역할을 수행하는 사람이라고 할 수 있다. 따라서 직장인이 업무를 수행하면서 지켜야 할 기본적인 자세를 살펴보도록 한다.

(1) 최고경영자의 사명과 목표의 존중

어느 직장이든 조직이 추구하는 사명과 목표가 명확하게 수립되어 있기 때문에 조직원의 한 사람으로서 직장생활을 영위하기 위해서는 최고경영자가 추구하는 이념을 존중해야 한다. 만약, 최고경영자가 추구하는 이념이 자신이 추구하는 그것과 거리가 있다면 처음부터 그 조직에 몸담지 않아야 할 것이다.

그러나 특정한 직장에 입사하여 과업을 진행한다는 것은 일단 최고경영자의 사명과 목표달성을 위해 최선을 다한다는 의미로 받아들여진다. 따라서 자신이 속해 있는 직장이 추구하는 이념을 원천적으로 존중해야만 자기만족으로 이어질 것이다.

(2) 능률적인 업무처리

직장은 영리를 추구하는 장소이므로 언제나 업무를 추진하는 데 있어서 투입(input)과 산출(output)의 개념을 염두에 두어야 한다. 즉, 모든 업무는 신속·정확하게 처리하면서 수익(profits)을 극대화시킬 수 있는 방법으로 진행되어야 한다. 따라서 업무를 수행하는 데 있어서 주인의식을 바탕으로 낭비의 요소를 없애고, 가장 효율적인 방법으로 목표를 달성할 수 있도록 최선을 다해야 하겠다.

(3) 약속의 이행

직장은 자신이 속해 있는 하나의 조직에 불과하기 때문에 일정 기간 동안 직장과의 계약을 통하여 주어진 과업을 수행함으로써 그에 상응하는 급여를 받는 장소이므로 회사의 규정은 물론이거니와 직장 동료들간 또는 고객과의 약속은 반드시 지켜야 한다. 즉, 어떠한 약속일지라도 약속한 것은 반드시 실행하는 태도가 매우 중요하다. 약속은 현대인이 지켜야 할 가장 기본적인 요소이므로 직장 내에서 업무를 위한 약속은 반드시 관철될 수 있도록 노력해야 한다.

(4) 사명감

상술한 바와 같이 직장은 하루 중에서 가장 많이 머물러 있는 장소이며, 경영자의 사명과 목표의 달성을 통해 자신을 계발하고 창조하는 곳이므로 투철한 사명감을 바탕으로 직장생활을 해야 한다. 만약, 마지못해 갈 곳이 없어 그냥 수동적인 자세로 시간만을 보내는 직장인이라면 하루가 지겹고 모든 업무가 힘들 것이며, 아무 비전(vision) 없이 시간만을 낭비하고 있다면 개인적으로 불행한 직장인이 될 것이다. 따라서, 직장생활을 하면서 도전적이고 미래 지향적인 사고방식으로 과업을 수행하기 위해서는 직장에 대한 확고한 사명감이 바탕이 되어야 하겠다.

(5) 봉사정신

인간이 자신의 품위나 생계만을 목적으로 직장생활을 한다면 자신의 발전을 저해할 수도 있으며 더불어 살아야 한다는 원칙에서 벗어날 뿐만 아니라 무미건조한 삶의 연속이 될 수 있다. 왜냐하면 인간은 사회적 동물이기 때문에 특정한 조직체 내에서 정해진 규범을 준수하면서 주위 사람들과 동반자로서의 생활을 바탕으로 살아야 한다. 즉, 더불어 살아가기 위한 봉사정신이 항상 몸에 배어 있어야 한다.

요즘의 사회는 개인 지향적인 사고방식과 함께 자신만 잘하면 된다는 짧은 생각으로 주어진 자신의 일만 처리하거나 받는 만큼만 일한다는 생각으로 업무의 처리에 있어서 매우 소극적이고 수동적인 경향이 있다. 그러나 항상 '나부터'라는 마음으로 봉사하고 긍정적이고 적극적인 자세로 업무를 추진한다면 직장의 분위기는 더욱 밝아질 것이다.

2 시간관리

시간관리(time management)는 직장인으로서 가장 기본이 되는 것으로, 자신에게 주어진 시간을 가장 합리적으로 관리해야 한다. 시간관리는 직장인으로서의 자세이자 문화인으로서의 자세이기도 하다. 즉, 직장에서 주어진 업무를 충실히 수행하기 위해서는 목표를 달성하기 위해서 사안별로 요구되는 시간을 계획하여 관리한다면 능률적인 업무처리에도 도움을 줄 수 있다.

3 긍정적 사고

직장에서 대인관계를 하는 데 있어서 과거보다 미래 지향적인 사고방식으로 건설적인 방향으로 나아갈 수 있는 사고의 전환이 필요하다. 그렇지 않고 매사를 부정적인 시각에서 보려는 습관은 직장의 일을 원만하게 처리하기보다는 주위 사람들을 피곤하게 할 수 있다.

만약 부하가 사소한 실수를 하였을 때 꾸지람보다는 더이상의 동일한 유형의 실수를 하지 않도록 용기를 줄 수 있도록 해야 한다. 동료와 함께 업무를 추진하는 데 있어서도 목표를 달성하기 위해 업무에 적극적이면서 협조적인 자세가 요구된다.

4 지시 및 보고

직장은 주어진 과업을 수행하기 위해 업무를 실무적으로 추진하는 층과 그 업무에 대한 지시 및 감독을 할 수 있는 상 · 하간의 조직이 존재하기 마련이다. 이러한 조직이 원활하게 움직이기 위해서는 상하간의 위계질서가 요구된다. 따라서 직장 내에서는 다음과 같은 행동규범으로 위계질서를 확립시켜야 한다.

(1) 업무지시의 요령

직장의 상사는 부하에게 업무를 효율적으로 처리하기 위해 능력이나 기능에 따라 적절하게 직무를 분담하고 그에 따른 진행해야 할 업무의 구체적인 사항을 지시해야만 하는데, 업무를 지시하는 데 있어서도 요령이 필요하다. 즉, 상사는 업무를 지시할 경우 부하가 쾌히 승낙할 수 있도록 가장 합리적이고 민주적인 방식으로 해야 한다.

만약, 상사가 권위적이고 비합리적인 방법으로 업무에 관한 지시를 할 경우 지시를 받아들이는 부하는 겉으로는 받아들일지 몰라도 속으로는 불만이 내재하고 있어 업무의 효율을 저하시킬 수 있기 때문이다.

(2) 업무지시 받을 때의 자세

1) 지시를 받을 때

상사로부터 업무를 지시받을 경우에는 긍정적이고 겸허한 자세로 받아들이도록 한다. 만약 업무의 지시가 비합리적이고 비효율적이라고 생각되면 그 자리에서 직접적으로 불만을 표출하기보다는 간접적이면서 자존심을 자극하지 않는 범위 내에서 논리적으로 부연설명을 하여 상사가 납득하도록 해야 한다.

또한, 지시를 받을 때에는 메모지와 필기구를 준비하여 지시사항을 빠뜨리지 않고 기록한다.

TIP

지시받을 때의 올바른 자세

1. 지시내용을 끝까지 경청한다.
2. 필기구를 준비하여 상급자의 지시내용을 메모한다.
3. 지시하는 도중 말을 가로막지 말고 의문사항이 있으면 질문하여 확인한다.
4. 업무지시의 목적과 완급을 파악한다.
5. 지시가 끝나면 요점을 복창하여 지시내용을 다시 한 번 확인한다.
6. 지시내용의 마감일(deadline)을 정확하게 확인한다.

2) 의견제시

상사의 지시를 받을 경우 무조건적인 수락은 위험하다. 업무의 지시를 이해하기 곤란하거나 애매모호할 경우에는 지체없이 질문하여 오해가 없도록 해야 하며, 자신의 의견을 첨가할 경우에는 논리성을 바탕으로 보충자료와 함께 하도록 하여 상사를 충분히 이해시키도록 해야 한다. 이때 자신의 의견을 제시하는 데 있어서 상대방을 무시하거나 남을 헐뜯는 태도나 언어를 구사해서는 안 된다.

3) 처 리

상사로부터 지시받은 내용은 간단명료하면서 정확하게 기록을 하고 관련자나 관련 부서의 협조가 필요할 경우에는 신속하게 처리하도록 한다. 또한 지시사항을 처리하는 과정에서 예상하지 못했던 일이나 곤란한 경우가 발생하면 즉시 지시한 상사에게 경과를 보고하여 업무가 원활하게 처리되도록 노력한다.

(3) 보고할 때의 요령

직장에서의 모든 업무는 반드시 보고하고 난 후 마무리하도록 한다. 보고는 반드시 지시한 사람에게 해야 하고, 업무의 사안에 따라 서면보고 또는 구두보고를 하는데 보고의 증거를 남길 수 있는 서면보고가 바람직하다. 구체적인 보고는 다음과 같은 요령으로 한다.

① 보고는 특별한 경우가 없는 한 정해진 날짜를 지키도록 한다.
② 업무의 보고는 반드시 지시한 사람에게 한다.
③ 업무가 종료되지 않았을지라도 사안에 따라 중간보고를 하는 것이 좋다.
④ 간결하고 명쾌하게 보고한다.
⑤ 보고의 내용과 자신의 의견을 구분하여 보고한다.
⑥ 보고 후에는 반드시 보고내용에 대한 의견을 기록하도록 한다.
⑦ 결론을 먼저 말하고 과정을 설명하면 훨씬 효과적이다.

5 회 의

회의는 조직체에서 업무를 추진하기 위해 관련자들과의 의견을 취합하거나 안건에 대한 결론을 도출하기 위한 활동이며, 기업이나 특별한 조직체에서 업무수행을 위한 특정한 안건을 회의를 통하여 의견을 통일하고 가장 합리적인 결론을 도출하여 업무를 원활하게 처리하기 위한 수단으로서 회의방법은 매우 다양하다.

최근에는 업무의 형태가 매우 다양하기 때문에 살아 있는 조직을 위해서는 회의가 빈번해질 수밖에 없다. 따라서 직장에서는 업무에 관한 각종 형태의 회의가 정기적으로 또는 수시로 개최되기도 한다.

(1) 회의 전

1) 회의 안건, 장소 및 일시 통보

회의를 효율적으로 운영하기 위해서는 회의일 전에 참석자들에게 회의안건과 일시를 통보하여 회의에 대한 충분한 검토를 하도록 한다. 이때 참석자가 준비해야 할 사항이 있으면 사전에 준비할 수 있도록 구체적으로 기록하도록 한다.

2) 회의장 준비

회의를 효율적으로 운영하기 위해서는 우선 회의에 필요한 집기나 자료를 사전에 준비하도록 한다.

회의장의 준비사항은 다음과 같다.

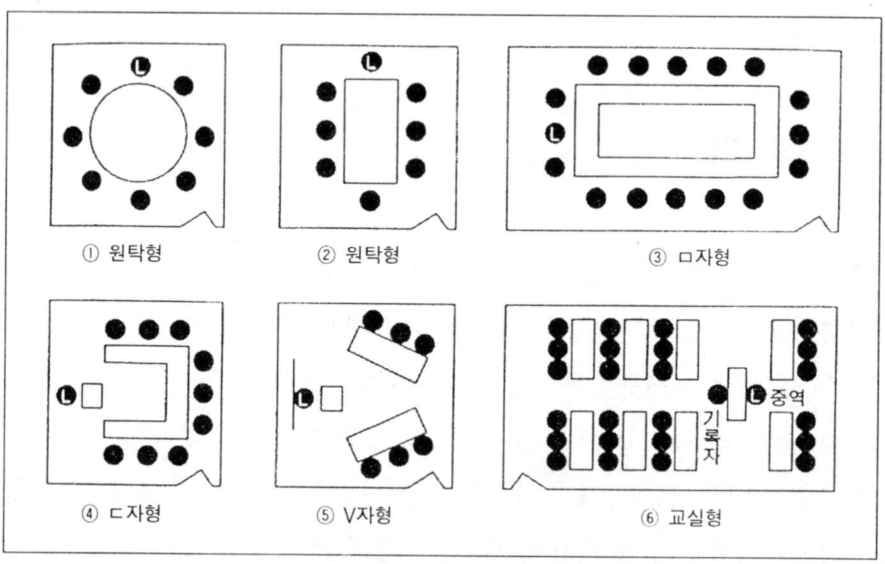

[그림 3-1] 회의장 배치의 예

① 회의에 방해가 되지 않도록 별도의 공간이 필요하다.
② 좌석의 배치는 회의의 특성에 따라 적절하게 배치한다.
③ 회의의 효과를 높이기 위해 필요한 시청각 장비를 준비한다.
④ 참석자가 필기를 할 수 있도록 필기구를 준비한다.
⑤ 회의의 성격에 따라 다과나 음료를 준비한다.

3) 회의중 지켜야 할 에티켓

상술한 바와 같이 회의는 특정한 사안을 가장 합리적이고 효율적인 방법으로 처리하기 위한 의견을 모으는 수단이기 때문에 의견이 만장일치로 처리되는 경우도 있으나 사안에 따라 이견이 제시될 수도 있다.

따라서 회의를 진행하는 과정에서도 다음과 같은 사항들을 지키도록 노력해야 한다.

① 회의의 시작과 종료시간을 정확하게 지키도록 한다.
② 회의 안건에 대한 발언을 할 경우 차례를 지키도록 한다.
③ 의견을 제시하기 위해서는 사회자의 허락을 얻는다.
④ 다른 사람이 발언을 할 때에는 끝날 때까지 듣는다.
⑤ 참석자에게 불쾌감을 줄 수 있는 발언은 피한다.
⑥ 다른 사람에게 자신의 의견에 동의하도록 강요하지 않는다.
⑦ 안건에 관련된 사항에서 벗어나지 않도록 한다.
⑧ 간단명료하게 발언한다.
⑨ 회의중에는 사담을 피한다.
⑩ 자신과 다른 의견이 채택되었을 경우에는 적극적으로 협조해야 한다.
⑪ 사회자는 회의를 진행하는 데 있어서 모든 참석자에게 발언의 기회를 부여하고 편파적인 의견도출을 유도해서는 안 된다.

6 상사 및 부하

어느 직장이나 업무를 수행하기 위한 수단으로 인간조직을 구성하고 있기 때문에 상하관계가 존재할 수밖에 없다. 이러한 상하관계의 조직을 이해하지 않고서는 올바른 직장생활을 기대할 수 없으며, 직장에 머무는 동안에는 항상 불안하고 짜증스러운 분위기 가운데 조직생활을 할 수밖에 없다. 따라서 조직의 특성을 파악하고 이해하려는 노력이 필요하다.

물론 실제상황에서는 조직의 특성에 따라 그 관계가 매우 복잡하고 다양하겠으나 상하간의 관계설정에 있어서 무엇보다 중요한 것은 직장에서 규정하고 있는 인사규정과 기본적인 인간관계일 것으로 사료되기 때문에 원활한 직장생활을 위해서는 상사와 부하의 관계정립에 있어서 인간적인 측면이 우선되어야 하겠다.

(1) 상 사

직장의 상사는 직장 내에서 업무의 효율적인 관리를 위한 조직의 수단이지 직장 외의 인간상사는 아니다. 그러나 현실적으로 마치 직장의 상사가 사회의 상사인 양 행세를 하는 경우가 드물지 않다는 데 그 문제의 심각성이 내재되어 있다.

필자가 직장에 근무하면서 경험한 바에 의하면, 선진국일수록 직장 내 상사의 책임과 권한은 명확하게 구분되어 있어 상하관계의 질서가 합리적으로 지켜지고 있는 반면 후진국일수록 상사는 책임보다 권한을 앞세워 부하를 마치 종으로 취급하는 경향이 있었다.

그러나 직장 내 상사는 나이나 인종, 피부 색깔에 관계없이 조직의 계층을 나타내는 하나의 상징이기 때문에 부하에 대한 인간적인 배려가 매우 중요하다.

TIP

✓ 직장 상사가 삼가야 할 행위

1. 직장 내의 부하(특히 여성)들에게 반말하는 행위
2. 사적인 일을 업무에 연결시켜 업무지시하는 행위
3. 부하의 업무능력을 고려하지 않고 편견을 가지고 대하는 행위
4. 비합리적인 방법으로 부하에게 업무처리를 강요하는 행위
5. 지나치게 권위주의적인 행위
6. 시간관념 없이 비효율적으로 업무처리를 하는 행위
7. 책임은 회피하고 권한만 주장하는 행위
8. 부하의 사생활을 침해하는 행위
9. 동료에게 부하의 험담을 하는 행위
10. 상사의 품위를 훼손시키는 행위

(2) 부 하

상기된 바와 같이 직장에서 상사 밑에는 여러 명의 부하가 존재하게 되는데 사규나 일반적인 관행에 적합한 행동으로 상사를 보좌하는 자세가 필요하다. 또한 인간의 상사가 아닌 순수한 직장 조직 계층의 구성원으로서 정해진 책임과 권한의 범위 내에서 업무에 초점을 맞춘 자발적인 자세로 임해야 올바른 직장생활의 분위기를 조성할 수 있을 것이다. 이와 같은 분위기를 스스로 만들기 위해서는 상하간의 인간관계가 정립되어야 하며, 수평관계라고 할 수 있는 동료간의 관계도 유연성을 바탕으로 양보의 자세가 요구된다. 따라서 부하의 입장에서 상사를 원만하게 보좌하기 위해서는 자발적으로 지켜야 할 에티켓이 있다.

7 인간관계

직장생활을 원활히 수행하기 위해서는 원만한 인간관계를 유지해야 한다는 사실

TIP

직장의 부하가 삼가야 할 행위

1. 상사의 업무지시를 특별한 이유 없이 거부하는 행위
2. 상사 앞에서 동료를 헐뜯는 행위
3. 약속시간을 준수하지 않는 행위
4. 상사의 비합리적인 업무지시임을 알면서도 맹목적으로 추종하는 행위
5. 회식중에 상사를 비방하는 행위
6. 상사의 업무 스타일에 적극적으로 동의하면서도 동료 앞에서는 부정하는 행위
7. 비정상적인 업무처리를 위해 상사를 회유하는 행위
8. 부정을 위한 부정적인 언행을 일삼는 행위
9. 업무시간을 준수하지 않는 행위
10. 조직의 사명과 위배되는 행위

은 누구나 알고 있으면서도 실제상황에서는 그렇지 못한 것이 인간사회인 것 같다.

직장생활을 하는 사람은 하루에 8시간 이상을 동일한 장소에서 얼굴을 마주보며 생활하기 때문에 즐겁지 못하거나 험악한 분위기가 연속된다면 견디기 힘들 것이다. 따라서 명랑하고 쾌적한 분위기 가운데 자신의 업무를 성실히 수행하기 위해서는 때로는 자신의 희생이 필수적이라는 사실을 명심해야 한다. 환언하면, 원활한 인간관계는 즐거운 마음으로 맡은 바 업무를 기분 좋은 상태에서 처리할 수 있으며, 상사나 동료들로부터 신뢰를 구축할 수 있다는 평범한 진리를 깨달아야 한다.

직장에서 조직의 구성원으로서 업무를 수행하는 데 있어서 인간관계를 살펴보면 그 스타일이 각양각색이다. 어떤 사람은 상사나 동료들로부터 존경을 받으면서 근무하는가 하면 어떤 사람은 손가락질을 받으면서 직장생활을 하는 모습을 쉽게 발견할 수 있다.

직장에서 무엇보다 중요한 것은 더불어 살아간다는 자세와 내가 먼저 양보한다는 자세로 보편적으로 인정된 에티켓을 지킨다면 반드시 성공하는 직장인이 될 것이다. 따라서 직장에서의 성공적인 요소는 바로 상하 그리고 동료들간의 원만한 인간관계인 것이다.

제2절 명 함

1 명함의 의의 및 개념

명함(business card)은 16세기경 독일에서부터 사용되었다고 전해지고 있다. 1560년 베네치아에 있던 독일 유학생이 공부를 마치고 귀국할 무렵 신세를 진 교수를 방문할 때 부재중인 교수 연구실에 자신의 이름을 쓴 종이쪽지를 두고 왔는데, 이것이 서양의 명함에 대한 가장 오래된 기록으로 여겨지고 있다. 그러나 명함에 대한 풍습 자체는 중국에서 그보다 훨씬 이전부터 행해졌을 것으로 추정하고 있다.

명함이 사교계에서 사용되게 된 것은 프랑스의 루이 14세 시대부터이며, 18세기 말에는 전 유럽에 보급되었다고 한다.

한편 프랑스에서는 루이 14세 때 사용되었고, 루이 15세 때에는 현재와 같은 동판 인쇄의 명함을 사교에 사용했다고 전해지고 있다. 또한 중국에서는 옛날부터 친구 집을 찾아간 경우, 친구가 부재중일 경우에는 자기 이름을 쓴 것을 놓고 오는 관습이 있었다고 한다. 이와 같이 동서(東西)에서 오랜 역사를 갖고 있는 명함은 예전부터 사교 및 사회생활에 있어서 자신을 대신해주는 역할을 해왔다.

오늘날의 사회에서는 명함 사용이 매우 보편화되어 있으며, 처음에는 비즈니스맨(businessman)이 초면에 자기소개를 겸하여 이용하는 것으로 여겨져왔으나 최근에는 비즈니스와 관계없이 자영업자나 사회활동을 하는 여성 그리고 학생들에게까지 사용되고 있어 사용범위가 점점 확대되고 있는 추세이다.

또한 신분 증명서를 이용하지 않는 국가에서는 신분증 대신 사용되는 경우도 있다.

2 명함의 중요성

비즈니스 사회에서 명함의 이용이 확산되고 있는데도 불구하고 지금까지는 거의 별다른 주의를 기울이지 않고 획일적인 스타일로 명함을 만들고 사용해왔다. 회사에서 일정한 명함의 형식과 형태를 규정하고, 그에 따라 전 사원이 동일한 형태의 명함을 제작하도록 하여 기업 이미지 개선에 관심을 갖고 있는 오늘날에는 기업이나 각종 단체에서도 명함의 다양한 디자인이나 로고(logo)의 중요성을 인식해가고 있다.

아직 개인에게 명함제작을 위임하는 기업은 소수에 불과하지만, 각 부서나 팀간의 차이를 인정하는 기업에서는 명함에 사진이나 특별한 캐릭터(character)를 삽입하도록 하여 자유스런 명함을 제작하여 사용하는 것을 허용하는 기업이나 단체가 점점 늘어나고 있다. 명함도 바야흐로 개성화시대로 접어든 것이다.

3 명함의 형태

명함은 나라와 개인의 취향, 유행에 따라서 다소 차이가 있을 수 있겠으나 보통 일정한 크기의 사각형 순백지에 인쇄한 것이 규격품이다. 멋으로 각진 부분을 둥글린다든지 금테를 두른다든지 색깔 있는 용지를 쓰는 것은 피하는 것이 좋다.

영국과 미국에서는 남녀 모두 같은 형태의 명함을 사용하나 여성용 명함이 남성용 명함보다 큰 것이 특징이다.

(1) 형 태

1) 사교용

사교를 위한 명함은 본래 'Mr.'나 'Mrs.' 또는 부부용으로 'Mr. and Mrs.'의

존칭을 붙여 이름만 표기하였으나 최근에는 실용적으로 주소나 전화번호까지 표기하는 사람도 있다. 주소나 전화번호의 표기를 원하는 사람은 명함 우측 하단에 넣는 것이 좋다. 특히 미국의 사교용 명함은 일반적으로 검은색의 잉크로 인쇄하고 서체는 필기체를 사용한다. 통상적으로 사교용 명함은 꽃이나 선물을 보낼 때나 파티의 날짜와 시간을 적어 초청장 대신으로 사용하기도 한다.

2) 업무용

업무용 명함은 회사원이 다른 회사를 방문하거나 고객을 사업상 만났을 때와 같이 업무용으로만 사용한다. 업무용 명함을 사교용으로 사용해서는 실례가 된다. 일반적으로 업무용 명함에는 성명, 회사의 주소, 회사 내에서의 직책과 직위를 표기한다. 업무용 명함에는 보통 임원용과 종업원용이 구별되기도 한다. 최고경영자나 임원용은 명함의 중앙에 이름을 넣고 좌측 하단에 직위와 회사명을 표기한다.

미국에서는 전화번호는 표기하지 않는다. 종업원용은 명함의 중앙에 회사명을 표기하고 성명과 소속 부서, 그리고 회사의 주소 등을 좌측 하단에 넣고 남자의 경우는 'Mr.'의 존칭을 붙인다.

(2) 크 기

1) 영국 · 미국

- 남성용 : 2-7/8~3-1/4×1-1/4~1-5/8인치
- 여성용 : 2-3/4~3-1/2×1-1/4~2-3/4인치

2) 유 럽

유럽 국가에서는 남녀의 명함이 형태도 다르고 글씨체도 다르기 때문에 개인의 취향에 따르는 경우가 많다.

- 남성용 : 3-5/8×2-1/4인치
- 여성용 : 3-1/8×1-7/8인치

3) 부부용 명함

일반적으로 'Mr. and Mrs.'라고 표기하며 여성용 명함보다 약간 크다. 부부용 명함은 보통 사교용으로 사용되어 왔는데 최근에는 각자의 명함을 사용하는 경향이 있어 많이 사용되지 않고 있다. 크기는 3-1/2×2-1/2인치이다.

4) 미혼여성의 명함

영 · 미형 또는 유럽형 모두 폭이 넓고 거의 정사각형에 가까운 것이 특징이나 최근에는 미혼여성이라 할지라도 개인이 속해 있는 단체나 직장 등의 명함을 사용하는 경우가 많다.

(3) 명함의 표기 방법

1) 남성용 명함

일반적으로 관직명이나 직책을 동시에 표기하는 경우 'Mr.'는 생략한다. 성명만 표기하는 경우에도 생략하기도 한다. 사교용 명함에는 직업명을 기록하지 않는 것이 원칙이나 의사 · 목사 · 교수 등에는 성명 앞에 약어를 'Dr.' 'Rev.' 'Prof.' 등으로 표기한다. 영국에서는 성명 뒤에 훈장의 약자를 붙이도록 되어 있으나 명함에서는 표기하지 않는다. 그러나 군인이나 귀족의 명함에는 직함을 반드시 표기하도록 되어 있다.

2) 여성용 명함

미혼여성의 경우에는 'Miss'를 붙여서 표기한다. 유럽에서는 보통 미혼여성이 단독으로 명함을 사용하는 경우에는 어느 정도 나이가 있는 것을 나타내며, 대개 부모와 함께 있을 때에는 모친과 명함을 함께 사용한다. 즉 모친의 성명 아래에 줄을 바꾸어서 장녀는 성을, 차녀는 본명과 성을 함께 표기한다. 명함을 사용할 경우에는 모친은 명함을 그대로 사용하고 자녀들은 자기의 이름만을 남기고 연필로 지워 사용한다.

기혼여성의 경우 'Mrs.'를 반드시 표기하여 남편의 성과 병기한다. 그러나 직업용 명함일 경우에는 'Mrs.'에 자신의 성명을 표기한다. 미망인의 경우에는 재혼하지 않은 이상 기혼여성과 같은 방식으로 표기한다.

3) 우리 이름의 영어식 표기시 주의사항

다음의 예와 같이 쓰는 것은 그 뜻이 별로 좋지 않으므로 다르게 표기하는 것이 좋다.

- 손(son : 아들), 송(song : 노래), 문(moon : 달), 신(sin : 죄, shin : 정강이), 주(zoo : 동물원), 곽(quack : 돌팔이 의사), 박(bag : 자루), 범(Bum : 건달), 우(woo : 조르다), 석(suck : 빨다), 식(sick : 병)

4 명함의 교환방법

사회생활을 하면서 자주 명함을 주고받는다. 명함을 건네다보면 괜히 어색하고 부자연스러운 느낌이 들 때가 있는데 올바른 방법은 무엇일까.

아랫사람이 먼저 윗사람에게 명함을 주고 윗사람의 명함을 받는 것이 순서이다. 처음 소개받은 사람과는 악수를 한 뒤에 명함을 교환하도록 한다. 오른손으로 명함을 건네되 명함에 씌어진 이름을 상대방이 보기 편하게 하는 것이 좋다. 받을 때에는 왼손으로 오른손을 가볍게 받쳐들고 공손한 태도로 받는다. 받은 명함을 만지작거리거나 명함으로 탁자를 톡톡 치는 일은 피해야 한다.

명함을 받은 뒤에는 상대의 이름을 한 번 읽으면서 이름을 기억하도록 한다. 어려운 한자를 사용한 이름이면 상대방에게 물어보는 것이 바람직하다. 여러 사람의 명함을 동시에 받을 때는 탁자 위에 가지런히 늘어놓고 이름을 외운 뒤에 차례대로 명함지갑에 넣도록 한다.

명함은 항상 7~15장 정도 소지하도록 하며 명함지갑은 가능하면 별도로 사용하도록 한다. 지폐가 들어 있는 장지갑이나 반지갑에서 명함을 꺼내는 것은 보기에 좋지 않으며, 특히 바지의 뒷주머니에서 지갑을 빼내 명함을 주는 것은 결례이다.

(1) 명함 교환의 의미

명함을 건네주는 쪽에서 볼 때 그것은 우선 상대방에게 자신을 보여주는 최초의 수단이기 때문에 얼굴이나 목소리와 마찬가지로 명함은 상대방의 첫인상에 많은 영향을 미친다. 따라서 지저분한 명함이나 구겨진 명함은 당연히 자신에 대한 인상을 나쁘게 할 수 있으므로 차라리 주지 않는 것이 나을 것이다. 또한 명함을 꺼내는 방법이나 건네주는 방법에 있어서도 마찬가지이다. 한편, 명함을 받는 쪽에서 보면 그것은 상대방이 준 최초의 개인정보인 동시에 신뢰관계의 출발점이기도 하다.

그리고 받은 명함을 아무렇게나 취급하는 것도 좋지 않다. 이야기 도중 명함을 동그랗게 말던가, 또는 접어서 만지작거리는 행위는 상대방의 인격을 무시하는 것이나 다름없기 때문이다.

결론적으로 만남에 있어서 첫인상이 중요하듯, 명함은 후에 상대방이 자신을 기억하게 하는 중요한 역할을 한다.

(2) 명함의 교환방법

1) 명함을 상대방에게 줄 때

① 자신을 소개하면서 준다.
② 반드시 서서 준다.
③ 명함은 넉넉히 준비하여 자유로이 교환할 수 있도록 한다.
④ 인사가 끝난 후 느닷없이 명함을 주는 것은 예의에 어긋난다.
⑤ 명함은 아랫사람이 먼저 내지만 소개의 경우는 먼저 소개받은 사람부터 건네고, 방문한 곳에서는 상대방보다 먼저 건넨다.
⑥ 명함은 상대방이 바로 읽을 수 있도록 건넨다.

[그림 3-2] 명함 줄 때의 방향

2) 명함을 상대방으로부터 받을 때

① 서서 받는다.
② 받은 명함은 정중히 다루어야 한다.
③ 명함은 반드시 명함지갑에 넣어 깨끗이 보관한다.
④ 상대방의 면전에서 받은 명함에 낙서하지 않는다.
⑤ 명함을 받은 후에 반드시 이름을 소리내어 읽어 확인한다.
⑥ 상담시에는 테이블 위에 올려놓고 보면서 이야기한다.
⑦ 명함을 준비하기 전에 상대의 명함을 받게 될 때는 받은 후에 바로 명함을 건넨다.
⑧ 명함을 받을 때는 두 손으로 받고, 될 수 있는 한 정중하게 취급해야 한다.

받은 명함에는 자기가 건네준 명함과 마찬가지로 어느 정도 그 사람의 인격이 숨어 있다. 그것을 읽지도 않고 그냥 집어넣어버리면 명함의 의미가 반감될 뿐만 아니라 상대방에게도 실례가 된다.

명함을 받았을 때는 자세히 들여다보고 거기에 있는 정보를 머리에 새겨두어야 한다.

그리고 뭔가 의문 나는 사항이 있으면 곧바로 물어보는 것이 좋다. 어려운 한자가 있을 때는 어떻게 읽는지 물어봐도 좋고, 적혀 있는 직함이나 주소와 관련된 것이라도 좋다. 물론 특이한 명함이라면 그에 대한 인상을 말하는 것도 좋다.

(3) 명함을 소지하는 매너

명함은 반드시 명함첩에 준비하여 상의의 안주머니에 넣고 다니는 것이 바람직하다. 지갑이나 메모지와 같은 곳에 넣고 다니는 것은 상대에게 별로 좋은 인상을 줄 수가 없기 때문이다. 즉, 명함은 명함만 가지고 다니도록 만들어진 명함지갑(business card holder)에서 꺼내는 것이 가장 바람직하다.

이때 주의해야 할 사항은 명함지갑 속에 자기 명함과 다른 사람들로부터 받은 명함이 뒤죽박죽되어 꺼낼 때 자신의 명함을 찾는 것은 실례가 될 수 있다.

명함을 꺼낼 때는 상대방이 읽기 쉽게 돌려서 주고, 오른손으로 건네주는 것이 예의이다. 이때는 분명한 목소리로 자기소개를 하는 것을 잊지 말아야 한다.

(4) 명함이 떨어졌을 때의 매너

외출시에는 자신을 소개하거나 상대방을 소개받을 것을 대비하여 언제나 업무용이나, 개인용 명함을 충분히 가지고 다니는 것을 생활화해야 한다. 그러나 특별한 사정으로 인하여 명함을 소지하고 있지 않거나 명함이 떨어진 경우에는 당황하지 말고 상대방에게 자신을 다른 방법으로 소개할 수 있는 지혜를 발휘해야 한다.

명함이 떨어진 것을 알았을 때는 상대방이 명함을 건네기 전에 미리 이야기를 해서 결례를 사과하고, 필요에 따라서는 이름과 전화번호 정도를 적은 메모를 건네준다.

한편 집이나 사무실에 돌아오는 즉시 명함과 함께 한마디 사과의 말을 곁들인 편지를 보내는 것이 예의일 것이다. 이와 같이 메모를 전달할 경우에 상대방에게 자신의 성의와 인상이 강하게 어필한다면 오히려 이것을 계기로 교제가 깊어지는 경우도 있을 수 있다.

5 명함의 관리방법

최근에는 크기나 모양이 다양한 명함꽂이가 있어 정리나 관리가 쉬워졌다. 특히, 바인더(binder)식 명함꽂이는 나중에 새로 명함을 추가할 수도 있어 매우 편리하다.

분류방법에 있어서 크게 업무용과 개인용으로 나누어지지만 그 외에도 여러 가지 분류방법이 있다.

업무내용이나 교제범위에 따라 편리하거나 불편한 점이 있고, 취향도 있을 것이다. 시행착오를 거쳐가며 자기 나름대로의 분류법을 개발하는 것이 바람직하다. 교제가 오랫동안 계속되면 상대방의 명함이 바뀌는 경우가 있다. 이럴 때는 과거에 받은 명함과 새것을 가지런히 보관하여 그들과의 교제과정을 한눈에 알 수 있도록 해두면 자료적인 가치도 높아진다. 명함철은 때로 훌륭한 인맥사전이 될 수도 있다.

TIP

명함 교환시 삼가야 할 행위

1. 불결한 명함을 건네주는 행위
2. 자신의 명함에 틀린 직책이나 전화번호를 펜으로 표기하여 건네주는 행위
3. 실수로 타인으로부터 받은 명함을 건네주는 행위
4. 여러 사람에게 자신의 명함을 건네는 경우 명함이 충분하지 못해 전해주지 못하는 행위
5. 명함 뒷면에 여러 개의 직책을 표기하는 행위
6. 명함을 받고 읽어보지 않고 주머니에 넣는 행위
7. 받은 명함에 낙서를 하는 행위
8. 받은 명함을 접는 행위
9. 상담시 명함에 표기된 직함을 사용하지 않는 행위
10. 받은 명함을 책상이나 주위에 놓고 관심을 두지 않는 행위

제3절 방문객 안내 매너

어느 직장이나 업무중에는 외부의 손님이 내방하는 기회가 많이 있기 때문에 손님을 안내하는 데 있어서 지켜야 할 에티켓이 있다. 업무와 관계가 있거나 혹은 관계가 전혀 없을지라도 방문하는 손님을 정중히 맞이하는 것은 직장인의 기본 자세이다. 그러나 현실적으로 손님의 방문을 소홀히 하여 소속하고 있는 직장에 대한 부정적인 이미지를 주는 경우도 있기 때문에 방문객에게는 항상 밝은 표정과 함께 안내하여 긍정적이고 좋은 이미지를 줄 수 있도록 최선을 다해야 한다. 따라서 직장을 방문하는 손님은 안내하는 사람의 서비스 수준에 따라 고객이 갖는 이미지가 달라지게 마련이므로 손님이 기쁜 마음으로 방문을 할 수 있도록 다음과 같은 절차의 에티켓과 친절한 서비스로 안내해야 한다.

1 환 영

대부분 직장을 방문하는 손님은 직장의 분위기에 익숙하지 않기 때문에 행동하는 모습이 어색할 수밖에 없다. 그러므로 직장을 방문하는 손님을 반갑게 맞이하는 자세로 손님이 어색하지 않도록 분위기를 환기시켜야 직장에 대한 호감을 가질 수 있다. 방문하는 손님을 맞이할 경우에는 먼저 미소와 함께 손님이 편안한 마음을 가질 수 있도록 환영하는 마음으로 응대해야 한다.

처음 방문하는 손님에 대한 따뜻한 환영은 손님에게 직장에 대한 첫인상을 긍정적으로 심어줄 수 있는 기회를 제공하는 것이다. 또한, 처음이 아니고 자주 드나드는 손님일 경우에는 손님의 이름을 기억하여 불러주면 더욱 친근감을 느낄 수 있을 것이다.

2 명함 교환

처음 방문하는 손님은 우선 상대방을 확인하기 위해 정중하게 이름을 물어보아야 하는데, 대개 명함을 매개로 하여 확인하는 경우가 많다. 그러나 만약 자신의 신분을 밝히기 꺼려하는 손님인 경우에는 기분이 상하지 않는 범위 내에서 손님에 대한 정보를 얻도록 해야 한다. 명함을 받았을 경우에는 명함에 표기되어 있는 손님의 회사·직책·이름 등을 정확히 확인하도록 한다. 명함 교환에 대한 에티켓은 제3장 제2절에서 설명하였다.

3 용건 및 약속

방문하는 손님의 신분을 확인한 다음에는 관련 부서나 관련자에게 안내하기 위해 손님의 방문목적과 약속 여부를 문의해야 한다. 그러나 대부분의 손님은 이러한 문의에 적극적으로 응대하지만 구체적인 문의에 민감한 손님이 있다. 이러한 경우에는 손님의 마음이 상하지 않도록 간접적인 질문과 함께 상황에 따라 유연하게 대처할 수 있는 지혜가 요구된다. 그리고 일단 손님의 방문목적이 확인되면 손님의 용무가 신속하게 처리될 수 있도록 최선을 다하는 모습을 보여주어야 한다.

4 안 내

손님의 신분과 방문용건이 확인되면 안내를 해야 하는데, 안내는 상황에 따라 곤란한 경우도 발생한다. 왜냐하면 직장을 방문하는 모든 사람이 직장에 관련하여 이익을 주는 것은 아니기 때문에 의도적으로 거절해야만 하는 경우도 있다. 이러한 경우 안내자는 상황을 정확히 판단하여 지혜롭게 대처해야만 된다.

이 책에서는 약속 후 방문하는 손님의 경우를 가상으로 설명하기로 한다.

(1) 좌석 안내

방문객에게 자리를 안내할 경우에도 고객을 배려한다는 차원에서 관례적인 원칙을 지키도록 한다. 사무실의 의자나 비품도 이러한 원칙에 의하여 배치하는 것이 바람직하다. 즉, 상석과 하석을 구별하여 안내해야 한다. 특히 의전절차를 기준으로 고객을 안내할 경우에는 좌석배치에 각별히 신경을 써야 한다.

상석과 하석을 구별하는 원칙은 대개 다음과 같다.

① 출입문에서 먼 쪽이 상석이다.
② 창 밖이 보이거나 좋은 그림이 보이는 곳이 상석이다.
③ 사무용 책상에서 먼 곳이 상석이다.
④ 장식장이나 난로의 앞쪽이 상석이다.
⑤ 소파의 긴 의자가 고객용이다.

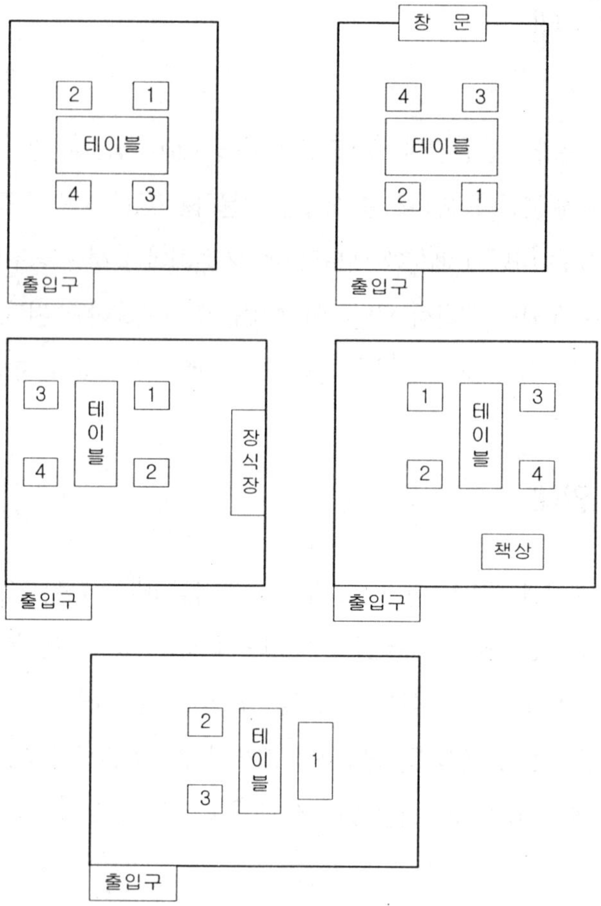

[그림 3-3] 상석과 하석의 위치

(2) 승차 안내

1) 운전사가 있는 경우

① 2명 승차

상사는 운전기사의 대각선 뒷자리이며, 하급자는 운전기사 옆자리이다.

② 3명 승차

상석은 운전기사의 대각선 뒷자리이며, 두번째는 운전기사 뒷자리이고, 말석은 운전기사 옆자리이다.

③ 4명 승차

상석은 운전기사의 대각선 뒷자리이고, 두번째가 운전기사의 뒷자리, 세번째가 가운데 자리이며, 네번째가 운전기사의 옆자리이다.

2) 자가운전

① 1명 승차

운전자와 직위에 큰 차이가 없거나 운전자가 상사일 때는 운전석 옆자리가 상석이다.

② 2명 승차

운전자와 직위에 큰 차이가 없거나 운전자가 상사일 때는 운전석 옆자리가 상석이고, 그 다음이 운전석 대각선 뒷자리이다.

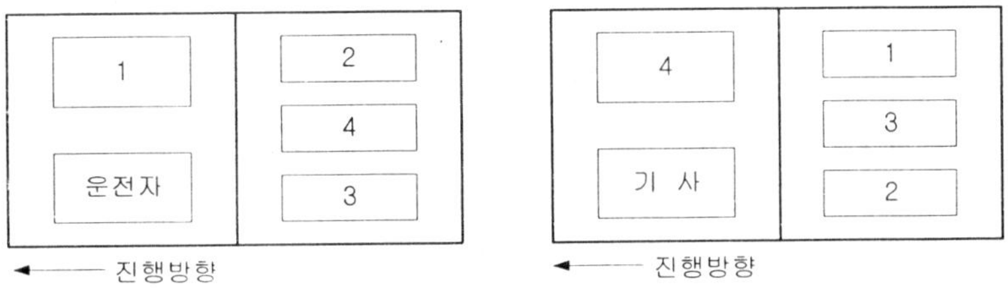

(a) 오너 드라이버의 경우 (b) 기사가 있는 경우

[그림 3-4] 차량의 좌석배치

③ 3명 승차

운전자와 직위에 큰 차이가 없거나 운전자가 상사일 때는 운전석 옆자리가 상석이고, 두번째가 운전석 대각선 뒷자리, 세번째가 운전석 뒷자리이다.

④ 4명 승차

운전석 옆자리가 제일 상석이고, 대각선 뒷자리, 운전석 뒷자리, 가운데 자리 순으로 된다. 단 운전자의 부인이 동승한 경우는 운전석 옆자리가 부인석이 된다.

(3) 이동 안내

방문객을 위한 안내업무는 일정한 절차와 관례를 존중해야 한다. 일단 손님이 자사를 방문하였을 경우에는 자사의 상품이나 시설에 대한 안내 서비스를 제공하는데, 고객을 안내하기 위해서는 다음과 같은 요령이 필요하다.

1) 출입문의 안내

문을 열고 닫는 것은 반드시 안내자가 담당해야 하며, 회전 도어(revolving door)는 안내자가 우선 잠깐 멈추게 하고 방문객을 먼저 통과시킨 다음 그 뒤를 따라가도록 한다.

① 앞으로 당겨서 여는 문

문의 개폐방식에 대한 사인을 확인하고 문을 당긴 채로 비켜서서 고객이 들어가도록 안내한 다음 마지막으로 안내자가 들어간다. 만약 안내자가 먼저 들어가 안쪽에서 팔을 길게 뻗어 문을 밀고 있으면 부자연스럽게 보인다.

② 밀어서 여는 문

안내자가 먼저 안으로 들어가서 안쪽의 손잡이를 잡고 손님을 맞아들인다. 이때 안쪽에서 안내자의 몸이 반쪽 정도가 고객이 볼 수 있는 위치에 선다. 안내자가 먼저 들어가지 않고 바깥쪽에서 팔을 길게 뻗어 문을 연 상태에서 손님이 들어가면 매우 부자연스럽다.

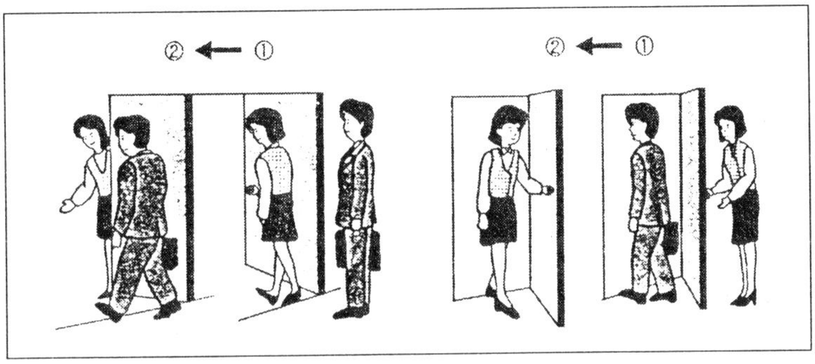

(a) 문을 열고 실내에 들어가 방문객을 안내한 후 문을 닫는다.

(b) 문을 먼저 열어 방문객을 먼저 들여보낸 뒤 문을 닫는다.

[그림 3-5] 출입문의 안내

(4) 엘리베이터 안내

1) 안내원이 있는 경우

안내자는 손님이나 상급자가 먼저 타고 내리도록 유도한다. 또한 엘리베이터 내에서는 분위기를 고려하여 회사의 서비스나 시설 또는 그날의 기후 등에 대한 가벼운 대화를 유도하여 어색한 분위기가 되지 않도록 한다.

2) 안내원이 없는 경우

안내자가 먼저 안으로 들어가 엘리베이터의 여닫이문을 손으로 가볍게 잡은 상태에서 손님이 탈 수 있도록 유도한다.

이때 안내자는 엘리베이터를 조작할 수 있는 위치에서 서고 고객이나 상급자는 조작 버튼이 있는 곳에서 대각선 쪽의 안에서 설 수 있도록 안내한다.

(5) 음료접대

손님이 회사를 방문했을 경우에 자리로 안내가 되면 음료를 접대하는데, 대부분 차를 대접하는 것이 관례화되어 있다. 따라서 방문객을 위해 여러 가지의 차 종류를 준비하고 손님의 취향과 기호에 알맞은 음료나 차를 대접하도록 한다. 손님에게 음료를 대접할 경우에는 반드시 준비될 수 있는 음료의 종류를 사전에 이야기한 다음 주문을 받도록 한다. 차의 대접 순서는 무조건 고객에게 먼저 제공하고 회사의 상사부터 차례로 제공한다.

방문객을 위한 음료 서비스의 경우 주의해야 할 사항은 일반적으로 다음과 같다.

① 반드시 고객의 주문을 받은 후 원하는 음료를 제공하도록 한다. 왜냐하면 손님이 선호하는 음료나 마시지 않는 음료가 있을 수 있기 때문이다.

② 음료는 반드시 찻잔 받침(saucer)과 함께 제공한다.

③ 능하면 자판기(vending machine)의 음료 제공은 지양하고 자체에서 준비한 음료를 제공하도록 한다.

④ 음료를 제공하고 사무실이나 회의실을 나갈 경우에는 뒷모습이 손님에게 보이지 않도록 뒷걸음으로 나오도록 한다.

(6) 수 행

① **한 명이 수행할 경우**

손님의 오른쪽에서 우로 1m 정도의 위치에서 인도하며 서비스 시설을 안내하거나 시설을 안내한다.

② **두 명이 수행할 경우**

손님의 앞뒤에 서서 수행한다.

③ **세 명이 수행할 경우**

손님의 앞에 한 명이 서고 뒤에 두 명이 양쪽으로 한 명씩 서거나 앞뒤로 나란히 두 명이 서서 수행한다.

(a) 1명일 때

(b) 2명일 때

(c) 3명일 때

[그림 3-6] 방문객의 수행

④ 네 명이 수행할 경우

손님의 앞에 한 명이 서고 뒤에는 한쪽에 한 명이 서고 다른 한쪽에는 나머지 두 명이 앞뒤로 나란히 서거나, 세 명이 앞뒤로 나란히 서서 수행한다.

제4절 방문 매너

기업의 이해관계자를 방문할 경우에는 주로 사회적으로 안정되었거나 기업을 경영하는 사람일 경우가 대부분이기 때문에 방문을 계획할 때는 신중을 기해야 하고, 상황에 따라 능동적으로 대처해야 한다.

방문은 기업과 관련된 업무나 개인적인 친분관계 등으로 이루어지는 활동이지만 직장을 방문한다는 것은 생각보다 그리 쉽지 않기 때문에 어느 정도의 기본적인 에티켓을 지켜야 한다. 직장생활을 하는 사람이 타 기업과의 업무관계로 방문하기 위해서는 방문에 필요한 여러 가지의 절차가 있지만, 사소한 실수나 미숙함이 있을 경우에는 방문목적에 역효과를 초래할 수 있기 때문이다.

따라서 종업원이나 관련자가 다른 기업이나 고객을 방문할 때 방문의 효과를 극대화하기 위해 고객방문에 대한 다양한 기법을 모듈(module)화하여 역할연기(role play) 등의 교육을 통해 프로 의식을 고취시키는 경우도 있다.

이와 같이 고객방문 활동을 보다 효과적으로 실시하기 위해 다음과 같은 절차와 기법을 소개한다. 이 책에서는 방문에 대한 매너를 고객이나 영업과 관련된 기업의 방문을 중심으로 설명하기로 한다.

1 방문계획

기업의 영업전략에 따라 앞에서 언급했던 것처럼 방문계획을 수립하는데, 교통의 혼잡을 고려하고 방문의 효율성을 높이기 위하여 지역을 구분하는 것이 바람직하다. 방문계획을 수립하면 관련 부서의 담당자들에게 방문계획을 통보하여 방문하고자 하는 거래처에 특별한 사항이 있는지를 점검하여 고객의 질문에 적절히 응대할 수 있도록 한다.

방문고객의 업무계획이나 일정을 고려하여 고객의 입장을 배려하는 차원에서 구체적인 방문계획을 수립해야 한다.

만약, 구체적인 방문계획이 없이 고객을 방문하였을 경우에는 고객에게 실례가 될 뿐만 아니라 고객의 사정에 따라 시간을 낭비하는 결과를 초래할 수도 있을 것이다. 또한 방문계획을 수립할 경우에는 방문고객에 대한 의견을 수렴하기 위해 관련 부서와의 협조가 요구되기도 한다.

(1) 국 내

방문지가 내국인 경우에는 일반적으로 단기간의 방문(1일 또는 2일)이 대부분이지만 방문할 상대의 위치나 직위에 따라 방문계획의 내용이 달라질 것이다.

기업이나 개인의 방문에 대한 내용을 시간대별로 계획을 수립하여 가능하면 시간을 낭비하지 않도록 최선을 다해야 한다.

또한 방문 상대자의 일정을 관계자와 구체적으로 협의하여 방문계획을 효율적으로 수립한다. 특히, 기업체나 특별한 단체의 대표를 방문할 경우에는 대개 관련 비서가 일정을 관리하기 때문에 비서를 통해 계획을 수립하도록 한다.

(2) 국 외

요즘에는 세계화의 추세로 말미암아 해외출장이 빈번해지는 경향이 있다. 특히, 관광관련 산업은 해외에 관련된 업무가 상당 부분 차지하기 때문에 해외에 있는 고객을 방문하는 경우가 많다.

그러나 해외출장은 특수한 경우를 제외하고 비교적 장기에 걸쳐 체재하면서 실시해야 하는 경우가 많기 때문에 일정관리에 특별히 신경을 써야 한다. 따라서 해외출장은 현지 체재를 위한 비용이나 기타 비용이 많이 발생하기 때문에 효과적인 방문이 될 수 있도록 구체적인 방문계획이 요구된다.

또한 상대국의 시차나 기후 및 문화 등을 고려하여 고객을 방문하는 데 무리가 없도록 여러 가지의 요소를 고려하여 계획을 수립하도록 한다. 따라서 해외출장의 경우에는 관련자와 방문일정을 전화나 팩스 등의 통신수단을 이용하여 구체적이고 생산적인 방문이 될 수 있도록 해야 한다.

2 약 속

고객을 방문하기 위해 상대고객과 협의하여 약속할 경우에는 만남의 효과를 극대화하기 위해 방문목적을 분명히 하고, 방문중에 토의해야 할 개괄적인 내용을 전달해야 한다. 왜냐하면 방문중에 토의될 내용에 대해서 고객도 검토할 수 있는 시간을 주어야 하기 때문이다.

일반적으로 중요한 사안으로 고객을 방문할 경우에는 서면으로 의제와 토의사항 등을 통보하는 것이 예의이다. 방문약속은 기존 거래처와 새로운 고객방문의 경우를 구분하여 다음과 같은 절차로 실시한다.

(1) 거래처의 경우

거래처인 경우는 정기적으로 접촉하는 담당자가 있기 때문에 사전에 방문목적을 전달하면 쉽게 방문약속을 할 수 있다. 그러나 가끔 최고경영자나 상사가 동행할 경우 거래처의 사장이나 간부의 방문을 위한 약속을 주선해야 하기 때문에 구체적인 방문계획을 전달하여 상대방의 승인을 얻도록 해야 한다.

이때 방문고객이 편리한 날짜와 시간을 고려하여 방문약속을 하는 것이 고객에 대한 예우일 것이다.

(2) 새로운 고객의 경우

새로운 고객을 접촉하여 방문약속을 한다는 것은 여간 어려운 것이 아니다. 왜냐하면 현재 새로운 고객은 경쟁사와 거래를 하고 있을지도 모르기 때문이다. 따라서 이러한 장벽을 뛰어넘어 약속을 한다는 것은 어렵기 때문에 능숙한 기교가 필요하다.

이러한 경우 약속은 전화나 서신을 이용하는 경우가 많으나 보통 전화를 이용하는 방법이 일반적이다.

무엇보다 중요한 것은 전혀 거래관계가 없었다고 하여 고객과 사전약속 없이 방문해서는 안 된다. 필자의 경험에 의하면 전혀 거래관계가 없는 경우의 방문은 약속과정에서 고객이 방문에 대한 많은 궁금증으로 인하여 꺼려하는 경우가 대부분이기 때문에 방문약속을 하기 위해서는 고객에 대한 많은 정보가 파악되어야 하고, 경우에 따라서는 의사 결정자(decision maker)와 정식약속을 하기 위해 실무자와의 예비접촉이 요구되기도 한다.

3 방문처의 정보파악

고객을 방문하기 위한 약속을 정한 다음에는 부드러운 토의와 풍부한 화제 등을 위해 고객에 대한 구체적인 정보를 획득해야 하며, 고객정보의 파악 정도에 따라 방문목적의 달성 여부가 달려 있다고 해도 과언이 아니다. 즉, 새로운 고객이든 기존고객이든 고객을 방문한다는 것은 민감한 사안이다.

그러므로 사무실의 관련자와 상담을 원활하게 진행하기 위해서는 소속기업의 조직과 의사 결정자, 그리고 영업에 관련한 다음과 같은 사항 등을 구체적으로 파악해야 한다.

① 기업의 조직(firm's organization)
② 의사 결정자(decision maker)
③ 취급업무(products/service)
④ 접촉자(contact person)
⑤ 상품/서비스 구매량(sales forecast for products/service)
⑥ 경쟁사와의 관계(relationship with competitors)
⑦ 연간매출액(revenue per annum)
⑧ 시장점유율(market share)
⑨ 시장잠재력(market potentiality)
⑩ 기타 내부정보(internal data and others)

4 준비사항

직장의 방문을 효과적이고 프로답게 하기 위해서는 여러 가지 준비해야 할 사항이 있다. 만약, 아무 준비 없이 방문한다면 지나가는 사람을 예고 없이 만나는 것과 다를 바 없을 것이다.

따라서 상대방이 기분 좋은 상태로 맞이하도록 유도하고 방문의 목적을 극대화하기 위해서는 다음과 같은 것들을 준비해야 하겠다.

(1) 필기구

상담이나 대화를 하면서 필요한 정보나 자료를 메모하기 위해서 메모지와 볼펜 등을 미리 준비하여 기록하는 습관을 길러야 한다. 사람은 망각의 동물이기 때문에 방문중에 나눈 대화를 당시에는 모두 기억할 수 있을지라도 어느 정도 시간이 지나면 잊어버리기 쉽기 때문에 특히 숫자 등은 정확하게 기록하여 빠뜨리지 않도록 해야 한다.

(2) 명 함

앞에서 설명한 바와 같이 상대를 방문할 경우에는 반드시 자신의 명함을 준비하여 어떤 사람을 만나도 자신을 소개할 수 있는 수단으로 이용해야 한다. 따라서 명함지갑에는 항상 10~15장 정도의 명함을 소지하고 있어야 한다.

(3) 회사 선전물

자신이 속해 있는 단체나 조직이 추구하고 있는 사명이나 목표 또는 생산품을 소개하는 팩시트(fact sheet), 브로셔(brochure)나 팜플렛(pamphlet) 등을 준비하여 자신을 소개하는 데 도움이 될 수 있도록 한다.

최근에는 보다 효과적으로 자신의 직장이나 생산품을 소개하기 위해 시청각 자재를 이용한 장비들이 이용되기도 하는데, 이와 같은 경우에는 사전에 상대방에게 협조를 구해야 한다.

(4) 선 물

방문의 목적을 극대화하고 방문에 응해준 것에 대한 감사의 표시로 자사에서 기획한 판촉물(give-away)이나 조그마한 선물을 준비한다. 선물로는 보통 자사를 소개할 수 있는 것이 좋으나 최근에는 많은 종류의 선물이 만들어지고 있기 때문에 상대방의 취향이나 성격을 고려하여 신중하게 준비해야 한다.

5 방 문

고객을 방문할 경우에는 거래처에 반드시 약속시간보다 일찍 도착하여 용무를 살피고 사무실의 관련자에게 방문 사실을 전한다. 이때 만약 비서가 안내를 하는 사무실이라면 조그마한 선물을 준비하는 것도 방문절차를 부드럽게 처리할 수 있고 지속적인 관계유지를 위한 방법의 하나이다.

특히, 새로운 고객을 방문할 경우에는 비서가 제공하는 정보가 결정적이고 중요한 단서의 역할을 하는 경우가 많다.

필자의 경험에 의하면 모든 구매결정은 의사결정자가 하지만 의사결정을 순조롭게 하기 위한 상담과정에서의 귀중한 정보는 비서나 최하위 담당자로부터 얻을 수 있었다. 따라서 의사결정자의 비서나 관계되는 종업원과의 긍정적인 관계유지가 무엇보다 중요하다고 할 수 있다.

또한 상담중에는 고객과의 부드러운 대화를 위하여 최근의 시사성 있는 내용이나 날씨 등으로 화제를 이어간다. 고객의 방문은 첫인상이 매우 중요하기 때문에 고객과의 대면에 많은 신경을 쓰도록 해야 한다. 방문시의 주의사항은 다음과 같다.

(1) 방문시의 점검사항

고객을 방문하기 위해서는 다음과 같은 사항을 미리 점검하여 방문하고자 하는 고객이 호감을 가질 수 있도록 한다.

① 사무실 도착 전 화장실에서 흩뜨려져 있는 머리를 빗으로 빗고 옷매무새를 살핀다.
② 식사 후에 곧 바로 방문해야 할 경우에는 화장실에서 물양치를 하고 치아를 점검한다.
③ 명함이 주머니에 있는지를 확인한다.
④ 필기구와 메모지를 다시 한번 점검한다.
⑤ 고객의 정확한 성함과 직책을 재확인한다.
⑥ 사무실에 도착하면 방문약속을 명확하게 전달하여 고객과 만날 수 있도록 의뢰한다.
⑦ 만약 고객이 사정이 있어 약속시간에 부재중이면 예상되는 귀시시간을 관련 종업원에게 물어보고, 늦어지면 상황에 따라 재방문 계획을 결정한다.
⑧ 고객의 사무실로 안내되었을 경우에는 정중히 인사말을 건네고 고객의 안내에 따라 착석한다.
⑨ 착석한 다음에는 방문의 허락에 대한 고마움을 전달한다.
⑩ 착석하자마자 방문목적을 위한 대화를 시작하기 전에 최근 이슈(issue)가 되고 있는 시사성 있는 대화나 혹은 고객이 속해 있는 단체나 기업의 장점 등의 대화로 시작한다.

그리고 고객의 방문은 국내뿐만이 아니라 해외방문일 경우도 있을 수 있다. 이러한 경우에도 일반적인 준비사항은 동일하지만 상대국에서 체류하면서 고객을 방문해야 하기 때문에 준비해야 할 사항이 많이 있다.

예를 들면, 겨울철이라도 상대국의 기후가 열대지방이라면 여름옷을 준비해야 하고, 경우에 따라서는 파티복도 준비를 해야 할 것이다. 또한 세계 어느 곳을 방문할지라도 약국은 있겠으나 몸이 불편할 경우 익숙하지 않은 약을 복용해야 하는 불안감을 덜기 위해서는 약간의 비상약도 준비해야 한다.

〈표 3-1〉 해외방문시의 준비사항

남 성	수 량	여 성	수 량
여행용 가방	1개	여행용 가방	1개
소형가방(서류가방)	1개	핸드백	1개
양복	1~2벌	양장	1벌
평상복	1벌	블라우스	2벌
와이셔츠	3개	스커트	2벌
속옷	2벌	스타킹	5개
넥타이	4개	속옷	2~3벌
양말	4set	손수건	3개
손수건	4개	신발	1개
세면도구	1set	세면도구	1set
화장품	1set	화장품	1set
구두	1개	비상약	약간
카메라	1set	여권용 사진	2매
비상약	약간	카메라	1set
여권용 사진	2매	여행 안내책자	1
선물	약간	선물	약간
명함	50매	명함	50매
일정표	1set	일정표	1set

물론 체류기간에 따라서 준비물이 달라지겠지만 일반적으로 3~7일의 체류방문일 경우에는 〈표 3-1〉과 같이 준비하도록 한다.

6 프레젠테이션

프레젠테이션(presentation)은 상담의 효과를 높여주기 위해 고객 앞에서 비주얼 장비(visual equipment)를 이용하거나 차트(chart) 등을 이용하여 방문목적의 상황에 따라 고객을 설득하는 데 도움을 주기 위한 방법이다.

따라서 방문의 목적에 따라 고객의 이해를 높일 수 있는 방법으로 간결하고 쉽게 볼 수 있도록 준비해야 한다.

7 상 담

고객의 사무실로 안내되어 인사를 나누고 착석을 한 다음에는 분위기에 알맞은 화제와 함께 상담이 시작되는데, 방문목적에 따라 상담내용이 달라지겠지만 고객의 의중을 살펴가면서 상담을 실시해야 한다.

이때 대화를 원만하게 이어가기 위해서는 단답형 질문이나 폐쇄형 질문(closed question)은 대화를 단절할 수 있으므로 가능하면 개방형 질문(open question)을 유도하면서 상대의 정보를 획득한다.

(1) 효과적인 상담방법

1) 상대 성함의 암기

상담을 하면서 상대의 이름을 대화 도중에 불러주면 친근감을 주어 대화를 부드럽게 할 수 있다. 만약, 여러 명을 대상으로 상담할 경우에는 받은 명함을 적당한 위치에 앉은 순서대로 배열해놓고 명함을 곁눈질해 가면서 상대의 이름과 직위의 호칭을 불러주면 대화가 훨씬 효과적일 것이다.

특히, 대외적인 업무를 담당하는 판촉부의 관계자는 대인관계에 있어서 상담을 주도할 수 있는 화법의 훈련이 요구된다.

2) 상담 전후의 화제내용 준비

상대에 대한 구체적인 정보를 입수하여 가능하면 상대가 흥미를 유발할 수 있는 화제를 사전에 준비한다. 상담의 성공 여부는 풍부한 화제내용과 상대의 분위기를 잘 파악하여 적당히 대처할 수 있는 능력에 달려 있다.

일반적으로 상담 전의 화제내용은 다음과 같은 것들이 있다.

① 날씨
② 건강
③ 최근의 사회적 이슈(매스컴)
④ 경제동향(주식동향 등)
⑤ 정치동향
⑥ 취미
⑦ 의상
⑧ 고객이나 기업의 장점
⑨ 안내원의 친절한 서비스
⑩ 기타 관련 산업의 동향

(2) 상담시 주의사항

상담시에는 상황에 따라 다양한 형태의 이야기가 오갈 수 있으나, 고객이 불리한 내용을 이야기하거나 당황해할 수 있는 화제는 삼가야 한다.

다음은 상담시 주의해야 할 사항들을 살펴보았다.

① 상대방이 대답하기 곤란한 질문은 피해야 하고, 가능하면 간접적인 질문을 던져 정보를 얻도록 해야 한다. 예를 들면, 사생활에 관련된 내용, 회사의 영업전략상 비밀스러운 내용, 경쟁사에 관한 직접적인 질문 등이다.

② 고객이 업무가 바쁜 것같이 느껴지면 방문목적과 관련이 없는 내용의 대화는 피하고 방문의 목적에 관련된 사항만을 이야기하도록 한다.

③ 상담중에 고객이 쉽게 이해할 수 있도록 시각적인 자료나 견본품(sample)을 제시하면서 대화를 이어간다.

④ 상담중에는 이동전화나 호출기가 울리지 않도록 스위치를 끈 상태에서 진행한다.

⑤ 적당한 시간에 고객이 자사를 방문하여 서비스를 제공받을 수 있도록 초청한다.

⑥ 상담을 마칠 때에는 상담중에 교환된 내용을 다시 반복하여 고객에게 확인시킨다.

⑦ 상담중에 확인된 사항은 반드시 메모하여 서면으로 남기도록 한다.

⑧ 고객의 사무실을 나올 때는 미리 가지고 간 판촉물을 건네고 사무실을 나온다.

⑨ 방문중에 약속한 내용은 반드시 지키도록 하고, 경우에 따라서 감사의 글을 보내도록 한다.

〈표 3-2〉 효과적인 대화방법

번호	효과적인 대화방법
1	상대의 미간(눈과 눈 사이)을 쳐다보고 이야기하라.
2	대화의 내용에 변화를 주어라.
3	상대방의 이야기를 끝까지 듣고 이야기하라.
4	대화중에는 항상 얼굴에 미소를 잃지 않아야 한다.
5	표준말을 사용하라.
6	제스처(gesture)나 보디 랭귀지(body language)를 활용하라.
7	대등한 위치에서 대화하라.
8	적절한 유머를 활용하라.
9	제3자나 상대의 장점을 강조하라.
10	방문목적에 관련된 내용은 반복하여 재확인하라.

제5절 의 전

1 호 칭

의전(protocol) 상에 있어서 귀빈의 호칭은 매우 중요한 요소이기 때문에 상대방의 이름을 틀리게 부른다거나 잘못 표기할 경우에는 실례를 범하는 것이다. 따라서 호칭에 대한 정확한 방법을 숙지하여 실수를 하지 않도록 주의해야 한다.

이 책에서는 국제적인 관례에 준하여 외국인의 호칭에 대해서 살펴보기로 한다.

(1) 일반적인 호칭

미국의 경우 친한 사이의 파티에 초대를 받았을 때에는 보통 상대의 성함을 부른다. 만약 계속해서 'Mr.' 'Miss' 'Mrs.'와 같은 경칭을 사용한다면 분위기가 어색할 것이다. 따라서 가능하면 상대의 성함과 직책을 불러주도록 평소에 습관을 들이도록 한다.

일반적인 호칭의 기준은 다음과 같다.

① 나이나 지위가 높을지라도 상대방이 이름을 불러주기 원하면 이름을 불러주도록 한다.
② 친구 사이처럼 동등한 위치에 있는 사람이라면 자연스럽게 이름을 부른다.
③ 특별한 경우를 제외하고 상대방이 사회적 지위가 높거나 전문직업인 또는 손윗사람이면 적당한 경칭을 사용한다.

(2) Jr., 2nd, 3rd

유럽에서는 이름을 물려주는 관습이 있기 때문에 부자 사이에 동성동명인 경우가 많다. 이와 같은 경우에는 아들의 이름에는 'Junior'를 붙여 구별하고, 3세의 경우에는 '3rd'를 붙여준다. 이때 4촌의 이름을 물려받은 경우에는 '2nd'를 붙인다. 그러나 이름을 물려준 사람이 사망하면 'Jr.' '2nd' '3rd' 등의 호칭은 이름에서 생략한다. 일반적인 표기방법은 다음과 같다.

- 숫자로 사용할 경우에는 이름 뒤에 위치한다.
  - Mr. Franz Dohauser Ⅲ
- 전부 쓸 경우에는 소문자로, 약자로 쓸 경우에는 대소문자로 한다.
  - Mr. Franz Donhauser junior
  - Mr. Franz Donjouser Jr.

(3) 여성의 이름

우리나라와는 달리 서양에는 여성이 결혼을 하면 남성의 성을 따르게 되어 있기 때문에 여성의 호칭은 결혼, 이혼, 재혼, 사별 등의 경우에 따라서 조금씩 달라진다.

(4) 경 칭

1) 미국의 경우

- Mister(Mr.) : 남자에게 붙이는 경칭으로 이름 앞에 약자로 'Mr.'를 붙여 사용하거나 관직명 앞에 붙여 사용하기도 한다. (예, Mr. Heinz, Mr. President, Mr. Ambassador)
- Mistress(Mrs.) : 결혼한 부인의 이름 앞에 붙이는 경칭으로 약자로 Mrs.를 사용한다.
- Miss : 미혼여성의 이름 앞에 붙인다.
- Master : 소년에 대해 사용하는 경칭이다.
- Ms(Mz) : 결혼한 여성이나 처녀에게 붙여서 사용할 수 있다.

2) 프랑스의 경우

- Monsieur(M.)
- Madame(Mme)
- Mademoiselle(Mlle)

(5) 왕족 및 귀족의 경칭

1) 왕

- 정식명칭
  - 영어 : His Most Gracious(Excellent) Majesty
  - 불어 : Sa Très Gracieuse(Excellente) Majèste
- 약식명칭
  - 영어 : His Majesty(약어 : H.M.)
  - 불어 : Sa Majestè(약어 : S.M.)
- 대화시 경칭
  - 영어 : Your Majesty(먼저 이야기할 때)
    Sir(대답에 답할 때)
  - 불어 : Votte Majestè, Sire

2) 왕 후

① 정식경칭

- 영어 : Her Most Gracieuse(Excellent) Majesty
- 불어 : Sa Très Gracious(Excellente) Majèste

② 약식경칭

- 영어 : Her Majesty(약어 : H.M.)
- 불어 : Sa Majestè (약어 : S.M.)

③ 대화시 경칭

- 영어 : Your Majesty, Ma'am(먼저 이야기할 때와 답할 때)
- 불어 : Votte Majestè, Madame

3) 왕 족

① 정식경칭

- 직계
  - 영어 : His(Her) Royal(Imperial) highness(약어 : H.R.H. 혹은 H.I.H.)
  - 불어 : Son Altesse Royal(Impèriale)(약어 : S.A.R. 혹은 S.A.I.)
- 방계
  - 영어 : His(Her) Serene Highness(약어 : H.S.H)
  - 불어 : Son Altesse Serenissime(약어 : S.A.S.)

② 약식경칭

- 정식호칭과 동일

③ 대화시 경칭

- 영어 : Your Royal Highness, Sir/Ma'am
- Votte Altesse Royale, Monsieur/Madame

4) 귀족(정식/약식)

① 공 작

- His Grace The Duke of ~/The Duke of ~
- Her Grace The Duchess of ~/The Duchess of ~

② 후 작

- The Most Honourable The Marquis of ~/The Marquis of ~
- The Most Honourable The Marchioness of ~/The Marchioness of ~

③ 백 작

- The Right Honourable The Earl of ~/The Earl of ~
- The Right Honourable The Countess of ~/The Countess of ~

④ 자 작

- The Right Honourable The Viscount ~/The Viscount ~
- The Right Honourable The Viscountess ~/The Viscountess ~

⑤ 남 작

- The Right Honourable The Baron ~/The Baron ~
- The Right Honourable The Baroness ~/The Baroness ~

(6) 외교관의 경칭

대사에게는 '각하'라는 의미의 'His Excellency(영어)'/'Son Excellence (불어)'를 붙인다. 또한 대사 부인에게도 공식적으로는 동일한 경칭을 사용한다. 따라서 공식모임에서 대사 부부의 칭호는 'Their Excellencies' 'Leurs Excellences'가 된다.

그러나 일반 사교모임에서는 'His Excellency the Ambassador of Korea and Madame Kim'으로 표현한다.

- 'His Excellency'를 전부 쓸 경우에는 이름 위 왼쪽에 쓴다.
  - His Excellency
  - Mr. Malcom Heinz
- 'H.E.'의 약어로 쓸 경우에는 이름 앞에 한 줄로 표기한다.
  - H.E. Mr. Malcom Heinz

2 서 열

(1) 서열의 기준

1) 공식서열

공식서열은 국가에 따라서 약간의 차이가 있으나 일반적으로 귀족이나 공직자 등의 신분별 지위나 관직에 대해 공식적으로 인정되어 있는 서열을 가리킨다. 따라서 의전절차에 의한 국제행사나 공식적인 모임을 갖는 경우에는 반드시 공식서열에 의한 좌석배치가 이루어져야 한다.

대개 공식서열의 기준은 다음과 같다.

① 제1순위

공선을 거쳐 행정부에 종사하는 하는 사람(대통령)

② 제2순위

입법부에 종사하는 사람(국회의장)

③ 제3순위

사법부에 종사하는 사람(최고재판소의 장)

2) 관례상 서열

일반 사회생활에서 사회적 예의로 정해놓은 서열을 말한다. 공식서열은 서열의 상호관계가 공식화되어 있기 때문에 적용이 비교적 간단하다. 관례상 서열은 공식서열에는 들지 않지만 사회적으로 높은 직위를 가지고 있는 분들에 대한 서열이다.

관례상 서열에 준하는 사람들은 통상적으로 다음과 같이 구분한다.

① 공식서열로 정할 수 없는 지위의 사람 : 정당 대표, 언론단체의 장, 금융단체의 장, 주요경제 단체의 장 등
② 사회적 지위나 문화적 지위를 고려해야 하는 사람 : 대기업 회장, 문인, 예술가 등
③ 집회의 성격에 따른 지위의 사람 : 국제단체의 장, 국제기구의 장 등
④ 전통적으로 서열을 인정해야 하는 사람 : 과거의 왕족이나 귀족

3) 일반적인 서열의 순서

상술한 바와 같이 공식화되어 있는 서열은 간단히 정할 수 있으나, 관례를 존중한 서열은 매우 민감하고 까다롭다. 사람에 따라서 차이가 있겠으나 서열문제로 인하여 참석자의 기분을 상하게 할 수도 있기 때문에 각별한 신경을 써야 하겠다.

따라서 서열은 모임의 성격이나 상황에 따라 다양한 형태가 있을 수 있겠으나 일반적인 기준은 다음과 같다.

① 연령을 우선적으로 고려한다.
② 부인의 서열은 남편과 동일하다.
③ 기혼여성이 미혼여성보다 서열이 높다.
④ 다수의 직위를 가졌을 경우에는 높은 직위의 서열을 따른다.
⑤ 가능하면 외국인을 상위로 취급한다.
⑥ 여성은 남성보다 우선한다.
⑦ 주빈을 존중한다.
⑧ 여성간의 서열 : 기혼자, 미망인, 이혼녀, 미혼자

(2) 외교관 및 영사의 서열

1) 외교관의 서열

① 공관장

직책에 다음과 같이 서열이 정해진다.

- 교황청 대사(카톨릭 국가인 경우)
- 특명전권대사
- 특명공사
- 대리대사
- 대사대리

② 공관장 이외의 외교관

- 외교관 계급에 준한다.
- 재외공관에 근무하는 사람들에 대한 규정에 따른다.

2) 영사의 서열

① 공관장인 영사는 직위에 관계없이 외국영사관원에 우선하며, 직업영사는 같은 계급의 명예영사에 우선한다.

② 직업영사로서 서로가 공관장인 경우에는 그의 계급에 따라서 서열이 정해진다. 그 외의 서열관계는 정부의 규정에 따른다.

③ 공관장 대리인 영사는 공관장인 영사 다음에 온다.

(3) 주요 국가의 서열 관행

1) 한 국

〈표 3-3〉 우리나라의 서열 관행

순위	직 책	순위	직 책
1	대통령	2	국회의장
3	대법원장	4	국무총리
5	국회 부의장	6	감사원장
7	부총리	8	외교통상부 장관
9	외국특명전권대사	10	국무위원
11	국회 상임위원장	12	대법원 판사

2) 미국의 서열 관행

〈표 3-4〉 미국의 서열 관행

순위	직 책	순위	직 책
1	대통령	2	부통령
3	하원의장	4	대법원장
5	전직 대통령	6	국무장관
7	유엔 사무총장	8	외국대사
9	전직 대통령 미망인	10	공사급 외국공관장
11	대법관	12	각료
13	연방 예산국장	14	주유엔 미국 대표
15	상원의원	16	주지사
17	전직 부통령	18	하원의원
19	외국대리대사	20	행정부 차관 및 처장
21	AID 처장	22	합참의장
23	각국 참모총장 및 해병대 사령관	24	미주 기구 사무총장
25	중앙정보부장	26	원자력위원장
27	평화봉사단장	28	대통령 특별보좌관
29	국무성 부차관	30	행정 각부 차관보

3) 영국의 서열 관행

〈표 3-5〉 영국의 서열 관행

순위	직　책	순위	직　책
1	여왕	2	귀족
3	캔터베리 대주교	4	대법관
5	요크 대주교	6	수상
7	하원의장	8	옥새상서
9	각국 대사	10	시종장관

3 국 기

외국인 관광객이나 귀빈이 호텔이나 식당 등과 같은 관광관련 산업을 이용할 때 특별한 경우에는 의전절차에 따라 일정한 예우를 해야 할 경우가 있다. 특히, 외국사절이나 외교관 등 정부 고위층이 호텔에 숙박할 경우에는 정해진 의전절차에 따라 자국의 국기를 게양해야 한다. 또한 국기는 나라를 상징하는 것이므로 가장 소중하게 취급해야 한다.

예를 들면, 호텔은 다국적의 고객이 투숙하는 장소이기 때문에 일반적으로 투숙하는 고객의 국적에 따라 국기를 게양한다. 그러나 최근에는 특별한 경우가 없는 한 태극기와 호텔기 및 귀빈의 국적기만을 게양하기도 한다. 특히 귀빈이 투숙할 경우에는 일정한 의전절차에 따라 호텔 입구와 귀빈을 모시는 차량에 국기를 게양한다. 따라서 벨 데스크(bell desk)에는 각국의 외부게양용과 차량용의 국기를 제작하여 보관하고 있어야 한다.

호텔에서 국기를 게양하는 방법은 다음과 같다.

(1) 귀빈이 없을 경우

호텔 내에 투숙하고 있는 고객의 국적기를 게양한다. 이때 태극기와 함께 게양이 되기 때문에 호텔이 규정하고 있는 절차에 따른다.

(2) 한 나라의 귀빈이 투숙하고 있는 경우

태극기와 병용할 경우에는 태극기를 최우선의 위치에 게양하는 것을 원칙으로 한다. 태극기를 호텔을 향해 왼쪽에, 외국기를 오른쪽에 각각 게양한다.

(3) 다국적의 귀빈이 투숙하고 있는 경우

1) 홀 수

귀빈의 국적기가 홀수일 때에는 태극기를 중앙으로 하는 것이 보통이며, 외국기는 국가 이름의 알파벳을 기준으로 호텔을 향해 왼쪽, 오른쪽으로 교차해가며 배열·게양한다. 또는 태극기를 포함한 모든 국가의 국기를 나라명의 알파벳 순서에 의거해 왼쪽부터 게양할 수도 있고, 태극기를 맨 왼쪽에 놓은 후 순서대로 배열하여 게양할 수도 있다.

2) 짝 수

국가의 수가 짝수일 때에는 태극기를 호텔을 향하여 맨 왼쪽에 세우고, 기타 국기는 나라의 알파벳순으로 하거나 태극기도 포함해 왼쪽부터 알파벳순으로 게양한다.

(4) 귀빈용 차량

태극기와 외국기를 차량에 게양할 경우에는 차량에서 보아 오른쪽에 태극기, 왼쪽에 외국기가 오도록 한다. 외국기만을 게양할 경우에는 차량에서 보아 오른쪽에 단다.

(5) 용도에 따른 우리나라 국기의 표준치수

태극기를 각종 행사나 공식석상에서 사용할 때에는 그 내용과 행사장의 분위기에 따라 적당한 크기를 사용하고 있으나, 일반적으로 우리나라에서는 사용되는 용도에 따라서 태극기의 표준치수를 정해놓고 있다. 특히 정부 행사에서 사용되고 있는 태극기의 치수를 살펴보면 〈표 3-6〉과 같다.

〈표 3-6〉 정부 행사시 용도별 국기의 치수[3)]

구 분	기폭의 크기(cm)	깃봉의 지름(cm)	깃대의 길이(cm)
옥상에 높게 게양할 때	270 × 180 210 × 140	18 14	7 5.5
건물 전면이나 광장의 게양대에 게양할 때	270 × 180 210 × 140	18 14	18 14
건물 전면에 게양대 없이 게양할 때	210 × 140 150 × 100	14 10	5.5 4
식장 또는 회의장의 전면에 세울 때	150 × 100 105 × 70	10 7	2 1.4
식장 또는 회의장의 벽에 부착할 때	270 × 180 210 × 140	-	-

3) 호텔신라 서비스교육센터. 국제매너. 1989

사열차량에 게양할 때	135 × 90 60 × 40	-	-
승용차에 게양할 때	45 × 30	-	기폭의 높이
가로에 게양할 때	105 × 70 45 × 30	7 3	1 0.45
조약서명 또는 회담시의 탁상용	30 × 20 22 × 15	2 1.5	0.5 0.4
수기(손에 들 때)	30 × 20 22 × 15	2 1.5	0.5 0.4

제 4 장

테이블 매너

제1절 식당

인사의 중요성

예나 지금이나 서구의 문화인 식생활 문화(양식 · 양주)는 우리의 문화와 판이하게 달라서 이들 식음료를 대할 때 본의 아닌 실수와 결례로 무례한 국민으로 보여지고 있다.

한민족의 고유한 관습이나 풍습이 하루아침에 바뀔 수도 없고 고유한 전통을 바꿔서도 안 되겠지만, 국제사회의 일원으로서 해외에 나가 인간관계를 함에 있어서 우리의 것만으로 이루어질 수 없는 현실을 감안할 때 모든 격식과 예의를 고루 알지 못하면 국제사회에서 무시를 당할 수밖에 없다.

국제회의나 관광 그리고 사업관계로 해외에 나들이를 할 때 어느 민족 못지 않은 성실성과 예의 그리고 좋은 테이블 매너로서 최소한의 망신은 당하지 않아야 국제사회의 일원으로서 좋은 예우를 받을 수 있게 된다.

기본적인 매너

테이블 매너가 완성된 것은 19세기 영국의 빅토리아 여왕 때라고 한다. 이 시대에는 역사상 형식을 매우 중시하고 도덕성을 까다롭게 논하던 때였다.

요리의 맛은 기본적으로 요리사의 솜씨나 재료에 따라 결정되는 것이지만 함께 식사하는 사람이 어떻게 행동하느냐에 따라서도 식사의 질이 달라질 수 있다.

즉, 요리를 맛있게 먹으려면 미각 외에도 시각 · 후각 · 청각 · 촉각의 5감이 만족되어야 한다. 냄새, 스테이크에서 지글거리는 소리나 아름다운 음악소리, 빵의 촉감, 실내온도 등은 요리의 맛 이상으로 인간의 식욕을 자극하거나 만족시켜주는 요인인 것이다.

따라서 이러한 분위기를 깨뜨리는 복장이나 냄새가 강한 향수, 큰 웃음소리, 은식기에서 나는 소리 등은 삼가도록 서로 신경을 써야 하는 것이다.

3 예 약

레스토랑(restaurant)에서 누군가와 즐거운 식사를 하고 싶다면 반드시 예약을 하도록 한다. 예약을 할 경우에는 우선 자신의 성명을 명확하게 밝히고 일시 및 참석자의 수를 알려준다. 테이블 매너에서는 시간의 엄수를 특히 요구하므로 확실히 지킬 수 있는 시간에 예약을 해놓고 테이블의 준비를 위해 함께 갈 사람의 수를 미리 알려둔다.

또한 모임의 목적, 예를 들면 생일 · 기념일 등을 미리 알려주면 레스토랑 측에서도 그 모임에 알맞은 서비스를 해준다. 요리에 대한 협의도 잊어서는 안 된다. 특히 시간이 걸리는 로스트 비프(roast beef)와 테린(terrine) 같은 요리 등은 미리 주문을 해두는 것도 좋겠다.

한편, 예약 당일에 사정이 발생하여 변경사항이 발생했을 경우에는 미리 연락을 해주는 것도 에티켓이다.

식당의 예약 서비스는 일반적으로 활성화되지 않았지만 고급 식당일수록 예약을 접수하여 자리를 배정하는 경우가 많다. 식당에 대한 예약문화가 발달한 선진국에서는 식사 전의 예약을 생활화하고 있다. 예약을 접수할 경우에는 식사의 목적이나 성격을 정확하게 파악하여 그에 알맞은 좌석의 위치나 좌석의 배열(layout)을 하도록 해야 한다. 좌석의 예약은 반드시 좌석에 '예약석(reserved seat)'이라는 표시를 해두어 다른 고객이 앉지 않도록 한다.

4 착 석

레스토랑을 이용할 때 입구에 들어서면 반드시 지배인(manager) 혹은 리셉셔니스트(receptionist)가 맞이하며 테이블까지 안내해준다.

따라서 이러한 일반적인 관례를 무시하고 레스토랑에 들어서서 곧바로 아무 테이블에나 가서 앉아버리는 행위는 에티켓에서 벗어나는 일이다. 다만 안내받은 테이블의 취지가 마음에 들지 않은 경우에는 안내자나 책임자에게 다른 좌석으로 바꾸어줄 것을 요구할 수 있다.

(1) 일반적인 착석

서양에서는 여성우위 원칙(lady first)의 여성존중 사상이 에티켓의 기본으로 되어 있다. 따라서 자리에 앉을 때도 여성이 먼저 착석한 후에 남성이 앉도록 되어 있다. 여럿이 식사를 할 때에도 마찬가지이다. 고령자나 연장자, 여성들과 함께인 경우라면 남성은 그들이 앉을 때까지 의자 뒤에 서서 기다리거나 여성의 착석을 보조해주는 것이 신사의 에티켓이다.

(2) 상석의 선택

레스토랑에서의 좋은 자리 조건으로는 앉았을 때 전망이 좋은 자리가 최상석이다. 창가라면 외부의 경치가 내려다보이는 곳, 스테이지(stage)나 플로어(floor)에서 쇼(show)를 관람하는 경우라면 스테이지가 제일 잘 보이는 곳이 좋겠다.

다음으로는 마음이 편한 곳이 좋다. 즉, 업소에서 통로가 되는 곳, 사람들이 많이 오가는 곳, 의자의 등받이가 스치는 곳이라든지 입구에서 가까운 곳 등은 좋은 자리라 할 수 없다.

TIP

어느 식당에서 일어난 일

1950년대 한 고위 공직자가 영국을 방문하여 국회의장을 접견하면서 발생한 일로서, 국회의장과 식사를 하던 중 국회의장의 얼굴색이 자주 변하고 있었다. 그 이유는 ○○의원의 무지한 테이블 매너로서 테이블웨어(tableware)의 사용이나 식사방법을 모르기 때문이었다.

그러나 국회의장은 이 부분까지는 잘 견딜 수 있었으나 식사 코스가 끝나고 후식 코스가 되었을 때였다. 고급 은제 핑거 볼(finger bowl)에 미지근한 물이 적당히 담겨지고 물 위에는 노란 국화꽃잎이 몇 개 드리워져 있었는데, ○○의원은 핑거 볼의 물을 마시는 것으로 잘못 알고 물을 들고 국화꽃잎을 후하고 입으로 분 후 마시기 시작한 것이다.

이 광경을 본 국회의장은 입장이 난처해지기 시작했다. 자기가 어떻게 해야 ○○의원의 입장이 난처하지 않을까 하고 고심하던 국회의장은 자기도 동일한 방법으로 ○○의원과 마찬가지로 국화꽃잎을 후하고 불더니 물을 마시는 것이었다. 이 광경을 지켜보던 테이블 담당의 웨이터가 킬킬대며 웃어대고 주위의 다른 손님들의 시선이 ○○의원의 테이블로 집중되면서 영국의 국회의장은 더욱 난처해졌다.

그런데 2차 실수가 다시 벌어지고 있었다. ○○의원이 담당 웨이터를 불러 핑거 볼의 물을 더 가져오도록 하여 마시려 하자 웨이터가 다가오면서 "손님 그 물은……" 하고 제지하려 들었다. 그러자 국회의장은 눈짓으로 테이블에서 물러가도록 한 후에 자신도 재차 핑거 볼의 물을 마셨다고 한다.

이와 같은 난처한 상황에서도 상대방을 배려하는 관대한 국회의장의 기지를 우리는 칭찬하지 않을 수 없다. 만약 ○○의원이 마신 핑거 볼의 물에 국회의장이 손을 씻었다면 ○○의원이 얼마나 무안해했을까 하는 넓은 아량과 이해가 있지 않으면 할 수 없는 것이기 때문이다. 그러나 핑거 볼의 물을 마신 국회의장의 의중은 어땠을까.

(3) 착석의 순서

한편, 종업원이나 남성이 의자를 빼주면 여성은 왼쪽에서부터 의자 앞으로 다가가 앉는다. 의자에 착석할 때의 손은 자연스럽게 테이블 위나 무릎 위에 올려놓는다.

그러나 팔꿈치를 테이블 위에 세우거나 턱을 괴는 등의 행위는 삼가야 하며, 정식 디너 레스토랑에선 대개 안내자가 제일 먼저 상석의 의자를 빼주도록 되어 있으므로 상석에 그날의 주빈이 앉도록 한다.

(4) 테이블에서의 올바른 자세

부드러운 움직임, 자연스러운 자세는 몸과 테이블 사이의 간격을 바르게 했을 때 비로소 이루어진다. 몸을 앞으로 구부린다거나 어깨나 팔꿈치를 뻗치는 등 보기 싫은 모습은 대개 테이블과 몸 사이의 거리가 너무 멀거나 가깝기 때문에 생겨난다. 그래서 테이블에서 가슴까지는 대개 주먹 두 개만큼의 거리를 두면 되겠다. 한편, 식사가 시작되고 나서 의자의 위치를 바꾼다며 소리를 자꾸 내는 것은 큰 실례이다.

소지품

레스토랑에서 들어갈 때나 연회에 참석할 때는 모자나 코트·가방 등의 짐은 클로크 룸(cloak room)에 맡기는 것이 원칙이다.

다만, 여성의 경우 핸드백에는 화장품이나 손수건 등 항상 곁에 두고 써야 하는 물건들이 들어 있기 때문에 클로크 룸에 맡길 수가 없다. 이럴 경우 핸드백은 자신의 등뒤 의자의 뒤쪽에 놓으면 된다. 또 긴 장갑을 끼었을 경우에도 이를 핸드백 속에 넣거나 핸드백과 함께 의자 뒤에 놓으면 된다.

6 주 문

손님이 식탁에 착석하면 음식의 주문을 접수하는데, 대부분 주요리(main dish)는 미리 염두에 두고 오지만 음료나 기타 서비스는 종업원의 추천에 의존하는 경우가 많다.

이와 같이 식당 종업원에게 추천해줄 것을 요구하는 행위는 결코 실례가 되지 않기 때문에 종업원의 조언을 구하는 것도 바람직하다. 그렇지 않고 메뉴의 내용을 이해하지 못한 상태에서 동료들과 동일한 메뉴를 주문하는 것은 어색할 수 있다.

7 식사중 매너

(1) 냅킨 사용

1) 냅킨의 유래

냅킨(napkin)의 역사는 고대 로마시대의 하인들이 식사 후에 타월과 물그릇을 들고 돌면서 식사하는 사람들의 손을 씻게 했다는 것에서 비롯되었다.

이러한 타월을 매파(mappa)라고 했는데 오늘날 레스토랑에서 사용하는 클로스 냅킨(cloth napkin)의 기원이 되었다. 따라서 오늘날의 냅킨이 등장한 것은 19세기에 들어와서 직물업이 발달함에 따라 일반화가 되었다.

[그림 4-1] 냅킨의 여러 가지 형태

2) 냅킨의 사용법

냅킨은 자리에 앉자마자 성급하게 펴는 것이 아니라 테이블을 둘러보고 모두가 자리에 앉고 난 것을 확인한 후에 무릎 위에 펼친다. 비행기나 기차 등 흔들리는 곳에서 식사를 할 때에는 와이셔츠나 조끼의 단추구멍에 꽂기도 한다.

냅킨을 무릎 위에 펼쳐놓는 것은 음식물이 잘못 떨어지더라도 옷이 더러워지지 않도록 하려는 데 그 목적이 있다. 그밖에 입을 닦는다든지 핑거 볼(finger bowl)을 사용한 후 물기를 닦을 경우에도 사용한다.

그러나 입을 닦더라도 힘주어 세게 닦지 말고 가볍게 눌러가며 닦는다. 특히, 어떤 여성은 입술의 립스틱(lipstick)을 냅킨으로 닦아내기도 하는데 이는 에티켓에서 벗어난 행위이므로 삼가도록 한다.

또한 냅킨은 적당히 접어 테이블 위에 놓아야 하며, 의자 위에 놓는 것은 금기시되어 있다. 이때 지나치게 깨끗이 접어놓으면 잘못하여 사용치 않은 냅킨으로 착각할 수 있다.

① 냅킨은 주빈이나 초청자가 먼저 편 다음에 편다.

② 냅킨은 사용중에 식탁 위에 놓아서는 안 되며, 자리를 뜰 경우에는 의자 위에 놓는다.

③ 여성이 냅킨을 사용할 경우에는 립스틱이 묻어나지 않도록 주의한다.

④ 식사가 종료되면 냅킨을 적당히 접어 식탁의 왼쪽에 놓는다.

⑤ 냅킨으로 입을 닦을 때에는 모서리나 가장자리를 이용한다.

(2) 나이프와 포크의 이용

중앙의 접시를 중심으로 나이프(knife)와 포크(fork)는 각각 오른쪽과 왼쪽에 놓이게 된다. 따라서 있는 그대로 나이프는 오른손에, 포크는 왼손에 잡으면 된다.

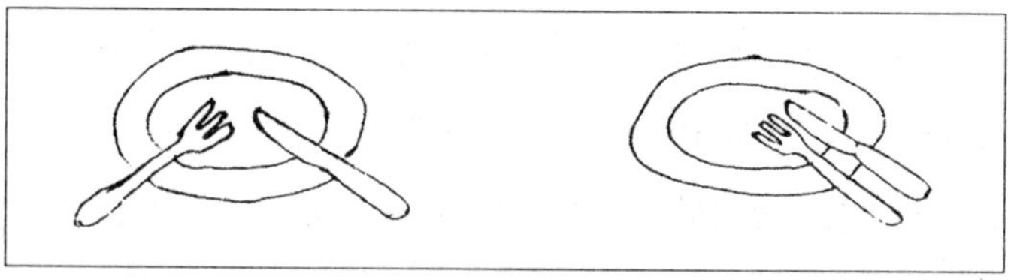

(a) 식사중일 때 (b) 식사가 끝났을 때

[그림 4-2] 나이프와 포크 놓는 법

양식에서의 나이프와 포크는 하나만을 계속 사용하는 것이 아니라 코스에 따라 각각 다른 것을 사용한다. 포크와 나이프는 대개 각각 3개 이하로 놓여 있게 마련인데 바깥쪽에 있는 것부터 순서대로 사용한다.

나이프와 포크를 동시에 사용하여 고기를 자를 때에는 끝이 서로 직각이 되도록 하며, 팔꿈치를 옆으로 벌리지 말고 팔목 부위만을 움직여 자르는 것이 좋다. 나이프는 사용 후 반드시 칼날이 자기 쪽을 향하도록 놓는다.

식사중의 나이프와 포크는 접시 양끝에 걸쳐놓거나 접시 위에 서로 교차해서 놓으며, 포크의 경우 접시 위에 놓을 때는 엎어놓는다.

식사가 끝났을 때는 접시 중앙의 윗부분에 나란히 놓는다. 나이프, 포크, 스푼을 사용했을 경우에는 바깥쪽부터 나이프 · 포크 · 스푼의 순으로 가지런히 모아 놓는다. 음식물을 입안에 넣고 씹을 때에는 포크와 나이프는 접시 위에 놓도록 하며, 나이프의 경우 입안에 직접 넣는 것은 금기로 되어 있다.

(3) 식사중의 에티켓

서양에서 식당의 개념은 식욕을 채우는 장소인 동시에 사교의 장이기도 하다. 따라서 가정이든 식당이든 혹은 연회장이든 테이블에 함께 자리한 사람들은 각각의 정보를 교환하거나 서로에 대한 이해를 깊게 하기 위해 화기애애한 대화를 나누게 된다.

이때 너무 큰소리로 떠들어 사람들에게 불쾌감을 주거나 아무런 말도 없이 묵묵히 식사만 하여 주위 사람들에게 부담을 주는 행위는 삼가도록 한다.

음식 서비스는 고객의 층에 따라 욕구와 요구가 다양하다고 할 수 있으나 음식의 종류에 따라서 또는 식사의 목적에 따라 여러 가지 형태의 서비스가 있다.

음식은 국가의 음식문화나 분위기에 따라 서비스의 형태가 달라지는 경우가 많으나 때로는 생명의 수단이 아닌 의례식으로서의 역할을 하는 경우도 있다. 따라서 이 책에서는 일반적으로 다국적 음식(multinational meals)이라고 할 수 있는 양식을 기준으로 한 서비스의 내용을 서비스 순서에 의해서 설명하도록 한다.

음식의 제공순서는 양식의 경우 거의 동일한 코스의 형태로 구성되나 음식의 경중에 따라 코스가 생략되기도 한다. 예를 들면 간단한 요리의 4코스로부터 완전한 음식 서비스인 8~9코스까지도 제공될 수도 있다.

[그림 4-3] 식당의 내부

일반적으로 요리의 제공순서는 다음과 같다.

① 빵과 버터(bread and butter)

② 애피타이저(appetizer)

③ 수프(soup)

④ 샐러드(salad)

⑤ 주요리(main dish)

⑥ 후식(dessert)

⑦ 커피/차(coffee/tea)

8 요리 코스에 대한 매너

(1) 식전주[4)]

식전주(aperitif)는 식욕을 촉진하기 위하여 마시는 술로서, 신맛과 쓴맛을 내는 특징을 갖고 있는데 다음과 같이 다양한 종류가 있다.

① 와인을 기초로 하여 만든 벌머스(vermouth) 종류
② 증류주를 기초로 하여 만든 비터(bitter) 종류
③ 비알콜성 음료인 탄산수·청량음료·주스류 등

또한 식전주는 식욕을 촉진하기 위해 찬 것이 준비되는 경우가 많다. 이런 경우에는 글라스를 감싸듯이 잡아서 체온으로 인해 술의 온도에 변화가 생겨 본래의 맛을 잃게 된다. 치게 마시는 식전주의 경우는 글라스의 목 부분(stem)을 잡도록 하며, 너무 시간을 끌며 마시지 않는다. 한편, 식전주로 칵테일을 낼 경우에는 올리브(olive) · 체리(cherry) · 레몬(lemon) 등을 글라스 가장자리에 장식하는데, 이는 먹어도 된다. 장식 핀에 끼워져 있는 경우는 장식 핀을 이용해 먹도록 하며, 레몬 등은 손으로 집어먹어도 된다.

위스키는 원래 식후주이나 최근에는 식전에 마시는 일이 많아졌다. 그러나 위스키는 알코올 함유량이 약 80~95% 정도이기 때문에 물이나 소다수로 희석하여 마시도록 한다(위스키 알코올 함유량 80%는 도수로는 40°이다. 식전주는 한두 잔 정도로 끝내도록 하며 너무 마셔 취하는 일이 없도록 한다).

4) 요즘의 식전주 추세는 반드시 술뿐만 아니라 과일 주스 · 커피 · 홍차 · 맥주와 같이 변형된 방법으로 마시는 경우가 많다.

(2) 전채요리

1) 전채요리의 의의

오드볼(hors d'oeuvre), 즉 전채요리(appetizer)는 본래 프랑스의 음식이 아니었다고 한다. 오드볼은 러시아 요리인 자쿠스키를 프랑스 풍으로 개량한 것이라고 전해지고 있다.

당시 러시아에서는 연회가 시작되기 전에 로비나 대합실 같은 곳에서 참가객들에게 기다리는 동안 강한 보드카와 자쿠스키를 곁들여 제공하였다. 이것을 프랑스 요리문화에서 흡수하여 오늘날의 오드볼이 된 것이라는 설이 있다.

전채요리는 식욕을 촉진시키기 위해 식사 전에 가볍게 먹는 요리를 총칭하는 것으로, 메인 코스(main course) 전에 먹는 엑스트라(extra) 요리라는 의미를 가지고 있다.

2) 식 사

동양적 사고방식에서는 여러 사람이 식사를 할 때, 모든 요리가 다 나오기 전에 먼저 먹는 것을 예의에 어긋나는 것으로 여기지만 서양요리에선 요리가 나오는 대로 바로 먹기 시작하는 것이 매너이다. 서양요리는 뜨거운 요리든 찬 요리든 가장 먹기 좋은 온도일 때 제공되고, 좌석배치에 따라 상석부터 제공되기 때문이다.

따라서 온도가 변하기 전에 먹는 것이 예의이고, 본래의 맛을 즐길 수 있는 하나의 요령이다. 그러나 4~5명이 식사를 함께 하는 경우에는 요리가 전부 나오는 데 그다지 시간이 걸리지 않으므로 먼저 나온 경우에는 조금 기다렸다가 함께 식사를 하는 것이 바람직하며, 특히 윗사람의 초대를 받은 경우는 더욱 그렇다. 그런 경우에는 윗사람이 나이프와 포크를 잡은 후에 먹기 시작하는 것이 에티켓이다.

3) 식사량

전채요리는 식전에 먹는 식욕촉진제 같은 것으로 뒤에 나올 생선이나 고기요리를 맛있게 먹기 위해 타액이나 위액의 분비를 활발히 해두려는 데 목적이 있다. 따라서 전채요리의 수는 셀 수 없을 정도로 많으며, 식욕을 높여주는 것이면 일단 전채요리가 될 수 있다.

전채요리는 아무리 맛이 있어도 지나치게 많이 먹으면 곧이어 나올 주요리를 제대로 먹을 수 없으므로 적당히 먹는다. 그러나 메뉴에 전채요리가 있다고 해서 반드시 전채를 먹어야 하는 것은 아니다. 수프부터 시작해도 무방하고, 전채를 생략하고 생선요리부터 바로 시작해도 괜찮다.

4) 전채요리의 조건

① 시각적으로 보기 좋아야 한다.

② 짠맛과 신맛, 매운 맛이 있어 위액의 분비를 왕성하게 해서 식욕을 돋게 해야 한다.

③ 분량이 소량이어야 한다.

④ 향토성이나 계절감을 곁들여야 한다.

(3) 수 프

우리가 흔히 말하는 수프(soup)와 관련된 용어로 포타지(potage)와 콩소메(consomme)라는 것이 있다. 미국에서는 진한 수프를 포타지, 맑은 수프를 콩소메로 구분하고 있는데 엄격히 말하면 포타지는 수프의 총칭이다. 콩소메는 포타지 클리어(potage clair)라고 해서 맑은 수프, 그리고 진한 수프는 포타지라 해서 이른바 야채 수프, 크림 수프 등이 해당된다.

콩소메는 만드는 과정이나 시간에 따라 맛에 차이가 크게 나므로 그 레스토랑의 조리사의 실력이 그대로 나타난다 해도 과언이 아닐 정도다. 따라서 정통 프랑스 레스토랑에서 일류 조리사가 정성을 다해 만들어 내놓은 콩소메에 맛도 보지 않고 소금이나 후추를 뿌리는 일은 삼가도록 한다.

반면 진한 수프의 경우는 콩소메보다 섬세한 맛은 덜하나 감자·옥수수·야채 등의 내용을 첨가해 맛이 좀 더 진하다. 따라서 포타지 수프의 경우에는 담백한 요리가, 콩소메의 경우는 진한 맛의 요리가 어울리며 코스가 많은 정찬요리에 적합하다.

1) 수프용 스푼

수프용 스푼은 보통 펜을 집듯이 하여 중간에서 약간 위쪽 부분을 가볍게 잡으면 된다.

수프를 먹는 방법에는 미국식과 유럽식의 두 가지가 있다. 자기 앞쪽에서 바깥쪽으로 하여 떠서 먹는 것이 미국식이며, 반대로 바깥쪽에서 앞쪽으로 먹는 것이 유럽식이다.

TIP

수프를 먹을 때의 주의사항

1. 수프는 소리내어 먹지 않는다.
2. 뜨거운 수프는 입으로 불어서는 안 되며, 스푼으로 저어서 식힌다.
3. 수프가 떨어질 것을 예상하여 입을 너무 그릇에 가까이 하지 않는다.
4. 실수로 뜨거운 수프를 먹었을 경우에는 식탁의 물을 마신다.
5. 스푼을 입으로 빨거나 옆쪽을 입에 넣지 않고 스푼의 끝 쪽을 이용한다.

수프를 먹을 때에는 스푼에서 국물이 떨어지더라도 접시 중앙에 떨어지도록 접시 가장자리에서 벗어나지 않은 곳에서 멈추도록 한다. 뜨거운 수프일 경우에는 스푼으로 맛을 조금 본 후 너무 뜨거울 경우에는 스푼으로 천천히 저어 식힌 다음 먹도록 한다. 입으로 불어가며 먹는 것은 좋지 않다.

수프를 먹을 때는 차를 마시듯 소리를 내서는 안 된다. 또 스푼으로 뜬 수프를 한 번에 먹지 않고 조금씩 나눠 마시는 버릇도 좋지 않다.

2) 손잡이가 달려 있는 수프 컵

수프를 먹다보면 조금 남은 것은 떠먹기가 쉽지 않다. 이러 경우에는 접시를 왼손으로 잡고 앞쪽으로 조금 기울여 떠먹도록 한다. 또한 손잡이가 달려 있는 컵인 경우에는 손으로 들고 마셔도 된다.

양쪽에 손잡이가 달려 있는 경우는 양손으로, 한쪽에만 달려 있는 경우는 한 손으로 잡아 입으로 마시듯 먹는다. 그러나 스푼이 있는 경우는 스푼으로 맛이나 뜨거운 정도를 먼저 알아본 후 스푼을 접시에 내려놓고 나서 컵을 들고 마시는 것이 매너이다.

컵 속에 스푼을 넣은 채 마시거나 컵을 든 상태에서 스푼으로 떠먹는 것은 매너가 아니다.

(4) 빵

빵(bread)은 양식에서 없어선 안 될 중요한 식품으로 만드는 방법과 재료에 따라서 매우 다양한데, 쉬운 것 같으면서도 식탁예절을 지키지 못하여 상당히 곤란을 겪는 경우가 많이 있다.

빵에 대한 식탁 매너를 살펴보면 다음과 같다.

1) 순 서

빵은 처음부터 테이블에 놓여 있는 경우도 있지만 연회의 경우 대개 수프의 순서가 끝나면 바로 나오게 되어 있다.

빵은 처음부터 먹는 것이 아니며 수프와 함께 먹는 것도 아니다. 빵은 요리와 함께 먹기 시작해 디저트를 들기 전에 끝내는 것이다. 빵은 요리의 맛이 남아 있는 혀를 깨끗이 하여 미각에 신선미를 주기 때문이다. 그러나 빵이 처음부터 제공되는 경우에는 조금씩 먹어도 괜찮다.

대개 빵 접시는 식탁의 왼쪽에 놓이는데, 긴 테이블에서 식사할 경우에는 오른쪽에 있는 빵 접시를 잘못 사용하는 실수를 하지 않도록 주의한다.

2) 자르는 법

빵을 먹을 때에는 포크나 나이프를 사용하지 않고 식당의 종업원이 여러 종류를 들고 와 서브하든지 테이블 위에 처음부터 놓여 있든지간에 자신의 손으로 빵을 들고 잘라서 먹는다. 이때 여성에게 먼저 건네는 것이 매너이다.

빵을 손으로 자르다 보면 빵 부스러기가 떨어지기 쉬우므로 가능하면 빵 접시 위에서 자르도록 하고, 테이블 위에 부스러기가 떨어졌어도 손으로 털거나 할 필요는 없다.

토스트(toast)의 경우는 버터(butter)나 잼이 발라져 있기 때문에 손으로 자르기 곤란하므로 나이프를 이용해 자른다. 이럴 경우에는 왼손으로 빵의 한쪽 끝을 잡고 오른손에 나이프를 들고 자르면 된다. 그리고 토스트나 크르와상(croissant), 브리오시(brioche) 등은 조식용 빵이므로 만찬회 석상에는 적당하지 않다는 것을 기억해야 한다. 버터는 1인용으로 제공되기도 하고 2인용으로 나올 때도 있는데, 2인용일 경우는 버터 나이프로 빵 접시에 버터를 한 조각 옮긴 다음 사용한다.

(5) 생선과 고기요리

과거에 생선은 세트 메뉴(set menu)의 한 코스에 불과했지만 오늘날에 있어서는 육류요리를 기피하는 사람들이 선호하는 요리가 되었고, 특히 카톨릭 신자들은 매주 금요일 생선요리를 먹기 때문에 수요가 급증하고 있다.

생선요리는 담백하고 소화가 잘 되기 때문에 어린이와 노인에게 특히 좋은 요리가 된다.

1) 먹는 방법

통째로 요리된 생선요리는 머리 부분이 왼쪽으로 오고 배 부분은 자기 쪽으로 향한다. 통째로 요리된 생선을 먹으려면 우선 포크로 머리 부분을 고정시키고 나이프로 머리 부분과 몸통을 자른 후, 꼬리 부분도 잘라낸다. 그 다음에는 지느러미 부분을 발라내고 머리와 꼬리, 지느러미는 접시의 위쪽에 한데 모아놓은 후 뼈를 따라 왼쪽에서 오른쪽으로 나이프를 수평으로 움직여 위쪽의 살과 뼈를 발라놓는다.

위쪽의 살을 다 먹은 다음에는 생선을 뒤집지 말고 그 상태에서 다시 나이프를 뼈와 아래쪽의 살 부분 사이에 넣어 살과 뼈를 발라놓는다. 발라낸 뼈는 접시 위쪽의 머리・꼬리 등과 함께 놓아두고 남은 생선의 살을 동일한 방법으로 조금씩 잘라가며 먹는다.

만약 생선의 가시를 씹었을 경우에는 입 속에서 발라내 왼손으로 입을 가린 후 포크로 가시를 빼거나 오른손으로 살짝 빼내어 접시 가장자리에 올려놓는다.

2) 레몬을 짜는 방법

생선요리에는 비린 냄새를 없애기 위하여 항상 레몬을 제공하는데, 레몬을 짜는 방법으로는 먼저 레몬의 한쪽 끝을 포크로 고정시키고 나이프로 가볍게 눌러 즙을 낸다. 이때 너무 강하게 누르면 생선이 부스러질 수 있으므로 주의한다. 즙을 짠 레몬은 접시 한쪽에 놓는다.

생선 프라이나 석쇠구이 등의 요리에는 하프 레몬이 곁들여지는데 이때는 오른손의 엄지 · 중지 · 집게손가락을 이용, 즙을 내어 생선 위에 뿌린다.

3) 새 우

새우요리가 나오면 우선 포크로 머리 부분을 고정시키고 나이프를 새우의 살과 껍질 사이에 넣어 살을 벗겨내듯 하면서 꼬리 쪽으로 나이프를 옮겨간다. 이렇게 양쪽으로 반복하다 보면 껍질이 쉽게 벗겨지게 된다.

다음으로 왼손의 포크로 꼬리 부분을 들어올리고 오른손의 나이프로 껍질 부분을 누른다. 그리고 나서 다시 포크로 살 부분만 당기면 쉽게 빠져나온다. 껍질만 한곳에 놓아두고 살 부분을 왼쪽부터 잘라가며 마요네즈(mayonnaise)나 크림 소스(cream sauce) 등에 묻혀 먹는다.

4) 에스카르고(식용 달팽이)

에스카르고(escargot)[5]는 버터와 마늘 · 향료 등을 넣어 오븐에 구운 직후에 제공한다. 먹을 때는 왼손의 에스카르고용 홀더(집게)로 껍질을 고정시킨 후 오른손의 에스카르고용 포크로 집어내어 먹는다.

알맹이를 꺼내 먹고 난 후 껍질 속에 남아 있는 국물도 맛이 있으므로 그대로 입으로 가져가 마시면 된다. 뜨거워 마시지 못할 때는 놓아두었다가 다른 에스카르고를 먹는 동안 식으면 마신다. 대합을 먹을 때는 손으로 껍질을 잡고 포크로 관자 부분을 밑으로부터 떠서 살을 떼어먹으면 된다. 관자가 잘

5) 프랑스 특유의 전채요리로서, 달팽이용 집게로 껍질을 붙들고 오른손의 포크로 살을 빼낸 후 접시에 놓았다가 먹는다.

떨어지지 않을 때는 살 부분만 먹으면 된다.

5) 소스가 나올 때

레스토랑의 메뉴에는 대개 요리 이름에 소스가 함께 씌어져 있게 마련이다. 소스를 뿌리는 요리를 주문한 경우는 요리가 제공되었다고 해서 곧바로 먹어서는 안 된다.

요리가 제공되면 잠시 후에 소스가 따라 나오므로 조금 기다렸다가 뿌려주면 먹기 시작한다. 메뉴에 소스에 대한 것이 씌어 있지 않는 경우라면 보편적으로 물기가 없는 요리, 즉 튀김이나 구이 등에는 소스가 따라나오고 삶은 것이나 조린 것에는 없다고 생각하면 된다.

요리가 나온 후에 소스가 제공되면 무엇이든 요리에 바로 뿌리지 말고 진한 소스는 접시 한쪽에 덜어놓아 조금씩 찍어 먹도록 한다. 대개 고기에는 묽은 소스가 나오므로 그대로 요리 위에 뿌리면 되지만 생선요리에는 마요네즈, 타르 소스(tar sauce) 등 진한 소스가 나오므로 접시 한쪽에 덜어놓고 적당히 요리에 묻혀가며 먹으면 된다. 진한 소스를 요리 위에 그대로 얹으면 소스의 맛이 너무 강해 요리 본래의 맛을 잃게 할 수 있기 때문이다.

(6) 육류요리

육류요리는 식사의 중심이 되는 것으로 조리방법과 조리에 사용되는 육류의 종류가 다양하고, 구미 각국마다 즐겨 먹는 육류의 종류에도 차이가 있다. 보통은 쇠고기 · 송아지고기 · 양고기 · 돼지고기가 육류요리로 제공되지만, 일반적으로 쇠고기가 그 중심이 된다.

주요리를 앙뜨레라고 하는 것은 영어의 'entrance(입구)'의 의미로 본격적인 식사를 시작한다는 의미이다.

1) 스테이크의 분류

불어로 필렛(filet)이란 안심을 뜻한다. 안심이란 소의 등뼈 안쪽으로 콩팥에서 허리까지 이르는 가느다란 양쪽 부위를 말한다. 주위는 지방으로 둘러싸여 있지만 안심 자체는 지방이 거의 없는 부드러운 육질을 갖고 있어 쇠고기 중 최상급에 속한다. 이러한 안심스테이크 중 최고급의 스테이크가 앞쪽의 넓은 부분의 안심을 이용하여 만든 샤토브리앙(chateaubriand)이다.

부위에 따라 스테이크를 구분하면, 앞부분부터 다음과 같이 구분한다.

① 헤드(head ; bifteck)
② 샤토브리앙(chateaubriand)
③ 필렛(filet)
④ 도르네도(tournedos)
⑤ 필레미뇽(filet mignon)
⑥ 필렛 팁(filet tip)

2) 스테이크의 굽는 정도

스테이크는 굽는 정도에 따라서 맛도 달라지므로 스테이크를 주문할 때는 취향대로 식당의 종업원에게 굽는 정도를 알려준다.

① **레어(rare : 약간 구운 것)**
표면만 구워 중간은 붉은 날고기 상태

② **미디엄 레어(medium rare)**
레어와 미디엄의 중간 정도로 구운 상태

③ 미디엄(medium : 중간 정도 구운 것)

중심부가 모두 핑크 빛을 띠는 정도

④ 웰던(welldone : 완전히 구운 것)

표면이 완전히 구워지고 중심부도 충분히 구워져 갈색을 띤 상태

스테이크를 자를 때 나오는 핑크색(pink color)의 즙은 피가 아니고 육즙으로서 고기가 열을 받을 때 나오는 엑기스이다. 따라서 굽는 시간이 길어지면 이 육즙이 증발해버려 맛이 떨어지고, 또한 먹을 때 육질이 다소 질기게 느껴진다. 그리고 고기를 전부 잘라놓고 먹으면 육즙이 접시로 전부 흘러내려 스테이크의 맛도 떨어질 뿐더러 미리 잘라놓으면 금방 식어버리므로 스테이크 본연의 맛이 먹을수록 줄어들게 되는 것이다. 따라서 스테이크는 먹을 때마다 잘라서 먹는 것이 좋다.

3) 자르는 법

고기를 먹을 때는 오른손에 나이프, 왼손에 포크를 쥐도록 하며 우선 고기의 왼쪽을 포크로 고정시켜 나이프로 먹기 좋을 만큼씩 잘라가며 먹는다. 스테이크를 자를 때는 접시의 바깥쪽에서부터 안쪽으로 하여 종으로 자른다. 스테이크는 각 부위마다 자르는 방법이 여러 가지가 있으나 어느 부위이든 고기의 결을 따라 잘라서 요리하고, 손님에게 제공될 때에는 고기의 결이 위에서 아래로 향하도록 담게 되어 있기 때문이다.

(7) 야채와 샐러드

1) 옥수수

옥수수 중앙에 은제 막대기가 끼워져 제공되는 경우에는 막대기를 양손으

TIP

스테이크를 먹을 때의 주의사항

1. 스테이크는 크게 잘라서 먹지 않는다.
2. 스테이크를 한꺼번에 잘라놓지 않는다.
3. 고기의 왼쪽부터 자른다.
4. 고기는 반드시 세로로 자른다.
5. 고기를 좌우로 당겨서 자르지 않는다.

로 잡고 1/4~1/2 정도에 버터를 바르고 소금・후추를 뿌린 후 베어먹고, 다시 나머지 부분도 같은 방법으로 먹는다. 여기저기 생각 없이 갉아먹는 일은 삼가는 것이 좋다. 막대기가 꽂혀 있지 않은 경우에는 양손으로 잡고 먹어도 무방하다.

2) 콩

주요리에 곁들여지는 가니쉬(garnish) 중에 완두콩처럼 먹기 힘든 경우가 있다. 이러한 콩류를 먹을 때는 빵으로 눌러가며 떠서 먹어도 무방하다. 그밖에 빵으로 접시에 남은 소스를 닦아가며 먹어도 좋다.

한편 콩을 먹는 또다른 방법으로는 포크로 콩을 가볍게 눌러 납작하게 만든 다음 먹는 방법이 있다.

3) 감 자

① 구운 감자(backed potato)

껍질째 오븐에서 익혀 스테이크나 로스트 비프(roast beef)의 가니쉬로 자주 이용된다. 뜨거운 상태로 나오기 때문에 왼손의 포크로 고정시키면서 나이프로 중심부를 'X'자로 잘라 버터가 감자 속에 녹아들게 하면 한층 맛있는 감자를 즐길 수 있다.

② **튀김 감자**(fried potato)

초생달 모양이나 기둥 모양으로 잘라 튀겨내는데 대개 다진 파슬리를 뿌려 스테이크 등의 가니쉬로 나온다. 튀긴 감자는 보통 적게 썰어서 튀긴 것이므로 소금을 뿌려가며 포크로 먹는다.

③ **으깬 감자**(mashed potato)

삶은 감자를 곱게 채에 받쳐 우유·버터·소금·후추를 넣어 맛을 낸 것으로 대개 생선요리의 가니쉬로 나오는데 포크로 떠먹는다.

④ **삶은 감자**(boiled potato)

소금을 넣어 삶아낸 감자를 반으로 잘라 생선요리 등의 가니쉬로 내는데, 취향에 맞게 소금을 뿌려가며 나이프로 잘라먹는다.

4) 샐러드와 고기요리

고기와 야채는 맛에서도 조화를 이루지만 고기는 산성이 강한 식품이므로 알칼리성이 강한 생야채를 먹음으로써 중화를 시키는 영양학적 의미를 지닌다.

대개 고기요리를 전부 먹은 다음 샐러드를 먹기도 하는데, 고기와 샐러드는 번갈아가며 먹는 것이 더욱 효과적이다.

5) 먹는 방법

샐러드는 대개 1인분씩 따로 제공되지만 때로는 커다란 그릇에 담겨져 나오기 때문에 덜어서 먹을 때도 있다. 이러한 경우에는 커다란 스푼과 포크가 옆에 놓여져 있기 마련인데, 이를 이용해 자신의 그릇에 덜어먹으면 된다.

왼손에 스푼을 쥐어 샐러드를 뜨고 오른손의 포크로 가볍게 위를 눌러 야채가 떨어지지 않도록 가져오면 되는데 너무 많이 가져와 남기는 등의 실례를 범하지 않도록 한다.

6) 디저트 전의 요리

프랑스에서는 디저트 전에는 반드시 치즈를 먹는 습관이 있다. 치즈는 샐러드와 디저트 사이에 먹는다. 한 종류의 커다란 치즈를 내기도 하고 때로는 작은 접시에 여러 종류의 치즈를 내기도 한다. 치즈에도 나이프와 포크가 따라나오지만 포크만으로 먹어도 무방하다.

치즈를 먹을 때는 빵을 다시 제공하는데, 겉이 딱딱한 프렌치 빵(French bread)이 잘 어울린다.

(8) 디저트

1) 디너의 디저트

디저트(dessert)는 대개 과자나 케이크 · 과일 등이 나오는데, 서양요리에서는 설탕을 거의 사용하지 않으며, 전분도 적게 사용한다. 따라서 식후에 달콤한 것이 먹고 싶어지는 것은 당연하다. 그러므로 디저트용 과자는 달콤한 것으로 부드러워야 한다.

쿠키(cookie)라든지 빵 등의 마른 과자는 조식의 빵 대신 혹은 오후에 차를 마실 때 먹도록 하며, 정찬의 디저트로는 적당하지 않다. 디너의 따뜻한 다저트로는 푸딩이 있다. 또한 크림(cream)으로 만든 과자나 과일을 이용한 과자나 파이 등도 있다. 차가운 디저트로는 아이스크림(ice cream)과 셔벗(sherbet)이 있다.

2) 수분이 많은 과일

수분이 많은 멜론(melon)이나 오렌지(orange)류는 스푼으로 먹고, 사과나 감 등 수분이 적은 것은 나이프와 포크를 사용하나 소형인 것은 상황에 따라 손으로 먹어도 무방하다.

멜론은 반달형으로 잘라 제공된 경우, 왼손으로 껍질 부분을 누르고 오른손의 스푼으로 오른쪽부터 떠서 먹는다.

3) 포도의 씨와 껍질

포도는 왼손으로 송이를 잡고 오른손으로 한 알씩 따서 먹는 것이 좋은데, 한꺼번에 몇 알씩 먹는 것은 그다지 보기가 좋지 않다. 껍질과 씨는 손으로 받아 접시에 내려놓는다. 포도는 알맹이를 손바닥에 놓고 주먹을 쥐듯이 하여 포도가 입으로 들어가는 것이 보이지 않도록 하는 것이 보기 좋다.

4) 아이리시 커피

식후의 커피로는 대개 진한 것을 조금 마시는 것이 좋다. 아이리시 커피(Irish coffee)는 커피에 아이리시 위스키를 넣은 후 생크림을 얹어 마시는 것으로 식후주와 커피를 동시에 즐길 수 있다.

TIP

핑거 볼

핑거 볼(finger bowl)은 과일이나 생선・갑각류 등 손으로 음식을 먹는 경우에 손을 씻기 위하여 제공되는 물로 미지근해야 하며, 그릇의 반을 넘지 말아야 하고, 냄새가 향긋한 레몬이나 국화 등을 넣는다. 사용 요령은 핑거 볼에서는 한 손씩 교대로 손을 씻는다. 핑거 볼은 손가락 끝만을 닦는 것이므로 손을 푹 담그는 일은 삼가도록 한다. 또한 절대로 마셔서는 안 된다.

정식의 식탁이 익숙하지 않을 경우에 가끔 핑거 볼의 물을 마시는 실수를 하는데 주의하도록 해야 한다.

(9) 음료에 대한 매너

1) 식전주

식전주는 독하지 않으면서 쓴맛 · 신맛을 내는 특징이 있다. 대표적인 식전주로는 쉐리주(sherry) · 베르무스(vermouth) · 키어(kir) · 마가리타(margarita) · 캄파리(campari) · 듀보네(dubonet) · 샴페인(champagne) 등이 있다.

① 셰리주 : 대표적인 식전주로 스페인산 백포도주를 의미하는데, 맛이 담백하고 다소 곰팡이 냄새가 나는 듯한 것이 특색이다.

② 벌머스 : 백포도 중에 여러 가지 약초와 향초 등을 가미한 것으로 드라이한 프랑스 벌머스와 약간 달콤한 이탈리아 벌머스가 있다.

③ 식전용 칵테일로는 남성의 경우 마티니, 여성의 경우 맨해튼이 좋다.

④ 키어(kir) 혹은 키어 로열(kir royale) : 키어는 크림 드 카시스(creme de cassis)라고 하는 리큐어에 백포도주를 혼합한 것이고, 키어로얄은 샴페인을 혼합한 것이다.

⑤ 그밖에 마가리타 · 캄파리 · 듀보네 · 샴페인 등도 식전주로 좋다.

술을 마시지 못하는 사람이나 여성의 경우 식전주를 다함께 마실 때에는 멍하니 앉아 있는 것보다 진저엘이나 주스 등을 마시는 것이 예의이다.

2) 식중주

식사중에 마시는 음료로서 일반적으로 와인을 마시며, 거의 신맛이 나는 드라이(dry)나 신맛이 약한 미디엄 드라이(medium dry) 와인을 마신다. 경우에 따라서는 맥주나 칵테일(cocktail), 커피 또는 소프트 드링크(soft drink)를 마시기도 한다.

3) 식후주

식전주를 식욕 촉진주(aperitif)라고 한다면 식후주는 소화 촉진주(digestif)이다. 양식에서 식후주는 크게 브랜디(brandy)류와 리큐어(liqueur)로 나누어지는데 브랜디는 남성이, 리큐어는 여성들이 즐겨 마신다.

① 브랜디와 코냑

브랜디는 와인을 증류한 것으로 와인이 생산되는 곳이면 어디든지 생산이 가능한데, 그 중에서도 프랑스의 코냑(Cognac) 지방에서 생산되는 브랜디를 코냑이라 부르고, 아르마냑(Armagnac) 지방에서 생산되는 브랜디를 알마냑이라 부른다.

코냑을 주문할 때는, 예를 들어 'Hennessy X.O.'라고 등급까지 주문을 해야 하며 등급에 따라서 차이가 많이 난다. 코냑을 마실 때는 잔을 흔들어 코냑이 안에서 파도치게 한 후, 둘째와 셋째손가락으로 잔을 잡고 손바닥의 온기로 코냑을 데우면서 아주 조금씩 색과 향과 맛을 눈과 코와 혀로 음미하면서 마신다.

② 리큐어

리큐어는 여성에게 잘 어울리는 술이다. 당도가 있고 색깔이 아름다운 술로 식후에 여성들이 주로 마시는 매혹적인 양주이다. 대표적인 것으로는 다음과 같은 것들이 있다.

- 베네딕틴(benedictine D.O.M.)
- 샤르트뢰즈(chartreuse)
- 쿠앵트로(cointreau)
- 드람부이(drambuie)
- 크림 드 멘트(creme de menthe)
- 퀴멜(kummel)

9 건 배

(1) 공식만찬에서의 건배

공식만찬에서의 건배는 보통 디저트 후 인사를 하기 전에 한다. 건배에는 주로 샴페인(champaign)을 많이 사용하는데, 비록 술을 못하는 여성이라도 건배 제의가 있을 경우에는 소량이나마 잔을 채워 함께 건배에 응한다.

건배를 제의한 제의자의 지위가 연회 참석자 중에서 가장 높은 경우에는 모든 참석자들도 함께 일어나 건배를 해야 한다. 그러나 건배 제의자의 지위가 낮거나 친분 있는 사람들간의 모임인 경우에는 그대로 앉아 있어도 무방하다.

(2) 약식만찬에서의 건배

약식만찬에서의 건배시에는 모두 잔을 들고 "치어스(cheers)!"라든가 "투—(too—)!"라고만 하면 된다. 이때 건배 받은 이가 여성 혼자라면 미소를 지으며 목례 정도로 답을 하면 되나 남성이나 부부일 때는 "Thank you, here's to you, too

(감사합니다. 여러분을 위해서도 건배를)"라며 건배로 답하기도 한다.

TIP

올바른 건배의 자세

1. 양식에서는 디저트 코스에서 건배한다.
2. 공식연회에서는 주최자가 축의를 표할 때 건배한다.
3. 건배시 술을 마시지 못하는 사람일지라도 술을 받아놓는다.
4. 축배를 받은 사람은 주위의 사람들과 함께 잔을 올려 제의를 받는다.
5. 잔을 들어올릴 때는 눈높이로 하고, 축배를 올릴 때에는 상대를 응시한다.
6. 건배 후에는 잔을 입에 대고 마시거나 마시는 시늉을 해야 한다.
7. 건배시 일어나야 할 경우에는 먼저 일어난 후 식탁의 잔을 든다.
8. 건배 후 앉을 때에는 식탁 위의 잔을 놓고 난 후 앉는다.
9. 잔을 들고 있을 때에는 잔의 윗면이 자신의 가슴높이에 오도록 든다.
10. 잔은 엄지·인지·중지를 이용하여 쥔다.

〈표 4-1〉 각국의 건배 용어

국가명	용 어	국가명	용 어
미 국	치어스(cheers)	캐나다	토스트(toast)
영 국	치어스(cheers)	호 주	치어스(cheers)
중 국	칸페이(乾杯)	프랑스	아보트르 상태(avotre sante)
일 본	간빠이	그리스	이스 이지안 스텐 휘게이아
독 일	프로스트(prost)	이탈리아	찐찌(alla salute)
브라질	사우데(saude)	네덜란드	프로스트(prost)
스페인	사루으	러시아	스하로쇼네 즈다로비에

10 와인 및 샴페인

일반적으로 양식을 먹을 때에는 식사에 어울리는 와인을 곁들인다. 따라서 식사 전후 또는 식사중에 와인을 주문하면 식당의 종업원은 적절한 시기에 병을 따서 서브하도록 되어 있다.

만약 호스트(host)가 와인에 관한 지식이 부족할 경우에는 지체없이 종업원을 불러 식사에 어울리는 와인을 추천하도록 도움을 요청한다. 참고로 와인의 서비스 절차는 다음과 같다.

(1) 특별히 요청하지 않았을 경우

대개 화이트 와인(white wine)이나 로제 와인(rose wine)은 병을 따서 식사 첫 코스와 함께 제공되고, 레드 와인(red wine)은 초대한 주빈에게 레이블(label)을 보여준 다음 병을 따서 식탁 위에 놓고 주요리와 함께 제공된다.

(2) 잔으로 주문했을 경우

종업원이 와인 잔(wine glass)을 반드시 쟁반에 받쳐들고 주빈의 오른쪽에서 오른손으로 빈 잔 왼쪽에 새 잔을 놓고 빈 잔을 빼내도록 되어 있다. 만약 잔에 와인이 남아 있으면 와인이 떨어질 때까지 식탁 위에 놓아두고 잔을 비우는 즉시 빼낸다. 식사가 끝난 후 다른 와인을 주문하게 되면 잔에 와인이 조금 남아 있더라도 이 와인 잔은 식탁에서 뺀다.

와인 맛은 온도에 따라 민감하기 때문에 와인이 제공될 때에는 반드시 적절한 온도를 유지하도록 노력해야 한다. 레드 와인(red wine)은 온도가 약간 높게 제공되는 것이 좋다. 화이트 와인(white wine) 중 농도가 짙은 스위트 와인(sweet wine)은 농도가 옅은 와인보다 차게 제공한다.

(3) 와인 서빙의 일반적 사항[6)]

일반적으로 식당에서 와인을 식사와 함께 마시기 위해 주문했을 경우에 서비스는 관례적으로 다음과 같은 방법으로 제공된다.

① 와인병의 윗 부분을 테이블 쪽으로 향하게 하고, 병의 레이블을 주빈에게 보인다.
② 병의 가장 윗부분 볼록한 곳의 캡슐(capsule)을 베어서 제거한다.
③ 코르크(cork)를 따기 전 코르크 윗부분과 병 입구를 깨끗이 닦는다.
④ 스크루(screw)의 뾰족한 끝을 코르크의 중앙에 가볍게 삽입하고 시계방향으로 한 번 돌린 다음 스크루가 코르크 안에 직각으로 완전히 들어갈 때까지 계속 돌린다.
⑤ 지렛대를 병의 동그란 입구에 건다.
⑥ 병목을 잡고 흔들리지 않게, 코르크가 나올 때까지 천천히 잡아 올린다.
⑦ 코르크를 스크루에서 빼내어 모임의 주인에게 보인다.
⑧ 병목 부분을 닦아 남아 있는 곰팡이나 코르크 찌꺼기를 제거한다.
⑨ 와인을 선택한 사람에게 레이블(label)을 보이면서 1온스(30cc) 정도 잔에 따른다.
⑩ 와인 방울이 테이블에 떨어지는 것을 닦을 수 있도록 냅킨을 준비하고, 살짝 병을 돌리면서 들어올린다.
⑪ 따르고 난 와인 병은 레이블이 보이도록 하여 주인의 오른쪽에 두거나 얼음통에 넣어둔다.

6) 원융희, 「와인 이야기」, 학문사, 1999, p.97.

TIP

와인 맛, 잔 모양에 따라 달라진다

'세계 최고의 와인글라스' 리델 잔을 생산하는 오스트리아 리델사의 볼프강 양기알 아시아·태평양 지역 사장이 8, 9일 동안 서울 인터컨티넨탈호텔에서 와인 애호가들을 대상으로 '와인 잔 테이스팅'을 가졌다.

리델 잔은 북한의 김정일 국방위원장이 작년 6월 남북 정상회담 때 프랑스 보르도의 최고급 레드 와인 '사토 라투르'를 마실 때 쓴 와인 잔이기도 하다.

프랑스나 캘리포니아산 새 와인 등을 선보이는 '와인 시음회'는 더러 열리지만 '와인 잔 시음행사'는 국내에서 흔치 않다. 이번 와인 잔 강좌의 주제는 똑같은 와인이라도 와인 잔에 따라 얼마나 맛이 달라질 수 있는가를 보여주는 것이었다.

와인 칼럼니스트로 일하다가 1989년부터 리델사에서 근무하고 있는 볼프강 사장은 "쓴맛 · 단맛 · 신맛 · 짠맛을 느끼는 인간의 혀 부위가 각기 다르기 때문에 와인이 입안에 들어가 혀의 어느 부분에 먼저 닿는가에 따라 와인의 맛이 결정된다"고 말했다.

잔 입구가 큰 와인으로 와인을 마시면 자연스럽게 머리가 숙여지면서 혀가 와인에 닿는 부위가 넓어지며, 반대로 입구가 좁은 잔은 고개가 뒤로 젖혀져 혀 닿는 부위가 달라지기 때문에 같은 와인이라도 다른 맛을 느끼게 한다는 것. 때문에 레드 와인은 잔 입구가 감싸듯 오므라든 달걀 모양의 큰 잔으로 마셔야 본래의 맛을 느낄 수 있으며, 화이트 와인은 잔 밑 부분은 달걀형이지만 입구는 끝 부분까지 쭉 뻗은 다소 작은 글라스로, 샴페인은 폭이 좁고 긴 글라스로 마셔야 제격이라고 했다.

이 같은 철학을 바탕으로 탄생된 리델 잔은 와인을 만드는 포도 품종에 따라 각기 다른 모양을 하고 있어 그 종류가 수십 종에 이른다. 볼프강 사장은 "이번 강좌 참가자의 80%가 40대 이하인 점으로 미루어 앞으로 한국의 와인 시장 전망은 매우 밝다고 본다"로 말했다.

— 조선일보, 2001년 2월 10일자 —

(4) 와인 종류에 따른 서비스 방법

포도주의 서비스 방법은 포도주의 종류에 따라 약간의 차이가 있다. 일반적으로 적포도주와 백포도주 서비스 방법은 다음과 같다.

1) 적포도주의 서비스(와인 바스켓을 이용)

① 와인 바스켓(wine basket)에 냅킨을 깔고 적포도주를 눕힌다.

② 고객에게 주문한 상표를 확인시킨다.

③ 와인 바스켓 목 밑에 브레드 플레이트(bread plate)를 엎어 깔고 왼손으로 바스켓을 잡고 오른손으로 코르크 스크루(cork screw) 나이프를 이용하여 캡슐을 제거한다.

④ 냅킨으로 병목 주위를 닦은 다음 코르크 스크루를 코르크에 돌려 넣는다. 이때 병이 움직이지 않도록 조심스럽게 다루어야 한다.

⑤ 다시 병목 주위를 깨끗이 닦은 다음 서브한다.

⑥ 서비스 방법은 바스켓을 오른손으로 엄지와 중지 사이에 끼워 잡고 인지로 병을 살짝 누르면서 잡는다.

⑦ 주문한 고객에게 먼저 맛을 보게 한 후 서비스해도 좋다는 승낙이 있으면 사회적인 지위나 성별・연령에 따라 침착하게 서브하는 것이 일반적이다.

⑧ 글라스와 술병의 높이는 약간 떨어지게 하여 글라스의 1/2~1/3 정도 서브하고 병을 약간 돌려 커팅(cutting)한다. 이때 서비스 클로스를 쥐고 있는 왼손은 가볍게 뒤쪽 허리 등에 붙이고 서브한다.

⑨ 서브가 끝날 때마다 술병을 조심스럽게 서비스 클로스(cloth)로 닦아 와인 방울이 테이블이나 고객에게 떨어지지 않도록 주의한다.

2) 백포도주의 서비스

① 적절한 온도를 유지하기 위하여 백포도주는 얼음과 물이 채워진 와인 쿨러(wine cooler)나 냉장고에 넣어두어야 한다.

② 병마개는 고객 앞에 준비된 쿨러 속에서 따야 한다.

③ 고객에게 프레젠테이션(presentation)하는 것과 오픈(opening)하는 것은 앞에서 설명한 와인 병 오픈하는 방법에 따라 실시하며, 와인을 서브할 때 글라스와 와인병과의 높이는 보통 와인의 종류에 따라 2~3cm가 적당하다.

[그림 4-4] 와인 병과 글라스

〈표 4-2〉 음식과 와인의 상관관계[7]

음 식	와 인
카나페, 치즈, 오드볼, 크래커, 렐리쉬	드라이 셰리 와인, 칵테일, 샴페인 와인, 마데이라 와인
수프	드라이 셰리 와인, 칵테일, 마데이라 와인
생선	화이트 와인
오리, 지방질 생선	로즈 와인, 라이트 레드 와인
조류	드라이 화이트 와인, 로즈 와인, 라이트 레드 와인
육류	레드 와인, 로즈 와인
너트, 디저트, 과일, 케이크	토가이 포트, 크림셰리 와인, 샴페인, 머스커텔
치즈	레드 와인, 포트 와인, 포트 와인
커피	리퀴르류, 코냑

7) 김기영 외, 『식음료 서비스 실무론』, 대왕사, 1999, p.216.

11 계 산

주문한 요리를 다 먹은 후에는 식사를 초대한 사람이 식사요금을 지불해야만 하는데, 먼저 식사요금 계산서를 식당의 종업원에게 요청한다. 이때 식당의 종업원은 요청한 계산서를 준비하게 되는데, 계산서가 준비되면 반드시 계산서에 나타나 있는 요리 목록을 신중하게 살피도록 해야 한다.

대부분 우리나라 사람들은 계산서에 표기되어 있는 목록을 조목조목 살펴보지 않고 계산을 하는 경향이 있으나 이러한 습관은 바람직하지 않다.

계산서를 정확하게 확인하는 것은 신뢰를 저해하는 것이 아니라 오히려 신뢰를 구축하는 행위이므로 식사에 대한 계산서는 항목별로 점검한 후 지불하는 것을 생활화하도록 해야 한다. 또한 특별한 회원 카드나 신용 카드와 함께 계산을 해야 할 경우에는 계산서를 요청할 당시에 알려주는 것이 좋다.

12 기타 식사 매너

(1) 요령과 재치를 요하는 매너

1) 식사중의 실수

식사중에 음식을 흘리거나 기물(포크와 나이프 · 물잔 등)을 떨어뜨리는 실수를 범했을 경우에는 직접 처리하지 말고 종업원(웨이터나 웨이트레스) 또는 지배인을 호출하여 도움을 청하는 것이 예의이다.

이때 가능한 한 다른 사람들의 눈에 띄지 않도록 하는 것이 매너인데 종업원을 큰 소리로 부르거나, 손바닥을 치는 것은 좋지 못한 행동이므로 조용히 오른손을 들어 신호를 보내는 것이 바람직하다.

2) 소금 · 후추 등의 사용

주문한 요리가 제공되면 맛도 보기 전에 소금과 후추를 뿌리는 일은 삼가는 것이 바람직하다.

고급 레스토랑일수록 가장 맛이 좋은 상태에서 요리가 나오기 때문에 조미료는 사용하지 않아도 괜찮다. 만약 홈파티(home party)일 경우에는 초대자의 능력을 신뢰하지 못한다는 의미로 오해받을 수 있기 때문이다. 한편 조미료나 설탕이 필요한데 손이 닿지 않는 곳에 있는 경우에는 직접 손을 뻗쳐 가져오기보다는 옆 사람에게 도움을 청해 건네받도록 한다.

3) 음료 등을 사양할 때

주류나 주스(juice) 등을 별로 마시고 싶지 않을 때에는 제의를 받았을지라도 자신의 의지를 밝히는 것이 바람직하다. "먹고 싶지 않다(no)"보다는 "감사합니다만 먹고 싶지 않습니다(no thanks)"라고 하며 부드럽게 사양하는 것이 예의이다.

〈표 4-3〉 양식 테이블 매너의 Don'ts와 Do's

번호	Don'ts	Do's
1	입을 음식으로 가져가 먹지 않는다. 이러한 행위는 동물이 먹이를 먹는 방법이다.	음식을 입으로 운반해서 먹는 것이 사람이 먹는 것이다.
2	식사중에는 절대로 머리에 손을 대지 않는다.	머리에 손을 대면, 음식에 머리카락이 떨어질 염려가 있다.
3	식탁에서 다리를 꼬고 앉지 않는다.	식탁에서의 자세는 매너의 기본이다.
4	식사중에는 말없이 음식만 먹지 않는다.	식탁에서는 분위기에 알맞은 내용의 대화가 요구된다.
5	식탁에서 컵의 물을 쏟거나, 나이프 같은 것을 바닥에 떨어뜨렸을 때 모른 체 한다.	의젓하게 웨이터를 불러 새것으로 갖다 달라고 '여유' 있게 요구한다.
6	옆 테이블의 사람을 보고도 모른 체한다.	그것이 점잖은 매너이다.
7	음식을 자기식으로 먹지 않는다.	모든 음식은 '먹는 매너'가 있다. 이에 따라 먹는 것이 테이블매너이다.
8	먹는 방법을 몰라도 부끄럽게 여기지 않는다.	양식에서는 모르는 음식이 나오면 물어서 먹는 것이 매너이다.
9	일류 식당에서는 물수건을 요구하지 않는다.	일류 레스토랑에서는 물수건을 서브하지 않는다.
10	식사중에는 담배를 피우지 않는다.	커피가 나올 때 피운다.

TIP

식탁의 조미료에 대한 예절

서양에서는 식탁의 조미료가 멀리 떨어져 있을 때 필요한 조미료를 가져오기 위해서 일어나거나 팔을 쭉 뻗는 행위는 주위 사람에게 실례가 될 수 있다. 조미료가 필요할 경우, 옆에 앉아 있는 동료나 반대편에 앉아 있는 사람에게 부탁하여 건네받는 것이 식탁 예절이기 때문에 당황하지 말고 도움을 청하는 것이 좋다. 예를 들면 "죄송하지만 앞에 있는 소금을 건네주시겠습니까?(Would you please pass me the salt?)" 또는 "죄송하지만 그쪽에 있는 간장통을 주시겠습니까?(Could you give me the soy keg please?)"와 같은 표현으로 자연스럽게 옆사람에게 부탁하는 것이 올바른 매너이다.

4) 식사시간의 조절

여러 사람과 식사를 할 경우에는 혼자 너무 빨리 먹는다든지 너무 늦게 먹지 않고 동석한 사람과 식사의 속도를 맞추어 먹는 것이 좋다. 또한 호스트(host)나 호스테스(hostess)는 상석의 손님들과 보조를 맞추어야 하며 다른 손님들보다 빨리 먹어서는 안 된다.

(2) 특수한 음식을 먹는 요령

1) 아티초크

아티초크(artichoke)의 잎사귀는 손으로 하나씩 떼어 소스를 묻혀서 베어먹는다. 가시가 있는 부분은 나이프(knife)로 긁어내고 부드러운 줄기는 포크로 찍어 먹는다.

2) 아스파라거스

아스파라거스(asparagus)를 흔히 손으로 집어먹는 경우가 있는데, 줄기가 단단한 부분을 포크로 자른 후 손으로 먹는 것이 좋다. 그러나 딱딱한 부분이 없는 아스파라거스는 포크로 먹는다.

3) 베이컨

아침식사중 먹는 말랑말랑한 베이컨(bacon)은 포크를 사용하여 먹지만 물기가 없고 파삭파삭한 것은 손으로 먹기도 한다.

4) 버 터

여러 가지 빵이나 비스킷(biscuit), 토스트(toast), 핫케이크(hot cake)나 삶은 옥수수(boiled corn) 등에 버터(butter)를 바를 때는 나이프를 이용한다. 그러나 옥수수 알갱이, 감자, 밥 등은 양념이나 버터를 포크로 섞는다.

5) 치 즈

치즈(cheese)는 나이프나 포크 중 어느 것으로도 펴 바를 수 있다. 주로 포크를 사용하는 생채요리와 함께 먹을 때는 포크로 치즈를 잘라낸 후 상추나 크래커 위에 얹어 먹는다. 그러나 부드럽거나 묽은 치즈는 나이프를 이용해 발라 먹는다.

6) 체리 토마토

체리 토마토(cherry tomato)는 생채요리나 다른 요리에 섞여 나올 때를 제외하고는 손으로 먹는다. 씹을 때 물기가 튈 염려가 있으므로 주의한다.

7) 삶은 과일(boiled fruit)

삶은 자두나 버찌 등을 먹을 때는 스푼을 사용한다. 씨는 입 속에서 살을 발라먹은 다음 스푼에 뱉어 접시의 한쪽에 놓는다.

8) 칵테일 속의 체리(cherry in the cocktail) · 올리브(olive)

칵테일을 마시면서 적당한 때 장식된 채로 먹거나 손으로 직접 꺼내 먹는다.

9) 피 자

피자(pizza)는 나이프를 이용해 삼각형으로 자른 후 손으로 집어먹는다.

10) 스파게티

스파게티(spaghetti)에는 포크 외에 스푼도 따라나온다. 왼손의 스푼에 오른손의 포크를 대고 스파게티를 감아서 먹는다. 스푼이 없는 경우는 포크의 끝을 접시의 구부러진 곳에 대고 돌린다.

11) 샌드위치

차가운 샌드위치(sandwich)는 손으로 집어먹고 스테이크 샌드위치 등 뜨거운 것은 포크 · 나이프를 사용한다. 클럽 샌드위치와 같이 두툼한 샌드위치는 나이프로 작게 자른 후 손에 들고 먹는다.

12) 삶은 계란(boiled egg)

에그 스탠드(egg stand)에 올려진 계란의 윗부분을 벗겨낸 다음 티스푼(tea spoon)으로 조금씩 떠먹는다.

제2절 음료의 개념

1 음료의 정의

우리 인간의 신체 구성요건 가운데 약 70%가 물이라고 한다. 모든 생물이 물로부터 발생하였으며, 또한 인간의 생명과 밀접한 관계를 가지고 있는 것이 물, 즉 음료라는 것을 생각할 때 음료가 우리 일상생활에 얼마나 밀접한 것인가를 알 수 있다.

옛날 사람들은 순수한 물을 마시고, 그들의 갈증을 달래고 만족하였을 것이다. 그러나 현대인들은 여러 가지 공해오염으로 인하여 순수한 물을 마실 수 없게 되었고, 따라서 인공 정화된 물만 가지고는 만족할 수 없게 되었다. 이에 따라 현대문명 혜택의 산물로 여러 가지 음료가 등장하게 점차 다양해짐에 따라 각자 나름대로의 기호음료를 찾게 되었다.

우리 한국인들은 음료라고 하면 주로 비알코올성 음료만 뜻하는 것으로 인식하고 있지만 알코올성 음료는 주로 '술'이라고 분간해서 생각하는 것이 보편적 상식이라 하겠다.

그러나 서양인들은 음료의 개념이 우리와는 다르다. 물론 음료(Beverage)라는 분류에서 알코올성·비알콜성 음료로 구분하지만 마시는 것은 통칭 음료라 하며, 어떤 의미에서는 알코올성 음료로 더 짙게 표현되기도 한다.

이러한 의미는 서양인들의 다음과 같은 유머러스한 표현에서도 찾아볼 수 있다. "와인(Wine)이 없는 식탁은 태양이 없는 날과 같다." 즉, 식사를 하는 테이블에는 적어도 한 가지 이상의 와인이 곁들여지지 않으면 좋은 식사를 하였다고 할 수 없으며, 식사를 하면서 와인을 곁들여 마시는 것이 그들의 일상 식생활이라고 할 수 있다.

또한 구미 각국에서는 고객이 방문하였을 때는 제일 먼저 술 한 잔을 권하는 것이 인사이며, 고객을 접대하는 것이라 할 수 있다. 우리나라도 급속한 서구문명을 받아들임과 아울러 국민생활이 높아지면서 중류 이상의 가정에서는 홈 바(Home Bar)에다 각종 음료(특히 주류)를 비치해놓고 고객 방문시 음료를 접대하는 것이 상식화되었다.

이와 같이 음료, 특히 음료 중에서도 알코올 음료가 우리들 생활에 중요한 부분을 차지하게 되었으며, 특히 관광산업이 국가전략 산업으로 부각된 지금 외래 관광객들이 즐겨 찾는 음료에 대해 잘 알고 올바르게 제공·판매한다는 것은 사회적으로나 경제적으로나 큰 의미를 가지고 있다 하겠다.

우리나라 주세법에서 주류의 정의는 다음과 같이 규정하고 있다. 법에서 주류라

함은 주정(희석하여 음료로 할 수 있는 것을 말한다)과 알코올 1°이상의 음료(약사법의 규정에 의한 의약품으로서 알코올 6° 미만의 음료를 제외한다)를 말한다.

특히 식음료부서에 근무하는 종사원들은 이 음료에 관한 풍부한 지식을 가지고 음료판매에 임하여야 할 것이다. 왜냐하면 "술은 잘 먹으면 약이요 잘못 먹으면 독이다"라는 금언과 같이 우리 서비스를 담당하는 종사원들은 귀중한 고객들에게 몸에도 유익하고 생을 더욱 즐겁게 할 수 있도록 좋은 약으로 술을 마시도록 유도할 의무도 있기 때문이다.

'쓴맛'이나 '시큼한 맛'을 가진 음료는 식욕촉진을 돕기 때문에 식전주(Aperitif Drink)로 좋고, '단맛'의 술은 소화촉진을 돕기 때문에 식후주(After Drink)로 적당하다든지, 단술을 마시고 쓴술을 마시면 구토병이 일기 쉽다든지, 또는 식전주로 맥주 같은 포말성 음료를 지나치게 마시면 식욕이 도리어 감퇴된다는 등등 우리들이 생리학적 또는 과학적 사고를 가지고 업무에 임해야 할 것이 많다고 하겠다. 따라서 이 분야에 대한 끊임없는 노력이 요구되는 것이다.

2 음료의 분류

일반적으로 음료는 알코올이 함유되어 있는 유무에 따라 알코올성 음료와 비알코올성 음료로 구분하고, 알코올성 음료는 제조방법에 따라 양조주 · 증류주 · 혼성주로 구분하고, 비알코올성 음료는 청량음료 · 영양음료 · 기호음료로 구분한다.

술의 분류는 제조방법에 따라 양조주 · 증류주 · 혼성주로 구분하는데 알코올성 음료에는 위스키 · 브랜디 · 리큐어 · 와인 · 맥주 등이 있다.

양조주 와인에 대해 살펴보면 레드 와인은 프랑스, 화이트 와인은 독일이 유명하다. 에스파냐 · 이탈리아 · 미국 · 포르투갈 · 오스트리아 · 호주 · 한국 등과 같이 세계 각국에서 제조되고 있다. 맥주는 독일이 유명하고, 그 외 네덜란드 · 영국 · 미국 등도 유명하다.

증류주인 위스키에 대해 살펴보면 일반적으로 세계 4대 위스키는 스카치 위스키, 아이리시 위스키, 아메리칸 위스키, 캐나디언 위스키가 있다. 그 외에 기타 국가에서 생산되는 위스키가 있다.

브랜디에는 코냑, 아르마냑, 프렌치 브랜디 칼바도스, 독일 브랜디, 기타 외국에서 제조되는 브랜디가 있고, 러시아 보드카, 북미유럽 아쿠아비트, 멕시코 테킬라, 럼, 진 등이 있다.

혼성주는 흔히 리큐어라고 하는데 술에 각종 약초나 향료를 첨가한 술을 의미한다.

제3절 양조주

양조주(Fermented Liqueur)는 곡류와 과실 등을 원료로 하여 조주한 술이다. 당분이 함유한 원료를 이용하여 단순히 발효에 의해서 만들어지는 술로 포도주나 사과주(Cider) 같은 것이 있다. 그 외에 하나는 전분 함유물을 원료로 하여 전분을 당화시켜 주정을 얻어내는 발효공정을 요하는 것으로서 맥주와 청주가 이에 속한다.

발효란 효모균(Yeast)이 분비하는 효소가 촉매가 되어 당류가 가수분해되어 알코올성(Alcohol)과 탄산가스(CO_2)로 전화하는 것을 말한다.

고대에는 천연의 당류가 4가지가 있었다. 그 중에 벌꿀은 오래 저장해두면 야생의 이스트(Yeast)의 작용을 받아서 벌꿀주가 생겨났다. 그래서 봉밀주(Mead and Metheglin)는 세계 최고의 술이 아닌가 한다.

두 번째로는, 과즙이 있는데 이 중에 포도의 과즙은 포도당과 과당의 함유량이 가장 많다. 더구나 포도의 과피에는 가루를 뿌린 것처럼 다량의 이스트가 군생하고 있어 포도주를 만드는 방법은 가장 원시적이었다. 그리하여 포도주의 기원은 기원전 4~5천 년 전에 이미 발견되었다 한다.

셋째로는, 발아하고 있는 곡류로 맥주를 만들었다 한다.

네번째의 것은 누룩효모이다. 고대의 중국에서는 기장(수수의 일종 : Millet)에 효모를 이식해서 그 당화효소를 이용하여 술이 만들어졌다고 한다. 그리하여 양조주에는 맥주 · 와인 등이 속한다.

1 맥 주

(1) 맥주의 역사

맥주(Beer)는 보리로 만든 양조주이다. 맥주는 세계에서 가장 많이 마시는 술로 알려져 있으며, 우리나라도 탁주의 소비량은 갈수록 줄어드는 데 비하여, 맥주의 소비량은 탁주의 소비량이 줄어든 만큼 계속 늘어나고 있는 실정이다.

맥주는 우리의 탁주와 비슷한 점이 많다. 우선 만드는 원료로서 맥주는 보리, 막걸리는 쌀을 사용하고 있다. 모두 농경문화의 바탕에서 나올 수 있는 술이다.

현재 고고학자의 연구에 따르면 맥주는 7000년경 인류가 농업을 시작함과 동시에 시작되었다고 한다.

현존하고 있는 가장 오래된 맥주에 관한 자료로서 BC 4200년경의 것으로 추정되는 오랜 유물인 '모뉴멘트 블루'에는 맥주 양조용의 앤멜 소맥(BC 8700년에 동부 이라크의 야생종으로서 당시 소아시아 지방에 널리 야생한 소맥)을 탈곡하여 맥주를 만드는 모습이 그려져 있다. 이것은 수메르인들이 곡물로서 빵을 만들고, 이 빵을 다시 가루로 만든 후에 공기중에 있는 천연효모에 의하여 자연 발효시켜 만들었다고 볼 수 있다.

이후 BC 3000년경부터 이집트에서는 맥주를 만들어 마시고 있었다.

그러나 근래의 맥주는 독일이 본고장으로서 독일인의 선조인 고대 게르만 민족은 AD 1세기경부터 맥주를 마셨다고 한다. 당시 게르만 민족은 와인이나 봉밀주를 만들어 "와인은 주인이 마시는 것, 맥주는 천민이 마시는 것, 그리고 봉밀주는 그 세대에 사는 사람들을 위하여 바치는 것"이라고 생각하였다.

중세기에 들어 맥주의 지위도 높아졌다. "맥주는 액체의 빵" "빵은 그리스도의 육신"이라는 생각에서 교회나 수도원에서 계속 만들어졌다.

오늘날과 같은 맥주는 15세기경 독일의 일부 수도원에서 발효법에 의한 맥주를 만들기 시작하면서부터이다. 16세기 독일에서는 '맥주 순수령'을 발효시켜 "맥주는 보리 · 호프와 물만으로 양조하라"라고 규제하였다. 이때부터 고품질의 맥주가 만들어지기 시작하였다.

미국은 16세기 후반부터 이민해온 사람들이 호프를 재배하여 맥주를 양조하기 시작했다. 그리하여 오늘날 세계제일의 맥주 생산국이 되었다.

맥주의 원료는 보리와 호프 · 물, 그리고 알코올 발효에 필요한 효모를 들 수 있다. 맥주를 만들기 위해서는 우선 보리를 당화시킬 수 있도록 엿기름(Malt) 상태로 만들어야 하는데, 뿌리를 제거하고 분쇄하여 물을 넣고 끓여 단맛이 나도록 해야 한다. 이 단맛이 나는 액체를 여과하여 효모를 넣고 발효시킨 후 저장탱크에 넣고 숙성시킨다. 그 후 병입을 시키는데, 이때 살균 유무에 따라 비살균 맥주를 드라프트 맥주(Draft Beer)라고 하며, 살균한 맥주를 라거 맥주(Lager Beer)라 한다.

(2) 맥주의 원료

맥주는 보리를 발효시켜서 쓴맛을 내는 호프 · 물 · 효모를 주원료로 하여 만든 알코올성 음료이다. 주원료인 보리 대신 밀 · 귀리를 사용하기도 한다.

1) 물

맥주의 제조 원료에서 중요한 비중을 차지하고 있는 것은 물로서 90%를 차지한다. 수질이 좋지 않는 물을 사용하면 맥주의 맛을 저하시키기 때문에 좋은 맥주라 하지 않는다.

맥주의 제조에 사용되는 물은 무색·무향·무기한 것으로 유기물이어야 하고, 비알카리성인 산성일수록 좋다. 적당한 양의 이온, 특히 칼슘이온이 필요하다. 큰병(640㎖) 1병을 만들기 위해서는 대맥 약 90g과 건조시킨 호프의 열매 1g, 물 6ℓ가 필요하다.

2) 보 리

맥주는 보리술이라 할 만큼 보리는 매우 중요하며, 영어로 Beer라는 어원은 색슨어의 보리에서 유래한 것이라 할 수 있다.

맥주를 만들 때 보리는 대맥의 맥아를 사용하는데, 맥주의 양조과정에 효소의 활성화 및 곡립의 용해와 여과층을 형성해 맑은 맥즙을 얻어내기 위한 것이다. 맥주용 보리는 맥주보리라고 불리는, 줄기 주위에 두 줄 보리알이 맺히는 두줄보리가 가장 많이 사용되고 있다.

양조용 보리로 좋은 것은 껍질이 얇고, 담백한 색을 띠고, 윤기가 있고, 알맹이가 고르고, 95% 이상 발아율이 있어야 하며, 수분율이 10% 내외로 건조되어야 하고, 전분 함유량이 많아야 하고, 단백질이 적어야 한다. 그래야 맥주가 맛이 있고, 색깔이 맑아지기 때문이다.

3) 호 프

호프는 맥주에 독특한 쓴맛과 향기를 주고, 보존성을 증가시키며, 맥아즙의 단백질을 제거하는 중요한 역할을 하는 원료이다.

유럽에서 유명한 호프 산지는 체코슬로바키아의 사즈(Saaz) 지방과 독일의 하렐타우(Hallertau) 지방이다.

호프는 봄에 싹이 트고, 5~6m의 높이까지 성장하는 뽕나무과에 속하는 다년생 식물이다. 맥주에서 사용되는 호프의 꽃잎은 수정하지 않은 암꽃을 건조시켜 압착한 후 사용하고, 꽃잎의 안쪽에는 루풀린(Lupulin)이라고 하는 노란색 꽃가루(나무진)를 이용한다.

호프는 맥주의 독특한 향기와 쓴맛을 주고, 거품을 일게 하고, 잡균의 번식을 막고, 부패를 방지하고, 여분의 담백질을 침전·분리시켜 맥주가 맑고 투명하게 하는 작용을 한다.

4) 효 모

맥주에 사용되는 효모(Yeast)는 맥아즙 속에서 당분을 분해하고, 알코올과 탄산가스를 만드는 작용을 하는 미생물이다. 발효 후 탄산가스의 발생에 의해 거품과 같이 표면 위에 떠오르는 상면발효 효모, 발효되면서 응집되어 밑으로 가라앉는 하면발효 효모로 구분된다.

맥주를 양조할 때에는 어떤 효모를 사용하느냐에 따라 맥주의 질이 달라진다.

5) 부원료

맥주의 제조에는 주원료인 보리 외에도 당의 함량을 조절하거나 특별한 향을 내고자 할 때 발효가 되는 부원료를 사용할 수 있고, 양은 맥아 중량 50%를 초과하지 않도록 되어 있다.

부원료로 많이 사용되고 있는 것은 전분·옥수수 등이 있으며, 담금과정 중에 효소에서 당분이 변화되어 구수한 맛을 낸다.

(3) 맥주의 제조과정

맥주의 제조과정은 크게 맥아의 제조 · 당화 · 발효 · 저장의 4단계로 만들어진다. 맥주의 원료는 대맥과 호프와 물, 그리고 알코올 발효에 필요 불가결한 효모이다.

대맥을 하루 반 내지 2일 정도로 충분히 수분을 흡수시켜 발아조에 넣어 공기와 온도를 조절하여 5~8일간 발아시켜 수분이 45% 정도 함유된 맥아를 약 20℃ 온도의 맥아 저장실에서 6주간 수분이 3% 정도까지 되도록 건조한다. 이것을 분석하여 5~6배의 온수를 가하여 매시(Mash)를 만든다. 매시를 솥에 넣으면 당분이 당화된 당맥아액(Wort)이 된다. 이것을 여과하여 호프를 가하여 맥즙을 낸다. 그 후 냉각기로서 약 0℃로 냉각하여 효모를 넣고 약 7~10일간 발효시킨 후 저장탱크에 옮겨 60~90일간 약 0℃에 숙성하면 원숙한 맥주가 된다.

원숙한 맥주는 여과하여 통에 넣은 것을 드라프트 맥주(Draft Beer)라고 하는데, 이것은 보존성이 없기 때문에 병에 넣어서 저온으로 살균한다. 이것이 우리가 보통 마시는 라거 맥주(Lager Beer)이다.

(4) 맥주의 분류

1) 하면발효 맥주

하면발효 맥주(Under Fermented Beer)는 염기성 효모(매우 활발히 발효하지 않는)를 사용하여 저면에서 발효되는 것으로 5~10℃ 정도의 저온을 필요로 하고 있다.

냉각기술의 발달로 현재 널리 행하여지고 있는 양조법으로서 연한색 맥주, 중간색 맥주, 짙은색 맥주로 나뉜다.

이 맥주의 특징은 연한색의 맥아를 원료로 하며, 호프의 사용량이 많다. 미국 · 체코 · 덴마크 · 일본 · 한국 등 그 외 나라의 맥주가 대부분이 여기에 속하며, 체코의 필스너 맥주, 독일의 도르트문트 맥주(Dortmunt Bier) 등이 있다.

짙은색과 연한색 맥주의 중간색 맥주로서 연한색 맥주보다는 짙은 맛이 있다. 대표적인 것으로는 오스트리아 원산의 비인너 맥주가 있다.

뮌헨 맥주(Munhen Bier)의 전형적인 것은 맥아를 건조할 때까지 까맣게 볶아서 제조한 흑맥주로서 호프의 사용량이 적으며, 감미가 있다.

2) 상면발효 맥주

상면발효 맥주(Over Fermented Wine)는 호기성 효모(활발한 발효를 하는 효모)를 사용하여 상면에서 발효되는 것으로 10~20℃ 정도의 높은 온도로서 제조된 맥주이다. 냉각기술가 없었던 옛날에는 이 방법으로 제조하였다고 한다. 이 유형으로는 영국형 · 독일형 · 벨기에형으로 나눌 수 있다.

연한색 맥주는 일반적으로 알코올 함유량이 높고, 호프에 의하여 맛과 호프향 등이 강한 맥주이다. 영국산의 에일(Ale) · 페일 에일(Pale Ale)이 여기에 속한다.

중간색 맥주는 색과 향이 약간 짙으며, 맛도 짙다. 영국산의 마일드 에일(Ale)이 여기에 속한다.

짙은색 맥주는 캐러멜화된 맥아를 사용한 맥주로서 알코올 도수나 호프의 함유량이 높다. 대표적인 맥주는 영국형의 포트(Port)이다. 주정도는 약 5%이며, 스타우트(Stout)는 주정도가 8~11%가 되는 강한 맥주이다. 이 스타우트는 냉각하지 않고 마신다.

독일형 맥주로는 '베를린너 바이세 비어' '리히텐하이네 비어' '고제 비어' '바이젠복' '다르츠 비어' 등이 있다.

벨기에형 '라인 빅트 비어'가 있으며, 독일형과 흡사하다.

(5) 맥주의 종류

1) 라거 맥주(Lager Beer)

흔히 우리가 마시는 맥주로서 하면발효법에 의하여 만들어진 것이다. 저온 살균 과정을 거쳐 만들어지며, 지금 생산 판매되고 있는 거의 대부분의 맥주가 여기에 속한다.

알코올 도수는 보통 4~5% 정도이다.

2) 생맥주(Draft Beer)

우리가 흔히 말하는 생맥주를 뜻한다. 만드는 방법은 라거 비어와 똑같고, 마지막에 살균을 하지 않고 만들기 때문에 오래 저장할 수가 없다.

3) 스타우트 맥주(Stout Beer)

아주 진한 색깔의 맥주로서 상면발효법에 의하여 만들어진다. 호프의 씹쌀한 맛이 강하고, 알코올 도수가 비교적 높은 것이 특징이다.

4) 에일 맥주(Ale Beer)

상면발효법에 의하여 만들어진다. 일반 맥주에서 사용하는 호프보다 약 1.5~2배 정도 더 많이 넣어 쓴맛이 강하고, 숙성기간이 짧아 거품이 적은 것이 특징이다.

5) 필스너 맥주(Pilsner Beer)

하면발효법으로 만드는 맥주로서 필스너 우켈(Pilsner Urquell)이 원조이다.

체코에서 만들어지는 연한색 맥주이다.

6) 흑맥주(Black Beer)

하면발효법에 의해서 만들어지는 진한색의 맥주로서 몰트향이 강하고 구수하며, 단맛이 있는 것이 특징이다. 상면발효법에 의하여 만들어지는 진한색의 스타우트와는 다른 맥주이므로 혼동해서는 안 된다.

7) 포터 맥주(Porter Beer)

영국의 짐꾼(Porter)들이 즐겨 마시던 맥주로서 풍부하고 진한 거품이 있는 에일 타입이다. 에일보다는 감미롭고, 스타우트보다는 강하지 않은 맥주이다.

8) 몰트 맥주(Malt Beer)

하면발효법에 의하여 만들어지는 맥주로서 엿기름(Malt)만을 사용하여 만든 맥주이다.

연한색부터 진한색까지 여러 종류의 맥주가 만들어지며, 일반 맥주보다 알코올은 강하지만 호프향이 적고, 부드러운 것이 특징이다.

(6) 맥주의 저장과 선택

생맥주는 양조장에서 출고될 때가 가장 잘 완숙된 상태이다. 생맥주(Draft Beer)는 끓어오르는 거품이 대단히 아름답고 먹음직스러워서 만족스러운 감을 준다. 취급에 있어서도 애매한 음료이므로 잘 다루어야 한다.

1) 적당한 온도

생맥주를 파는 곳은 충분히 냉장되는 저장시설을 갖추고 있어야 한다. 생맥주는 미살균 상태이므로 온도를 적정온도인 2~3℃로 항상 유지하고, 7℃ 이상으로 더워지면 맥주의 맛이 시어지게 된다.

글라스에 서비스할 때에는 3~4℃ 정도가 적당한 온도이다.

2) 정확한 압력

술통 속의 압력은 일정하게 유지하여야 하며, 그 압력은 12~14파운드로서 맥주의 온도가 3℃ 정도 때의 압력을 가지고 있다고 인정한다.

만약 압력이 12파운드보다 낮으면 천연가스가 노출되어 김빠진 맥주가 될 것이다.

3) 순 환

생맥주도 역시 병맥주와 마찬가지로 신선하면 신선할수록 좋은 것이다. 그러나 오래 묵으면 그 향과 맛을 잃어버리게 되므로 재고순환(Stock Rotation)을 철저히 실행하여야 한다.

즉 선입선출(FIFO : First In First Out) 규칙을 확실히 하여 고객으로 하여금 생맥주의 맛을 즐길 수 있도록 하여야 한다. 그러기 위해서는 배달되는 즉시 생맥주통에 번호나 날짜를 표시하여 입고된 순서에 따라 사용해야 한다.

4) 저 장

어린 맥주는 저장탱크에서 약 60~90일간 0℃에서 숙성시키는데, 이를 후 발효라고 한다. 이 기간중에 발생하는 탄산가스가 밀폐된 탱크 속에서 맥주에 녹아들어가고 효모나 기타 응고물은 침전되어 원숙한 맥주로 성장하는 것이다. 이것을 규조토 여과기로 여과하여 술통에 따라두는 것이 생맥주(Draft Beer)이다.

생맥주는 프레시(Fresh)하거나 장기간 보존성이 없으므로 보존성을 유지하기 위해 저온살균, 혹은 냉각살균한 것이 보통 말하는 라거 맥주(Lager Beer)이다.

와 인

(1) 와인의 역사

와인(Wine)은 인간이 이 지구상에 살기 이전에 원숭이가 먹다 남은 포도가 자연히 발효되어, 이것을 마시게 됨으로써 시작된 것으로 추측된다. 확실한 연대는 알 수 없으나 고대학자들의 주장에 의하면 약 1만 년 전부터 포도주가 만들어졌다고 한다.

『성경』에 자주 등장하는 포도주는 노아(Noa) 시대에 포도원을 가꾸고 포도주(Wine)를 만들어 마셨다고 기록된 것으로 보면 그 역사는 아주 오래되었음을 알 수 있다.

BC 6000년경에는 메소포타미아와 아시아 사이에서 포도를 재배한 기록이 있으며, BC 3000년에 와서는 이집트와 페니키아에서 재배되었고, BC 2000년경에는 그리스에서 포도를 가지고 와인을 만드는 기술이 전승되었다고 한다.

그 후 중세기에 들어오면서 기독교가 세계적으로 전파되면서 성찬 의식과 식음료의 필요에 따라 기독교와 함께 이 포도 재배 및 와인 제조법이 세계적으로 전파되어 오늘날에 이르고 있다.

와인은 천연효모에 의하여 자연발효를 일으켜 그것을 여과시키는 원시적이고 간단한 방법이 오늘날에도 포도주 양조법의 원리로 되어 있다.

(2) 와인의 대표적 산지

세계적으로 대표적인 와인 산지는 프랑스·이탈리아·독일인데 이들 나라의 와인은 생산량이나 질에서 다른 어느 나라에 비하여 우수하다.

그 이유는 포도를 재배하기에 적합한 토질, 기후, 재배기술, 국가에서 법률로 와인을 보호하는 정책 등을 통한 노하우 등에 기인한다.

(3) 프랑스 와인

프랑스의 와인(French Wine) 생산량은 이탈리아에 이어 세계 제2위를 자랑하며, 그 뒤가 에스파냐, 포르투갈 순이다.

프랑스는 포도의 관리와 분리·한계를 명확하게 정해서 운영한다. 와인을 하나의 보석처럼 다루는 정성과 감정적이면서 조직적이고 규율적인 국민성으로 와인 생산지를 보호하는 것과 동시에 와인 소비자를 함께 보호하는 데 역점을 두고 있다.

프랑스는 여러 지방으로 나누고, 지방을 다시 지역으로, 지역을 지구로 세분하고 있는데, 그 지구에는 몇 개의 구역이 있다. 프랑스의 대표적인 6대 산지는 보르도(Bordeaux), 부르고뉴(Bourgogne), 샹파뉴(Champagne), 보졸레(Beaujolais), 코트뒤론(Cotes du Rhone), 누아르(Loire) 등이 있다.

프랑스 와인은 품질에 따라서 다음 같이 4등급으로 나누어 법령으로 관리한다. 프랑스 정부의 법률에 의해 엄격한 규제를 통하여 프랑스 와인 자체의 명성을 보호하고, 그 품질을 유지하기 위하여 아펠라숑(Appellation)이라는 어구 아래 사용되고 있다.

1) AOC : 최고급 와인(Appellation d'origine Controled)

원산지 통제 명칭으로서 와인이 어느 지역에서 생산되었고, 어떤 포도 품종으로 만들어졌으며, 포도의 재배방법, 생산량 제한, 최저 알코올 함유량, 포도의 당분 함유량, 숙성의 조건 등을 규정하고 있다.

1935년 프랑스 정부는 우수 포도주 생산업자 및 우수한 질의 와인을 보호하기 위하여 원산지 명칭권을 법률로 정하였다.

2) VDQS : 고급 와인(Vin Delimlite de Qualite Superieure)

1949년 정부령으로 품질분류상 AOC 와인 다음급에 속하며, 규정항목으로 포도생산 지역, 포도품종, 재배법, 양조법, 최저 알코올 도수 등을 규제하고 있다.

우수한 품질의 와인이라는 뜻으로 AOC 와인과 같이 규정된 법률에 의해 감독 생산되는 와인이지만 그 엄격함에 있어서 AOC에 미치지 못하고, 각 지방 포도재배연합회 관리하에서 품질을 관리한다.

3) 뱅드 패이(Vin de Pays)

1973년 정부령에서 프랑스 와인 품질상 제3급으로 분류하였으며, 규정항목은 포도품종, 알코올 도수, 양조법 등을 규제하고 있다. 라벨에는 산지명과 지주 보증마크가 기재되며, 각 지방 특유의 특성을 갖고 있다.

알코올 도수는 8.5° 이상이 되어야 하며, 반드시 와인협회로부터 지주로서의 규격에 합격해야 하며, 불합격품은 뱅드 타블(Vin de Table) 와인으로 판매한다.

4) 뱅드 타블(Vin de Table)

특정한 법률에 의한 통제 없이 양조된 와인을 주상(酒商, Negocian)들이 임의로 구입하여 자기들의 기술에 의해 블렌딩(Blending)하여 제품화한 후 자사의 상표를 붙여 판매하는 와인이다.

9.5% 이상의 알코올 도수를 유지해야 하며, 의무적으로 그 도수를 병에 표기해야 한다.

(4) 보르도 지방

프랑스 보르도(Bordeaux) 지역은 남쪽에서 북으로 흐르는 가론 강과 내륙에서 서쪽으로 흐르는 도르도뉴 강이 만나서 지롱드 만을 이룬 곳을 말한다.

지롱드 만 주위에 세계에서 가장 크고 유명한 포도단지가 있는데, 진흙·자갈·모래들이 섞인 아주 훌륭한 토질로서 포도재배지로 적당하다. 보르도 지방의 레드 와인을 영국에서 애칭으로 '클라레(Claret)'라고 한다.

보르도 지방의 와인은 크게 샤토(Chateau) 와인과 네고시앙(Negociant : Shipper Wine) 와인으로 구분된다. 샤토는 포도원 소유자가 자기의 포도원에서 재배한 포도를 발효·양조하여 포도원의 이름과 주소를 기재하여 와인의 전 생산과정을 그 샤토가 보증한다는 의미이다.

네고시앙 와인은 자기의 포도원을 소유하지 않은 주상들이 아직 숙성되지 않은 와인을 여러 포도원에서 구입하여 자기의 독창적 기술로 블렌딩한 후 병에 넣어 지하창고에 저장·보관했다가 자기의 이름, 또는 상사의 이름을 병의 라벨에 표기하여 출고하는 와인이다.

대표적인 네고시앙(Negociant)은 칼베(Calvet), 에센노에(Eschenauer), 들로르(Delor), 제네세(Ginestet), 바르통 게스티에르(Barton & Guestier : B&G), 시쉘(Sichel), 코르디에(Cordier) 등이 있다. 보르도 지방의 5개 지구가 유명한데 그 지

명은 메도크(Medoc), 그라브(Graves), 생테밀리옹(St-Emillion), 포므롤(Pomerol), 소테르네(Sauternes)가 있다.

1) 메도크(Medoc) 지구

메도크 지구의 토질은 모래와 자갈로 덮여 있고, 구토·석회암 점토가 있어 지력이 약하지만 배수가 잘 되어 포도가 자라는 데 매우 적합하다. 메도크는 하류의 바메도크(Bas-Medoc)와 상류의 오메도크(Haut-Medoc)로 분리되며, 대부분의 명주가 오메도크에서 난다.

① 생테스테프(Saint-Estephe) 구역

이 마을은 다른 마을에 비하면 토양에 점토질이 많고 토질이 약간 무겁기 때문에 와인의 색조가 약간 진하고, 과실이 농축된 방향을 가진 묵직한 맛(Full Bodied)의 와인이 많이 생산된다.

② 포약(Pauillac) 구역

보르도 지방에서 최고급 레드 와인을 생산하며, 메도크 지구에서 가장 큰 구역이다. 와인의 특성은 감칠맛이 나고, 수명이 길고, 풍부한 향기와 섬세한 감촉, 아름다운 색깔로 사람들의 마음을 사로잡는다.

③ 생줄리앙(Saint-Julien) 구역

포도재배에 알맞은 자갈 섞인 밭으로 이곳에서는 레드 와인만을 생산한다. 힘차고 자색을 띤 진황색 와인으로 해가 갈수록 원숙미가 더해진다.

④ 마르고(Margaux) 구역

포약(Pauillac) 못지않은 유명한 구역이다. 부드러운 감촉과 매혹적인 향기의 레드 와인은 보르도 지방에서 가장 섬세하다고 평하는 사람도 있다. 메도크 지역 중 가장 거친 사력층과 엷은 토양을 갖고 있어 배수에 좋은 메도크의 남쪽지역에 위치하고 있다.

⑤ **물리(Moulis) 구역**

마르고(Margaux)과 생 줄리앙(Saint Julien) 사이에 위치한다. 내륙 가까이에 있는 마을로 토양의 사토로 향기가 높고 부드러운 와인이 만들어진다.

⑥ **리스트락(Listrac) 구역**

물리(Moulis)의 이웃에 있는 마을로 최고 등급(Top Class)에는 못 되지만 샤토 클라크(Chateau Clarke), 샤토 칸테그릭(Chateau Cantegric) 같은 상당히 매력적인 레드 와인을 생산하고 있다.

2) 그라브(Graves) 지구

가론(Garonne) 강 내륙으로 자갈과 모래의 경사지를 그라브(Grave)라 칭한다. 그라브는 자갈이란 의미로 이 지역은 레드 와인(Red Wine)과 화이트 와인(White Wine)을 생산하고 있는데, 북부지방에서는 레드 와인, 남부지방에서는 화이트 와인이 생산된다.

레드 와인은 색깔도 짙고 세련된 향기가 특징이고, 화이트 와인은 드라이한 맛과 남쪽으로 가면서 미디엄 스위트(Medium Sweet)한데, 드라이한 타입에 좋은 것이 많다.

샤토 오 브리옹(Chateau Haut Brion), 샤토 라미숑 오 브리옹(Chateau La Mission Haut Brion), 샤토 라 투르 오 브리옹(Chateau La Tour Haut Brion), 샤토 페랑드(Chateau Ferrande)들과 같은 명주가 생산된다.

3) 소테르네(Sauternes)와 바작(Barsac) 지구

소테르네 지구의 와인은 아주 스위트(Sweet)한 화이트 와인으로 프랑스에서 이곳 와인과 비교할 만한 와인이 없다. 사용되는 포도 품종은 세밀리옹(Semillion)종과 샤비뇽(Sauvignon)종인데 포도가 완전히 익을 때까지 기다렸다가 수확하기 때문에 포도의 당분이 높아 향기가 좋은 와인이 되며, 포도를 수확할 때 8~9번 정선하기 때문에 늦은 9월에 시작해서 12월 말까지 노블 로트(Noble Rot)가 생긴 포도알만을 골라서 딴다.

노블 로트가 생긴 포도알만 골라서 와인을 담그면 아무리 넓은 면적이라도 적은 양의 와인밖에 낼 수 없게 되므로 스위트 와인(Sweet Wine)이 되는 것이다.

샤토급 소테르네 와인(Sauternes Wine)은 장수하는 특징이 있다. 처음에는 대단히 단맛이 나지만 시간이 갈수록 향취와 향미가 좋아지면서 차츰 브라운 컬러(Brown Color)로 변하면서 단맛도 서서히 감소한다.

4) 생테밀리용(Saint-Emillion) 지구

도르도뉴 강의 우측을 내려다보는 경사진 언덕에 위치하고 있다. 레드 와인 산지이다. 남성적 와인이라고 불리며, 맛이 강하고, 색이 진하다.

보르도의 레드 와인 중에서 가장 그윽한 것이 여기에서 생산된다. 토질은 석회암질 토양으로 포도 품종은 메를로(Merlot)종이 주종이다.

5) 포므롤(Pomerol) 지구

1923년 생테밀리옹(Saint-Emillion) 지구에서 독립한 작은 구역으로 보르도에서 25마일 동쪽으로 도르도뉴 강을 끼고 위치하고 있는 세계에서 가장 구석진 곳이라 할 수 있다.

포므롤(Pomerol)이 특별히 어느 마을의 이름을 사용하지 않으며 집집마다 가족과 함께 와인을 생산하고 있다. 토질은 모래흙과 자갈의 토질로 동쪽으로 생테밀리옹과 진흙땅이다.

(5) 부르고뉴 지방

부르고뉴(Bourgogne)는 보르도와 쌍벽을 이루는 세계적인 와인 생산지이다. 부르고뉴라는 이름은 기원전 5세기경 게르만 민족의 하나인 부르군드 족이 세운 부르군드 왕국의 이름에서 유래한다.

프랑스 부르고뉴는 화이트 와인이 아주 유명한데 주요 포도품종은 피노 누아(Pinot Noir), 가메이(Gamay)종으로는 레드 와인을 만들고, 샤르도네(Chardonnay), 알리고테(Aligote)종으로는 화이트 와인을 만든다.

프랑스의 수도 파리가 머리라고 한다면 부르고뉴는 배에 해당되며, 부르고뉴의 5대 와인 생산지역을 살펴보면 다음과 같다.

1) 샤블리(Chablis) 지구

부르고뉴에서 최북단에 위치한 지역으로 계곡마다 갈대밭이 강을 낀 작은 지역이다. 세계적으로 드라이 와인(Dry White Wine) 하면 샤블리(Chablis)를 연상할 만큼 유명한 지역이지만, 밭의 면적은 4,700에이커밖에 안 된다.

전세계 어느 고급식당에서도 샤블리 와인이 있을 정도로 이곳 와인 메이커들은 요구되는 수요에 최대한 공급을 하려고 생산을 게을리하지 않는다.

포도품종은 샤블리 무통네(Chablis Moutonne)종으로 토질은 백악질이며, 햇빛을 충분히 모두 받을 수 있는 좋은 지리적 조건을 가지고 있다.

AOC법은 샤블리 와인을 4등급으로 구분하여 판매하도록 규정하는데, 특급 그랑 크뤼 샤블리(Crand Crus Chablis), 1급 프리미어(Premier Crus), 2급

샤블리(Chablis), 프티 샤블리(Petit Cablis)로 분류된다.

그 중에 그랑 크뤼 샤블리는 강하고, 신맛이 약간 나며, 거칠지 않고, 섬세하며, 미네랄이 풍부하고, 아주 부드러운 와인으로 10년쯤 묵히면 매우 아름다운 골든색으로 변한다. 변두리 밭에서 생산되는 와인으로 값이 싼 와인이지만 좋은 와인이다.

2) 코트 도르(Cote D'or) 지구

코트 도르는 황금의 언덕으로 부르고뉴 중부로 디종(Dijon)에서 상트니(Santeny)까지 길게 포도밭이 연결되어 부르고뉴에서 제일 큰 와인 생산지역이다. 이 지역은 코트 드 뉘(Cote De Nuits)와 코트 드 본(Cote De Beaune)을 합친 지역이다.

① 코트 드 뉘

레드 와인이 더 유명하며, 지역에 가을이 되면 단풍이 든 포도잎으로 언덕의 일대가 황금빛 물결로 변하는 데서 유래한다.

저장하기 좋은 와인을 생산하며, 와인이 영 와인(Young Wine)일 때는 거칠지만 저장 성숙되면 비단같이 부드러워져서 아주 훌륭한 와인이 된다.

② 코트 드 본

코트 도르(Cote D'or)의 남쪽에 위치하며, 화이트 와인이 더 유명하고, 녹색을 띤 황금색으로 유연한 풍미의 부드러운 와인이다.

③ 코트 샬롱네즈(Cotes Chalonnaise)

이 지역은 코트 본과 마콩네 사이에 위치하여 레드 와인(Red Wine), 스파클링 와인(Sparkling Wine), 버건디 와인(Burgundy Wine) 등이 생산된다. 코트도르가 귀족적이고 보졸레(Beaujolaise)가 서민적이라면 코트

샤롱네즈는 그 중간에 속한다.

④ 마콩네(Maconnais)

미콩네는 과일 풍미의 방향을 지닌 화이트 와인 생산지이지만 레드 와인과 로제 와인(Rose Wine)도 생산된다. 이 지역에서 제일 유명한 것은 푸이 퓌세(Pouilly-Fuisse)인데, 이 와인은 드라이하면서 세계적인 유명한 와인이다.

⑤ 보졸레(Beaujolais)

부르고뉴의 최남단으로 토질은 화강암이며, 와인 생산량도 많다. 와인은 프루티(Fruity)하고, 영 와인(Young Wine)이 세계적으로 유명하다.

3) 코트 뒤론(Cote du Rhone) 지방

코트 뒤론의 토질은 화강암이고, 비엔(Vienne)에서 아비뇽(Avignon)까지 론(Rhone) 강을 따라서 이어지는 포도밭이다. 약 20km의 길이로 길게 북에서 남으로 포도밭이 있으며, 기후와 토질이 남부와 북부에 조금씩 다르기 때문에 재배되는 포도 품종도 13가지나 된다.

와인은 레드 로제와 화이트가 생산된다. 화이트 와인은 북부에서 많이 생산되고, 남부에서는 소량 생산되는데 가볍고 알코올 도수가 높지 않다. 레드 와인은 타닌 물질이 풍부하여 '태양의 자손'이라고 부른다. 와인의 색깔이 짙으며, 알코올 도수가 기후와 풍토, 포도의 품종에 의해서 다른 와인보다 좀 높다.

4) 알사스(Alsace) 지방

알사스는 독일과 접경지역으로 프랑스와 독일이 서로 영토를 점령했었기 때문에 독일식 언어를 사용하기도 하지만 독일인과는 정서적으로 다르다.

약 440개의 마을 3만 호의 인구가 와인 생산에 종사하고 있으며, 연간 6~7천만 리터의 와인을 생산한다.

와인의 이름은 마을이나 포도밭의 이름을 사용하지 않고 포도 품종의 이름을 사용하므로 AOC 와인은 아펠라시옹 알사스 콘트롤레(Appellation Alsace Controlee)로 단일화되어 있고, 독일 와인은 당도를 중요시하는데 비해 알사스 와인은 부케(Bouquer)와 알코올 농도를 중요시한다.

포도 품종은 리슬링(Riesling), 실바너(Sylvaner), 트라미너(Traminer), 게바츠트라미너(Gewurzrtaminer), 무스카테(Muscadet) 등을 사용한다.

5) 루아르(Val de Loire) 지방

프랑스 중앙부에서 대서양으로 흘러들어가는 루아르 강은 화려한 고성들이 곳곳에 서 있는 아름다운 유역으로 '프랑스의 정원'이라고 일컬어지고 있는데 루아르 와인의 고향이기도 하다.

루아르 지방은 페이낭트(Pays Mantais) 지구와 앙주 · 소뫼르 지구(Anjou & Saumur)로 분류된다. 무스카테 종은 부르고뉴 지방의 무룡종을 이식한 것인데 낭트(Nanteis) 지구로 오자 뛰어난 와인을 낳게 되었다. 무스카테(Muscadet)는 신선한 와인을 즐길 수 있는 와인으로 화이트 와인 보졸레라고 불리며, 2~3년 내에 다 마시는 것이 좋다.

앙주 · 소뫼르 지구에서 가장 유명한 와인은 로제 와인으로 모두 핑크색(Pink)을 띤 색조로 달큰한 맛이 난다. 그리고 양질의 화이트 와인도 생산하는데 소테르네(Sauternes) 타입의 달큰한 타입이다.

(6) 독일 와인

1) 개 요

독일 와인(German Wine)의 주요 산지는 라인(Rhein) 지역과 모젤(Mosel) 지역이다. 라인 지역의 와인은 맛이 강하고, 연수가 경과함에 따라 좋은 질로 변하는 백포도주 와인이다. 모젤 지역에서 생산되는 와인은 라인 지역의 와인보다 주정 함유량이 적고 산미가 더 많다.

독일은 멀리 북쪽에 위치하여 기후조건이 맞지 않아서 다른 농작물을 비롯하여 포도가 겨우 익을 정도로 어려운 여건에서도 세계적으로 훌륭한 와인을 내고 있다.

와인을 만드는 방법은 포도의 당분과 산도를 잘 조절하는 데 있다. 당분이 많고 산도가 낮으면 와인은 싱거워지고, 역으로 산도가 높고 당분이 적으면 와인은 거칠어진다. 수확이 좋은 해에는 두 가지 균형이 잘 맞으나 평년작 포도는 인공적으로 당분과 산도의 균형을 잡아주는데, 이것을 브리드(Breed)라 한다.

포도 수확이 좋은 해에는 와인에 당분을 첨가하지 않는데, 이것은 와인 라벨에 천연 포도주(Natur Wein : 나투어 바인)라고 표기한다.

포도 수확이 좋지 않을 때는 포도즙에 당분을 첨가하는데, 이 와인을 계량된 와인(Verbesserte Wein : 페어베서테 바인)이라고 하며, 늦가을이나 초겨울 영하의 기온에서 언 포도로 매우 스위트(Very Sweet)한 아이스 바인(Eis Wein)를 생산하는 것으로 유명하다. 그래서 독일 와인은 일반적으로 알코올 도수가 낮으나 향취와 향미는 특수하다.

독일 와인은 95%가 블렌드(Blend)하여 만들고, 포도의 품종은 리슬링(Riesling)종과 실바너(Sylvaner)종으로 화이트를 내며, 피노 누아(Pinot Noir)종으로 소량의 레드 와인을 생산하고 질도 좋지 않은데 화이트 와인이 전체의 85%가 된다.

레드 와인은 모두 국내에서 소비하고, 화이트 와인은 수출만 하는데 와인 수입량은 수출의 20배에 달한다.

와인 병의 색 구분은, 라인(Rhein) 와인은 독일 전통의 갈색을 사용하며, 모젤(Mosel) 와인은 녹색을 사용하고 있으며, 알코올 도수는 10° 정도의 순하고 부드러운 맛의 와인을 생산한다.

(7) 독일 와인의 등급

독일 와인은 몇 번의 법률 개정과 함께 1971년 7월 새로운 법률로 개정이 되어 다음과 같이 와인의 품질로 분류하고 있다.

1) 타펠 바인(Tafel Wein)

일반적인 테이블 와인으로 타펠 와인은 3가지로 구별한다.

① EC 타펠 바인(EC Tafel Wein)

EC 가맹국 내의 와인을 섞어서 만든 것으로 EC 가맹국 어느 지역의 와인을 섞어도 상관없으나 EC 가맹국 이외의 와인은 섞을 수 없다.

② 도이처 타펠 바인(Deutscher Tafel Wein)

독일 내에서 생산된 와인만을 섞어서 만든 것으로 독일 이외의 와인을 섞을 수 없다.

③ 란트 바인(Land Wein)

타펠 와인 중에서도 지역이 한정되고, 신맛과 약간 씁쓸한 맛의 와인으로 규정하고 있다.

2) 쿠발리테츠바인 베스팀타 안바우게비이트
(QBA : Qualitatswein Bestimmter Anbaugebiete)

국가에서 파견한 검사관의 철저한 검사를 거쳐야 하는, 품질이 우수한 와인이다. 약자로 QBA라고 부르며, 상표에는 쿠발리테츠바인(Qualitatswein)만 섞어도 상관없다.

3) 쿠발리테츠바인 미트 프레디카트(QMP : Qualitatswein Mit Pradikat)

독일에서 생산되는 최고급 와인을 말하며, 약자로 QMP라고 부른다. 이것은 쿠베아(QBA)보다 더 엄격한 검사를 받아야 하며, 당도에 따라서 다음과 같이 나누어진다.

① 카비넷트(Kabinette)

잘 익은 포도로 제조하며, 포도즙 당도가 가장 적은 와인으로 맛이 섬세하다.

② 슈패트레제(Spatlese)

당도를 올리기 위해 늦게 수확한 포도로 제조한 것으로 중후한 맛을 낸다.

③ 아우스레제(Auslese)

슈패트레제보다 조금 더 나은 와인으로 완전히 익은 포도 중 조금 덜 익은 포도는 골라내고 만든 와인이다.

④ 베렌아우스레제(Beerenauslese)

완전히 익은 포도 중에서도 상급품으로만 골라서 만든 와인이다.

⑤ 트로켄베른아우스레제(Trokenbeerenauslese)

포도가 과숙되어 포도알이 시든 것으로 제조한 와인이다.

⑥ 아이스 바인(Eis Wein)

완전하게 익은 포도를 이른 겨울까지 둔 후 약간 얼게 된 상태의 포도송이를 손으로 따서 만든 와인이다. 포도에 들어 있는 신맛과 단맛이 농축된 특수한 와인이다.

(8) 독일 와인의 주요 생산지역

1) 라인 지역

독일의 포도원은 라인(Rhein) 강과 그 지류를 따라 분포하고 있는데 라인가우, 라인헤센, 라인팔츠 등으로 라인 지역의 와인은 백포도주가 많이 생산된다. 맛이 강하며, 연수가 경과함에 따라 보다 양질로 변한다.

① 라인가우 지구

라인가우(Rheingau)는 라인 강이 동쪽에서 서쪽으로 흐르는 지형적 특성 때문에 포도밭이 거의가 남향이다. 그래서 충분한 일조량과 라인 강의 혜택으로 일교차를 줄일 수 있어 포도재배에 이상적인 입지조건이 된다. 이곳의 토질은 혼성토질로서 프랑스의 부르고뉴 지역과 비슷하며, 리슬링 포도 품종으로 독일 최고의 와인을 만든다. 리슬링종으로 화이트 와인을, 피노 누아(Pinot Noir)종으로 레드 와인을 만드는데, 와인은 가볍고 풍미는 강하다.

② 라인허센 지구

라인허센(Rheingessen)은 행정구역으로 라인팔츠(Rhein Pfalz)에 속하며, 라인팔츠에서 옆으로 구부러지며 흐르는 강을 라인허센이라 한다.

라인허센에서는 폭 넓은 와인을 생산하는데 포도 품종은 실바너(Sylvaner)종으로 묵직한 과일향이 특징이고, 여성와인이라 불리듯 그 맛이 가볍고, 산미도 온화하다.

③ **라인팔츠 지구**

라인팔츠(Pheinpfalz)는 라인허센과 더불어 독일에서 가장 큰 포도 재배지역으로 기후적 요소도 매우 좋고, 땅도 비옥하여 독일의 곡창지대라고 불린다. 전원지대라는 느낌이 들게끔 끝없는 평원이 펼쳐지며, 평지에서는 감자를 주로 한 야채·청과가 재배되며, 경사면에서는 포도가 재배된다. 독일의 레드 와인의 절반 가량이 이곳에서 생산되며, 포도 품종으로는 무스카테(Muscadet), 실바너(Sylvaner), 리슬링(Riesling)이 있다.

2) 모젤 지역

모젤(Mosel) 강으로 흘러들어가는 지류의 수는 많지만 그 중에서도 트리어(Trier) 시의 상류에서 합류되는 자르(Saar) 강과 하류의 루버(Ruwer) 마을에서 흘러 들어가는 루버 강을 따라서 좋은 와인이 생산되는데, 이 지역을 모젤-자르-루버(Mosel-Saar-Ruwer)라 부른다.

① **첼 지구**

첼(Zell)은 셀러(Celler)를 의미하는 말로 옛날 로마군의 저장고를 이곳에 갖고 있었기 때문에 유래한 이름이다. 첼 지구의 검은 고양이가 그려진 와인은 이 지구의 와인을 대표하는 것으로 유명하다.

② **베른카스텔 지구**

베른카스텔(Bernkastel) 다리를 건너다보면 포도밭이 높고 길게 되어 있는데, 모젤 지역의 중앙으로 향기가 깊은, 엷은 골든색의 화이트 와인을 생산한다.

③ 자르, 루버 지구

자르(Saar)와 루버(Ruwer)는 와인의 성격이 서로 판이하게 다르다. 자르 와인(Saar Wine)은 엘레강트하고 섬세하며, 루버 와인(Ruwer Wine)은 남성적이고, 복잡한 뉘앙스가 있다.

(9) 이탈리아 와인

1) 개 요

이탈리아 와인(Italian Wine)의 생산량은 연간 6,600만 헥타르리터로 세계 1위이나 거의가 국내에서 소비하고, 약 400만 헥타르리터만 해외로 수출한다. 인구의 7.5%가 와인 생산에 종사한다.

1963년 주법을 개정하였는데 프랑스의 AOC와 같은 DOC(Denominazione di Origine Contrallata)로 이탈리아협회에서 공인함으로써 정부에서 법으로 제정하였다. DOC법에 등록된 와인 생산자를 보호하고 수출을 권장함으로써 와인 가격을 조정하고, 오랜 전통을 지닌 수준급 와인으로 분리하였다.

이탈리아 와인의 주요 산지를 분리하면 피에몬테 · 키안티 · 메로나 · 알토 에디제 등인데, 화이트 와인보다 레드 와인을 더 알아준다.

2) 와인의 등급

① DOS

DOS의 원명은 데노미나지오네 디 오리지네 셈플리체(Denominazione di Origine Semplice)로 단순한 원산지 호칭 와인으로 기본적이고 대중적인 와인이다.

② DOC

DOC의 원명은 데노미나지오네 디 오리지네 콘트롤라타(Denominazione di Origine Controllata)로 원산지 통제표시 와인으로 품질을 결정하는 위원회에 의하여 특정 포도품종, 와인 제조방법, 제한된 수확량, 숙성기간 등이 갖추어진 와인에 붙여진다. 이러한 조건을 충족시킨 와인에만 정부 공인의 DOC 표기를 라벨에 붙일 수 있다.

③ DOCG

DOCG의 원명은 데노미나지오네 디 오리지네 콘트롤라타 가란티타(Denoninazione di Origine Controllata Garantita)로 이탈리아에서 생산되는 와인 중 최고급으로 분류되며, 와인의 모든 생산과정을 정부가 규제하고 품질을 보증하는 와인이다.

3) 주요 생산지역

① 피에몬테 지역

'이탈리아 서북부' 하면 피에몬테(Piemonte)로 통한다. 이곳에서 쓰고 단맛이 나는 베르무스(Vermouth) 와인과 스푸만테 와인(Spumante Wine)이 생산되는데 세계적으로 유명하다. 피에몬테란 단어는 "알프스 산의 문턱"이라는 뜻으로 알프스 산의 영향을 받아 여름은 뜨겁고 가을은 안개가 끼는 기후조건을 지녔다.

이 지역의 유명한 와인은 바롤로(Barolo), 돌체토(Dolcetto), 그리뇰리노(Grignolino)가 있는데, 지방명과 포도명을 와인 명칭으로 사용하고 있다.

바롤로(Barolo)는 알코올 도수 12~15°의 강한 와인으로 3년을 저장해도 찌꺼기가 뜨므로 병을 세워서 저장한다. 돌체토는 라이트 바디드(Light Bodied)하고, 미디엄 드라이(Medium Dry)한 카라페 와인이다. 그리뇰리노(Grignolino)는 라이트 바디드(Light Bodied)하며, 독특한 향취와 향미를 지닌 와인이다.

② 키안티 지역

이탈리아 중부는 토스카나(Tuscany) 지역과 키안티(Chianti) 와인을 연상할 만큼 널리 알려진 곳인데, 토스카나는 곧 키안티 지역이다. 키안티는 적포도주와 백포도주를 혼합하여 만드는 레드 와인으로 보통 품질의 키안티와 최고급의 키안티 클라시코가 있다.

전통적인 키안티 와인은 발효가 끝난 후 미량의 발효되지 않은 포도랙을 첨가하여 색다른 방법으로 와인에 활력을 넣음으로써 포도의 신선함이 와인에 스며들게 하는, 비일반적인 방법으로 제조된다.

토질은 자갈과 모래의 언덕으로 포도와 올리브가 풍성하게 자라고 있다. 키안티 지역의 1/3에 해당하는 포도밭을 키안티 클라스코(Chianti Classco)라고 이름하며, 최상급 와인이 생산되는 밭이므로 키안티 와인 중에 최상급이다. 아주 좋은 키안티 와인은 오크통에 오래 묵혔다가 병에 담으며, 와인 병은 땅딸막한 특수한 모양으로 보릿짚으로 병의 밑부분을 감싸놓은 것이 다른 와인 병과 다른 특이한 점이다.

③ 베로나 지역

가르다(Garda) 호수의 서쪽에 위치한 도시를 중심으로 한 베로나(Verona) 계곡을 말한다. 베로나 계곡은 소아베(Soave) 계곡과 연결되어 있으며, 이탈리아에서 제일 유명한 스위트(Sweet)하거나 독한 와인(Dry Wine) 생산지역이다.

④ 알토 아디제 지역

아디제 계곡 위쪽을 말하는 것으로 이탈리아 동북부에 속해 있다. 베로나와 알토 아디제(Alto Adige) 지역은 베니스와 오스트리아의 영향을 받아 포도품종은 스키아바(Schiava)종 포도로 레드 와인을 만들며, 프로셀로(Prosello)종 포도로 드라이와 스위트한 화이트 와인을 만든다.

3 와인의 분류

와인의 종류는 수없이 많지만 제조방법이나 색깔 · 맛 · 용도별에 따라 여러 가지로 분류하고 있다.

(1) 탄산 유무에 의한 분류

1) 스파클링 와인

스틸 와인에 탄산가스를 함유하고 있는 와인을 말하며, 발포성 와인이라고 한다. 탄산가스를 함유한 모든 와인을 스파클링 와인(Sparkline Wine)이라고 부르며, 우리가 알고 있는 샴페인은 프랑스 샹파뉴 지역에서 생산되는 스파클링 와인으로 세계에서 품질이 가장 우수한 것으로 알려져 있다.

다른 지역에서 생산되는 것은 샴페인이라고 부를 수 없다. 이 샴페인과 독일의 젝트(Sekt), 이탈리아의 스푸만테(Spumante)가 대표적인 와인이다. 알코올 도수는 대체로 8~14°이며, 우리나라에서는 '포말주'라고 표기하기도 한다.

2) 스틸 와인

스틸 와인(Still Wine)은 통상적으로 테이블 와인이라고 부르며, 탄산가스를 함유하고 있지 않은 일반적인 와인을 말한다.

3) 포티파이드 와인

포티파이드 와인(Fortified Wine)은 스틸 와인에 브랜디를 첨가하여 알코올 도수를 높여 만든 주정 강화 와인이다. 대표적인 것으로는 에스파냐에서 만들어지며, 엑스트라 드라이하여 애피타이저용으로 잘 어울리는 쉐리 와인(Sherry Wine)이 있다. 포르투갈에서 만들어지며, 단맛이 있어 디저트용으로 잘 어울리는 포트 와인(Port Wine) 등이 있다.

4) 기 타

프랑스에는 뱅 페티앙(Vin Petillant), 독일에는 펠바인(Perlwein)이라고 칭하는, 20℃에 1~3.5기압의 약한 발포성 와인이 있다.

(2) 알코올 첨가에 의한 분류

1) 비강화 와인

비강화 와인(Unfortified Wine)은 일반적인 와인을 의미하는 것으로 다른 술을 첨가하지 않고 포도만으로 발효시켜 만든 와인이다.

2) 강화 와인

강화 와인(Fortified Wine)은 포티파이드 와인의 주정의 일부가 발효 때 생기며, 또 일부의 주정은 2차적으로 첨가 보강한 것으로 포르투갈 포르투(Porto)의 포트 와인(Port Wine) 마데이라(Madeira), 에스파냐의 쉐리 와인(Sherry Wine), 이탈리아의 마르살라(Marsala), 프랑스의 뱅드 리퀘르(Vin de Liquore) 등이 여기에 속한다. 비강화 와인은 주정과 순수발효에 의하여 생긴 것이다.

(3) 용도별에 의한 분류

1) 식전 와인

식전 와인(Aperitif Wine)은 식욕촉진을 위해 제공되는 와인으로 일반적으로 드라이 쉐리 와인(Dry Sherry Wine)이나 베르무스(Vermouth)를 많이 마신다. 그 외에 마데이라, 마르살라가 있다.

2) 식사중 와인

식사중 와인(Table Wine)은 일반적으로 테이블 와인을 칭하는데, 식사중 제공되는 음식의 종류에 따라 화이트 와인과 로제 와인 및 레드 와인을 마신다.

일반적으로 육류요리에는 레드 와인, 생선요리에는 화이트 와인을 마시는데, 최근에는 혼용하여 마시기도 한다.

3) 식후 와인

식후 와인(Dessert Wine)은 당분을 많이 함유한 와인으로 주로 식후 와인으로 사용하는데, 식후의 입냄새 제거나 소화촉진을 위해 마신다.

일반적으로 단맛이 나는 와인(Sweet Wine)을 마시는데, 단맛의 쉐리 와인과 샴페인 및 포터 와인, 스위트 와인 등을 마신다.

(4) 색깔에 의한 분류

와인을 단지 색깔만으로 구분하면 화이트 와인, 핑크 와인, 레드 와인, 옐로 와인으로 나눌 수 있다. 옐로 와인은 주로 프랑스 쥐라 지방에서 생산되기 때문에 그 지역 이외의 와인이 노란색이라면 보관상태가 좋지 않아 맛이 변한 것이므로 선택에 주의해야 된다.

1) 레드 와인

붉은 빛이 감도는 레드 와인(Red Wine)은 포도의 껍질에 붉은 색소를 추출하는 과정에서 씨와 껍질을 그대로 함께 넣어 발효한 것으로 떫은 맛을 낸다. 대부분 단맛이 없는 드라이(Dry)한 맛이 나는 것이 특징이다. 소고기·양고기 등 육류요리에 잘 어울리는 와인이다.

일반적으로 레드 와인은 화이트 와인보다 저장기간이 길다. 레드 와인의 서비스 적정온도는 11~18℃이다.

2) 화이트 와인

화이트 와인(White Wine)은 포도의 껍질이나 씨앗을 제거시킨 알맹이만을 가지고 만들며, 신맛이나 쌉쌀한 맛이 있어 생선에 잘 어울리는 와인이다.

서비스 제공온도는 8℃ 내외이다. 엷은 무색을 띠며, 좋은 술일수록 맑은 것이 특징이다. 맛은 드라이한 맛부터 스위트한 맛까지 다양하다.

3) 로제 와인

로제 와인(Rose Wine)은 레드 와인과 같이 만들어 색깔이 핑크색이 될 때 화이트 와인을 만드는 방법으로 발효시킨다. 주로 가금요리에 잘 어울린다.

분위기 있는 색과 부드럽고 신선한 맛으로 인해 식사중 어느 때나 즐길 수 있는 와인이다. 시원하게 해서 마시기 때문에 특히 여름에 즐길 수 있는 와인이다.

4) 옐로 와인

옐로 와인(Yellow Wine)이란 프랑스 쥐라(Jura) 지역에서 청포도로 제조되는 진한 노란색의 와인으로 최소 6년 정도 숙성시킨다.

(5) 당분에 의한 분류

와인은 여러 가지 맛이 있지만 당도에 따라 크게 스위트 와인과 드라이 와인으로 나눌 수 있다.

레드 와인은 대부분 드라이한데, 색깔이 짙을수록 드라이한 경향이 있다. 화이트 와인은 드라이한 맛부터 단맛에 이르기까지 다양한데, 보통 색깔이 엷을수록 드라이한 성향을 띤다.

EU 와인법의 규정에 의하면 당분의 양이나 산과 당의 차이에 의해 맛을 표현하는데, 와인 1ℓ당 17g의 당분은 1°의 알코올을 만든다.

1) 단맛 와인

단맛 와인(Sweet Wine)은 완전히 발효되지 못하고 당분이 남아 있는 상태에서 발효를 중지시켜 가당을 한 포도주이다. 프랑스산의 소테르네(보르도산의 백포도주)가 유명하다.

2) 중간 맛 와인

중간 맛 와인(Medium Wine)은 일반적으로 우리나라 사람들이 처음 와인을 접할 때 마시기 좋은 와인으로서 드라이 와인과 스위트 와인의 중간 맛이 나는 와인이다.

3) 드라이 와인

드라이 와인(Dry Wine)은 포도과즙에 함유된 당분의 대부분이 발효에 의하여 단맛이 없는 포도주를 말하며, 단맛이 아주 없는 포도주를 베리 드라이 와인(Very Dry Wine)이라 부른다.

프랑스의 보르도산 레드 와인, 독일의 라인 와인(Rhein Wine) 및 모젤 와인(Moselle Wine), 이탈리아의 Chianti 등이 대표적이다.

(6) 저장기간에 의한 분류

1) 영 와인

영 와인(Young Wine)이란 1～2년 혹은 길게는 5년 미만의 와인을 칭한다.

2) 중급 와인

중급 와인(Aged Wine)이란 5～15년 미만의 와인을 칭한다.

3) 고급 와인

고급 와인(Great Wine)이란 15년 이상의 와인을 뜻한다.

(7) 생산국가에 의한 분류

① 프랑스 와인

② 독일 와인

③ 이탈리아 와인

④ 에스파냐 와인

⑤ 포르투갈 와인

(8) 바디에 의한 분류

바디(Body)란 입안에 감지되는 와인의 무게감과 점성도로 와인의 질감을 나타내고, 와인의 스타일을 결정해주는 요소를 의미한다. 요소로는 알코올 · 글리세린 · 당의 함량에 의해 결정된다.

① 풀 바디드(Full-bodied) 와인은 맛이 무겁고, 오랜 숙성으로 적절한 타닌을 느낄 수 있으며, 강하고 오래 간다.

② 미디엄 바디드(Medium-bodied) 와인은 적당한 무게감을 주는 일반적인 와인이다.

③ 라이트 바디드(Light-bodied) 와인은 가볍고 상쾌한 맛으로 맛의 느낌이 빨리 없어진다.

(9) 알코올 함량에 의한 분류

알코올 함량에 의해 분류하면 〈표 11-1〉과 같다.

〈표 4-1〉 알코올 함량에 의한 분류

종 류	알코올 함량	종 류	알코올 함량
White Wine	8~13%	Red Wine	9~14%
Champagne	9~13%	Sherry Wine	15~18%
Rose Wine	9~11%	Aperitif	16~30%

(10) 기타 와인에 의한 분류

기타 와인을 혼합 와인, 혹은 가향 와인이라고 하는데, 가향 와인(Flavored Wine)은 스틸 와인에 약초·향초·당분을 넣어 만든 것으로 혼성주에 속하는 와인이다.

대표적인 것으로는 베르무스 등이 있으며, 드라이 베르무스(Dry Vermouth)과 스위트 베르무스(Sweet Vermouth)가 주를 이루고 있다. 두 제품 모두 입맛을 돋우기 위한 애피타이저용으로 많이 사용된다.

베르무스(Vermouth)는 영어로는 버무스, 프랑스어로는 베르모트, 이탈리아어로는 비노 베르모트라고 한다. 1786년에 Ant, Ben, Carpano라는 승려가 제법을 전하였다고 한다. 고미제·구충제·강장제 등의 생성분이 포함되어 있는 약초와 그 외 10여 종의 약초나 향초를 백포도주에 넣어 농축액을 빼내어 여과하여 술통에 넣어 1~2년간 저장하여 판매한다.

베르무스의 원산은 이탈리아 북부 피에몬테(Piemonte)의 토리노(Torino) 시가 생산의 중심지이며, 상시아(Cancia), 진자노(Cinzano), 모르티어(Mortini)가 이탈리아의 3대 회사인데, Dry, Sweet, Bianco, Amaro 등의 4가지 종류를 생산하고 있다.

정밀도는 15~16%, 당분은 12~15%이다. 프랑스의 베르무스는 마르세이유가 중심으로 드라이 베르무스는 19% 정도이다. Martini, Gancia, Cinzano, Noily Prat, Stock, Carpano 등이 있다.

베르무스는 와인의 한 종류가 아니고 와인을 기본주로 하여 약재를 가미한 혼성주의 일종이다. 베르무스는 명칭은 독일어의 베르무트(Wermut) 혹은 앵글로색슨의 베르모드(Wermod)에서 유래되었으며, 그 뜻은 향쑥(Worm Wood)을 의미한다. 17세기부터 이탈리아에서 만들어졌으며, 지금은 세계 도처에서 생산되고 있는데, 두 가지 형태, 즉 드라이한 프렌치 베르무스와 스위트한 이탈리아 베르무스로 구분 생산된다.

베르무스의 가장 중요한 특징은 기본주로 사용되는 백포도주이며, 다음은 여러 가지 약초들(Herbs)과 향료이다. 이 향료들은 맛이 쓴 향쑥(Worm Wood), 우술초(Hyssop), 키니네(Quinine), 고수나물(Coriander), 두송(Juniper), 클로버(Clover), 건위 흥분제인 카모밀 국화(Comomile), 오렌지 껍질(Orange Peel), 심지어는 장미꽃잎 등 40여 종의 향료를 가미한다고 하나 그 정확한 처방(Recipe)은 각 제조회사마다 비법으로 되어 공개되지 않고 있다.

베르무스는 높은 향미를 가지고 있고 알코올 함유량이 17~20%이기 때문에 식욕촉진제인 식전주(Aperitif)로 애용되며, 특히 칵테일의 ABC라고 할 수 있는 그 유명한 마티니와 맨해튼 칵테일에 없어서는 안 될 중요한 술이다.

프렌치 베르무스는 연한 담색으로 드라이한 맛으로 지니고 있다. 대단히 인기있는 상표로는 노일리 파트(Nolly Prat)를 들 수 있다.

이탈리아 베르무스는 진한 적색으로 단맛을 지니며, 대단히 인기있는 상표로서는 진자노(Cinjano)를 들 수 있다.

4 와인을 서비스하는 방법

① 주문된 포도주는 그것이 놓인 상태로 흔들리지 않게 가만히 들고 가서 고객에게 상표(Label)를 확인시킨다.

② 확인 후 와인 서비스용 왜건(Wagon) 위에 상표를 고객이 볼 수 있는 정면을 향하도록 세워놓고 코르크 마개를 뽑는다.

③ 이때 병의 가장자리에 있는 납으로 된 피막을 자르고(병 주둥이로부터 1cm 정도 아래) 그것을 완전히 떼어낸 다음 코르크 마개를 가만히 뽑는다.

④ 마개를 뽑은 후 미리 준비한 냅킨으로 병 주둥이를 깨끗이 닦는다.

⑤ 뽑아낸 코르크 마개는 포도주를 주문한 고객에게 확인시킨다.

⑥ 와인을 서빙하기 전 호스트(Host), 또는 와인을 주문한 고객에게 맛을 보도록 한다.

⑦ 맛은 색깔(Color), 향기(Favour), 맛 또는 질(Quality) 등을 음미한 다음 서빙한다.

⑧ 따르는 동안 병 속에서 침전물이 흔들려 섞일 염려가 있으므로 조심스럽게 다룬다. 레드 와인(Red Wine)은 절대로 흔들어서는 안 된다.

⑨ 서빙을 마친 뒤 병 바닥에 남은 침전물은 글라스에 따르지 않고 고객에게 확인시킨 후 병을 빼낸다.

⑩ 와인을 서빙하는 동안 그 온도가 항상 일정하게 유지하도록 한다.

⑪ 화이트 와인은 냉각된 상태로서 Ice Bucket에 보관하며 서빙한다.

⑫ 레드 와인(Red Wine)은 실내온도로서 서빙하고, 고객의 요청에 따라서 1시간 또는 그 전에 코르크를 개봉해야 Wine Breathing(와인의 숨쉬기)으로 더욱 좋은 High Quality를 산출해낼 수 있으며, Basket에 담아 테이블에 놓고 서빙한다.

푸드와 와인 추천

코스	신선한 요리품명	와인 추천
애피타이저 (Appetizer)	신선한 굴, 철갑상어, 연어, 훈제연어, 게살 혹은 새우 칵테일, 또는 생것 소량 전채	• 산뜻하고 독한 맛의 백포도주 Ⓔ 샤블리(Chablis) • 드라이 쉐리(에스파냐) • 드라이 Maderia(포르투갈) • 드라이 베르무스(이탈리아)
수 프 (Soup)	핫 수프나 콜드 수프	• 수프의 경우 와인은 생략해도 좋다. • 입에 부드러운 드라이 샴페인 • 화이트 와인 Ⓔ 드라이 모젤 • 드라이 쉐리

생 선 (Fish)	신선한 소스를 곁들인 요리, 치즈요리구이, 크림요리 소스를 곁들이지 않는 요리, Fried, Grill, 버터 구이 등	• 과실향이 있는 중간에 드라이 화이트 와인 예) Rhine • 상질의 드라이 화이트 와인
가금류 (Poultry)	닭고기 · 오리 · 칠면조	• 산뜻한 레드 와인 예) 보졸레 • 산뜻한 화이트 와인 예) Alsace
쇠고기 (Beef)	부드러운 White Meat, 송아지고기, 양고기 로스트, 그릴, Cutlet, 크림 유형의 와인을 첨가한 요리, Red Meat, 쇠고기, 그릴, 크림요리	• White Meat에는 가볍고 섬세한 레드 와인 예) Staint Julian • 독일 와인 중에서 신맛이 강하고 뒷맛이 있는 것이 좋다. 예) Johannisberger(고급 백포도주) • 향이 강하고 뒷맛이 있는 최상의 레드 와인 예) Moulin-A-Vent
산과 들의 새 · 짐승	사냥으로 잡은, 비교적 떫은 맛이 적은 새 또는 짐승고기, 메추리, 꿩, 산비둘기, 사냥으로 잡은 떫은 맛이 강한 짐승고기	• 부드럽고 담백한 레드 와인 예) Medoc • 향과 질이 강한, 상질의 와인 예) Moulin-A-Vent Plat

6 기타 양조주

(1) 사과주

사과주(Apple Wine : Cider)란 포도를 원료로 하여 발효시킨 와인이다. 포도 이외의 과실을 원료로 한 발효주이다.

(2) 벌꿀주

벌꿀주(Mead)는 벌꿀과 물에 이스트를 넣고 발효시킨 술로 자연발효가 용이하여 와인에 못지않은 오랜 역사를 지니고 있다.

(3) 유 주

유주(乳酒)란 우유·마유(馬乳) 등을 발효시켜 만드는 술이다. 몽고의 유주가 대표적이다. 유주는 우유로 만든 술로 알코올분이 낮고, 산미가 강한 맛을 낸다.

(4) 폴 케

폴케(Pulque)란 멕시코산의 용설란의 발효주이다. 용설란의 일종인 마게이라는 식물의 밀크상태 수액을 밀가루죽 통에 넣어서 발효시킨다. 알코올분은 7% 전후이며, 멕시코 사람들이 여기에 소금과 콜라 등을 타서 마시기도 한다. 이 술을 증류하면 테킬라(Tequila)라는 증류주가 된다.

(5) 미 림

미림(味淋)이란 감미를 지닌 일본고유의 술로 쌀죽 및 증미에 소주를 가하여 20% 정도의 알코올분으로 효소작용만을 이용하여 30~59일간 숙성시킨다. 음용보다는 조미료로서 요리에 사용되는 주류이다.

(6) 호양추

중국에서 쌀을 원료로 제조되는 술이다. 호양추는 찹쌀을 원료로 보리를 이용하는데 두충·계피 등의 한약재를 첨가하여 발효시킨다.

제4절 증류주

1 위스키

(1) 위스키의 역사

위스키(Whisky)란 곡물을 엿기름으로 당화·발효·증류·저장·숙성시켜 만든 증류주를 말한다. 처음에는 위스키도 소주와 같이 무색투명하였는데 호박색으로 된 것은 1707년 잉글랜드와 스코틀랜드가 합병하여 주세를 올렸기 때문에 그 당시에 위스키를 만들던 업자들이 산에 숨어 밀조를 시작하면서부터이다.

이 당시에는 단식증류기를 사용하였으며, 1831년 이니어스 코페이에 의하여 연속식 증류기가 발명되면서부터 오늘날 위스키의 많은 발전을 가져오게 되었다.

위스키의 어원은 라틴어의 아쿠아 비테(Aqua Vitae=생명의 물)가 게르만어 우스게 베이하(Uisge-Beathea)로 변하고, 다시 Uisgebaugh → Vske → Whisky로 된 것으로 북유럽의 Aquavit, 프랑스 Eau-De-Vie, 우리나라의 술을 약주라고 칭하는 것도 모두 생명수라는 같은 뜻을 내포하고 있다.

위스키는 보리(Barley), 호밀(Rey), 밀(Wheat), 옥수수(Corn), 귀리(Oats) 등 곡물을 원료로 하여 발효 양조하고, 이것을 증류하여 알코올을 만들어내는데 이때에 만들어진 무색투명한 알코올을 참나무와 같은 양질의 목재통 속에 넣어 수년, 혹은 수십 년 동안 저장하여 숙성시킨 다음 혼합하여 시판하게 된다. 위스키가 찬란한 호박색과 향미 등 그 자신의 특성을 가지게 되는 것은 이 저장기간에 의해 이루어진다.

위스키의 주요 생산국은 스코틀랜드 · 아일랜드 · 미국 · 캐나다 등이다. 각국 위스키의 특이한 성질은 사용하는 곡물의 종류, 처방, 저장방법, 저장 · 숙성 과정 등에서 결정된다.

(2) 위스키의 제조방법

곡류 맥아의 녹말 당화 효소를 당화하여 당액을 발효시켜 이것을 증류하여 만든 최저 85°의 증류주를 쉐리(Sherry)의 빈 오크통에 넣어 5년, 10년, 30년 동안 저장하여 성숙시킨 다음 40~43°로 조절하여 병에 넣어 시판한다.

스카치 위스키는 스코틀랜드에서 생산한 것이며, 아이리시 위스키는 아일랜드에서 생산한 것이고, 캐나디언 위스키는 캐나다에서 생산한 것이다. 미국에서 생산하는 것은 아메리칸 위스키이다.

(3) 원료에 의한 분류

1) 몰트 위스키

몰트 위스키(Malt Whisky)는 대맥 맥아를 이탄불로 건조하여 그 당액을 발효시켜 증류한 것이다. 이탄의 냄새가 술에 침투해서 스카치 위스키의 독특한 풍미를 자아낸다.

2) 그레인 위스키

그레인 위스키(Grain Whisky)는 쌀보리(Rye), 귀리(Oat), 밀(Wheat), 옥수수(Corn) 등의 곡류에다 보리(Barley)의 맥아를 15~20% 정도 혼합하여 당화 발효하여 패턴트 스틸(Patent Still)이라는 개량된 증류 솥에서 증류한 것이다.

캐나디언 위스키가 이 종류의 위스키이다.

3) 블렌디드 위스키

현재 전세계 시장에서 인기 독점하고 있는 스카치 위스키는 대다수가 블렌디드 위스키(Blended Whisky)에서 대체적으로 몰트 4에 대하여 그레인 6 정도를 혼합한 것이다.

(4) 증류방법에 의한 분류

1) 포트 스틸 위스키

포트 스틸(Pot Still)로 증류시켜 만든 위스키를 말한다. 포트 스틸 증류기는 아주 옛날부터 사용되어온 재래식 증류기로서 비교적 구조가 간단하고, 단 한번에 높은 알코올을 얻을 수가 없으므로 두세 번 증류를 해야 높은 알코올을 얻을 수가 있다. 향이 좋은 위스키를 얻고자 한다면 재래식 방법으로 증류하는 것이 좋다. 몰트 스카치 위스키나 아이리시 몰트 위스키가 여기에 속한다.

2) 패턴트 위스키

근대적인 연속식 증류기에 의하여 순수에 가까운 주정을 얻으며, 대량으로 생산되어 원가가 싼 장점이 있으나 향이 거의 없는 단점이 있다.

이 방법으로 얻은 위스키가 패턴트 스틸 위스키(Patent Still Whisky)로서 아메리칸 위스키, 캐나디언 위스키가 여기에 속한다.

(5) 생산지별에 의한 분류

1) 스카치 위스키

스카치 위스키(Scotch Whisky)란 스코틀랜드에서 생산되는 위스키를 총칭한다. 옛날에는 엿기름만을 사용하여 단식증류기로서 증류한 위스키(몰트 스카치 위스키)만을 생산하다가 연속식 증류기가 발명된 후에는 좀더 깨끗한 위스키를 만들기 위하여 연속식 증류기를 사용한 위스키(그레인 위스키)를 만들었으며, 지금 현재 생산 · 판매되고 있는 95% 이상이 이 두 가지를 섞어서 만든 블렌디드 스카치 위스키이다.

위스키란 곡물을 엿기름으로 당화 · 발효 · 증류 · 저장 · 숙성시켜 만든 증류주를 말한다. 오늘날 위스키는 크게 스카치 위스키, 아이리시 위스키, 아메리칸 위스키, 캐나디언 위스키로 나누어볼 수 있다. 스코틀랜드가 생산지로 지금은 2,300여 종으로 위스키의 60%의 생산량을 자랑하고 있다. 보리의 엿기름을 주원료로 스코틀랜드의 맑은 샘이나 시냇물을 써서 만든다. 특히 스코틀랜드의 이탄(泥炭, Peat)은 제품의 구운 냄새를 강하게 하여 향기를 북돋아준다.

순수한 몰트 위스키는 맛이 너무 농후하지만 이것을 혼합하여 만든다. 바로 위스키의 맛은 혼합의 기술에 있는 것이다. 대표적인 스카치 위스키로는 조니 워커가 있는데 이것은 스코틀랜드 농민이 1820년 '길마노크'란 마을의 조그마한 상점에서 제조 판매한 것이, 그 후 2대에 이르러 '알렉산더 워커'가 성장하여 오늘날의 조니 워커가 되었다. 지금의 상표는 1908년에 유명한 '톰 브라운'에 의해 고안된 것이다.

2) 아이리시 위스키

아이리시 위스키(Irish Whisky)란 아일랜드에서 만들어지는 위스키를 총칭한다. 위스키의 역사는 스코틀랜드보다 더 오래되었고, 오늘날 인기를 끌고 있는 스카치 위스키와 함께 많은 사랑을 받고 있는 위스키 중의 하나이다.

그러나 아이리시 위스키는 스카치 위스키에서 볼 수 있는 피트향은 가지고 있지 않다. 아이리시 위스키의 원료는 엿기름의 비중이 많이 차지하며, 이외에 보리 · 호밀 · 밀 등을 사용하고, 스카치 위스키와 같이 이탄에서 나오는 향취는 없다.

아이리시 위스키의 제조방법 · 증류법 등은 스카치 위스키와 유사하며, 증류하는 데 있어서 스카치 위스키는 2회 증류하는 데 비하여 아이리시 위스키는 3회 증류한다.

아이리시 위스키는 E자를 한 자 더 붙인 위스키로 표기하는 것이 상례이다. 그것은 그 나라 사람들의 철자법이 그렇기 때문이고, 또한 그것을 고집하는 이유는 몰트 위스키를 제일 먼저 제조한 곳이 아이리시라는 주장 때문이다.

아이리시 위스키의 제조방법 · 증류법 · 제조 등이 스카치와 유사하나 한 가지 다른 것은 맥아를 이탄 불에 말릴 때 몰트가 불에 직접 닿지 않도록 하여 매케한 향취가 없기 때문이다.

참나무통에 숙성할 때에는 최소한 4년 이상 7년 혹은 그 이상을 묵혀서 그레인 위스키와 혼합하며 43°로 희석하여 출고한다.

유명한 아이리시 위스키의 상품으로는 Jameson, Coleraine, Old Bushmills, John Power Irish, John Jamesor 등을 들 수 있다.

3) 아메리칸 위스키

아메리칸 위스키(American Whisky)란 미국에서 생산되고 있는 위스키를 총칭한다. 미국에서 생산되는 위스키의 종류는 수십 종이 넘지만 크게 스트레이트 위스키와 블렌디드 위스키로 나눌 수 있다. 스트레이트 위스키란 단일

곡물 51% 이상을 사용하여 만든 위스키로 대표적인 것이 스트레이트 버번 위스키, 스트레이트 라이 위스키, 스트레이트 피트 위스키 등이 있으며, 버번 위스키를 숯으로 여과하여 만든 테네시 위스키가 있다.

블렌디드 위스키란 두 가지 이상을 섞어서 만든 것을 말하는데, 스트레이트 위스키를 섞어서 만든 것이 있는 반면 일반 주정을 섞어 만든 것도 있다.

아메리칸 위스키들은 일반적으로 2가지의 주된 부문으로 분류할 수 있으며, 그것은 스트레이트 위스키와 블렌디드 위스키라고 할 수 있다.

① 스트레이트 위스키

옥수수 · 호밀 · 대맥 · 밀 등의 원료를 사용해 만드는 주정을 다른 중성곡물 주정(Neutral Grain Spirits)이나 다른 위스키와 섞지 않고 그을린 참나무통에 최소한 190Proof 이하로(일반적으로 95° 정도) 증류하여야 하며, 저장이 완료되면 증류수로 희석하여 40° 정도로 만들어 시판하게 된다.

스트레이트 위스키(Straight Whisky)는 4가지 형태로 구분된다.

㉠ 버번 위스키(Bourbon Whisky)

51% 이상의 옥수수가 포함되어 있는 곡물로 알코올을 그을린 새 참나무통에 넣어 4년간 숙성하는 것이 정상적이다. 색깔은 호박색이며, 향기가 짙은 것이 특징이다. 버번의 원산지인 켄터키에서 증류되는 것을 켄터키 스트레이트 버번 위스키(Kentucky Straight Bourbon Whisky)라고 한다. 그 외에 일리노이, 오하이오, 펜실베이니아, 테네시, 미주리 등지에서도 생산된다.

㉡ 라이 위스키(Rye Whisky)

51% 이상의 호밀이 포함되어 있는 곡물로서 만들어지며, 색상은 버번과 대단히 흡사하나 맛이 약간 다르고, 더 짙은 편이다.

ⓒ 콘 위스키(Corn Whisky)

80% 이상의 옥수수가 포함되어 있는 곡물로 만들어진다. 이 위스키는 보통 재사용되는 그을린 참나무통에 저장 숙성시킨다.

ⓔ Bottled In Bond Whisky

보통 미국 정부의 감독하에 생산된 버번이나 라이 위스키를 말하는 것으로 스트레이트 위스키(Straight Whisky)이다. 이 술은 미국 정부가 그 품질을 보증하는 것은 아닐지라도 정부의 감독하에 보세창고에서 분류하고, 병에 담아져서 수출된다. 이 종류의 위스키는 적어도 4년 이상 저장되어야 하며, 50°로 병에 넣어진다.

② 블렌디드 위스키

블렌디드 위스키(Blended Whisky)란 한 가지 이상의 스트레이트 위스키(Straight Whisky)와 중성곡류 주정을 섞은 것을 뜻하며, 최소한 20% 이상의 스트레이트 위스키를 함유하여야 한다. 일반적으로 80Proof 이상으로 병에 담아 판매된다.

③ 테네시 위스키

버번과 테네시 위스키(Tennessee Whisky)는 서로 밀접한 관계가 있으며, 거의 유사한 것 같이 보이나 서로 다르다. 근본적으로 서로 다른 것은 제조과정에서 테네시 위스키는 버번보다는 한 과정이 더 있다고 하겠다.

이 특별한 과정이 참숯 여과과정인데 알코올이 증류기에서 나오면 그것을 숯으로 채워진 통 속으로 유도하여 천천히 거르게 된다. 여기에 사용되는 숯은 테네시의 고산지대에서 생산되는 단단한 단풍나무로부터 만들어지는 특수한 것이다. 이 여과과정은 숙성과정을 제외한 어떠한 과정보다 오래 걸리며, 이로 인하여 대단히 부드러운 위스키(Mellow Whisky)가 만들어진다.

4) 캐나디언 위스키

캐나디언 위스키(Canadian Whisky)란 캐나다에서 생산되는 위스키를 총칭한다.

우리가 흔히 캐나디언 위스키라고 하면 라이 위스키(Rye Whisky)를 생각하는데, 이것은 캐나다에서 처음 위스키가 만들어질 때 호밀을 주원료로 하여 만들었기 때문이다. 그러나 캐나다에서는 스트레이트 위스키를 그대로 판매하지 못하기 때문에 상표에 라이(Rye)라고 적혀 있어도 전통적으로 만든 것이 아니라 중성주정(Neutral Spirit)을 섞어서 만든 것이다.

캐나디언 위스키가 본격적으로 발전하게 된 것은 19세기 중순경부터이며, 이 당시에는 호밀을 사용하여 무겁고 진한 맛의 위스키가 생산되었다. 이것이 지금의 라이트한 위스키로 바뀌게 된 것은 연속식 증류기가 도입되면서부터이며, 전세계적으로 알려지게 된 것은 미국의 금주법이 해제된 이후부터이다.

캐나디언 위스키는 호밀 · 옥수수 · 대맥 등을 원료로 사용하여 만들어지는 블렌디드 위스키이며, 정부의 감독하에 캐나다에서만 생산된다. 캐나디언 위스키는 최소한 4년을 저장 숙성시켜야 하며, 수출품은 대개 6년을 숙성한다.

스카치 위스키는 대맥을 주원료로 사용하나 캐나디언 위스키는 호밀을 주원료로 사용하기 때문에 간혹 라이 위스키라고도 불리어진다.

대표적인 상품으로는 Canadian Whisky, Canadian Club Schenley, OFC Seagram's VOS eagram's Crown Royal 등이 있다.

이밖에 캐나디언 위스트의 유명한 상품으로는 다음과 같은 것들이 있다.

Lord Club, Lord Valvert, Mac Naughton, Seagram's VO 등이 있고, 라이(Rye)로는 Canadian Rye, Four Rye, Four Rose, Golden Wedding, Imperial, Three Feather, Old Forester, Old Overhalt 등이 있다.

2 브랜디

(1) 브랜디의 역사

넓은 의미에서의 브랜디(Brandy)란 과실로 만든 증류주 모두를 말하지만, 일반적으로 포도로 만든 증류주를 말한다.

Brandy는 영어식 표기이며, 프랑스에서는 오드비(Eau-de-Vie), 독일에서는 Brantwein, 혹은 Weinbrand라고 부른다.

포도를 수확하여 화이트 와인을 만드는 방법으로 발효시킨 후 찌꺼기를 제거시키지 않고 증류기를 사용하여 증류한다. 증류하는 방법은 나라 · 지방 · 회사 등에 따라 다르며, 단식증류기를 사용하여 향이나 맛이 좋다. 저장 · 숙성은 오크통을 사용하며, 몇 년, 또는 수십 년 동안 저장 · 숙성하여 제품화한다.

유럽의 공동어로서 Brandy는 '화주', 즉 과실의 발효액을 증류한 알코올이 강한 술의 총칭이다. 이 과실주는 포도를 원료로 한 것이 단연 압도적이어서 브랜디라고 한 것은 포도가 원료이며, 다른 과실을 원료로 사용하면 브랜디의 앞에 그 과실의 이름을 붙인다. 그 예를 보면 Apple Brandy, Cherry Brandy, Apricot Brandy, Peach Brandy 등이 있다.

브랜디의 창시자는 에스파냐 태생인 의사이자 연금술사인 아르노 드 빌누브(Arnaud de Villeneuve)로서 와인을 증류하여 Vin Brule라고 하는 증류주를 '불사의 영주'라고 이름지어 의약품으로 사용하였다고 한다.

프랑스에서는 부정경쟁이나 허위표시의 방지와 증류법을 보호하기 위하여 법률을 제정하여 명칭이나 원산지 명칭을 보호하고 있다. 생산지의 명칭 관리가 특히 엄격하여 코냑(Cognac) 지역 이외의 것에는 코냑의 명칭을 부르는 것을 허가하지 않고 있다.

(2) 브랜디의 종류

1) 코 냑

코냑(Cognac)은 프랑스 코냑 지방에서 생산되고 있는 브랜디를 말하며, 이 지역에서 생산된 것만 코냑이라는 표기를 할 수 있다.

단식증류기를 사용하여 2~3회 증류하여 만들며, 향과 맛이 단연 으뜸이다. 코냑은 각 병마다 제품을 보호하기 위하여 VSOP, Napoleon, XO, Extra 등 기호나 문자로 등급을 표시하고 있다.

코냑 지방은 샤랑트(Charente) 지구와 샤랑트 앙페뢰르(Charente Inferieur) 지구에 속한 프랑스 법률에 따라 다음의 6개 지역으로 나눈다.

그랜드 샹파뉴(Grand Champagne), 프티트 샹파뉴(Petitd Champagne), 보르드리(Borderies), 황 보아(Fins Bois), 봉 보아(Bon Bois), 보아 조르디네르(Bois Ordinaires), 이 6개 지역에서 만드는 브랜디만이 코냑이라고 표시하도록 허가하고 있다. 앞의 2개 지역에서 우수한 브랜디를 생산하고 있다.

① 원료와 제조방법

브랜디의 원료로 사용하는 포도는 브랜디 생산지에 따라 다르다. 프랑스에서는 폴 블랑쉬(Folle Blanche)종, 생테밀리옹(Saint-Emillon)종, 콜롬바(Colomba)종이 주종을 이루고 있으며, 그 외 5종류 가량의 품종이 있다. 브랜디의 종류는 2회 내지 3회 증류한다. 최초의 증류는 알코올분이 25%이며, 이것을 브루이(Brouillis)라고 한다.

이것을 다시 증류하면 알코올분이 68~70%를 얻는다. 이것을 본소프(Bonne Chauffe)라고 한다. 이렇게 2단계로 나누어 증류하여 평균 8통의 백포도주에서 1통의 브랜디가 증류된다. 여기에서 더 좋은 품질의 브랜디를 얻으려면 또 한 번 증류한다. 이 3회 때 증류는 10시간 이상 걸려 천천히 행한다.

이 브랜디는 무색투명한 액체이지만 이것을 다시 오크통에 오래 두면 오크통의 색과 나무에서 나오는 타닌으로 인하여 향기와 색이 붙어 아름다운 황갈색으로 되는 것이다.

코냑은 겨울철에 증류하고, 블렌딩한 후 법적으로 2~5년 묵힌 후에 병에 입고하여 약 40° 정도로 만들어 출고한다.

② 브랜디의 구분요령

저장연수에 따라 품질이 다르기 때문에 여러 가지 부호로서 품질을 구별하기 위하여 표시한다. 법률상의 규정에 의한 것은 아니며, 각 회사마다 표시가 일정하지 않다. 이것은 헤네시(Hennessy) 사에서 자기회사 제품의 급별과 품질 보증을 위하여 별 표시를 채용한 뒤부터 시작되었다.

브랜디의 급별 표시의 기호는 별의 수나 영어의 약자로 표시되어 있다. VO는 Very Old, VSO는 Very Special(또는 Superior) Old, VSOP는 Very Special Old Pale, XO는 Extra Old로 구분하고 있다.

③ 브랜디 숙성도 표시

코냑으로 유명한 메이커(Maker)인 헤네시(Hennessy) 사에서 3성을 브라 자르메(Bras Arme)라고 표시하고 있으며, 레미 마틴(Remy Martin) 사에서는 Extra 대신에 Age Unknown이라는 표시를 사용하고 있다.

마르텔(Martell) 사에서는 VSOP에 해당하는 것을 메다이옹(Medaillon)이라고 부르고 있다. 이 외에 코냑에는 'Napoleon'이라고 표시되어 있어 최고상품이라고 잘못 생각하는 사람도 있다. Napoleon은 저장연수와는 아무런 관계가 없다.

〈표 4-2〉 코냑의 등급(숙성도)

☆ 일성	2~5년
☆☆ 이성	5~6년
☆☆☆ 삼성	7년 이상
☆☆☆☆☆ 오성	10년 이상
VO(Very Old)	12~15년
VSO(Very Special Old)	15~20년
VSOP(Very Special Old Pale)	25~30년
XO(Extra Old)	40~45년
Extra Napoleon	70~86년

④ 브랜디의 서비스

오래 전부터 애용되어온 브랜디는 약용으로도 잘 사용되나 주로 식후주로서 이용된다.

올드 브랜디(Old Brandy)나 코냑과 같은 잘 성숙된 특별한 성질을 가진 술을 즐기기 위해서는 스니프터 글라스(Snifter Glass : 윗부분이 좁은 서양배 모양의 기둥이 있는 글라스)를 사용하는 것이 최상이다. 마시는 방법은 스니프터(Snifter)에 술을 1~2온스 붓고 두 손바닥으로 글라스를 어루만지듯 감싸쥐고 먼저 향취를 음미한 다음 스트레이트로 마신다.

2) 아르마냑

프랑스 아르마냑(Armagnc) 지방에서 생산되는 브랜디로 이 지역의 특산주이다. 현재 위니 블랑을 많이 사용하고 있다. 이것을 발효시키면 약 9% 정도 화이트 와인이 만들어지고, 이것을 다시 증류하는데 증류기는 코냑과 달리 저장과 숙성을 하며, 숙성시 여러 원주를 섞어서 제품화한다.

이렇게 증류하여 알코올 55% 전후의 증류액을 얻어 떡갈나무로 만든 통에 아르마냑만의 특유한 반연속식 증류기를 사용하여 증류하며, 1회 증류하여 만든다.

이외에 여러 나라에서 브랜디가 생산되고 있으며, 이러한 제품에는 코냑이나 아르마냑이라는 말을 사용할 수 없으며, 상표에는 단지 브랜디(Brandy)라는 단어만 표기할 수 있다.

아르마냑과 코냑이 다른 점은 캐러멜을 첨가하지 않도록 드라이하며, 스파시한 맛이 입안에 오래도록 남는 독특한 술이다.

3 진

(1) 진의 역사

일반적으로 우리가 진(Gin)이라고 말하는 것은 무색투명한 증류주인 드라이 진을 말한다.

1650년 네덜란드의 라이덴 대학 의학교수인 실비우스 교수에 의하여 약용(강장 · 건위 · 소독)으로 처음 만들어졌으며, 이때는 단식증류기를 사용했기 때문에 거친 진이었다. 이것이 영국으로 건너가 연속식 증류기의 발명과 함께 지금의 깨끗한 진으로 만들어졌다. 물론 지금도 네덜란드에서는 옛날 방식으로 만든 주네브(Geneve)가 생산 · 판매되고 있다. 이 진은 주로 스트레이트용으로 많이 마신다.

일반적으로 칵테일을 만들 때 사용하는 진은 무색투명하고, 깨끗한 드라이 진이다. 주로 옥수수 등의 곡물을 사용하여 만들며, 주니퍼 베리의 송진향이 강한 것이 특징이다.

이외에 진에다 과실 · 약초 등과 당분을 넣어 만든 리큐어 스타일의 진이 생산되고 있다.

무색이며, 유리제 탱크에 사용하며, 거의 숙성을 않고 시판되므로 원가가 적게 들며, 시판가격도 저렴하여 칵테일 기주(Base Liqueur)로 많이 사용된다.

(2) 진의 분류

① Dutch Geneva는 네덜란드에서 만든 것으로서 Geneva 또는 Schiedam이라고도 한다.

② British Gin은 영국에서 만든 진의 총칭이다. 일반적으로 London Dry Gin이라고 한다.

(3) 진의 제조방법

옥수수 · 대맥 · 맥아, 그 외 다른 곡류(Rly · Oat)와 당밀을 배합하여 Mash를 만들어 발효하고 Patent Still로 증류하여 알코올 180~190Proof의 순수한 Grain Spirits를 얻는다. 이 증류액을 약 60%까지 섞어 Juniper Berry와 그 외 다른 향료와 같은 Pot Still로서 재증류하여 즉시 병에 넣는다.

이상과 같이 진이 Distilled Gin이며, Gin Essence 등 정유를 구입하며, 알코올에 가하여 간단한 제품을 만드는 것을 Compound Gin이라 한다. 이것은 주로 미국에서 많이 사용하고 있다.

진은 무색투명한 술로서 Dry Gin과 Old Tom Gin으로 나눈다.

(4) 진의 종류

진은 대개 40~47%의 알코올을 함유하고 있으며, 그들의 특성에 따라 분류하면 다음과 같다.

1) **드라이 진**(Dry Gin)

Dry란 말은 알코올 도수가 독하다는 뜻이 아니라 단지 감미가 없다는 뜻으로 사용된다.

2) **올드 탐 진**(Old Tom Gin)

영국산 진으로 슈거 시럽(Sugar Syrup)을 사용하여 감미를 더한 진으로 약한 감미를 느끼게 한다.

3) **Vacuum Distilled Dry Gin**

일반적으로 진에서 느끼는 쓴맛을 제거하고, 가볍고 휘발성 있는 향취를 잡기 위하여 속이 진공유리로 되어 있는 솥에서 32℃의 낮은 온도에서(보통은 100℃에서) 증류한 특별한 진이다.

4) **런던 드라이 진**(London Dry Gin)

영국에서 사용되는 진을 뜻하였으나 최근에는 일반적인 용어로서 사용된다. 영국에서 생산된 드라이 진은 다른 것들보다 약간 진한 느낌을 준다.

5) **골든 진**(Golden Gin)

일종의 드라이 진으로서 나무통 속에 숙성하여 엷은 황금색을 띠고 있는 것이다.

6) **네덜란드 진**(Holland Gin, Geneva Gin 혹은 Schiedam Gin)

진의 원산지인 네덜란드로부터 수출되는 진들이며, 향기가 높고 풍미가 풍부하여 칵테일용으로는 잘 사용되지 않는다. 스트레이트나 언더락(On The Rock)으로 이용된다.

7) 플레이버드 진(Flavored Gin)

대개 스위트(Sweet)한 진이며, 오렌지(Orange), 레몬(Lemon), 민트(Mint) 등 여러 가지 약초 등을 이용하여 착향시킨 진으로서 전형적인 리큐어(Liqueur)라고 할 수 있다. 이런 종류의 진에는 착향시킨 재료명을 상표에 표시한다.

8) 슬로 진(Sloe Gin)

이것은 진이라고 표시는 되어 있으나 오히려 리큐어에 속하는 술로서 야생자두(Sloe Berries)를 사용하여 만든 적색의 술이다.

유명 진의 상표들로서는 영국의 Gordon's Gin, Beefeater, Booth's Gin, 네덜란드의 Bols Geneva, Hulstkamp, 독일의 Schlichte, Zill 40 등을 들 수 있으나 그 외에도 우수한 진들이 각국에서 생산되고 있다.

4 보드카

(1) 보드카 역사

보드카(Vodka)는 러시아 · 폴란드 민족의 국민주라고 할 수 있을 정도로 애음되는 무색 · 무미 · 무취의 증류주이다. 그 어원은 러시아어의 Voda(보다)로서 영어의 Water와 같은 뜻으로서 위스키나 브랜디가 '생명의 물'이라고 불리는 것 같은 비슷한 어원을 가지고 있다.

주원료는 곡물이며, 추운 지방에서는 곡물 대용으로 감자나 고구마를 사용한다. 곡물로 발효 양조한 술을 다시 증류하여 높은 도수의 알코올을 뽑아내고, 이것을 자작나무의 활성탄과 양질의 모래로 여과하여 색과 향미를 없앤 무색투명한 술이다.

보드카의 특징은 무색 · 무미 · 무취라는 것 외에 저장 · 숙성을 하지 않고 시판하게 되므로 생산비가 적게 들고, 그 가격이 저렴하다는 점이다. 보드카의 원산지라고 할 수 있는 러시아와 폴란드에서는 보통 축배용으로, 그리고 식전용으로 사용하며, 캐비아와 가장 잘 어울리는 술이기도 하다.

시판되는 보드카들은 65Proof(33°)로 부터 98Proof(49°)의 높은 도수까지 다양하게 존재한다. 이외에 향초로 착향시킨 것(예 폴란드에서는 주브로우카 보드카)이나 혹은 숙성시킨 것도 생산된다.

유명한 상표로는 러시아산의 Stolichnaya, Stolovaya, Moskaya, 폴란드산의 Zubrowka, 네덜란드산의 Bols, De Kuyper, 영국산의 Golden's, 미국산의 Smirnoff, Samovar 등을 들 수 있다.

(2) 보드카의 제조방법

감자나 다른 곡류를 사용하여 발효 증류하여 만든 알코올을 백화의 활성탄과 양질의 모래로서 40~45회 정도 여과하여 투명하게 하고, 색 · 미 · 향이 없게 만든 것이 보드카(Vodka)이다.

(3) 보드카의 종류

1) 레귤러 보드카

레귤러 보드카(Regular Vodka)란 일반적으로 말하는 무색 · 무미 · 무취의 보드카이다. 곡물을 발효・증류시켜 자작나무로 만든 숯으로 여과하여 만드는 보드카를 말한다.

대표적인 상표로는 스톨리치나야(Stolichnaya), 스미노프(smiroff), 모스코프스카야(Moskovskaya) 등이 있다.

2) 플레이버드 보드카

플레이버드 보드카(Flavored Vodka)에는 보드카에다 여러 가지 약초와 향초・과일・씨앗 등을 넣어 향과 맛을 낸 것도 있고, 리큐어 타입으로 생산된 것도 있다.

대표적인 것은 주브로우카 풀을 사용하여 만든 주브로우카(Zubrowka), 레몬의 향기를 나게 한 리모나야(Limonnaya), 검은 후추나 흰 후추 등의 향을 가진 페르트소프카(Pertsovka), 사과나 배의 잎을 침지시키고 브랜디나 포트와인을 몇 방울 넣어 와인 향이 있는 스타르카(Starka), 체리의 향과 맛을 가진 리큐어 타입의 체리 보드키(Cherry Vodka) 등이 있다.

4 럼

(1) 럼의 역사

서인도제도가 원산지인 럼(Rum)은 사탕수수의 생성물을 발효・증류시켜 만든 술로서 독특하고, 강렬한 방향이 있다. 또한 남국적인 야성미를 갖추고 있으며, 해적의 술이라고도 한다.

17세기경 서인도 '발바도스'라는 섬에서 럼빌리온(Rumbullion) 혹은 럼부션

(Rumbustion)이라고 하는 이름의 약자라는 설과 '미본시아'의 방언에서 '괴동'이나 '흥분'이라는 의미라는 설이 있으나 명확하지는 않다. 럼의 원료인 사탕수수의 라틴어인 시카룸(Sccharum)의 어미인 '럼'에서 나왔다는 설이 가장 유력하다.

럼의 원료는 사탕수수이며, 롤러로 눌러 부순 뒤 여과한 당액을 그대로 쓰는 경우와 제당공정의 부산물인 당밀을 쓰는 두 가지 방법이 있는데 후자의 경우가 많이 사용된다. 원료에 이미 당분이 함유되어 있으므로 당화공정은 불필요하다.

여러 가지로 분류하고 있지만 크게 맛에 따라 다음과 같이 나눌 수 있다.

(2) 럼의 제조방법

원료는 고구마나 사탕수수, 사탕공업의 부산물로서 당밀과 사탕수수즙 가운데 있는 Skimming(걸러낸 크림)을 사용한다.

사탕수수를 압착하여 얻은 액에 효모를 가하여 발효시켜 증류하기 때문에 독특하고 강한 냄새를 가진 스피리트(Spirit)로서 쉐리(Sherry)의 빈 통에 넣어 수년간 저장하여 시판한다.

미국 법률로서는 증류 후 4년간을 저장하지 않으면 판매를 금지하고 있다. 주정도수는 약 50° 전후이며, Guiana의 Demerara Rum은 75°로 주정도수가 높다. 영국령 서인도 여러 섬의 럼이 유명하며, 자메이카 럼은 품질이 우수하다.

(3) 럼의 분류

1) 라이트 럼

화이트 럼이라고도 하며, 헤비 럼보다는 향취가 적고 감칠맛과 깨끗함이 느껴지는 세계적으로 애음되는 럼 중의 하나이다. 특히 칵테일용으로 제일 많이 사용되는 것으로서 주장에서는 없어서는 안 될 필수품이다. 라이트 럼

(Light Rum)으로는 쿠바(Cuba)산이 유명하며, 그 외에 푸에리토리코, 버진 아일랜드, 베네수엘라 등지에서도 생산된다.

화이트 럼주는 단기간(약 4일) 발효하여 증류하고 단기간(약 6개월간) 저장하여 시판되는 것으로서 헤비 럼(Heavy Rum)보다는 향취가 적고 단맛을 느끼지 않게 하므로 세계적으로 애음되는 럼 종류이다. 특히 칵테일용으로 제일 많이 사용되는 것으로서 주장에서는 없어서는 안 될 필수품이다.

라이트 럼(Light Rum)으로는 쿠바산이 유명하다. 그 외에 푸에리토리코(Pueritorico), 버진 아일랜드(Virgin Island), 아이티 멕시코, 베네수엘라, 하와이, 필리핀(Philippine) 등지에서도 생산된다.

주요 상품으로는 바카디 라이트, 그린 아일랜드, 라케포드, 올드 자마이카, 핑가폰탈 등이 있다.

2) 미디엄 럼

미디엄 럼(Medium Rum)은 일명 골드 럼이라고도 하며, 라이트 럼과 헤비 럼의 중간 스타일의 럼이다. 좋은 제품도 생산되지만 라이트 럼에 색깔만 넣은 하급품도 생산되므로 주의해서 선택해야 된다.

일명 골든 럼(Golden Rum)이라고도 하는 중간형적인 럼이며, 대중품으로서 대량생산된다. 남미의 기아나, 마르티니크, 도미니카 등지에서도 생산된다. 주요 상품으로는 바카디 골드, 올드 오크, 네그리타 등이 있다.

3) 헤비 럼

헤비 럼(Heavy Rum)은 약 20일간의 발효기간을 거쳐서 장기간 저장 · 숙성하여 만든, 풍미가 높고 색이 짙은 럼으로서 일명 다크 럼(Dark Rum)이라고도 한다. 자메이카산이 유명하며, 품질도 우수하다. 그 외에 데메라라, 마르티니크, 바르바도스 등지에서도 양질의 헤비 럼이 생산된다.

발효기간은 약 20일간이며, 장기간 저장하여 만든다. 풍미가 높고, 색이 짙은 럼이다.

6 테킬라

(1) 테킬라의 역사

테킬라(Tequila)의 원산지는 멕시코이다. 멕시코의 중앙 고원지대에 위치한 제2의 도시인 라디아라 교외에 있는 테킬라라는 마을에서 생산되는 것만 테킬라라고 부를 수 있다. 즉, 테킬라라는 마을에서만 생산되는 한 지방의 특산주이다.

멕시코 여러 지방에서 유사한 증류주가 생산되는데 이 유사한 술의 이름은 메즈칼(Mezcal)이라고 부른다.

(2) 테킬라의 제조방법

용설란의 잎을 자르고 줄기를 증기솥에 넣어 가열하여 당화시킨 후 발효시켜 풀케(Pulque)라는 양조주를 만든다. 이것을 다시 증류시켜 만들며, 오크통의 저장 유무에 따라 무색투명한 테킬라 블랑코와 저장하여 색깔이 호박색인 테킬라 아네호로 나눈다.

테킬라는 칵테일 조주에 많이 사용되며, 멕시코에서는 차게 하여 스트레이트로 마시는 습관이 있다. 원주민들이 테킬라를 마실 때 손등에 레몬이나 라임의 즙을 바르고, 그 위에 소금을 뿌린 다음 찬 테킬라를 마신 후 손등의 소금을 핥아먹는다. 그 이유는 멕시코 지역이 열대지방이며, 건조한 지역인 관계로 염분을 섭취하고 신맛의 과즙을 섭취하기 위한 것이라고 한다.

(3) 테킬라의 종류

1) 테킬라 블랑코

테킬라 블랑코(Tequila Blanco)란 일반적으로 숙성하지 않은 무색투명하고 샤프한 향이 나는 테킬라를 말한다. 이것이 우리가 흔히 말하는 화이트 테킬라이며, 차게 하여 스트레이트로도 마시지만 주로 칵테일 주재료로 많이 사용한다.

2) 테킬라 아네호

테킬라 아네호(Tequila Anejo)란 나무통에 적어도 1년 이상 저장·숙성하여 만든 테킬라를 말하며, 주로 스트레이트로 많이 마신다. 색깔이 진하며, 향이 풍부하고, 10년 이상 저장·숙성하여 만든 고급품도 있다.

주요 상품으로는 쿠에르보, 엘토로, 마리아치, 사우자, 판초빌라 등이 있다.

(4) 테킬라의 서비스

테킬라의 어원은 Agave(용설란)이다. 10년 정도 자란 용설란 잎을 잘라내고, 직경 50cm 정도의 줄기를 반으로 잘라 증기솥에 넣어 열을 가하면 줄기 속의 다당류가 당화되고, 이 당화액을 발효하면 멕시코 원주민들이 즐겨 마시는 풀케가 만들어진다.

이 발효주를 단식증류기로 두 번 증류하고, 증류가 끝난 원주를 화이트 오크통에 넣어 약 1달 가량 숙성시킨 후 활성탄으로 정제하고 시판하는 것이 화이트 테킬라(White Tequila)이다. 드물게는 장기간(약 2년 이상) 저장하였다가 판매하는 테킬라도 있는데 이것을 골드 테킬라(Gold Tequila)라고 한다.

시판되는 테킬라의 일반적인 알코올 함유량은 40~52%이다.

7 아쿠아비트

(1) 아쿠아비트의 역사

아쿠아비트(Aquavit)는 곡물이나 감자를 주원료로 해서 아니스(Anise)와 캐러웨이(Caraway) 등으로 향을 낸 증류주로 북유럽의 특선주이다. 노르웨이는 Aquavit, 덴마크는 Akvait, 스웨덴은 두 단어 모두를 사용한다.

(2) 아쿠아비트의 제조과정

아쿠아비트는 감자 엿기름으로 당화시켜 연속식 증류법으로 증류하여 95% 이상의 고농도의 알코올을 얻은 후에 물로 희석하여 각종 성분을 첨가하여 재증류하여 만드는데 진의 제조법과 유사하다. 진이 주니퍼 베리향이 강하다면 아쿠아비트는 캐러웨이향이 강하다.

아쿠아비트는 무색투명하고, 차게 하여 스트레이트로 많이 마시며, 식전주로 적당하다. 상품의 종류로는 올보그, 길트타펠, OP 앤더슨, 스카네 등이 있다.

제5절 혼성주

리큐어의 역사

리큐어(Liqueur)는 스피리트(Spirit)에 과실 · 과즙 · 약초 등을 넣어서 사탕이나 그 외 다른 감미료나 착색료 등을 첨가하여 만든 혼성주(Compounded)이다.

프랑스에서는 리큐어를 최초로 만든 사람은 아르누 드 빌누브(Arnaud de Villeneuve)라고 알려져 있다. 처음에는 자극제나 소화촉진제 및 의약으로 사용하였다.

리큐어란 혼성주 중에도 증류주만 사용하여 만든 술이다. 즉 증류주에다 초 · 근 · 목 · 피 · 과실 · 씨앗 등을 넣고 당분을 첨가하여 단맛이 나도록 만든 술이다. 리큐어의 역사는 오래되었지만 지금과 같은 방법으로 만들기 시작한 것은 13세기경부터이다. 원래 약용으로 마시다가 식사 후 스트레이트로 마시는 것이 대중화되었다.

만드는 방법으로는 증류주에 과실이나 여러 가지 약초 · 향료 · 과실 등을 설탕과 함께 넣어 자연적으로 색과 향, 그리고 맛이 우러나오도록 하는 침출법과 먼저 침출한 것을 다시 증류하여 만드는 증류법, 원료의 진한 농축액을 뽑아서 만드는 에센스법 등의 3가지를 들 수 있다.

다양한 색깔의 리큐어가 많이 생산되는데, 그 이유는 자연적인 것과 인공적인 것으로 착색을 하여 생긴 것이다. 지금은 칵테일의 색깔을 내기 위하여 많이 사용한다.

2 리큐어의 제조방법

(1) 증류법

증류법(Distilled Process)이란 방향성의 물질인 식물의 씨 · 잎 · 뿌리 · 껍질 등을 한 주정에 담가서 부드럽게 한 후에 그 고형물질의 전부 또는 일부가 남아 있는 상태에서 침출액을 증류하는 것이다.

이렇게 하여 얻은 향기 좋은 주정적 음료에 설탕 또는 시럽(Syrup)의 용액과 무해한 야채 농축액이나 태운 설탕의 형태로 된 염료를 첨가하여 감미와 색을 낸다.

(2) 에센스 제조법

독일에서는 에센스 제조법을 쓰는데 주정에다 향료를 첨가하여 여과한 후에 사카린(Saccharin)을 첨가해서 만드는 방법이다. 이러한 제품은 품질이 좋지 않고, 가격도 싸다.

(3) 침출법

침출법(Infusion Process)은 신선한 스피리트(Spirit)에 설탕을 첨가하여 만드는 방법이다. 이렇게 만들어진 혼성주를 코디 알이라고 부른다. 리큐어의 주정도는 압생트(Absinthe)와 같이 80°에서 아니제트(Anisette)와 같은 27° 정도가 되는 것도 있다.

리큐어의 종류

(1) 과실계

1) 애프리코트 브랜디

애프리코트 브랜디(Apricot Brandy)는 알코올이 강한 증류주에 살구와 기타 향료, 그리고 당분을 넣어 만든다. 살구향이 강한 달콤한 리큐어이다.

2) 크렘 드 바나나

크렘 드 바나나(Creme de Banane)는 바나나맛이 있는 술로서 스피리트(Spirits)에 신선한 바나나와 당분을 첨가하여 만든 리큐어이다. 리큐어 드 바나나라 하여 판매되는 제품도 있다.

3) 체리 브랜디

체리 브랜디(Cherry Brandy)는 체리맛이 강한 술로서 키르슈(Kirsch) 또는 중성 주정에 체리를 주원료로 하여 시나몬 · 클로브 등과 당분을 함께 침지한 후 여과하여 숙성시켜 만든 리큐어이다.

4) 쿠앵트로

쿠앵트로(Cointreau)는 오렌지향과 맛이 좋은 술로서 화이트 큐라소 중에서도 고급품으로 알려져 있으며, 스피리트에 비터 오렌지와 스위트 오렌지의 껍질을 주원료로 하여 만든다.

5) 큐라소

큐라소(Curacao)는 오렌지로 만든 대표적인 오렌지 리큐어로서 일반적으로 오렌지의 껍질을 주원료로 하여 만들었으며, 신선한 과일향이 풍부한 것이 특징이다. 화이트 큐라소, 블루 큐라소, 그린 큐라소, 레드 큐라소, 오렌지 큐라소 등의 다섯 가지가 만들어지고 있다.

6) 마라스키노

마라스키노(Maraschino)는 체리맛이 강한 술이다. 스피리트에 이탈리아와 유고슬라비아의 국경지대에서 많이 재배되고 있는 마라스카종의 체리와 당분을 섞어서 만든다. 무색투명한 리큐어이다.

7) 캄파리 비터

캄파리 비터(Campari Bitter)는 이탈리아의 가스파렛 캄파리로 만들어지는 이탈리아를 대표하는 리큐어 중의 하나이다. 비터 오렌지의 껍질을 주원료로 하여 코리앤드의 씨앗과 캐러웨이의 씨앗 등을 사용하며, 쓴맛이 강하기 때문에 입맛을 돋우기 위하여 많이 마신다.

8) 오렌지 비터스

오렌지 비터스(Orange Bitters)는 스피리트(Spirits)에 비터 오렌지의 껍질을 주원료로 하여 10여 종류의 초・근・목・피의 농축액과 당분을 함께 침지하여 만든 리큐어이다. 향과 맛을 내기 위하여 소량으로 몇 방울 정도만 사용한다.

9) 피치 리큐어

피치 리큐어(Peach Liqueur)는 복숭아 향과 맛이 강한 술로서 스피리트에 복숭아 · 당분을 함께 침출하여 만든 리큐어이다. 복숭아로 만든 리큐어 전체를 의미하며, 크렘 드 피치라는 이름으로 판매되는 상품도 있다.

10) 트리플 섹

미국에서 생산되는 트리플 섹(Triple Sec)은 프랑스에서 생산되는 쿠앵트로, 네덜란드의 화이트 큐라소와 동일한 제품이다. 칵테일을 만드는 데 없어서는 안 될 제품이다.

11) 슬로 진

슬로 진(Sloe Gin)은 새콤달콤한 야생자두맛이 나는 술로서 드라이 진에 유럽에서 자라는 야생자누와 당분을 함께 침출하여 만든 리큐어이다.

12) 그랑 마르니에

그랑 마르니에(Grand Marnier)는 오렌지 큐라소의 대표적인 상표로 3~4년 된 코냑에다 비터 오렌지를 넣어 오크통에 저장 · 숙성하여 단맛이 나게 한 리큐어이다.

13) 블랙베리 리큐어

블랙베리 리큐어(Blackberry Liqueur)는 스피리트에다 검은 딸기와 당분을 넣어 만든 달콤한 리큐어이다. 블랙베리 또는 블랙베리 플레이버드 브랜디라고 부르기도 한다.

14) 멜론 리큐어

멜론 리큐어(Melon Liqueur)는 유럽에서 식후에 디저트로 많이 먹는 머스크멜론을 사용하며, 스피리트에 멜론 · 당분을 함께 침지하여 만든다. 멜론이 주로 재배되는 곳은 아프리카 · 중동아시아 · 중국 등이다.

15) 말리부

말리부(Malibu)는 근래에 만들어진 리큐어로서 자메이카산의 라이트 럼에 카리브 해 지역에서 생산되는 코코넛과 당분을 넣어 만든 무색투명한 리큐어이다.

16) 서선 컴포트

서선 컴포트(Southern Comfort)는 미국을 대표하는 리큐어로 19세기 뉴올리언스에서 만들어졌다. 저장 · 숙성한 버번 위스키 원액에다 복숭아와 여러 가지 과일의 향과 맛을 나도록 한 달콤한 리큐어이다.

(2) 약초 · 향료계

1) 압생트

압생트(Absinthe)는 브랜디나 스피리트에 여러 가지 약초와 향료를 넣고 침출한 후 이것을 다시 증류하여 당분을 첨가하여 만든 리큐어이다. 초록색이 나는 이 리큐어에 물을 타면 우유같이 하얗게 변하기 때문에 '초록색의 마주'라고도 부른다. 지금은 생산되지 않는다.

2) 아니제트

아니제트(Anisette)는 스피리트에 아니스 씨앗을 주성분으로 넛멕, 캐러웨이, 레몬 껍질, 시나몬, 코리앤더 등과 함께 당분을 넣어 만든 리큐어이다. 압생트 대용품으로도 사용이 가능하다. 화이트 압생트라고도 부른다.

3) 베네딕틴

베네딕틴(Benedictine)은 프랑스 베네딕트 수도원에서 사용되는 미사주이다. 중성주정에 주니퍼 베리, 시나몬, 클럽, 넛멕, 바닐라 등 많은 종류의 약초와 향초를 주원료로 하여 꿀과 함께 침지한 후 증류하여 통에 숙성하여 만든 리큐어이다.

병 상표에 있는 DOM이란 Deo Optimo Maximo의 약자로 "최대 최선의 신에게"란 뜻이다.

4) 샤르트레즈

샤르트레즈(Chartreuse)는 프랑스에서 만든 세계적으로 유명한 최고급품의 리큐어이다. 샤르트레즈 수도원에서 만들어지던 것이 민간기업으로 이양되면서 대중화되었다.

제조방법은 공개되어 있지 않으나 스피리트에 약 130여 종의 약초와 함께 당분을 넣어 만든다.

5) 크렘 드 멘트

크렘 드 멘트(Creme de Menthe)는 중성주정에 박하잎에서 추출한 박하 오일과 당분을 함께 넣어 만든 리큐어이다. 무색투명한 화이트와 녹색의 그린 등 두 가지 제품이 생산되고 있다.

화이트는 맛을 내는 데 주로 사용하고, 그린은 색깔을 내는 데 주로 사용한다.

6) 드람브이

드람브이(Drambuie)는 스코틀랜드의 유명한 술인 스카치 위스키를 기본으로 하여 만든 리큐어이다. 평균적으로 15년 이상 숙성된 하이랜드 몰트 위스키와 약 60여 종류의 스카치 위스키에 약초와 향초를 배합하여 꿀로서 단맛을 나게 한 리큐어이다.

7) 갈리아노

갈리아노(Galliano)는 이탈리아의 전쟁영웅인 장군 이름을 딴 리큐어로 스피리트에 약초와 향초·바닐라·당분을 첨가하여 만들었다. 약초의 쓴맛과 향, 그리고 바닐라맛의 조화가 잘 이루어져 있다.

8) 쿰 멜

쿰멜(Kummel)은 독일어이며, 영어로는 Caraway(회향풀의 일종)라고 한다. 스피리트에 캐러웨이를 주원료로 하여 코리앤더, 쿠민 등과 당분을 첨가하여 만든 리큐어이다.

9) 아로마틱 비터스

아로마틱 비터스(Aromatic Bitters)는 스피리트에 약초와 향초 등을 사용하여 쓴맛이 나게 한 리큐어이다. 앙고스트라 아로마틱 비터스가 시초이며, 럼과 앙고스트라 나무의 껍질을 주원료로 하여 40~80여 종류의 약초와 향초를 사용해서 만든다.

여러 제품이 생산되고 있으며, 아로마틱 비터스보다는 앙고스트라 비터스로 더 많이 알려져 있다.

10) 아이리시 미스트

아이리시 미스트(Irish Mist)는 아일랜드에서 생산되는 대표적인 리큐어로 아이리시 위스키에다 10여 종류의 향료와 히드의 꽃에서 얻은 꿀을 섞어서 만든 리큐어이다.

11) 파르페 타무르

파르페 타무르(Parfait Amour)는 제비꽃의 색(보라색)과 향을 가진 리큐어이며, 스피리트에 아몬드・장미・바닐라 등과 당분을 첨가하여 만든다. 크렘 드 이벳, 크렘 드 바이올렛 등과 같은 종류의 리큐어이다.

(3) 종자계

1) 크렘 드 카카오

크렘 드 카카오(Creme de Cacao)는 초콜릿맛이 나는 리큐어로 카카오 콩을 스피리트와 함께 침출한 후 증류하여 당분과 바닐라향을 첨가하여 만든다. 화이트 카카오와 브라운 카카오 등의 두 종류가 생산・판매되고 있으며, 브라운은 착색하여 만든다.

2) 카루아

카루아(Kahlua)는 멕시코에서 생산되는 대표적인 커피 리큐어이며, 테킬라에 멕시코산 커피와 당분을 넣어 만든 리큐어이다.

3) 티아 마리아

티아 마리아(Tia Maria)는 커피 리큐어의 최고급품으로 럼에다 세계 최고의 커피인 자메이카산 블루마운틴 커피를 주원료로 하여 단맛이 나게 한 리큐어이다.

4) 아마레토

아마레토(Amaretto)는 아몬드향이 강한 리큐어이지만, 아몬드는 일체 사용하지 않고, 살구핵을 물에 침출 · 증류하여 스피리트와 당분을 첨가하여 만든다.

제6절 칵테일의 정의 및 분류

1 칵테일의 정의

칵테일은 맛과 향기와 색채의 예술품이며, 두 종류 이상의 재료를 혼합하여 맛의 조화를 잘 이루어 마시는 음료이다.

칵테일은 또한 식욕을 증진시킴과 동시에 마음도 자극하여 분위기를 창출하고, 긴장된 신경을 풀어주며, 근육을 부드럽게 해주고, 피로한 눈에는 다이아몬드 같은 빛을, 혀에는 미끈한 움직임을 주고, 우정을 두텁게 한다.

칵테일은 맛과 향의 예술이라 칭할 수 있듯이 고객의 기호에 따라 그 맛과 향을 달리 즐길 수 있는 여러 가지 재료와 기술로 독특한 칵테일을 만들어 모든 사람을 즐겁게 만들 수 있기 때문에 "칵테일은 교향악이다"라는 애주가들의 호칭도 있다.

칵테일이란 술과 술을 혼합하고 청량음료나 과일즙, 각종 향을 배합해서 여러 가지 과실로 장식하여 맛과 향을 음미하고 마시는 것을 말하며, 알코올을 전혀 함유하고 있지 않은 청량음료나 과일즙 또는 주스와 주스를 섞어 만드는 것도 칵테일이다.

칵테일의 유래

칵테일 어원에 대한 설은 여러 가지가 있지만 어떤 것이 정설인지는 알 수가 없다.

국제바텐더협회에서 사용하는 것을 보면 옛날 유카탄 반도의 캄페체 항구에 영국배가 입항하여 거기에 내린 선원들이 술을 마시러 술집에 들어갔는데 그때 조그마한 소년이 껍질을 벗긴 나무토막으로 믹스드 드링크(Mixed Drink)를 만들고 있었고, 술집 안에 있던 손님들은 그것을 마시고 있었다.

당시 영국에서는 술을 스트레이트로만 마시고 있었기 때문에 그것은 신기한 일이었다. 그래서 한 선원이 그 소년에게 "얘야, 그것이 무엇이니?" 하고 물으니 그 소년이 "예, 이것은 콜라 데 갈료(Cola de Gallo)입니다"라고 대답하였다.

선원은 드링크의 이름을 물은 것인데 소년은 그때 드링크를 만들어 젓고 있었기 때문에 그 젓는 막대기를 말하는 것인 줄 알고 그렇게 불렀다. '콜라 데 갈료' 는 에스파냐어로 수탉의 꼬리란 뜻으로 소년은 나무막대기의 모양이 닭 꼬리를 닮아서 그런 애칭을 사용하였다. 이 '콜라 데 갈료'를 영어로 직역하면 '테일 오브 콕(Tail of Cock)'이 된다. 이것으로 인하여 지금의 칵테일이란 단어가 생겨나게 되었다고 한다.

3 칵테일의 분류

칵테일의 종류가 무한히 많다는 것은 새삼스러운 것이 아닐 것이다. 재료와 기술에 따라 얼마든지 새로운 칵테일을 만들 수가 있다.

칵테일의 명칭은 지명·유명인, 그리고 창작자 등에 따라 다양하게 만들어낼 수 있으나 재료의 종류나 마시는 시간·장소·때·방법 등에 따라 여러 가지로 분류된다.

(1) 시간에 의한 분류

마시는 시간에 따른 분류로서 칵테일의 제 맛을 즐기기 위해서 짧은 시간 내에 마셔야 되는 것이 있는가 하면, 느긋하게 시간을 두고 마셔도 되는 칵테일이 있다.

빨리 마셔야 되는 것을 쇼트 드링크(Short Drink)라고 한다. 마티니, 바카디 칵테일 등을 말하며, 10~15분 이내에 마셔야 된다.

진과 토닉, 스크루 드라이버 등과 같이 롱 드링크(Long Drink)는 20~30분 정도로 시간을 두고 마실 수 있는 것을 말한다.

(2) 온도에 따른 분류

음료는 마시는 온도에 따라 맛이 달라진다. 물론 사람에 따라 차이는 있겠지만 커피나 차 등은 따뜻하게 해서 마셔야 하고, 콜라나 주스 등은 차갑게 해서 마셔야 제 맛을 즐길 수가 있다. 칵테일 또한 마찬가지로 차갑게 해서 마셔야 되는 것과 따뜻하게 해서 마셔야 제 맛을 즐길 수가 있는 것이 있다.

이렇게 마시는 온도에 따라 칵테일을 크게 두 가지로 나누어볼 수 있으며, 차갑게 해서 마시는 것을 콜드 드링크(Cold Drink), 따뜻하게 해서 마시는 것은 핫 드링크(Hot Drink)라고 부른다.

(3) 마시는 방법에 따른 분류

사람의 취향이나 또는 각 음료의 개성에 따라 음료는 여러 가지로 마시는 방법이 있다. 그러나 크게 두 가지로 나누어보면 향과 맛을 즐기기 위하여 음료 그 자체를 스트레이트로 마시는 것(Straight Drink)과 마시기가 불편한 음료를 두 가지 이상 섞어서 각각의 입맛에 맞게 마시는 것(Mixed Drink)이 있다.

(4) 계절에 따른 분류

땀을 많이 흘리는 여름과 추운 겨울에 마시는 음료는 각각 다르기 마련이다. 주로 여름에는 시원한 칵테일을 많이 찾고, 추운 겨울에는 따뜻한 칵테일을 많이 찾는다. 주로 여름에 자주 마시는 것을 서머 드링크(Summer Drink), 겨울에 자주 마시는 것을 윈터 드링크(Winter Drink)라고 한다. 그러나 지금은 여름이나 겨울 구분 없이 마시는 경우가 많다.

(5) 알코올 유무에 따른 분류

원래 칵테일이란 알코올을 함유한 것을 뜻했지만 지금은 두 가지 이상 섞어서 마시는 음료 모두를 포함한다. 즉 알코올이 전혀 포함되어 있지 않는 것도 칵테일이라고 한다.

알코올을 함유하고 있는 것을 알코올 칵테일(Alcoholic Cocktail), 알코올을 함유하고 있지 않는 것을 넌알코올 칵테일(Non-Alcoholic Cocktail)이라고 한다.

(6) 용도에 따른 분류

음식과 마찬가지로 칵테일도 각각 마시는 용도가 다르다. 좀더 세부적으로 분류하면 식사 전에 입맛을 돋우기 위하여 마시는 애피타이저 칵테일(Appetizer Cocktail), 식사 후에 소화를 돕기 위하여 마시는 식후용 칵테일(After Dinner Cocktail), 식사와 상관없이 언제라도 마실 수 있는 상시용 칵테일(All Day Cocktail)이 있다.

(7) 기 타

기타 열대성 지방에서 많이 생산되는 열대성 과실이나 과실음료를 사용한 트로피컬 칵테일(Tropical Cocktail)이 있다. 이것을 열대성 칵테일이라고 한다.

4 칵테일의 목적

(1) 미각적

알코올의 쓴맛을 맛있다고 하는 사람은 없을 것이다. 이런 알코올이 쓴맛을 완화시키고 단맛과 신맛을 잘 조화시켜 각자 입맛에 맞도록 맛있게 만드는 것이 그 목적이다.

(2) 시각적

맛을 중요시하면서도 색깔을 아름답게 하고, 여러 가지 과일을 사용하여 장식을 함으로써 먹고 싶은 욕구를 느낄 수 있도록 하는 것이 그 목적이다.

(3) 저알코올

너무 알코올 도수가 높은 술을 많이 마시게 되면 건강을 잃게 되므로 여러 가지 부재료를 섞어 도수를 낮게 하여 마시도록 하는 것이 그 목적이다.

(4) 고칼로리

칵테일은 술로서가 아니라 리큐어 · 계란 · 설탕 등을 사용하여 높은 칼로리를 가지게 하여 피로회복 및 감기 등 약용으로서의 효과를 높이는 데 그 목적이 있다.

드링크의 분류

롱 드링크에 속하는 믹스드 드링크는 사용하는 재료나 만드는 방법 등에서 공통되는 스타일을 갖는데, 다음처럼 분류할 수가 있다.

(1) Buck

각종의 스피리트에 레몬 주스와 진저엘을 섞어서 만드는 것이 일반적인 방법이다. Buck에는 Stag의 의미가 있으며, Kick이 있는(강한, Hard한) 음료라는 뜻에서 이름이 붙여졌다.

(2) Cobbler

얼음을 채운 고블릿이나 와인 글라스에 스피리트나 와인, 리큐어 혹은 설탕을 넣어서 충분히 스티어(Stir)해서 계절에 맞는 프레시먼트 잎 등으로 장식해서 스트로를 꽂는다.

Cobbler에는 감귤류의 주스를 거의 사용하지 않는 것이 특징이다. Cobbler라고 하는 말에는 구두가게, 구두를 고친다고 하는 의미가 있으며, 더운 여름에 구두 고칠 때 목의 갈증을 풀기 위해서 만든 음료라고 한다.

(3) Collins

진을 비롯한 위스키 · 럼 · 보드카 등의 스피리트에 레몬 주스와 설탕 혹은 설탕 시럽을 첨가하여, 소다수로 잔을 채우는 것이 기본형이다.

Fizz와 닮았지만 글라스(Collins Glass)가 크고 양도 상당히 많다. 콜린스(Collins)의 이름에는 이 Mixed Drinks의 창시자의 이름(John Collins)에서 따왔다고 하는 설이 있다.

(4) Cooler

스피리트에 레몬이나 라임 주스와 단맛을 가미해 소다수나 진저 에일 등으로 잔을 채운다.

Cooler라고 하는 것은 차고, 기분 좋은 청량감을 느끼는 음료라는 의미이다. Non-Alcoholic의 것도 있다.

(5) Cup

Punch와 마찬가지로 대중적인 파티 드링크로서 만드는 방법도 비슷하지만 Water Jug(손잡이 달린 물잔)에서 만들며, 펀치컵뿐만 아니라 텀블러에서도 마실 수 있는 점이 다르다.

와인에 브랜디, 리큐어, 소다수, 프루츠 등을 가해서 만드는 것이 기본이다. 컵(Cup)에는 기독교의 성찬배의 의미와 술 혹은 음주의 의미가 있다.

(6) Egg Nogg

보통 술 · 계란 · 우유 · 설탕을 사용해서 만들지만 비알코올의 Egg Nogg도 있으며, 뜨겁게 해서 마시는 경우와 콜드(Cold)로 마시는 경우가 있다.

원래는 미국 남부지방의 크리스마스의 음료였지만 현재에 와서는 계절에 관계없이 세계각국에서 마시고 있다.

(7) Fix

스피리트에 감귤류의 주스, 과일 시럽, 혹은 리큐어를 첨가한 사우어계의 Mixed Drinks, 고블릿, 또는 텀블러에 크러시드 아이스를 채워 계절에 맞는 과일로 장식하여 스트로를 꽂는다.

'Fix'라고 하는 것은 "준비한다, 매료한다"고 하는 의미이다.

(8) Fizz

진(Gin) 등의 스피리트에 레몬 주스와 설탕을 넣어 쉐이커해서 텀블러에 부어서 소다수로서 잔을 채우는 것이 기본적인 방법이다.

Fizz라고 하는 이름은 소다수의 탄산가스가 터질 때 나는 소리에서 따온 의성어이다.

(9) Flip

와인이나 스피리트에 계란과 설탕을 넣어서 쉐이커해서 Sour Glass(또는 와인글라스)에 부어서 넛멕을 뿌린다. 계란(노른자 또는 계란 1개)을 사용하는 점은 Egg Nogg과 비슷하지만 Flip의 경우는 우유를 사용하지 않는 것이 기본이다. Hot Drinks로 해서도 마실 수 있다.

(10) Float

Float는 띄운다고는 의미이다. 술의 비중의 차이를 이용해서 하나의 술 위에 다른 술이나 생크림을 섞이지 않게끔 띄우거나 Whisky Float와 같이 물(혹은 Soft Drinks)에 술을 띄우는 방법이 있다.

(11) Frappe

재료를 크러시드 아이스와 쉐이크해서 얼음도 함께 글라스에 담거나, 칵테일 글라스나 소서형 샴페인 글라스에 크러시드 아이스를 담아 그 위에서 직접 리큐어 등을 부어 짧은 스트로를 꽂는다. Frappe라고 하는 것은 프랑스어로서 "얼음으로 차게 한 것"이라는 의미이다.

(12) Frozen Style

재료를 크러시드 아이스와 함께 믹서기로 블렌드해서 셔벗처럼 칵테일 크러시드 아이스의 양에 따라서 마무리의 견고함이 달라진다.

작가인 어니스트 헤밍웨이가 즐겼다고 하는 Frozen Daiguiri가 많이 알려져 있지만, 근래에 와서는 Frozen Norgarita 등 여러 가지 칵테일을 프로즌 스타일로 해서 즐기게 되었다.

(13) Half and Half

2종류의 재료를 반씩(1/2) 섞는다. 색이 짙은 맥주와 색이 연한 맥주를 반반으로 나누거나, 드라이 베르무스와 스위트 베르무스를 반씩 섞는다.

(14) Highball

원래 하이볼은 스피리트를 비롯하여 모든 술을 베이스로 하며, 소다수뿐만 아니라 물, 진저에일, 토닉워터, 주스류 등 각종의 쇼트 드링크(Short Drinks)가 믹스된다.

Highball의 어원은 골프용어의 하이볼(Highball)에서 따왔다고 하는 설과 일찍이 미국의 철도에서 사용된 하이볼 신호기에서 따왔다고 하는 설 등 여러 가지 설이 있다.

(15) Mist

주로 위스키 · 브랜디 등의 스피리트를 쉐이커해서 얼음도 함께 올드패션 글라스에 부어 넣어서 만든다. 또 크러시드 아이스를 가득 채운 올드패션 글라스에 재료를 직접 넣어서 만드는 방법도 있다.

Mist는 안개로서 글라스의 표면에 아주 작은 물방울이 안개처럼 붙어 있다고 해서 따온 이름이다. Frappe와 비슷한 스타일이다.

(16) On the Rocks

얼음을 넣은 올드패션 글라스에 재료를 넣어서 만드는 스타일 얼음을 바위로 보아서 '바위 위에' 따르기 때문에 생긴 이름이다. 재료가 가지고 있는 맛을 살려서 섞기 쉽기 때문에 최근 마티니 · 맨해튼 등 종래의 쇼트 드링크(Short Drinks)를 언더락(On the Rocks)으로 만드는 데가 증가하고 있다.

최근 미국에서는 Over Rocks 혹은 Over Ice, 또는 생략해서 Over라고 불리어지고 있다. 이에 대해 칵테일 글라스에 따르는 것은 Straight up, 풀어서 up이라고 한다.

(17) Pousse-Cafe

몇 종류의 스피리트 · 리큐어 · 생크림 등을 비중의 차를 이용하여 순서대로 섞이지 않도록 하여 쌓아올린다. 제각각의 술의 비중(농축액 분이 많은 술만큼 비중도 커진다)을 미리(사전에) 알아두는 것이 중요하지만 같은 종류의 리큐어라도 제조 메이커에 따라서 비중이 다른 것이 있기 때문에 주의해야 한다.

또한 농충액 분이라고 하는 것은 제각각의 술에 함유되어 있는 당분, 회분, 불휘발성 유기산 등을 가리킨다.

(18) Sour

위스키 · 브랜디 등 각종 스피리트를 베이스로 하여 레몬 주스와 설탕 등으로 달고 신맛이 나게 만든다. 심플(Simple)한 스타일이지만 밀감류가 맛을 살린 다수의 사우어(Sour)계의 Mixed Drinks의 대표적인 존재인 사우어(Sour) 타입에 대해서 리큐어나 베르무스의 향미를 잘 살린 Mixed Drinks의 아로마 체크 타입이 있다.

소다수를 사용하지 않는 것이 원칙이지만, 우리나라를 포함해서 미국 이외의 나라에서는 소다수나 샴페인 등을 사용하는 경우도 볼 수 있다. 'Sour'는 '시다'의 뜻이다.

(19) Toddy

텀블러나 올드패션 글라스에 설탕을 넣어 스피리트를 부어 물 또는 뜨거운 물로 잔을 채우는 것이 기본적인 방법이다.

영국에서 추위로부터 몸을 보호하기 위한 Hot Drinks로서 옛날부터 마시고 있었지만, 오늘날은 Cold Drinks로서도 사랑받고 있다.

(20) Zoom

벌꿀을 사용한 Mixed Drinks이다. 좋아하는 스피리트(Spirit)에 벌꿀과 생크림 등을 섞어서 쉐이커해서 칵테일 글라스에 따르는 것이 일반적인 방법으로서 Long Drinks뿐만 아니라 Shot Drinks로서도 마신다.

(21) Punch

와인 · 스피리트 등을 베이스로 하여 각종 리큐어, 프루츠나 주스 등을 첨가하여 만든다. 파티 드링크로서 많은 사람들이 먹을 수 있도록 만드는 경우가 많지만 한 사람을 위해 만드는 법도 있다.

Punch는 '다섯 개'를 나타내는 산스크리트(고대인도의 문장어)어의 Pancha, 힌두어의 Punch 등에서 왔다고 전해지며, 원래 인도 지방에서 마시고 있던 아락물, 레몬 주스, 스파이스 등 다섯 가지의 재료를 섞어서 만든 음료가 기원이다.

⑵ Rickey

스피리트(Spirits)에 신선한 라임(또는 레몬)의 열매를 짜서 소다수를 채워서 만드는 것이 기본적인 방법이다.

설탕 · 시럽 등을 사용하지 않는다. 19세기 말 워싱턴의 슈메카라고 하는 레스토랑에서 창안되어 처음 마신 고객의 이름인 Colonel Jim Rickey와 관련하여 이름이 지어졌다고 한다.

⒇ Sling

스피리트에 레몬 주스와 감미를 하여 물 또는 소다수, 진저 에일 등으로서 잔을 채운다. Hot Drinks로 만드는 경우도 있다.

Sling의 어원은 인도어의 Schingen(삼킨다고 하는 의미)이 전화된 것이라고 한다.

제7절 사교행사와 파티

1 초대 및 초청장

파티에 손님을 초청할 경우에는 아무나 초청하는 것이 아니라 일정한 격식이 있다. 즉, 주빈을 중심으로 파티의 목적에 알맞도록 참석자 수를 정하고 초청자의 범위를 결정한다. 초청시에는 가능하면 남녀가 동수가 되도록 해야 하며, 그렇지 못할 경우에는 남자 손님이 많도록 한다. 일반적으로 초청하는 손님의 수는 테이블 세팅을 4의 배수로 할 수 있도록 결정한다.

만약 정식만찬에 손님을 초청하는 경우에는 피초청자가 개인적인 사정으로 인하여 참석하지 못할 것을 대비하여 예비참석자를 정해두도록 한다.

공식적이거나 비공식적인 파티는 구두로 초청하는 것이 아니라 반드시 초청장을 발송하도록 해야 한다. 초청장(invitation)은 피초청인이 여유를 갖고 결정할 수 있도록 보통 2주일 전에 보내도록 해야 한다. 또한 정식 초청장은 반드시 3인칭 형식으로 쓰고, 파티의 종류·장소·일시·복장 및 참석 여부의 연락처 등을 기입한다.

또한 파티에 대한 참석 여부의 회신요망이 있는 초청장(R.S.V.P.[8])을 받았을 경우에는 참석 여부를 가능하면 신속하게 알려주는 것이 예의이다.

(1) 초대시의 유의사항

① 초대자의 선정은 파티의 성격과 주빈을 중심으로 행사의 취지를 고려하여 신중하게 결정한다.

② 초대자의 수는 남녀 동수가 되도록 하고, 그렇지 못할 경우에는 남성을 많이 초대한다.

③ 초대장은 반드시 3인칭으로 표기한다.

④ 원칙적으로 동판인쇄를 하나 최근에는 컴퓨터를 이용해 인쇄하기도 한다.

⑤ 초대장은 백색의 카드형이 바람직하며 봉투도 카드에 맞춘다.

8) R.S.V.P.는 초청 파티에 참석 여부를 회신해달라는 의미로서, 프랑스어의 Repondez s'il vous plait로, 영어로는 Reply if you please에 해당된다.

(2) 초청장의 내용

① 행사의 종류(만찬 · 오찬 · 칵테일 · 리셉션 · 무도회 등)

② 행사일시(소문자로 표기해도 무방하나 대문자로 표기하기도 한다)

③ 참석자의 복장

④ 참석 여부의 회신 표기(R.S.V.P.)

〈표 4-4〉 초청장의 내용

Invitation
Mr. and Mrs. Heinz request the pleasure of the company of Mr. Hee Chun Lee at a reception in honor of President Jang Hoon Lee on Monday,. the 23rd of July at seven o' clock in the evening
R.S.V.P.

2 복 장

파티의 복장은 사치스럽고 고가의 옷으로 오해할 수 있으나 사실은 때와 장소에 따라 어울리는 옷을 차려입는 것이 중요하다. 일찍이 서양에서는 파티의 특성에 어울리는 옷을 입고 참석하는 것을 중요한 에티켓으로 여겨왔다.

대개 초청장에 파티에 착용해야 할 복장의 내용을 기록하여 참석하는 모든 피초청자가 파티의 성격에 어울리는 복장을 동일하게 착용할 수 있도록 하는데, 피초청자는 복장에 대해서 파티의 성격을 고려하여 착용하도록 신경을 써야 한다.

만약, 실내수영장에서 세미캐주얼(semi casual) 복장을 하고 파티에 참석하도록 되어 있는데 혼자서 타이를 매고 참석하면 당황할 것이다. 초청장 하단에 표시되는 복장의 형식을 준수해야 파티에서 당황하지 않고 초청자가 추구하는 파티의 분위기를 연출할 수 있을 것이다.

파티의 목적에 따라 때와 장소에 적합한 복장에 대해서 구체적으로 살펴보기로 한다.

(1) 남성의 복장

파티의 복장에는 남성의 경우에는 낮에 입는 모닝코트, 낮의 약식 예복인 색코트, 밤의 정식 예복인 연미복, 밤의 약식 예복인 턱시도로 구분할 수 있다.

이와 같은 예복은 착용하는 데 여러 가지 격식과 기준이 있다. 또한 보통 초청장 하단에 기록되는 내용 중에서 화이트 타이는 연미복을, 블랙 타이는 턱시도를 각각 의미한다.

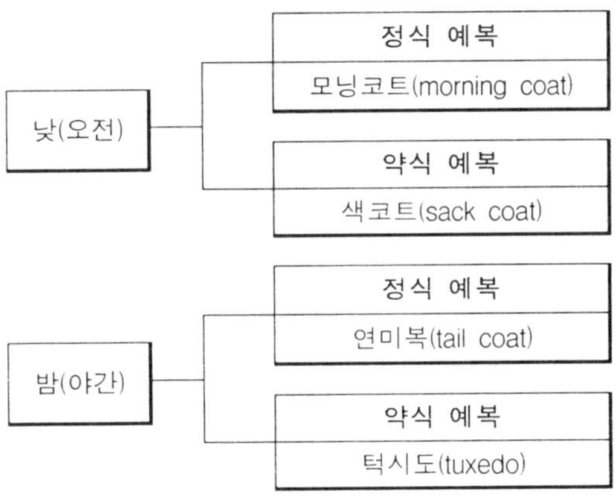

[그림 4-5] 남성의 예복

1) 연미복

야간에 착용하는 정장 예복으로서 상의의 뒷부분이 제비꼬리의 형태를 하고 있기 때문에 테일코트(tail coat)라 불린다. 또한 연미복(tail coat/white tie)을 입을 때에는 보통 흰색 보타이를 착용하기 때문에 초청장에 화이트(white)라 표기하기도 한다.

일반적으로 연미복은 야간에 개최되는 무도회, 공식만찬회, 공식 야간 리셉션, 오페라, 야간결혼식, 음악회 등의 행사에 참석할 경우에 입으며 흰색 조끼 · 흰색 타이 및 흰색 장갑을 착용하는 것이 원칙이다. 그러나 주간에 입을 경우에는 검은색의 조끼를 입는 것이 특징이다. 이와 같이 연미복은 정중하게 예의를 갖추어야 할 경우에 입는 옷으로 다음과 같은 여러 가지 소도구가 있으며, 착용방법이 있다.

① 모 자

실크 모자(silk hat)와 오페라 모자(opera hat)가 있다. 그러나 야간에 개최되는 연회에는 대개 모자를 옷 보관소(cloak room)에 맡기기 때문에 모자를 착용하지 않아도 된다.

② 상 의

재질은 검은색 모직으로 뒷부분이 제비의 꼬리 모양으로 내려온 코트를 입는다.

③ 조 끼

일반적으로 야간의 행사에 입는 조끼는 요철무늬가 있는 백색 면직물로 만든 싱글 또는 더블 형태의 옷이다. 주간에는 검은색 모직으로 만든 조끼를 입는다.

④ 타 이

실크 또는 골무늬가 있는 면으로 만든 흰색 나비 타이를 착용한다.

⑤ 단 추

백색 진주 또는 백색 귀금속에 다이아몬드나 진주를 장식한 것이나 백금으로 만든 단추를 사용한다. 대개 백색 조끼의 단추와 커프스 버튼, 셔츠의 단추를 동일한 것으로 한다.

⑥ 바 지

상의와 같은 검은색의 모직으로 바지 바깥쪽에 2개의 줄을 붙이고, 보통 멜빵을 매고 혁대는 사용하지 않는다.

⑦ 장 갑

야간 파티에는 착용하지 않아도 무방하나 주간에는 흰색 사슴가죽, 흰색 양가죽으로 만든 장갑을 착용한다.

⑧ 장식 손수건

흰색 마직물로 만든 손수건을 착용한다.

⑨ 구 두

무도회 구두나 검은색 에나멜 구두를 착용한다.

⑩ 양 말

검은색 견직물이나 테트론으로 만든 양말을 착용한다.

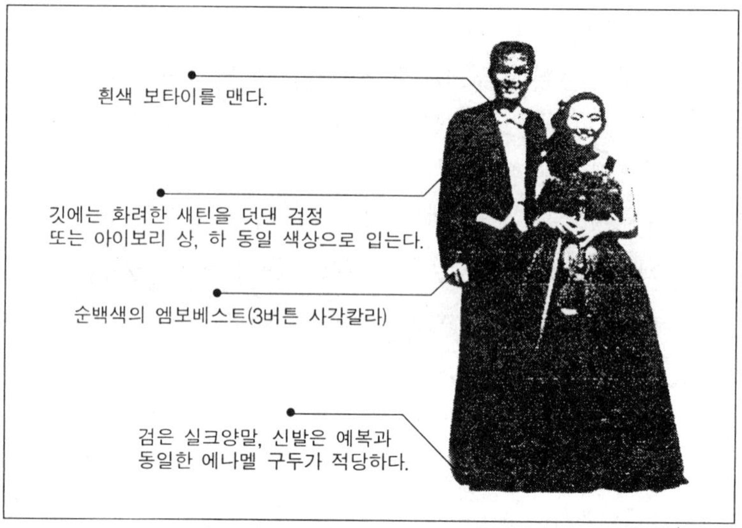

[그림 4-6] 연미복

⑪ 외 투

검은색이나 짙은 곤색의 망토형 또는 벨벳 깃의 체스터 필드(chesterfield) 싱글 외투를 착용한다.

⑫ 머플러

흰색 실크로 만든 머플러를 착용한다.

2) 턱시도

보통 파티의 초대장에 'black tie'라고 표기된 것은 곧 예복 중에서 가장 많이 입는 약식 야회복인 턱시도(tuxedo/smoking jacket)를 의미한다. 이 턱시도는 계절에 관계없이 검은색이나 짙은 곤색으로 만든 것을 입는다.

1890년대 초에 미국 뉴욕 주의 턱시도 시에 있는 턱시도 클럽에서 연미복을 대신하여 약식 예복으로 입었는데, 이후에 턱시도는 정식 야회복으로 인정을 받았다.

만찬 예복(dinner dress), 디너 코트(dinner coat) 또는 디너 자켓(dinner jacket)으로 불리는 상의는 공식적인 의식행사를 제외한 대부분의 파티에 입을 수 있는 것으로 옷깃 부분을 검은 공단을 대고 깃을 둥글게 또는 뾰족하게 만든다.

대개 턱시도는 야간 파티, 극장이나 콘서트 홀, 유람선상의 만찬, 클럽, 호텔 등에서 입는 편리한 복장이다. 사교상 반드시 준비해야 할 옷으로 최근에 대중화되고 있는 추세이다.

턱시도에 부수되는 여러 가지의 옷차림은 다음과 같다.

[그림 4-7] 턱시도

① 상 의

검은색이나 짙은 곤색 모직의 짧은 코트로서 싱글과 더블의 두 가지가 있다. 더블(double)은 싱글(single)보다 약식 차림으로 여름에 조끼를 입지 않아도 무방하다. 더블 상의에 조끼를 입지 않을 경우에는 항상 단추를 끼워야 한다. 칼라의 형태는 싱글인 경우에는 레귤러의 형태로 하고, 더블인 경우에는 칼라 끝이 위로 올라간 형태로 한다.

② 조 끼

조끼는 상의의 재질과 동일해야 하나 조끼 대신 검정이나 짙은 곤색의 커머밴드(cummerband)[9]를 하기도 한다.

③ 셔 츠

흰색의 골무늬가 있는 면셔츠나 주름을 넣은 턱시도 전용 셔츠를 입는다. 밖으로 꺾어 넘기도록 되어 있는 칼라 깃에 소맷부리는 더블 커프스로 한다.

④ 단 추

연미복처럼 가슴이나 소매의 단추 규정이 까다롭지 않고 자유스럽게 선택할 수 있으나 검은색의 마노가 사용된다. 다만 셔츠·조끼·커프스의 단추를 동일한 것으로 선택하거나 그밖의 화려하지 않은 보석을 사용해도 무방하다.

⑤ 타 이

보통 검정색의 나비 타이를 하지만 커머밴드의 색깔에 따라 자유스럽게 선택할 수 있다.

⑥ 바 지

상의와 재질이나 색깔이 동일해야 하고, 바지의 양옆에 한 줄을 대야 하며, 반드시 멜빵을 해야 한다.

⑦ 외 투

검은색의 체스터필드 형태로 하고 칼라는 일정한 규격이 없다. 무늬가 없는 짙은 색의 일반 외투를 입어도 괜찮다.

9) 보통 턱시도의 복장에 사용되는 것으로, 폭이 넓은 장식 허리띠를 의미한다.

⑧ 장식 손수건

검은색 상의에는 흰색의 마직물로 하고, 흰색 상의에는 검은 실크로 할 수도 있다.

⑨ 구 두

일반적으로 검은색 에나멜 단화를 착용하나 일반 검은색 단화도 무방하다.

⑩ 양 말

검은색 견직물이나 나일론으로 만든 양말을 착용한다.

⑪ 머플러

흰색 실크가 무난하다.

3) 모닝코트

모닝코트(morning coat/cutaway)는 미국에서는 카타웨이(cutaway)라고도 불리는 것으로, 주로 주간에 개최되는 행사나 파티에 입는 예복을 말한다.

모닝코트는 고위 공직자가 주최하는 공식 오전행사, 정식오찬, 공식 야유회, 성당이나 교회의 의식행사 등과 같이 주로 오전의 행사에 참석할 경우 입는 정식 예복이다. 그러나 최근에는 모닝코트의 예복이 점차로 간소화되는 경향이 있어 결혼식이나 장례식 등에 입기도 한다.

모닝코트의 정식 예복을 착용할 경우 부수되는 복장은 다음과 같다.

[그림 4-8] 모닝코트

① 모 자

원래는 실크 해트(silk hat)가 정식이나 중산모자[10]나 중절모자를 착용하기도 한다.

② 상 의

검은색의 모직으로 만든 것을 착용한다.

③ 조 끼

원칙적으로 상의와 동일한 색상이나 재질로 만든 것을 입는다. 조끼의 형태는 싱글과 더블이 있으며, 쥐색 조끼는 결혼식이나 축하행사에 참석할 때 입는다.

④ 셔 츠

흰색에 더블 커프스(double cuffs)로 한다.

10) 중산모자(derby hat)는 가운데가 높고 둥근 모자를 일컫는다.

⑤ 칼 라

일정한 형식이 없고 세운 깃이나 접는 깃의 형태로 한다.

⑥ 타 이

접는 깃에는 묶어서 내려뜨리는 형태로 하고 세운 깃에는 나비 넥타이나 에스코트 타이로 한다. 색상은 보통 흑색이나 회색으로 한다.

⑦ 커프스 단추

보통 일반 금속제품으로 하지만 보석으로 만든 제품을 사용하기도 한다.

⑧ 장 갑

회색의 사슴가죽으로 만든 것이나 일반 가죽제품도 무방하다. 그러나 최근에는 흰색 장갑을 끼기도 한다.

⑨ 바 지

검정색의 바지 양쪽에 회색 줄무늬를 한 바지를 입는다. 바지를 착용할 경우에는 혁대를 사용하지 않고 멜빵을 이용한다.

⑩ 장식 손수건

흰색의 마직물이 어울린다.

⑪ 구 두

일반 검은색 단화가 어울린다.

⑫ 양 말

검은색이나 짙은 곤색 계통의 양말을 착용한다.

⑬ 외 투

원칙적으로 검은색 체스터필드를 착용하나 짙은 회색이나 곤색의 외투도 무방하다.

⑭ 머플러

흰색 실크로 만든 것을 착용한다.

TIP

넥타이 매는 방법

1. 플레인 노트(plain knot) : 타이를 우측으로 1회 매어 깃을 앞으로 돌리면서 중심에 끼워 잡아당기는 매듭이다.
2. 에스콰이어 노트(esquire knot) : 타이의 뒷면을 중심으로 좌우측에 겹쳐 매어 다시 앞으로 돌리면서 중심에 끼워 잡아당기는 매듭으로 더블 노트라고도 한다.
3. 윈저 노트(windor knot) : 타이를 우측으로 1회씩 매어 깃을 앞으로 돌리면서 중심에 끼워 잡아당기는 매듭이다.

4) 색코트

색코트(sack coat)는 본래 외교관계의 특정한 신분을 가진 사람들이 공식적인 방문이나 회의 · 오찬 · 다과회 등과 같은 행사나 의식에 참석할 경우 착용하는 복장으로서, 오전에 착용하는 모닝코트와 평상복의 중간 형태의 약식 예복이다.

색코트의 올바른 착용방법은 다음과 같다.

① 모 자

챙이 좁은 중절모(soft hat)가 어울리나 일반 중절모도 무방하다.

② 상 의

원칙적으로 검은색의 싱글 형태가 정식이나 더블도 무방하다.

③ 조 끼

상의와 동일한 재질과 색상으로 한다.

④ 셔 츠

더블 커프스 형태로 한다.

⑤ 커프스 단추

보통은 금속제품으로 하지만 보석으로 된 단추도 사용한다.

⑥ 칼 라

세운 깃이나 접은 깃의 형태 모두 가능하다.

⑦ 바 지

모닝코트와 동일한 형태의 것을 착용한다.

⑧ 장 갑

옅은 색의 가죽장갑을 착용한다.

⑨ 장식 손수건

흰색 마직물이 적당하다.

⑩ 외 투

짙은 곤색이나 회색의 체스터필드, 일반 외투 모두 가능하다.

⑪ 머플러

흰색 실크나 흰색과 검은색의 줄무늬 실크가 어울린다.

5) 평상복

상술한 내용처럼 각종 행사나 의식 · 파티의 성격에 따라 격에 어울리는 예복을 착용하기란 그리 쉬운 일이 아니다. 따라서 최근에는 특별한 경우를 제외하고 업무의 성격을 띤 의식행사나 파티는 점점 간소화되는 복장으로 바뀌고 있는 추세이다.

평상복(business suit)은 화려하지 않은 형태의 정장으로 색상은 검은색이나 짙은 곤색이 무난하다. 그러나 평상복 역시 개인의 성향에 따라 디자인(design)이나 색상이 조금씩 변화하고 있다. 중요한 것은 요란스럽지 않은 무늬와 색상의 복장이 바람직하다는 것이다.

평상복의 올바른 착용은 다음과 같다.

① 모 자

중절모가 어울리나 보통 모자는 착용하지 않는다.

② 상 의

원칙적으로 조끼나 바지를 함께 착용해야 하나 최근에는 싱글이나 더블 형태의 양복을 조끼 없이 입는 경향이 있다. 조끼를 입지 않을 경우에는 상의의 맨 위에 있는 단추는 채운다. 색상이나 디자인은 개인의 취향에 따라 착용한다.

③ 조 끼

조끼는 상의의 색상이나 재질과 동일한 것으로 한다.

④ 셔 츠

정장의 복장에는 흰색의 셔츠가 기본이다. 일반적으로 셔츠의 규격은 목 둘레와 소매 길이로 나타내는데, 목 둘레는 끼지 않는 상태로 하고 목 부분과 손목 부분은 약 1~1.5cm 정도 보이도록 한다.

⑤ 바 지

혁대나 멜빵 모두 가능하나 멜빵을 할 경우에는 혁대를 하지 않는다. 그리고 바지의 단은 접어올리는 형태도 무방하다.

⑥ 양 말

검은색 계통의 색상으로 한다.

⑦ 구 두

검은색이나 짙은 갈색의 색상으로 하고 항상 광택이 나도록 닦는다.

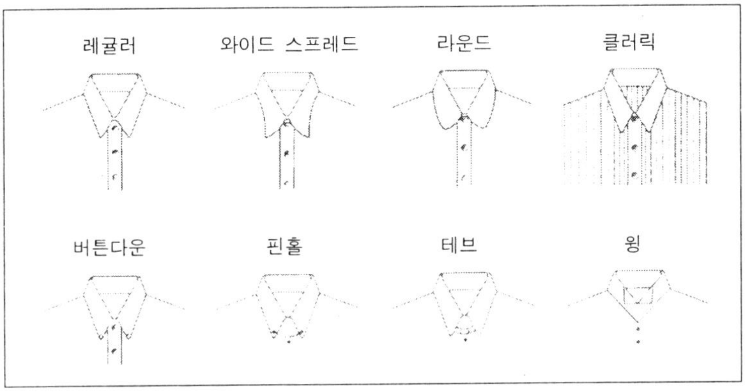

[그림 4-9] 남성 셔츠 칼라의 종류

(2) 여성의 복장

여성의 예복 또한 남성의 경우처럼 행사의 목적과 시간에 따라 입는 복장이 엄격하게 구분되어 있다. 특히, 복장의 형태는 주간에 착용하는 애프터눈 드레스(afternoon dress) 또는 칵테일 드레스(cocktail dress)와 야간에 착용하는 이브닝 드레스(evening dress)로 구별되어 있다.

예복을 착용하기 전에 파티나 행사의 성격을 파악하여 주위의 사람들과 조화를 이룰 수 있도록 세심한 노력이 요구된다.

1) 이브닝 드레스

이브닝 드레스(evening dress)는 여성에게 가장 화려한 야간 정식 예복인데 저녁시간에 개최되는 만찬회 · 무도회 등의 행사에 참석할 때 입는 것으로, 남성의 연미복에 상응하는 복장이다.

옷감은 실크나 벨벳과 같은 고급 천을 사용하나 요즘에는 광택이 강한 새틴, 브로게이드 등의 소재도 많이 사용된다. 특히 레이스와 오건디 등의 속이 비치는 천은 위에서 언더 드레스(under dress)를 걸쳐서 더욱 더 화려함을 강조할 수 있다.

이브닝 드레스는 정식이나 약식 모두 원피스(one piece)를 원칙으로 하고 길이는 발목까지 덮을 수 있는 것과 짧은 것이 있는데, 이 예복은 팔과 가슴을 충분히 노출시키고 바닥에 끌릴 정도로 긴 원피스를 입는 것이 좋다. 이브닝 드레스의 올바른 착용방법은 다음과 같다.

① 모 자

이브닝 드레스에는 머리에 장식은 무방하지만 모자를 쓰지 않는 것이 원칙이다.

② 장 갑

대개 흰색이나 검정색 또는 드레스와 어울리는 색상으로 하되 팔꿈치까지 올라오도록 한다.

③ 구 두

드레스의 색상에 조화를 이룰 수 있는 것이면 좋으나 보통 금색이나 은색의 비단구두로 뒷굽이 높은 펌프스(pumps)나 샌들(sandal) 형태가 좋다.

④ 핸드백

핸드백은 가죽제품은 피하고 손잡이가 없는 소형의 이브닝 백이나 장식용을 사용한다.

⑤ 액세서리

팔찌 · 목걸이 · 귀걸이 · 반지 · 브로치 등의 액세서리는 보석이 달린 화려한 것을 착용한다.

2) 애프터눈 드레스

애프터눈 드레스(afternoon dress)는 낮에 개최되는 행사나 파티에 입는 예복으로서 격식을 갖추어야 할 경우에 입는다. 특히 귀빈이나 손윗사람을 방문하거나 모임에 초청을 받아 참석할 때 평상복을 입으면 실례가 될 경우에 착용한다.

애프터눈 드레스로는 이브닝 드레스처럼 지나치게 광택이 나거나 비치는 천보다 기본적으로 은은한 빛깔을 내고 무늬가 좋은 것으로 선택한다.

애프터눈 드레스의 종류로는 원피스 · 투피스 · 앙상블 등으로 화려하지 않지만 평상복과는 달리 장식단추나 주름이 있는 디자인 등으로 부드러운 느낌을 줄 수 있도록 한다. 그리고 여기에 부수되는 모자 · 핸드백 · 구두 · 액세서리 등의 복장은 드레스의 소재나 색상 또는 형태에 따라 착용한다.

3) 칵테일 드레스

칵테일 드레스(cocktail dress)는 하루의 일과를 마치고 오후 5시 이후의 파티나 공식행사에 참석할 경우 입는 옷이다. 소재는 보통 실루엣을 아름답게 살릴 수 있는 것으로 인조보석이나 금 · 은 · 셀로판 같은 것을 곁들인 번쩍거리는 소재로 하고, 여름에는 시폰 · 오건디 · 조오젯 · 레이스 · 보일 등과 같이 살갗이 비치는 것을 사용한다.

요즘에는 천에 인조품을 장식하거나 여러 가지의 디자인으로 신선감을 주는 것을 사용하기도 한다.

칵테일 드레스는 일반적으로 원피스로 하지만 투피스를 입는 것도 무방하다. 그러나 밤에 입는 예복이기 때문에 가능하면 가슴이나 팔 등의 피부를 많이 노출할 수 있도록 한다. 소매는 보통 슬리브리스(sleeveless)로 하지만 소매가 긴 형태의 드레스도 보편화되어 있다.

① 모 자

보통 맵시 있는 칵테일 해트(cocktail hat)를 착용하면 어울린다.

② 장 갑

드레스의 색상과 조화를 이룰 수 있는 색상으로 짧은 것을 끼는데 경우에 따라서 긴 것을 끼기도 한다.

③ 핸드백

드레스와 어울리는 색상의 소형 백이나 장식용 핸드백으로 한다.

④ 구 두

화려한 비단제보다 뒷굽이 높은 하이힐을 신는다.

⑤ 액세서리

이브닝 드레스에 준한다.

4) 가든 파티 복(garden party dress)

가든 파티는 야외에서 열리는 행사이기 때문에 원칙적으로 애프터눈 드레스를 입지만 모임의 성격에 따라서 어울리는 드레스를 착용하도록 한다. 이때 야외에서 햇빛을 가리기 위해 차양이 넓은 모자를 착용하는 것이 좋다.

3 파 티

(1) 디너 파티

디너 파티(dinner party)는 에티켓이 집약되어 있는 가장 격식이 있는 오찬 ·

만찬·리셉션 등과 같은 사교 파티(social party)로서 초청자와 참석자 모두가 일정한 매너를 준수해야 한다.

디너파티는 형식에 따라 공식·비공식으로 구분할 수 있다.

1) 공식 파티

공식 파티는 구두통보(oral notice)보다 초대장을 이용하여 초대하고, 복장은 연미복이나 턱시도를 착용해야 하는데 일반적으로 복장은 초청자가 결정하여 초대장에 표기하는 것이 원칙이다.

〈표 4-5〉 디너 파티 초청장의 예

Mr. and Mrs. Lee

requests the pleasure of the company of

----

at dinner
on Friday, 21st of September
at Seven o' clock p.m.
at Grand Hyatt Hotel

R.S.V.P.

〈표 4-6〉 초대에 응할 경우의 회신

Mr. and Mrs. Lee

accept with pleasure
Mr. and Mrs. ○○'s
kind invitation to dinner
on Friday, 21st of September
at Seven o' clock p.m.

〈표 4-7〉 초대에 응하지 못할 경우의 회신

Mr. and Mrs. Lee

regret exceedingly
that a precious engagement
prevents their accepting
Mr. and Mrs. ○○'s
kind invitation to dinner
on Friday, 21st of September

2) 비공식 파티

비공식 파티는 보통 약식 예복을 입고 참석을 하나 만찬의 성격에 따라 평상복을 입고 참석하는 경우도 있다. 그러나 격식을 중요하게 여기는 영국에서는 턱시도나 이브닝 드레스를 입고 참석한다.

초청자는 특별한 경우가 없는 한 초대장을 이용하여 초대를 하지만 구두로 초대하기도 한다.

(2) 런치 파티

런치 파티(lunch party)는 오찬 모임을 일컫는 것으로 정오부터 오후 2시 사이에 개최되는 가벼운 파티이다.

착석 파티의 경우 좌석이 사전에 정해지기 때문에 개인적으로 오찬이 종료되기 전에 자리를 뜨는 행위는 실례가 될 수 있다. 오찬 파티는 만찬과 비교하여 간소하게 차리기 때문에 샴페인을 사용하지 않으며, 호스테스가 입구에서 참석자를 맞이하지 않는다.

〈표 4-8〉 런치 파티 초청장의 예

Sunbimaeul Apt. 412-2001

Mr. and Mr. Lee
Lunch, Sunday September 15th
12 : 30

R.S.V.P.

(3) 칵테일 파티

칵테일 파티(cocktail party)는 대개 오후 5시 이후에 열리는 행사로 칵테일을 주로 하고, 안주는 카나페(canape)와 같은 가벼운 것을 곁들여 손님을 접대하는 사교 모임이다. 칵테일 파티는 비즈니스를 위한 모임에서부터 개인초대에 이르기까지 광범위하게 이용되고 있다.

일반적으로 초청장에는 'cocktails' 또는 'cocktails and dinner'라고 표기되는데, 전자는 칵테일 파티만을 의미하고 후자는 칵테일 파티 후에 반찬이 이어진다는 의미이다.

칵테일 파티의 장점은 앉지 않고 서서 이루어지기 때문에 주위를 돌아다니면서 많은 사람과 사교를 할 수 있다. 또한 칵테일 뷔페는 칵테일과 오드볼과 같은 가벼운 안주가 제공되는 것이 아니라 요리도 함께 제공되는 형식의 파티를 일컫는다.

(4) 리셉션

리셉션(reception)은 본래 정부의 고위 공직자나 외교관이 공식적으로 개최하는 칵테일 파티를 의미하였다. 그러나 최근에는 특정한 사람이나 사건을 축하 또는 기념하기 위해 열리는 공식적인 모임을 말한다.

TIP

칵테일을 마실 때

1. 칵테일은 항상 자신의 오른쪽에 놓는다.
2. 잔을 잡을 때에는 잔의 아랫부분(stem)을 잡고 천천히 마신다.
3. 칵테일에 들어 있는 장식용 과일은 반쯤 마신 후 먹는다.
4. 칵테일을 마실 때는 소리를 내지 않는다.
5. 술을 마시지 못하는 여성일지라도 분위기를 위해 가벼운 칵테일 마신다.
6. 칵테일을 추가로 주문할 경우에는 동일한 것으로 한다.
7. 잔 밑에 깔려 있는 종이 냅킨으로 입술을 닦지 않는다.
8. 특별한 경우 이외에는 두 잔 이상은 마시지 않는 것이 좋다.

리셉션 행사에서는 주최자와 주빈이 행사장 출입구에 도열(receiving line[11])하여 손님을 맞이한다. 손님의 안내가 끝나면 호스트와 주빈은 정해진 좌석에 착석하거나 참석자의 앞에서 짧게 인사말을 하거나 소개를 하기도 한다.

〈표 4-9〉 리셉션 초대장의 예

Mr. and Mrs. Janghoon Lee

requests the pleasure of the company of

----

at a reception
on Friday, 17th of August
from Six to Eight o' clock p.m.
at Intercontinental Hotel

R.S.V.P.

11) 리시빙 라인(receiving line)은 참석하는 손님들을 맞이하기 위해 보통 행사장의 출입구에 일렬로 서는 것을 의미하는 것으로, 위치는 문 밖에서 보아 왼쪽에서 서며, 서는 순서는 호스트, 주빈, 호스테스, 주빈의 순이다. 또한 리시빙 라인 앞에는 안내인이 손님을 호스트에게 소개한다.

(5) 뷔페 파티

뷔페 파티(buffet party)는 특별한 격식을 갖추지 않고 뷔페 음식으로 손님을 접대하는 파티를 의미하는 것으로 정식과 같이 복잡한 테이블 매너가 요구되지 않는다.

따라서, 뷔페 파티는 초청받은 사람이나 초청자 모두가 부담을 느끼지 않고 원하는 음식을 스스로 선택하여 먹기 때문에 동시에 많은 사람의 접대가 가능하다는 장점이 있다.

뷔페는 착석 뷔페(sitting buffet)와 입식 뷔페(standing buffet)의 형식으로 구분할 수 있다.

TIP

✓ 뷔페 음식을 먹을 때

1. 음식은 적당량을 보기 좋게 접시에 담는다.
2. 음식은 정찬의 순서대로 나누어 골고루 담아 먹는다.
3. 미각을 돋구는 찬 음식 — 수프와 빵 — 샐러드 — 뜨거운 메인 음식 — 디저트류 — 차 등의 풀 코스의 순서대로 조금씩 나누어 담아 먹는다.
4. 아무리 좋아하는 음식이라도 특정 음식을 집중적으로 먹지 않는다.
5. 뷔페에서는 테이블을 중심으로 왼쪽 방향으로 돌면서 담는다.
6. 생선과 육류는 같은 접시에 담지 않는다.
7. 음식을 먹으면서 다니거나 먹고 남기는 행위는 매너에 어긋난다.
8. 여성이 음식을 담으러 갈 때에는 남성이 에스코트하여 접시에 옮겨 담는 것을 도와주며 요리 선택에 세심한 신경을 써준다.
9. 음료의 운반은 남성이 한다.
10. 같이 식사하는 사람들과의 식사속도를 맞춘다.

〈표 4-10〉 뷔페 식당의 장 · 단점

장 점	단 점
· 요리가 미리 준비되어 진열되어 있기 때문에 식사시간이 절약된다. · 비교적 저렴한 가격으로 다양한 요리를 맛볼 수 있다. · 위생적인 식사 제공이 가능하다. · 소수의 종업원으로도 많은 고객을 맞이할 수가 있다. · 고객이 직접 요리를 선택하여 먹기 때문에 비교적 불평이 적다. · 회전율이 높다. · 식사 매너를 모르는 사람도 부담 없이 식사를 할 수 있다.	· 다양한 요리를 준비해야 하기 때문에 재료비가 많이 든다. · 먹다 남은 요리를 보관하지 못하고 버려야 하기 때문에 원가가 높다. · 개별적인 서비스의 제공이 어렵다. · 일반 요금보다 상대적으로 비싸다. · 주기적으로 레이아웃을 변경해야 한다.

(6) 가든 파티

가든 파티(garden party)는 규모가 비교적 큰 행사로 정원에서 개최된다. 정원에서 열리는 파티이기 때문에 날씨가 쾌청해야 하며, 정원의 경치가 아름다운 계절에 주로 열린다. 많은 인원이 초대되어 개최되는 행사이므로 행사에 제공되는 각종 요리나 기물을 정원으로 옮겨놓고 음료 카운터를 설치하여 접대하는 비교적 자유스러운 파티이다.

가든 파티에는 보통 여흥도 곁들여지는데 여흥의 종류로는 야외 연극 · 야외 발레 등의 문화적인 행사와 단거리 달리기 등의 스포츠 행사, 또는 바자회 등이 있다.

일반적으로 초청장에 참석 여부의 표기가 없을지라도 초대받은 경우에는 참석 여부를 통보하는 것이 에티켓이다.

(7) 무도회

무도회(ball and dance)는 200~300명 정도를 초청하는 정식 이브닝 리셉션(evening reception)보다 규모가 큰 파티로서, 개인적으로 개최하기가 곤란하기 때문에 공공단체에 의해서 개최된다.

보통 무도회는 호스테스가 주빈에게, 그리고 호스트가 주빈의 부인에게 댄스를 신청하는 것으로 시작된다.

1) 초 대

관례적으로 무도회는 오후 10시 전후에 시작되며 11 : 30경에 야식(super)을 먹는다. 초대장은 인쇄하여 3~4주 전에 보내는 것이 좋다. 만약 젊은 미혼여성에게 단독으로 초청장을 보낼 경우에는 보통 'Miss ○○ and Partner'라 표기한다.

2) 준 비

무도회는 규모가 비교적 크기 때문에 장소를 확보하는 문제가 중요하며, 장소는 보통 호텔이나 클럽을 이용한다. 또한 장소가 확보되면 댄스에 필요한 음악이나 악단을 예약해야 한다.

그밖에 소지품이나 외투 등을 보관할 수 있는 클로크 룸(cloak room), 잠시 휴식을 취할 수 있는 휴게실, 식사(보통 뷔페식)를 할 수 있는 별도의 장소 등을 준비해야 한다.

3) 참석자의 복장

무도회에 참석하는 사람은 반드시 예복을 입어야 하는데 남성은 정식 예복은 연미복이지만 턱시도도 입는다. 그러나 초대장에 'White Tie'라고 표기되어 있으면 반드시 연미복을 착용하고 참석해야 한다.

그리고 여성의 경우 치마가 길고 소매가 없는 이브닝 드레스를 입는 것이 무방하며, 액세서리는 가능하면 화려한 것으로 치장한다.

데뷔턴트[12] 무도회에서는 데뷔턴트를 에스코트(escort)하는 남성과 그의 부친은 반드시 연미복을 입는다.

4) 무도회에서의 에티켓

① 남 성

- 무도장에서 담배를 피우거나 잡담을 해서는 안 된다.
- 호스테스와 적어도 한 번은 춤을 춘다.
- 부부동반인 경우에는 아내와 먼저 춤을 춘다.
- 소개받은 여성과도 춤을 춘다.
- 춤추기 전에 식사가 있었을 경우에는 테이블에 착석한 여성들과 각각 춤을 춘다.
- 휴식을 취하고 있는 여성에게는 춤을 권하지 않는다.
- 춤을 추고 있는 동안에 신청하거나 한 여성과 계속 춤을 추어서는 안 된다.
- 춤을 춘 다음에는 감사의 표현을 잊어서는 안 된다.
- 남성끼리의 춤은 금물이다.
- 야식을 먹으러 갈 경우에는 함께 춤을 춘 여성을 안내한다.
- 경우에 따라서 함께 춤을 춘 여성을 집까지 바래다준다.

12) 데뷔턴트는 사교생활에 첫발을 내딛는 젊은 여성들을 위한 무도회를 일컫는다.

② 여 성

- 신청을 이유 없이 거절하고 곧바로 다른 신청을 수락해서는 안 된다.
- 여성이 먼저 남성에게 춤을 신청하지 않는다.
- 신청을 받았을 경우 특별한 이유가 없는 한 거절하지 않는다.
- 동일한 남성과 계속해서 춤을 추어서는 안 된다.
- 여성이 남성에게 야식을 권해서는 안 된다.
- 여성끼리의 춤은 금물이다.

제8절 주 류

식사를 하면서 곁들이는 술은 테이블 매너에서 대단히 중요한 위치를 차지하기 때문에 술에 대한 어느 정도의 지식이 요구된다. 식탁에서의 술은 제4장 제1절을 참고하고, 이 책에서는 와인에 대한 내용을 살펴보기로 한다.

정식을 먹을 때 음식의 맛을 한결 부드럽게 해줄 수 있는 것이 바로 와인이기 때문에 그 종류도 많고 다양하다. 즉 와인은 전세계인이 일반적으로 즐겨 마실 수 있는 술이다. 그러나 와인을 마실 때에는 분위기와 상황에 따라서 와인의 종류를 달리하고 마시는 요령도 다양하다.

따라서 포도주의 TPO(Time, Place, Occasion : 시간 · 장소 · 경우)는 감미가 있는 와인은 요리가 없어도 와인만으로 충분히 그 맛을 즐길 수 있지만, 드라이한 와인은 음식을 먹으면서 마실 때 맛이 더욱더 두드러진다.

(1) 생선에 어울리는 술

개인의 취향과 요리의 종류에 따라 다르겠지만 일반적으로 백포도주를 차게 해서 마신다. 요리에 어울리는 와인을 구체적으로 살펴보면 다음과 같다.

1) 흰 살 생선

프랑스 남서부 보르도 지방에서 생산되는 감칠맛 나며 산미가 강한 보르도 백포도주가 적당하다.

2) 붉은 살 생선

프랑스 동부의 론 강 상류와 세느 강 지류 유역에서 생산되는 맑은 황록색을 띤 버건디 백포도주가 어울린다. 버건디는 드라이하며 방향성이 풍부하다.

(2) 육류에 어울리는 술

육류 역시 개인의 취향이나 요리의 종류에 따라 포도주를 선택할 수 있으나 보통 적포도주를 실내온도로 마신다.

요리에 어울리는 와인을 구체적으로 살펴보면 다음과 같다.

TIP

와인의 역사

인간이 지구상에서 살며 최초로 만들어 마신 알코올 음료가 포도주라고 하며, 이 포도주는 포도를 주원료로 만들어진다. 학명 비티스인 포도는 인간이 재배한 가장 오래된 작물 중 하나로서 인간이 포도주를 만들어 마셨던 시기는 포도를 발견하고 재배했던 시기와 거의 같다고 알려지고 있다.

포도주의 기원은 페르시아이며, 가장 오래된 고대 문명도 포도주를 알고 있었다고 전해진다. 이집트 페니키아, 그리스와 로마인들은 주로 여러 향신료가 첨가된 아주 진하고 알코올 도수가 높은 포도주를 마셨다. 포도주는 그리스 문명에서는 디오니소스, 로마 문명에서는 박카스였으며, 성경에도 521번이나 등장한다.

인간에게 있어 포도주는 문명의 시초부터 지금까지 생애의 중요한 사건의 동반자로서 종교행사 · 축제 · 기념일뿐만 아니라 치료 · 진통 및 소독용으로도 광범위하게 사용되고 있다.

페르시아의 전설에 의하면 고대 페르시아의 한 왕은 포도를 매우 좋아해 잘 익은 포도를 저장실에 보관해놓고 일년 내내 즐겨먹었다. 그런데 이 저장실에서 약간의 잘 익은 포도가 발효되어 탄산가스를 발산해 저장실에 있던 몇몇 노예를 일시적으로 기절하게 만들었다. 마침 왕의 노여움을 사 심란해 있던 한 후궁이 이러한 사실을 알고 창고에 있는 것을 극약으로 생각하여 이를 왕에게 먹였으나 이를 마신 왕은 죽기는커녕 오히려 기분이 좋아져 노래를 부르고 춤을 추었다. 그 후 왕은 이 포도즙이 슬픈 사람을 기쁘게 하는 신비스러운 힘을 가지고 있다 하여 오늘날 우리가 마시는 포도주를 발견하게 되었다고 전해진다.

포도기 각 지방으로 확산돼 재배되기 시작한 것은 로마인들의 정복활동에 의해서이다. 특히 오늘날 세계적인 포도주 산지인 프랑스에 전래된 것도 로마인들의 점령기 때인데 당시 고올이라고 불리던 이 지역에서는 맥주의 일종이던 세르브와즈, 꿀 음료수 이드로멜을 무척이나 즐겼다 한다. 따라서 당연히 고올 족들은 포도주를 애호하게 됐고, 이들은 탁월한 포도 재배자로서 포도주 제조에도 큰 성공을 거둔다.

이때 로마의 도미티엥 황제가 자국의 포도주 산업을 보호하기 위해 고올 지방의 포도묘목 절반을 뽑아버리도록 명령할 정도로 예로부터 고올 지방, 즉 프랑스에서의 포도 재배나 포도주 제조는 뛰어났던 것으로 전해내려오고 있다.

이렇게 전파된 포도는 날로 수요가 늘어났고, 특히 수도원 및 교단의 건립과 병행해 발달했으며, 중세시대의 포도 재배지는 프랑스 전역에서 흔히 볼 수 있는 풍경으로 바뀌었다.

포도주는 12세기에 영국 · 플랑드르 · 게르만 국가 등을 중심으로 이웃 국가들에게 수출됐고, 13~14세기에 이르러 인구의 폭발적 증가와 상업의 발전이 포도주 소비를 더욱 증가시켰다.

18세기에 사용되기 시작한 코르크(cork) 마개는 포도주가 일반화되어 유통될 수 있는 결정적인 역할을 했다.

프랑스 포도는 1864년 미국에서 건너온 필록세라라는 진딧물에 의해 한때 포도밭 대부분이 괴멸되는 시련을 겪기도 한다. 이 재앙은 필록세라에 강한 미국 품종과의 접목으로 저지됐다. 그러나 이 시기에 프랑스 포도밭 전체를 재건해야만 했고, 일부 지방은 포도 재배를 중단해야 하는 사태를 빚기도 했다.

평화와 번영의 상징이었던 포도나무의 열매인 포도를 원료로 해서 만든 포도주는 유럽 전역의 문명을 발전시켰으며, 안정된 사회를 이루는 데 중요한 역할을 하였다. 오늘날 포도주는 전세계에서 각광받고 있는 음료로서 프랑스를 비롯하여 이탈리아 · 포르투갈 · 미국 등 여러 나라에서 제조되고 있다.

1) 쇠고기 · 닭고기 · 양고기 등의 가축류

선홍색으로 맛이 섬세하고 향이 풍부한 보르도의 적포도주가 적당하다. 보르도의 적포도주는 다소 떫은맛과 신맛이 조화를 이루는 대표적인 적포도주이다.

(3) 디저트에 어울리는 술

1) 샴페인

샴페인(champaign)은 얼음통에 넣어 차게 한 다음 마시는 것으로, 주로 아이스크림과 함께 제공되고 축하주로서 건배시에 이용된다.

2) 론 주

론주(cotes du rhone)는 실내온도로 마시는 것으로 치즈에 잘 어울리고 오찬에 자주 이용된다.

〈표 4-11〉 와인의 매너의 Dont's와 Do's

번호	Dont's	Do's
1	귀빈을 접대할 때에는 와인이 없으면 안 된다.	와인은 테이블 와인으로 생선요리·고기요리에 필수적으로 곁들인다.
2	와인은 한번에 마시지 않는다.	와인은 향기·색깔·맛을 음미하며 마신다.
3	적포도주는 차게 해서 마시지 않는다.	적포도주는 실내온도가 적온이다. 차게 하면 맛을 잃는다.
4	와인 글라스에 와인을 가득 부어 마시지 않는다.	와인은 글라스의 약 80% 정도를 부어 마신다.
5	샴페인은 흔들지 않고, 따뜻한 곳에 두지 않는다.	폭발할 위험이 있으므로 냉장고에 보관한다.
6	와인을 보관할 때에는 병을 세워놓지 않는다.	코르크 마개가 마르면 축소되어 공기와 접촉하기 때문에 코르크는 항상 젖어 있어야 한다.
7	와인은 앙금이 일 정도로 흔들어 따르지 않는다.	양질의 와인은 앙금이 발생하기 때문에 따를 때에는 앙금이 일어나지 않도록 가볍게 따른다.
8	와인은 와인 글라스 이외의 글라스에 따르지 않는다.	와인은 반드시 와인 글라스에 따른다.
9	와인은 따른 후 곧바로 마시지 않는다.	와인은 일정 시간 동안 공기와 접촉해야 제 맛을 내기 때문에 가볍게 와인 글라스를 흔들어 공기와 접촉할 수 있는 시간을 갖는다.
10	와인은 기름 묻은 입으로 마시지 않는다.	와인을 마시기 전에 냅킨으로 입 언저리에 묻은 기름기를 닦아낸다.
11	남이 와인을 따라줄 때에는 글라스를 움직이거나 잡지 않는다.	와인을 따를 때에는 테이블 글라스를 테이블 위에 놓은 상태에서 따른다.

제 5 장

나라별 음식문화

제1절 한 국

한국요리의 특성

한국요리는 우리의 유구한 역사와 함께 이루어진 문화유산 중의 하나로서 지리적 여건과 기후 변화 등의 영향을 받으며, 각 지방에서 생산되는 다양한 농산물 및 사냥과 가축의 사육으로 향토성이 짙은 음식들이 창출되었다.

그리고 시대에 따라 전파된 종교의 영향, 외세의 침입에 따른 새로운 문물의 도입에 영향을 받으면서 향토음식, 궁중음식, 민간신앙음식. 관혼상제음식, 사찰음식, 계절음식, 발효음식, 떡, 과자 등 분야별로 변화의 과정을 거치면서 독특한 조리기술 개발과 상차림의 독창적인 식문화의 변화와 더불어 우리의 식문화가 발전되었다.

따라서 오랜 세월 동안 이루진 독특한 형태의 다양한 음식늘이 사회구조와 외래문화의 영향으로 전통성을 잃어버린 것도 있고, 또한 잊혀진 것들이 많은 상황이다. 그러나 현재까지 끈질긴 민족성으로 인하여 쌀을 주식으로 하고 있으며, 인기있는 김치 · 된장찌개 · 불고기 등이 역사와 함께 유지되어 한국요리의 특성을 이루고 있다.

한식의 특성

① 품질이 우수하며, 한국을 자랑할 수 있는 재료를 선택한다.

② 음식을 담는 기물은 한국 식기를 사용한다(양식 · 일식 · 중식 등의 접시나 은기류를 사용하면 안 된다).

③ 저렴한 가격의 최우수 상품 선택

④ 파티 종류와 접대방법, 요리명에 따라 크기와 모양을 다르게 하여 간결하고 깨끗하며, 먹기 좋게 한다.

⑤ 요리의 맛을 살리면서 색깔이 잘 조화될 수 있게 한다.

⑥ 화학조미료를 쓰지 않고, 식품재료 자체가 지닌 자연 맛을 그대로 나게 한다.

⑦ 외국산 식품과 음료를 혼합하지 않는다.

⑧ 맵고 짜지 않게 조리하고, 식탁에 고춧가루와 간장을 놓아 자유롭게 조절하게 한다.

⑨ 조리실을 위생적으로 청결하게 하고, 행주 · 칼 · 도마를 재료에 따라 다양하게 구분하여 정리정돈을 완벽하게 한다.

⑩ 식료품 모양을 잘 살리도록 하고, 여러 재료를 사용하더라도 맛과 색깔을 잃지 않게 한다.

⑪ 외국인 식생활 습성을 이해하고, 불편이 없게 순서를 정한다.

⑫ 계절에 맞는 식품과 향기를 선택하여 식단에 변화를 준다.

3 한국요리의 서비스 방법

(1) 상차림의 형식

1) 반 상

밥을 주식으로 하는 형식의 상이다. 식사는 밥 · 탕 · 김치 · 간장 · 조치(찌게 · 찜) 등 기본식과 반찬류, 후식으로 이루어진다. 반찬의 수를 첩수(楪數)라 하는데 그 수에 따라 3첩반상, 5첩반상, 7첩반상, 9첩반상, 12첩반상으로 한다. 또한 간단히 식사할 수 있는 일품반상과 복잡한 연회용으로 사용되는 교자상이 있다.

이상의 규칙에 따라 차림표를 작성하면 자연히 반찬의 조리법이 규정되며,

어떤 반상이든지 기본찬은 반찬 수와 항상 관련을 갖게 된다. 예로서 5첩반상의 기본찬인 초간장은 반찬 수에 해당하는 전유어를 가지게 되며, 7첩 이상이면 그 조리법을 거듭하여 반찬의 수를 맞추게 된다.

5첩 이상의 반상은 기본찬인 찜이나 전골이 있고, 반찬으로 마른찬이나 짠 반찬이 고루 배합되어 있어 가정을 중심으로 한 식사상에는 적합하다.

그러나 식당요리로 개선하는 데 있어 가정 중심의 반상과 같은 조리방법이나 재료의 중복은 피해야 한다. 특히 외래관광객의 기호에 맞도록 조리하고, 아울러 색깔의 배합도 고려하여 식욕을 돋우도록 해야 한다. 즉 육류요리·어류요리·야채류 등을 외국인 기호에 맞게 잘 조화시켜 차림표를 작성하도록 한다.

후식류는 재래 후식을 개선하여 떡종류, 한과류(다식종류·강정류), 약과, 과일, 차종류, 화채류, 화전류 등으로 나누어 접대한다.

널리 외국에 자랑할 수 있는 한국고유의 후식이 많이 있는데도 한식식사 후에 아이스크림이나 커피 등을 후식으로 접대하는 모순은 시급히 개선되어야 한다. 호텔이나 식당에서 한식의 후식을 바르게 소개하는 데 노력을 기울여야 할 것이다.

2) 반상의 차림도

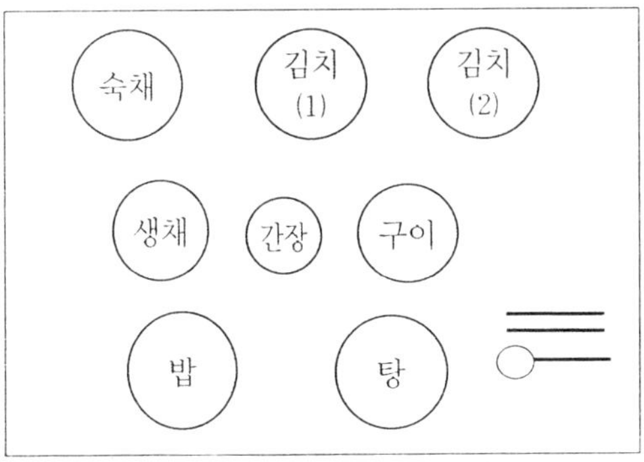

[그림 13-1] 3첩반상 차림도

3첩반상

- 기본식 : 밥, 탕, 김치, 간장
  ※ 조치는 없음.
- 반찬 3가지 : 생채, 숙채, 구이 혹은 조림.
- 후식 : 단것, 과일, 차

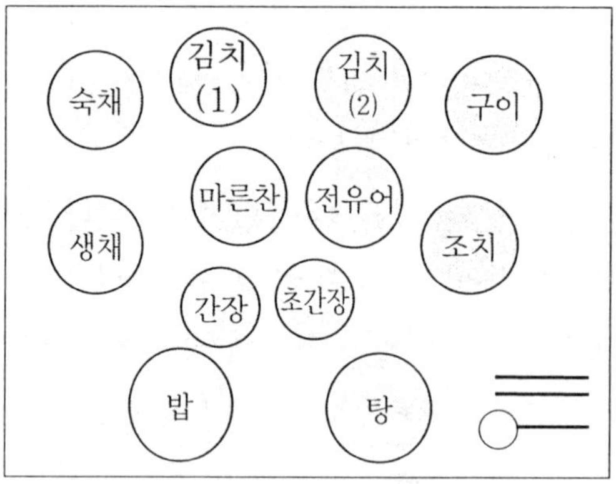

[그림 13-2] 5첩반상 차림도

5첩반상

- 기본식 : 밥, 탕, 김치, 간장, 초간장, 조치 1가지
- 반찬 5가지 : 생채, 구이, 숙채, 전유어, 마른찬
- 후식 : 단것(떡종류, 한과류), 과일, 차

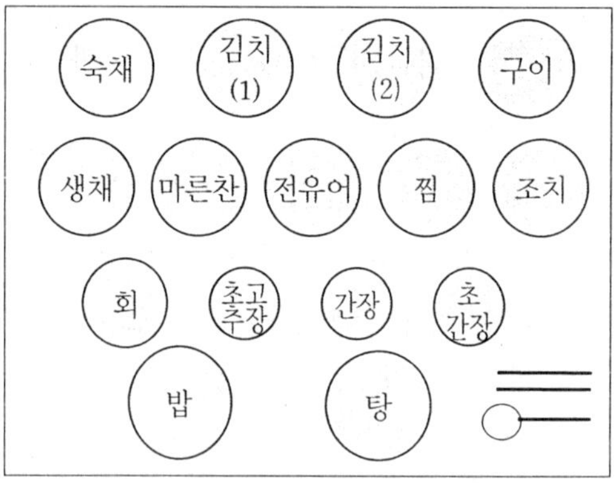

[그림 13-3] 7첩반상 차림도

7첩반상

- 기본식 : 밥, 탕, 김치, 간장, 초간장, 초고추장, 조치, 전골
- 반찬 7가지 : 생채, 숙채, 구이, 전유어, 마른찬, 회, 찜
- 후식 : 떡, 한과류, 과일, 차, 화채

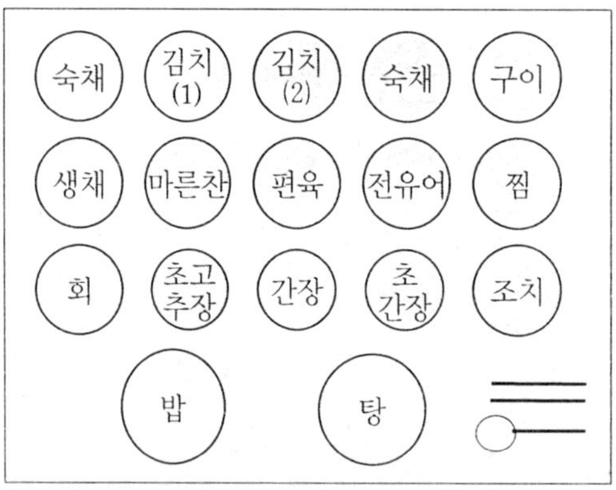

[그림 13-4] 9첩반상 차림도

9첩반상

- 본식 : 밥, 탕, 김치, 간장, 초간장, 초고추장, 조치, 전골
- 반찬 9가지 : 생채, 찜, 구이 2가지, 숙채, 전유어, 마른찬,
- 후식 : 떡, 한과류, 과일, 차, 화채.

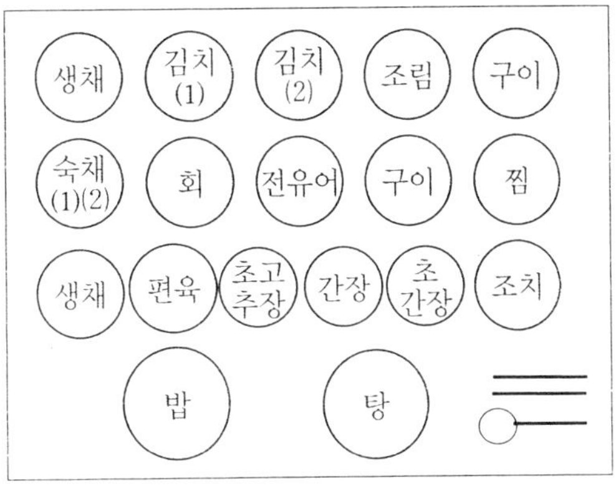

[그림 13-5] 12첩반상 차림도

12첩반상

- 기본식 : 밥, 탕, 김치, 간장, 초간장, 초고추장, 조치, 전골
- 반찬 12가지 : 생채 2가지, 숙채 2가지, 구이 2가지, 전유어
- 후식 : 떡, 한과류, 과일, 차, 화채

(3) 주안상

주류만을 대접하기 위한 상으로 술안주가 될 수 있는 요리를 접대한다. 반상의 반찬은 술안주 요리가 안 되며, 술 종류에 따라 안주용 요리도 달라진다.

한식요리 중에서 양주에 잘 어울리는 요리는 몇 가지 안 되나 개선하고 연구하면 훌륭한 요리를 만들 수 있다. 예를 들면, 칵테일 파티(Cocktail Party)에 대접할 수 있는 오르되브로는 한식의 특성을 살린 주안상의 요리로 개선하고 발전시키면 훌륭한 오르되브로로 만들 수 있을 것이다.

(4) 교자상

축하연이나 회식 · 모임 등에 쓰이는 상차림이며, 많은 인원이 함께 식사하는 방법이다. 1인용으로 작은 식기에 요리를 담는 것이 아니라 4명, 5명, 8명의 분량을 하나의 식기에 담는다.

교자상의 차림표 작성시 주의할 점은 다음과 같다.

① 파티의 종류에 맞는 요리를 선택한다.

② 고객의 식성과 기호에 맞도록 조리방법과 요리를 선택한다.

③ 여러 고객이 함께 식사할 수 없는 요리는 선택하지 않는다. 예를 들면, 물김치 · 탕 · 초간장 · 차·화채 등 후식 종류이다.

(5) 면 상

국수 종류를 주식으로 하는 상으로 대개 연회용으로 사용한다. 온면 · 냉면 · 떡국 등이 주식이 되므로 마른찬, 짠 반찬 등은 사용하지 않으며, 큰 자극 없이 먹을 수 있는 요리를 준비한다.

4 한식요리의 종류

(1) 주식류

1) 밥

쌀만으로 지은 흰밥을 기본으로 하여 여기에 잡곡류를 섞어서 짓는 방법, 야채를 볶아서 얹거나 섞고 양념고추장을 곁들이는 방법 등 조리법이 다양하다.

동남아의 식생활에서는 밥이 주식이 되고 있으며 양식에서의 빵과 같은 역할을 한다.

2) 탕

탕은 밥의 찬으로 이용되고 있지만 외래관광객의 기호에 맞추려면 수프와 같은 역할을 할 수 있도록 조리방법을 개선해야 한다. 고춧가루 · 고추장 · 된장 등은 소량을 사용하거나 될 수 있는 한 피하고, 소금으로 조미하고, 마늘은 특유한 냄새가 나지 않도록 사용한다.

3) 육

소고기나 생선을 이용한 찜이나 구이요리는 주로 밥의 찬으로 사용되지만, 일품요리로 개발하여 너무 짜거나 맵지 않게 자극이 없도록 조리한다.

한국요리에서 가장 중요시하는 찜은 소고기 · 돼지고기 · 생선 등의 주재료에 여러 가지 양념과 버섯 · 밤 등을 곁들여 푹 익히는 것으로 주재료의 맛을 살리도록 한다.

구이요리는 재료를 자르는 법에 주의해야 하며, 노르스름하게 색을 곱게 내면서 굽는다. 재료를 양념장에 재거나 소금에 절여 숯불 · 가스 · 전기오븐 등에 직접 구우며, 연기로 구워 훈연하기도 한다.

많은 양을 구울 때는 직접 불에 표면을 익혀 국물이 흘러나오는 것을 방지한 다음 모양을 굳혀, 오븐에서 속까지 고루 익힌다.

4) 조 림

육류 · 생선은 국물과 양념을 함께 넣어 익히는데 국물을 얹어가며 윤기가 나게 조린다. 특히 짜거나 맵지 않게 하고, 모양이 흐트러지지 않도록 주의한다. 파 · 마늘 · 실고추는 굵지 않게 깨끗이 사용한다.

5) 전 골

전골요리는 대개 여러 가지 채소와 육류 · 생선 등을 전골냄비에 색깔을 맞추어 담고, 아주 담백하게 조미한 즉석요리이다.

국물이 국처럼 많지도 않고 조림같이 아주 없는 것도 아니므로 시간이 많이 걸려 익는 재료는 피하거나 사전에 손질하도록 한다. 또한 국물을 탁하게 하거나 자극이 심한 재료는 미리 손질하여 사용한다.

6) 전유어

생선 · 야채 등을 물기 없이 손질하여 밀가루를 묻히고 계란을 입혀 기름에 부쳐내는 요리이다.

면실유를 조금씩 사용하여야 깨끗이 되며, 약한 불에서 부쳐야 속까지 고루 익으며 타지 않는다. 다 된 후에는 기름이 빠지도록 채반에 겹치지 않게 놓는다. 아무리 많은 양이라 해도 일단 팬에 지져낸 후에 오븐에 넣어 데우는 정도의 방법밖에는 없으므로 많은 시간을 요한다.

7) 숙　채

주로 야채류를 사용하여 기름에 볶거나 양념하여 무치는 조리이다. 주재료의 맛을 살리지도 못하며 크기 · 색깔이 깨끗하지 못하지만 가장 손쉬운 요리방법으로, 양질의 요리가 되도록 개선해야 한다.

8) 생　채

생야채를 갖은 양념으로 산뜻하게 무치는 조리이다. 서양요리의 샐러드와 같은 요리로 조미료와 식초로 맛을 돋우며, 서양요리의 생채요리보다 더욱 나은 조리법으로 개선해야겠다.

9) 산　적

한국 고유의 특색있고 볼품있는 요리로서, 여러 가지 재료를 일정한 규격으로 썰어 양념한 후 색깔을 맞추어 꼬챙이에 가지런히 꿰어 석쇠에 굽는다.

불에 익히는 시간이 다른 재료는 살짝 데쳐 사용하며, 많은 양을 다룰 때는 오븐에 굽기도 한다. 식기에 담을 때는 꼬챙이를 그대로 담거나 꼬챙이를 빼고 깨끗이 담기도 한다.

10) 편 육

소고기나 돼지고기의 큰 덩어리를 삶아내어 살이 단단해지도록 눌렀다가 얇게 썬다. 많은 양을 손쉽게 조리할 수 있고, 외국인의 기호에도 적합하다.

11) 마른찬

육류 · 생선 등의 고기를 얇게 저미거나 다져서 갖은 양념한 후 말리거나 조려서 사용한다. 한국요리에는 밑반찬으로 사용되고 있으나 외국인 접대에는 기호를 고려하여 대접한다.

12) 김 치

한국요리의 기본찬으로 어떤 상이든 항상 곁들인다. 배추와 무를 주재료로 하여 고춧가루와 새우젓 등을 적당히 배합하여 조리하면 외국인도 즐길 수 있는 요리의 하나가 되며, 더욱 개량하여 널리 보급시키면 맛과 영양이 풍부한 요리가 될 수 있다. 특히 계절에 따라 재료에도 변화를 주어 계절감각을 높이고, 보관시는 온도조절에 유의하여야 한다.

13) 후 식

한국고유의 후식은 매우 환영받는 요리로서 자극이 심하지 않고 독특한 맛과 향취가 있어 신체적으로 부담을 주지 않아 더욱 호감이 가는 요리이다.

일반적으로 만드는 과정이 복잡하고, 장시간 저장할 수 없는 요리가 많지만 간편한 요리가 되도록 연구하여 널리 보급시켜야겠다.

(2) 부식류

1) 국

① 맑은 장국

국물이 탁하지 않게 간장이나 소금으로 간을 맞춘다. 종류로는 완자탕, 어알탕, 무맑은탕, 생선 맑은탕 등이 있다.

② 토장국

육수나 멸치장국에 고추장이나 된장을 풀고, 채소류와 나물류 등을 넣고 끓여 맛이 어우러지게 한다.

③ 곰 국

뼈가 있고 질긴 고기를 오랜 시간 푹 고아 소금이나 간장으로 간을 살려 파 · 후추 · 고춧가루 등으로 양념한다.

TIP

장국 만들기

맑은 육수를 낼 때는 고기를 덩어리째 끓는 물에 오래 삶으면 되지만 적은 양일 때는 납작하게 썰어 기름에 볶다가 물을 부어 끓인다. 멸치장국은 냉수를 부어, 끓어오르면 3분 정도 더 끓여서 받쳐서 쓴다. 오래 끓이면 오히려 맛이 없다.

2) 나 물

① 숙 채

채소를 그대로 볶든가, 삶아서 무치든가 마른 것을 불려 볶아 익힌 나물을 말한다.

② 생 채

날 채소와 해초류를 그대로 초맛을 곁들여 산뜻하게 내는 나물을 말한다.

3) 튀 김

튀김은 고온으로 단시간에 하는 음식이므로 비타민 및 기타 영양 손실이 가장 적은 요리법이다.

① 튀김기름의 온도를 재는 데는 200℃짜리 알코올, 또는 수은온도계를 사용한다. 과열이나 상한 기름으로 튀김을 만들면 바삭거리지가 않고 좋은 튀김이 만들어지지 않으므로 180℃의 적당한 온도에서 튀겨낸다.

② 온도가 중요하지만 튀기는 양도 중요하기 때문에 적당한 온도에서 튀김을 한 개 넣고, 다음 한 개, 다시 잠깐 쉰 후 한 개씩 넣어 순서대로 떠오르면 건져낸다. 많은 양을 한꺼번에 넣으면 기름의 온도가 내려가 튀김옷에 기름이 지적지적하게 먹어 바삭거리지 않고 수분이 많게 되므로 주의한다.

4) 묵

① 재료에 따른 분류

녹두묵, 메밀묵, 도토리묵, 율무묵, 감자묵, 옥수수묵, 고구마묵 등이 있다.

② 만들기

녹두, 도토리, 메밀의 전분가루에 4~5배의 물을 부어 주걱으로 자주 저으며 끓인다. 말갛게 익으면 틀에 부어 식힌다.

5) 떡

① 만드는 방법에 따른 분류

㉠ 시루떡

쌀가루에 섞는 재료에 따라 무떡, 호박떡, 콩떡, 느티떡, 술떡 등

㉡ 기름에 지지는 떡

화전, 주악, 부꾸미

㉢ 쪄서 치는 떡

인절미, 절편, 계피떡

㉣ 술로 불리는 떡

증편

㉤ 삶는 떡

경단, 단자, 송편

6) 화 채

화채는 과일 정을 설탕이나 꿀에 재우므로 맛이 알맞게 배이고, 반면에 과일 정으로부터 과일 특유의 향이 있는 증액이 흘러나와 화채 국물의 맛이 잘 어우러지게 한다.

물 1컵에 설탕 1/4컵 정도의 기준으로 하면 과일 정이 잘 뜬다.

7) 조 과

조과란 과자류를 말하며, 꿀·엿·설탕 등을 가루에 섞어 단맛을 내고 기름에 지지거나 꿀로 반죽하는 것을 말한다. 강정류, 유밀과, 숙실과류, 과편, 다식류 등이 있다.

8) 생선구이

① 굽 기

생선을 구울 때는 강한 불에 빨리 굽는다. 비린내가 많이 나는 생선이나 기름기가 많은 생선은 10~30분 전에 소금을 치고 물기를 닦은 다음 다시 한번 소금을 뿌려 굽는다. 소금을 뿌리는 이유는 살의 탄력을 유지함과 표면을 빨리 응고시켜 맛이 좋아지게 하기 위함이다.

② 조리기

조린다는 것은 식품을 액체 속에서 가열하는 것이다. 다른 조리법에 비해 요리시간이 비교적 오래 걸리므로 영양 손실이 큰 편이다.

- 조림 국물이 끓을 때 생선을 넣는다.
- 알맞은 조미료와 향신료를 적당히 넣는다.
- 녹말을 넣으면 조림이 빨리 식지 않는다.

③ 찌 기

- 재료는 물이 끓을 때 넣는다.
- 찜을 찔 때 찜틀 물의 분량은 찜 넣는 분량의 7~8할 가량이 적당하다.
- 일반적으로 나무그릇은 괜찮으나 금속성 그릇은 피하는 것이 좋다.
- 고온가열이 필요없을 때는 뚜껑을 비스듬히 덮어 내부온도를 맞추어주도록 한다.

④ 생선 선택법

- 죽을 때의 경직현상이 남아 생선 전체가 반듯하고 힘 있게 젖혀져 있다는 것이 좋다.
- 빛깔과 광택이 살아 있는 것을 고른다.
- 눈이 파르스름하게 빛나 보이는 게 신선하다.
- 아가미가 깨끗한 것은 선홍색이고 단단하다.
- 비늘이나 껍질이 벗겨지지 않아야 한다.
- 심한 비린내가 없어야 한다.

9) 새 우

몸이 투명하게 보이고, 껍질이 단단한 것을 고른다.

10) 게

꽃게 · 영덕게 · 털게 · 밤게 · 참게 등이 있다. 발이 빳빳하고 무거운 것, 탄력성이 있는 것이 신선하다.

11) 피조개

껍질 바깥 쪽은 흑갈색으로 가느다란 방사맥이 있으며, 안쪽으로는 흰색을 띤다. 성수기는 겨울에서 이른 봄까지이며, 산란기는 6~9월경이다. 산란 직후의 것은 맛이 없다.

12) 전 복

성수기는 여름이며, 산란기는 11~12월이다. 수컷은 회 · 초무침에 적당하고, 암컷은 죽 · 조림 · 찜 · 구이 · 전 등에 좋다. 작은 것은 전복초에 많이 이용된다.

13) 홍　합

성수기는 겨울에서 봄이다. 끓는 물에 살짝 데쳐서 홍합초 · 전 · 볶음 · 죽 · 국으로 이용한다.

14) 맛 국물내기

① 멸치 국물 만들기

깨끗이 정리한 멸치를 물에 1~2시간 담가두었다가 끓이면 좋다. 뚜껑을 덮지 않고 끓여야 하는데, 끓이는 도중 위에 뜨는 기름은 거두어 내고, 맑은 국물만 받아낸다. 알맞은 분량은 물 3~4컵에 멸치 16~20마리 정도이다.

② 다시마 국물 만들기

다시마를 젖은 헝겊으로 닦은 후 15분 정도 물에 담갔다가 물이 끓기 시작하면 다시마를 넣는다. 알맞은 분량은 물 3~4컵에 다시마 10×10cm짜리 정도이다.

한식당 세팅의 사용 집기류

(1) 한식 세팅

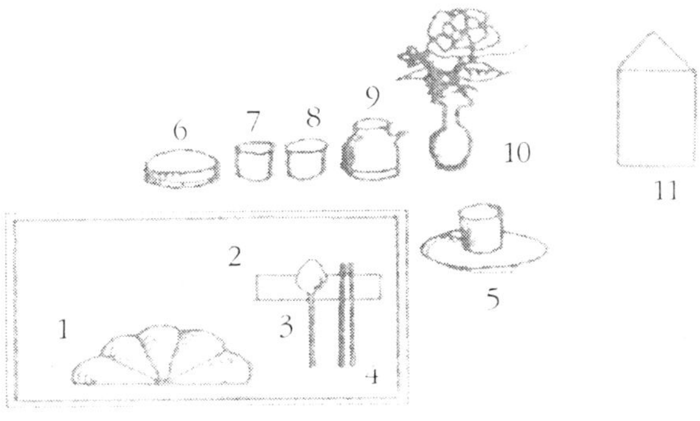

1. Napkin
2. Spoon & Chopstick Holder
3. Spoon
4. Chopstick
5. Leaf Tea Cup & Saucer
6. Ashtray
7. Salt
8. Pepper
9. Soy Sauce
10. Flower Vase
11. Tent Card

(2) 사용 집기류

1) Silverware

① 수저(Spoon)
② 젓가락(Chopstick)
③ 작은 수저(Dessert Spoon)
④ 과일 포크(Dessert Fork)
⑤ 수저받침(Spoon & Chopstick Holder)

2) 차이나웨어

① 간장병(Soy Sauce Bottle)
② 식초병(Vinegar)
③ 꽃병(Vinegar)

④ 소금병, 후추병(Salt & Pepper Shaker)

⑤ 재떨이(Ashtray)

⑥ 오차 컵 및 받침(Leaf Tea Cup & Saucer)

⑦ 청주 담는 용기

⑧ 간장 및 고추장 종지

⑨ 접시(Side Dish-Small Dish)

⑩ 불고기 접시 : 타원형 접시(Oval Plate)

⑪ 원형 큰 접시(Large Round Dish)

⑫ 오차 주전자(Tea Pot)

3) 글라스웨어

① Wine Glass

② Beer Tumbler

③ Champagne Glass

④ 6온스, 8온스, 10온스 Glass

⑤ Cocktail Glass 3온스

⑥ Old Fashioned Glass

⑦ Brandy Glass

⑧ Cordial Glass

4) 리넨의 종류

① Napkin(White) : 52cm×52cm의 흰 것을 사용

② Doily

③ 물수건(Wash Cloth)

5) 센터 피스

① 꽃병(Flower Vase)은 깨끗하게 닦고 싱싱한 꽃을 사용한다.
② Salt & Pepper Shaker Set는 2/3 이상 채워서 세팅한다.
③ 재떨이(Ashtray)는 깨끗하게 닦은 후 Shaker의 우측에 세팅한다.

6 한식의 서비스 방법

(1) 한식당의 서비스 방법

① 기본찬(물김치 · 김치 · 삼색나물 · 김구이 · 젓갈) 등을 오른쪽부터 순서대로 놓는다.
② 죽과 애피타이저(잣죽 또는 겨자채) 등을 낸다.
③ 애피타이저를 빼고 요리를 서빙한다(전복초 · 산적 · 새우찜 · 생선전 · 밀쌈 등). 한 접시에 놓는다.
④ 신선로를 서빙한다.
⑤ 신선로를 뺀 후 고기류(불고기 · 갈비 등)를 서빙한다.
⑥ 고기접시를 빼고 밥과 탕을 제공한다.
⑦ 식사 후에는 글라스만을 남겨두고 테이블 위의 모든 접시(Dish)를 깨끗이 치운다.
⑧ 후식(식혜 · 과일화채) 등을 서빙한다.

(2) 일반정식의 서비스 방법

1) 갈비구이 · 갈비찜 · 불고기 정식의 서비스 방법

① 기본찬(물김치 · 김치 · 삼색나물 · 조림류 · 젓갈) 등은 오른쪽부터 순서대로

놓는다.

② 애피타이저(겨자채 또는 전유어) 등을 놓는다.

③ Main Dish(갈비구이 · 갈비찜 · 불고기)와 야채(상치 · 쑥갓) 쌈장을 곁들여 놓는다.

④ 오른쪽에는 탕, 왼쪽에는 밥을 서빙한다.

⑤ 식사가 끝난 후 글라스만을 남겨두고 테이블 위의 접시를 깨끗이 치운다.

⑥ 후식(식혜 · 과일화채) 등을 놓는다.

2) 꼬리곰탕·곰탕의 서비스 방법

① 기본찬(물김치 · 김치 · 삼색나물 · 조림류 · 젓갈) 등을 오른쪽부터 순서대로 놓는다.

② 양념간장 · 고추다대기 · 소금 · 파를 함께 곁들여 낸다.

③ 애피타이저(겨자채 또는 전유어) 등을 놓는다.

④ 메인(Main)으로 꼬리곰탕과 밥을 서빙한다.

⑤ 식사가 끝난 후 글라스만을 남겨두고 테이블 위의 접시를 깨끗이 치운다.

⑥ 후식(식혜 · 과일화채) 등을 놓는다.

3) 비빔밥의 서비스 방법

① 기본찬(물김치 · 김치 · 삼색나물 · 조림류 · 젓갈) 등을 오른쪽부터 순서대로 놓는다.

② 고추장과 참기름을 곁들여 낸다.

③ 애피타이저(겨자채 또는 전유어 등)를 낸다.

④ 메인(Main)으로 여러 가지 나물과 고기를 담은 탕기를 서빙한다.

⑤ 식사가 끝난 후 글라스만을 남겨두고 테이블 위의 모든 접시를 깨끗이

치운다.

⑥ 후식(식혜, 과일화채 등)을 서빙한다.

4) 냉면 정식의 서비스 방법

① 기본찬(냉면김치 · 물김치)을 서빙한다.

② 양념 세트(겨자, 설탕, 다진 마늘, 고추 다대기, 식초, 참기름) 등을 낸다.

③ 물냉면에는 시원한 육수를, 비빔냉면에는 뜨거운 육수를 제공한다.

④ 갈비 1대분을 서빙하는 방법

⑤ 메인(Main)으로 냉면을 서빙한다.

⑥ 식사가 끝난 후 글라스만을 남겨두고 테이블 위의 접시를 깨끗이 치운다.

⑦ 후식(식혜 · 과일화채) 등을 서빙한다.

제2절 중 국

1 중국요리의 특징

중국요리는 중국대륙에서 발달한 요리의 총칭으로 일명 청요리(清料理)라고도 한다. 중국은 오랜 세월을 두고 넓은 영토와 영해에서 다양한 생산물과 풍부한 해산물을 얻을 수 있었다. 이처럼 다양하고 좋은 재료를 이용한 요리는 불로장수를 목표로 하여 오랜 기간의 경험을 토대로 꾸준히 다듬고 연구 개발되어 현재는 세계적인 요리로까지 발전하게 되었다.

다시 말하면 폭넓은 재료의 이용, 맛의 다양성, 풍부한 영양, 손쉽고 합리적인 조리법, 풍성한 외양 등이 중국요리를 세계적인 요리로 만들었다. 한 나라의 요리는 그 나라의 역사와 전통, 기후, 풍토의 소산인 동시에 국민 슬기의 총화라 한다면 중국요리가 오늘날 세계적인 요리로 발전하게 된 것도 우연일 수 없는 것이다.

일찍이 동양문화를 이룩해낸 중국인의 슬기가 광대한 영토에서 산출되는 다종다양한 산물을 바탕으로 하여 수천 년 역사 속에서 문화의 한 분야로 꾸준히 다듬고 가꾸어온 결과라 할 수 있다. 또한 넓은 영토를 지녀온 중국은 지역적으로 풍토 · 기후 · 산물 · 습관이 다른 만큼 지방색이 두드러진 요리를, 각각 특징 있고 독특한 맛을 낼 수 있는 요리로 발전시켰다.

이처럼 독특한 개성을 지니고 발전해온 각 지방의 요리는 옛부터 빈번하게 있어온 민족간의 이동과 더불어 상호교류와 보완을 통해서 오늘의 중국요리로 발전된 것이다.

중국요리를 지역별로 크게 분류하면 베이징요리 · 난징요리 · 광둥요리 · 쓰촨요리 등이 있다.

2 중국요리의 지역적 분류

(1) 베이징요리

일명 징차이(京茶)라고 하는 베이징요리(北京料理)는 청조의 궁중요리가 기본이 된다.

북경은 그 옛날 요(遼)가 송(宋)을 정복하여 현재의 북경이라는 도시의 역사가 시작되었고, 요는 다시 금(金)에게 멸망당하여 금은 북경을 연경(燕京)이라 불렀다. 연경은 원(元)에 정복당하여 대도(大都)로 불렸고, 이러한 싸움의 역사 속에서 북경은 생겨났다.

청조에 이르러서는 번창한 수도로서 꽃을 피웠다. 북방인 만큼 연료로서 루매이(燃燒)라는 화력이 강한 석탄을 사용하기 때문에 튀김요리나 볶음요리 등 농후한 요리가 발달되었다. 특히, 밀의 생산이 많아서 면류(麵類)·빵 등의 종류가 다양하다. 빵에는 계절의 꽃향기를 넣은 풍미가 있는 것도 있다.

(2) 난징요리

난징요리(南京料理)는 중부 중국의 대표적인 요리로 난징(南京), 상하이(上海), 쑤저우(蘇州), 양저우(楊州) 등지의 요리를 총칭한다.

중국내륙의 젖줄인 양쯔 강(楊子江) 하구에는 오랜 옛날부터 난징(南京)을 중심으로 풍부한 해산물과 미곡을 바탕으로 한 식생활이 발달하였다. 그러나 19세기부터 밀어닥치기 시작한 서유럽의 대륙 잠식은 상하이에 조계(租界)를 다투어 설치하기에 이르렀고, 이러한 외세의 입김으로 결국 상하이는 중국 중부의 중심지가 되었다.

난징요리 중 구미풍으로 국제적인 발전을 이룩한 것을 상하이요리(上海料理)이다. 상하이는 따뜻한 기후와 풍부한 농산물 등 갖가지 해산물의 집산지로서 다양한 요리를 낳게 했다. 특히 이 지방의 특산물인 장유(醬油)를 써서 만드는 요리는 독특하다.

상하이요리는 간장이나 설탕으로 달콤하게 맛을 내며, 기름기가 많고 진한 것이 특징이기도 하다. 돼지고기에 진간장을 써서 만드는 홍사오러우(紅燒肉)가 유명하고, 한 마리의 생선을 가지고 머리에서 꼬리까지 요리하는 조리법과 양념을 달리해서 맛을 내는 생선요리도 일품이다.

바닷가재로 만드는 푸룽칭셰, 두부로 만드는 스진사궈더우푸, 꽃모양의 빵인 화쥐안(火卷) 등으로 유명하다. 특히 바다가 가깝기 때문에 해산물을 많이 쓰고, 간장과 설탕을 많이 써서 맛을 내며, 선명한 색채를 낸 화려한 음식이 많다.

(3) 광둥요리

남부 중국의 요리를 대표하는 광둥요리(廣東料理)는 광저우(廣州)요리를 중심으로 푸젠요리(福建料理), 차오저우요리(潮州料理), 둥장요리(東江料理) 등 지방요리 전체를 일컫는다.

광둥요리를 흔히 난차이(南菜)라고 하기도 한다. 광저우(廣州)는 외국과의 교류가 빈번하여 16세기부터는 에스파냐 · 포르투갈의 선교사와 상인들이 많이 왕래하였기 때문에 특이한 요리에다가 국제적인 요리관이 정착되어 독특한 특성을 이룩하였고, 사람들은 일찍부터 이 매력 있는 식생활의 고장을 일러 '식재광주(食在廣州)'라고 칭찬하였다.

남쪽의 더운 지방인 광저우(廣州)의 요리는 재료가 가지고 있는 자연의 맛을 잘 살려내는 담백한 것이 특징인데, 서유럽 요리의 영향을 받아 쇠고기, 서양채소, 토마토케첩, 우스터 소스 등 서양요리의 재료와 조미료를 받아들인 요리도 있다. 이러한 재료는 전통요리의 맛에 변화를 가져온 것이 사실이었고, 그것을 소화하고 중국화하는 데에 능한 그들은 서유럽풍이 섞인 다채로운 맛의 연회 요리로까지 발전시켰다.

대표적인 광둥요리는 구운 돼지고기인 차사오(叉燒), 어린 통돼지구이인 피옌피루주(片皮乳猪), 광둥식 탕수육인 구라오러우 등이 있고, 특수한 요리로는 뱀요리, 개요리 등이 있다.

(4) 쓰촨요리

중국 서쪽 서방 양쯔 강 상류의 산악지대 요리를 대표하는 쓰촨요리(四川料理)는 윈난(雲南), 구이저우(貴州) 지방요리까지를 총칭한다.

쓰촨(四川) 지방은 바다가 멀고 더위와 추위가 심한 지방으로서 예로부터 악천후를 이겨내기 위해 향신료를 많이 쓴 요리가 발달해왔기 때문에 매운 요리와 마늘·파·고추를 사용하는 요리가 많다.

또한 외지이기 때문에 소금 절임 등의 보존식품이 발달하여 채소를 이용한 자차이 같은 특산물을 낳기도 했으며, 산악지대에서 나오는 암염(巖鹽)은 소금절이의 밑받침이 되었고, 신맛과 매운맛, 톡 쏘는 맛과 향기가 기본을 이루었다.

두부와 다진 고기를 이용한 마퍼더우픠(마파두부), 회교도(回教徒)들의 양고기요리인 양러우궈쯔, 새우고추장 볶음인 간사오밍샤 등이 유명하다.

쓰촨요리는 일명 추안차이(川菜)라고도 한다. 대표적인 쓰촨요리는 소금에 절인 중국식 김치 등이 있다.

1) 일반적 특징

① 재료선택이 자유롭고 광범위하다

일반적인 식료품 거의 모두가 재료로 이용되고 있을 뿐 아니라 제비집이나 상어 지느러미 같은 특수식품도 일품요리의 재료로 이용되고 있을 만큼 종류가 다양하고, 광범위하다.

② 맛이 다양하고 광범위하다

오미(五未)를 복잡미묘하게 배합하여 창출해내는 맛의 다양성은 세계적으로도 유명하다. 오미(五未), 즉 단맛·짠맛·신맛·매운맛·쓴맛의 배합이 되어 조미를 이루어 백미향(百味香)이라고도 한다. 그래서 '오미조미백미향'이라는 말이 나왔다.

③ 조리기구는 간단하고 사용이 용이하다

다양한 조리종류에 비해 조리기구는 가지 수가 적고 사용법도 간단하다. 훠궈(火鍋 : 중국냄비), 사궈(砂鍋 : 볶음·튀김냄비), 도우사오(遍勺 : 그물조리), 정룽 외에 식칼·뒤지개·국자 등이 조리기구의 전부라 할 만큼 기구가 간단하다.

④ 조리법이 다양하다

기구는 간단하지만 조리법은 아주 다양하다. 중국요리는 대부분 기름에 튀기거나, 조리거나, 볶거나, 지진 것이다. 기름이 많이 사용되며, 적은 재료로 많은 칼로리를 얻을 수 있어 합리적이다.

중국요리를 요리할 때의 기름 온도는 저온 80~120℃, 중온 120~160℃, 고온 160~200℃로 하고 있다.

⑤ 조미료와 향신료의 종류가 다양하다

중국요리의 풍부한 맛은 많은 종류의 조미료와 향신료를 적절히 이용하기 때문이라 하겠다.

⑥ 외양이 풍요롭고 화려하다

중국요리에는 몇 인분이라는 말이 없다. 한 그릇에다 재료 전부를 담아내어 덜어서 먹는다. 그러나 사람 수에 의해 요리의 양과 가지 수를 조절하는 것이 원리이다.

중국요리의 종류

(1) 정탁요리

① 일명 상(床)요리라고도 불리며, 정식 코스 메뉴로서 차림표에 의하여 서빙된다.

② 정탁요리(定卓料理)는 가격에 의하여 메뉴가 작성되며, 5~10인분을 기준으로 하고 있다. 한편 고객의 기호에 따라 정탁메뉴가 짜여질 때는 사전예약에 따라 더욱 신선한 재료가 구입된다.

(2) 일품요리

일품요리(一品料理)는 정탁요리처럼 순서에 따라 먹는 것이 아니고, 식성과 양을 자유로이 선택해서 먹을 수 있는 요리이며, 다음과 같은 종류가 있다.

① 냉채류
② 제비집과 상어 지느러미류
③ 해삼 · 전복 · 새우류
④ 오리고기 · 닭고기류
⑤ 쇠고기 · 돼지고기류
⑥ 야채 · 두부 · 잡품류
⑦ 수프류
⑧ 식사 · 면류
⑨ 감채류

(3) 특선요리

특선요리(特選料理)의 특성에 따라 특별히 구성되는 차림표이며, 고객의 특별한 주문에 의하여 만들어지는 요리이다. 이 특선요리는 일반적으로 3일 전에 별도로 주문해야 한다.

① 곰발바닥
② 사슴요리찜
③ 자라요리

⑷ 메뉴 설명

1) 냉 반

① 보통 2가지 이상의 재료를 사용하여 만드는 것을 냉반(冷盤)이라 한다. 본요리를 더욱 맛있게 먹을 수 있도록 하기 위해서 고객에게 가장 먼저 제공되며, 이때 모양과 맛에 조화가 있어야 하고, 고객의 식욕을 돋울 수 있도록 조리되어야 한다.

② 새(鳥)·용(龍)·산수(山水) 모양의 여러 종류가 있으며, 냉반류의 재료로는 전복·새우·해파리·쇠고기·오리알·오리고기 등이 있다.

2) 제비집

① 제비집(燕窩)은 보루네오 북해안과 수마트라 서해안, 자바 남북 해안에서 서식하고 있는 제비의 둥지를 수집해서 말린 것을 말한다. 제비집의 주성분은 해초 성질과 같다. 바다제비가 해초를 물어다 타액을 발라 둥지를 튼 것이다.

② 제비는 뱀이나 맹조류(猛鳥類)의 침해를 피하기 위해 높은 절벽에다 둥지를 틀기 때문에 제비집을 채취하는 데는 많은 어려움이 있고, 가격도 매우 높아 중국에서는 금과 동일하게 취급될 정도이다. 중국의 일류식당에서도 제비집류가 식단(食單)에 오르면 최고의 요리라 한다.

③ 제비집은 그 자체에 맛이 있는 것이 아니고 조리할 때 사용하는 육수와 조미료에 의하여 맛이 좌우되며, 품질에 따라 4가지 등급으로 나뉜다.

- 관연(官燕) : 색이 희고 이물질이 전혀 섞이지 않은 것이 최고품이며, 모양에 따라 용아(龍牙), 연찬(燕纂)이라고도 불린다.
- 모연(毛燕) : 일명 회연(灰燕)이라고 하며, 회색빛을 띠고 제비털과 이

물질이 섞인 중급품이다.

- 연사(燕絲) : 형태가 흐트러지고, 이물질이 많이 섞인 하급품이다.
- 전사연(全絲燕) : 셀레베스 · 자바 지방에서 채취되고 있으나, 근래에는 홍콩에서 이러한 제비둥지를 모아 건조시킨 후 정제하여 수출하고 있다.

3) 상어 지느러미

상어 지느러미(魚翅)를 말린 것으로 중국요리 가운데서 매우 소중하게 여겨지는 요리의 하나이다. 주요 산지로는 아프리카 · 인도 · 일본 등이 손꼽히며, 산지에 따라 각각 특색이 있고, 종류도 매우 많다.

최고의 상품은 아프리카산으로 보통 것보다 지느러미가 매끄럽고 부드러울 뿐 아니라 굵어서 값진 것으로 꼽힌다.

형태와 부위는 다음과 같다.

① 형 태

- 취만론(全翅) : 지느러미를 원형상태로 말린 것
- 싼츠(散翅) : 껍질을 벗기고 지느러미의 섬유질을 찢어 말린 것

② 부 위

- 뻬이츠(排翅 : 등심) : 최고급품으로 맛이 가장 좋은 부위이다.
- 우이치(尾翅 : 꼬리) : 이 등품에 속하는 것으로 사용할 수 있는 부분이 많다.
- 숭치츠(胸翅 : 가슴) : 품질이 좋지 않으며, 형태가 흐트러져 있다.

4) 해 삼

해삼(海蔘)은 일명 진하이수라고 하며, 영양가가 높아 바다의 인삼이라고도

불린다. 빛깔이 검고 흠이 없이 가시가 고루 퍼진 것을 상품으로 친다.

5) 건 패

건패(乾貝)는 패주(조개기둥)를 말린 것이다.

6) 대해미

대해미(大海米)는 껍질을 벗겨서 말린 새우를 말하는데, 샤간(蝦乾) 또는 하이미(蝦米)라고도 한다.

7) 하 자

하자(蝦子)는 새우의 알을 말린 것을 말한다.

8) 망 유

망유(網油)는 돼지의 내장을 둘러싸고 있는 그물망 기름을 말한다.

9) 건 포

건포(乾鮑)는 전복을 말린 것인데, 표면에 흰 가루가 솟아난 것을 상품으로 친다.

10) 해철피

해철피(海哲皮)는 해파리를 소금과 백반에 절인 것이다.

11) 하 병

하병(蝦餅)는 으깬 새우의 살을 쌀가루와 섞어 막대기 모양으로 만들어서 찐 다음 얄팍하게 썰어 말린 것으로 기름에 튀겨먹는다.

4 중국식당의 테이블 세팅

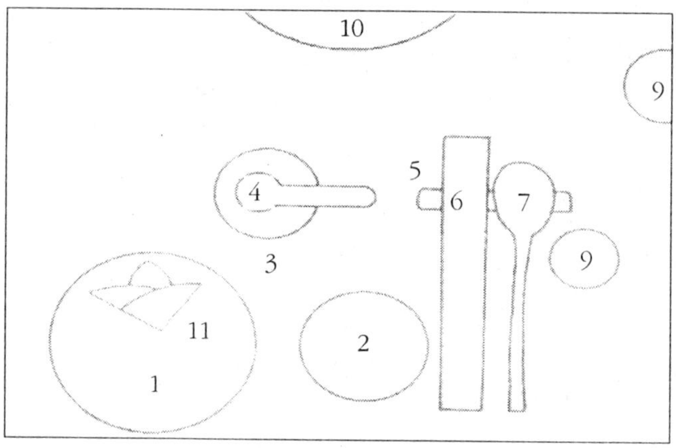

1) Bone Dish
2) Condiment Dish
3) Soup Spoon Underliner
4) Soup Spoon
5) Chopstick Holder
6) Chopstick
7) Serving Spoon
8) Tea Cup
9) Ashtray
10) Sauce Bottle
11) Napkin

5 중식당의 영업준비시 유의사항

(1) 테이블 준비

① 수평을 유지하고 흔들리지 않아야 한다.

② 언더 클로스(Under Cloth)에 주름 및 오물을 제거하고, 녹슬지 않았는지를 확인한다.

③ 테이블 다리에 먼지나 오점을 제거하고 녹슬지 않았는지를 확인한다.

④ 테이블 위에 남아 있는 오물이 없나 점검한다.

⑤ 테이블 클로스를 사방이 똑같게 펴서 깐 후 세팅한다.

(2) 의자 준비

① 먼지를 제거한다.

② 흔들림이 없나 확인한다.

③ 파손품이나 흔들리는 것은 교체한다.

④ 의자의 먼지 제거시는 반드시 지정된 천을 사용한다.

⑤ 의자는 세팅의 중심에 맞추어 배치한다.

⑥ 의자의 먼지 제거 및 최종점검을 다시 한다(세팅 후).

(3) 테이블 세팅의 준비

① 젓가락(Chopstick)

② 젓가락 홀더(Chopstick Holder)

③ 차 컵(Tea Cup)

④ 티 컵 언더라이너(Tea Cup Underliner)

⑤ 재떨이(Ashtray)

⑥ 소금 · 후추(Salt & Pepper)

⑦ 간장 소스병(Soy Sauce Bottle)

⑧ 이쑤시개(Toothpick)

⑨ 이쑤시개통(Toothpick Holder)

⑩ 꽃병

⑪ 소스용 양념접시(Condiment Dish)

⑫ 냅킨

(4) 보조 테이블 준비(Station 준비요령)

① 리넨류

② 글라스류

③ 컨디먼트 디시(Condiment Dish)

④ 젓가락(Chopstick)

⑤ 젓가락 받침(Chopstick Holder)

⑥ 차컵(Tea Cup)

⑦ 소모품 및 소스

⑧ 서비스 트레이(Service Tray)

⑨ 티 포트(Tea Pot)

⑩ 서비스 타월(Service Towel) 등을 보관하며, 고객에게 즉시 서빙할 수 있도록 편리한 위치에 보관한다.

⑪ 고객 서빙 스푼(Guest Serving Spoon)

⑫ 포크와 나이프도 준비한다. 외국인들이 젓가락질을 못할 때 포크와 나이프를 요청하면 제공해야 한다.

(5) 중식당에서 주문받는 방법

지배인 및 안내원(Greetress)은 식당입구에서 고객의 예약사항을 확인 후 테이블까지 영접하고, 고객이 업장을 찾아준 것에 대한 고마움을 표시하고, 편안하고 즐거운 식사가 되도록 최선의 노력을 다한다.

1) 주문받는 방법

① 중국요리는 1인분의 주문방법이 아니고 접시의 양에 따라 보통 대·중·소로 나누어 분류한다. 대는 7~8인분, 중은 4~5인분, 소는 2~3인분이다. 이는 고객 수에 알맞은 분량을 만들어 요리가 남지 않게 하기 위한 것이다.

② 조리법이 같은 요리는 중복되지 않도록 유념하여 주문받도록 한다. 닭튀김(炸子鷄球)과 쇠고기튀김(炸牛肉), 팔보채(八寶菜)와 전가복(全家福)은 중국요리 주문법의 정수라고도 한다.

③ 술을 즐기는 고객에게는 튀김요리(炸), 구운요리(燒), 절임요리(酥) 등을 추천하도록 한다.

④ 요리의 주문을 받는 시간이 지체될 경우 우선 전채(前菜)의 주문만을 받아 먼저 주방에 주문서를 제시하고 다음 요리의 주문을 받도록 하며, 손님에게 충분한 시간을 주도록 한다.

⑤ 고객이 주문을 망설일 경우 특별요리 또는 고객의 기호를 물어본 후 그에 알맞는 요리를 추천하도록 한다.

⑥ 시간을 요하는 고객에게는 조리시간이 짧은 볶음요리를 추천하도록 한다.

⑦ 탕류·찜류 등 시간이 오래 걸리는 요리는 사전에 고객에게 알려야 하며, 조리시간이 오래 걸리는 요리를 한꺼번에 많이 주문받지 않도록 하여야 한다.

⑧ 요리의 양이 고객 수에 비하여 너무 많지 않도록 주의해야 한다. 외국인의 경우는 양식과 같이 생각하고 있는 경우가 있으므로 많은 양의 요리를 주문할 때는 고객에게 미리 말한다. "고객 수에 비하여 요리의 양이 많은 것 같습니다. 괜찮으시겠습니까?"라고 확인시켜 주문을 받도록 한다.

⑨ 술 다음의 식사를 주문받을 때는 기름진 것을 피하고, 산뜻한 죽 종류나 면 종류 등을 권하는 방법이 서비스의 기술이라고 할 수 있다.

2) 중국요리의 서비스 방법

① 서비스 형식

- Russian Service(Platter Service)
- American Service(Plate Service)
- French Service(Gueridon Service)
- 기타 서비스 : Family Style Service, Buffet Service(Self Service), Tray Service

중국음식은 주로 테이블 위에 있는 Lazy Suzan에 음식을 올려놓고 돌려가면서 덜어먹는 것이 중국 본래의 방법이지만, 요즈음은 서비스 방법의 장점을 살려서 주로 러시안 서비스 형태의 식당들이 많아지고 있다.

② 냉채요리의 서비스 방법

호스트(Host)에게 요리를 보여주고 고객 먼저 서빙하고 난 후 호스트에게 서빙한다. 서빙하고 남은 음식은 반드시 라벨(label)이 위로 가도록 Lazy Suzan에 놓아야 한다. 새로운 요리를 서빙할 때에는 반드시 사용했던 접시를 새것으로 교환해야 한다(Bone Dish 교환).

③ 수프의 서비스 방법

수프 볼(Soup Bowl)을 먼저 세팅하고 난 후 수프를 담는 그릇을 이용하여 수프를 서빙한다. "덜어드릴까요" 하고 물어본 뒤 국자를 사용해서 덜어준다.

서빙방법은 냉채와 같은 순서로 시계방향으로 돌아가며 서비스한다. 이때 고객의 옷에 흘리지 않도록 각별히 주의하여야 한다.

④ 요리의 서비스 방법

테이블 위에나 Lazy Suzan 위에서 서빙하는 것을 원칙으로 하지만 테이블이 좁거나 특별한 상황이라면 보조 테이블을 이용하여도 된다.

⑤ 생선요리의 서비스 방법

머리 부분이 왼쪽, 배 부분이 고객을 향하도록 해서 서빙한다. 회전판에 올려놓았을 때에는 한 바퀴를 돌려 고객에게 보여준 다음 서빙한다.

⑥ 맑은 수프(湯)의 서비스 방법

중식에는 탕의 서비스 차례는 식사 바로 전에 나가는 것을 원칙으로 하지만 외국 고객에게는 반드시 "먼저 서비스할까요? 나중에 서비스할까요"라고 물어본다.

⑦ 차의 서비스 방법

차는 식전이나 식사 도중에 서빙하나 차가 식어 보일 때에는 수시로 뜨거운 차로 바꾸어준다.

⑧ 기 타

요리를 서빙할 때에는 필요 이외의 언어는 사용하지 않도록 한다. 서빙 도중에 고객이 질문하거나 부탁할 경우 손에 들고 있던 요리는 보조 테이블에 놓거나 또는 "잠깐 기다려주십시오"라고 한 뒤 요리를 서빙하고, 신속히 돌아와 고객에게 답변하도록 하며, 요리에 침이 튀지 않도록 각별한 주의를 하도록 한다.

3) 중국요리의 서비스 순서

① 냉채(Cold Dishes)

② 수프(Soup)

③ 해물류(Sea Food)

④ 새우류(Prawn)

⑤ 생선류(Fish)

⑥ 닭고기류 혹은 오리(Chicken, Cuck)

⑦ 돼지고기류(Pork)

⑧ 쇠고기류(Beef)

⑨ 야채류(Vegetable)

⑩ 탕류(Soup)

⑪ 식사(Meal)

⑫ 후식(Dessert)

위와 같은 순서로 서비스한다.

6 중국술

중국술은 4,000년 역사를 가지고 있으며, 술을 좋아하는 사람들이 남녀를 막론하고 많이 있을 뿐만이 아니라, 특히 중국 사람들은 많은 술을 마시는 것으로 알려져 있다. 그러나 술 마시는 관습이 잘 정립되어 있어 술주정을 하거나 기타 술로 인해서 사회질서를 어지럽히는 일은 많지 않다.

중국에서는 쌀 · 보리 · 수수 등의 곡물을 원료로 해서 그 지방의 기후와 풍토에 따라 술을 만드는 방법도 각기 다르며, 같은 원료로 하여 만드는 술도 그 나름대로의 독특한 맛을 지니고 있다.

북방지역은 추운 지방이라 일반적으로 독한 술을 즐겨 마시고, 기후가 온화한 남방지방은 쌀을 주원료로 한 양조주를 즐겨 마시고 있다.

(1) 중국의 8대 명주

① 마오타이주(茅台酒)

② 렁주(冷酒)

③ 라오주(老酒)

④ 고량주(高粱酒)

⑤ 오가피주(五加皮酒)

⑥ 매이귀루주(玫瑰露酒)

⑦ 인삼주(人蔘酒)

⑧ 사오싱주(紹興酒)

(2) 종 류

1) 증류주

① 바이주

바이주(白酒)는 곡류를 원료로 한 술로 지방에 따라 조주법도 다르고, 같은 원료로 만든 술도 나름대로의 독특한 맛을 지닌다.

바이주와 빼갈은 쌀·소맥·콩류·옥수수 등의 곡류를 원료로 하는데, 덩어리진 모양의 밀이나 보리 등에 자연번식된 누룩을 이용해서 발효시켜 다시 증류한 술이다. 주정 6%이다.

② 마오타이주

마오타이주(茅台酒)는 고량(高粱)을 원료로 하고, 순수 보리누룩으로 발효를 9번 정도 증류해서 독에 넣어 밀봉하여 최저 3년 동안 숙성시킨다.

중국 8대 명주 중에서도 일품으로 알려져 있고, 다른 종류의 바이주와 비교해보아도 독특한 풍미를 지닌 술로서 육류요리에도 매우 좋고, 숙취도 없다. 산지는 구이저우성 모래현이고, 닉슨 전 대통령과 마오저뚱이 국교정상화를 위해 건배했던 술로도 유명하다. 주정은 약 53%~55%로 무색투명하다.

③ 렁 주

1000년의 역사를 가지고 있는 중국 8대 명주이다. 고량(高粱)을 원료로 하며, 주정은 65%로 높고, 마시고난 후의 기분은 상쾌하며 숙취가 없다.

렁주(冷酒)는 산지우성(山酒省) 지방에서 생산되고 있다. 이 술은 쉐리글라스(Sherry Glass)로 마시는 것이 좋고, 칵테일 재료로서 진(Gin)처럼 사용할 수가 있다.

④ 링초안 바이지우

다롄(大連)시 지방에서 만들어지고 있는 링초안 바이지우(凌川白酒)는 예로부터 류머티스 예방효과에 있어 중국에서 유명하다. 해산물의 요리에 특히 좋으며, 게·해삼·상어 지느러미 등의 요리에는 반드시 링초안 바이지우를 곁들인다고 한다.

소량의 술을 알맞게 데워서 마시고, 오랜 시간에 걸쳐서 천천히 마시는 술이다. 주정은 55%이다.

⑤ 고량주

중국의 증류주는 원료의 종류가 많으나 수수를 사용하여 양조한 것이 고량주(高粱酒)이다. 고량주는 전통적인 양조법으로 만들어지고, 다른 나라에서 모방하지 못할 정도로 독자성을 지니고 있다.

누룩 재료는 대맥, 작은 콩, 때에 따라 소맥, 메밀, 검은콩 등을 사용하는데, 증류과정의 숙성 때는 흙으로 만드는 독을 사용한다.

재료의 독특한 맛과 흙을 이용한 전통적인 조주법과 톈진 특유의 도기 속에서 숙성하는 이 세 가지의 방법이 고량주의 참 맛을 더해준다.

지방성이 강한 중국요리에 없어서는 안 되는 술이며, 술이 강한 사람들에게 더욱 알맞은 술이다. 색깔이 없으며 맛도 독특하고, 강한 냄새가 난다. 톈진 지방의 고량주가 대표적이다.

2) 양조주

① 라오주

라오주(老酒)는 중국에서 생산되는 주류 중 바이주에 이어 제2위를 차지한다. 주원료는 대미·찹쌀·옥수수 가루 등이다. 대미를 원료로 하여 만드는 것이 대미라오주(大米老酒), 찹쌀을 원료로 하는 것을 누미라오주, 옥수수 가루를 원료로 하는 것을 첨미라오주(尖未老酒)라고 한다. 중국에서는 각종 라오주를 요리에 맞도록 선택하여 식사와 곁들인다.

② 사오싱주

사오싱주(紹興酒)는 중국 굴지의 산지인 저장성(折江省), 사오싱현(紹興縣)의 지명에 따라서 명명된 것으로 중국의 8대 명주의 하나이다. 주정도는 14~16%로서 황색 또는 암홍색의 황주(黃酒)이며, 4,000년 역사를 가지고 있어 중국에서 가장 오래된 술이라 한다.

이 술은 오래된 것일수록 향기가 난다. 주원료는 찹쌀에 특수한 누룩을 사용하는데, 각각 술을 만드는 사람이 독자적인 비법을 가지고 있다. 누룩 외에 신 것, 감초, 귤껍질을 넣는다.

3) 혼성주

① 오가피주

오가피주(五加皮酒)는 알코올 53%로 자색~빨간색이 나며, 허베이성(河北省)과 톈진(天津)에서 생산되고 있다. 고량주에 목향과 오가피 등 10종류의 한방약을 침전법으로 걸러서 얼음사탕(사각)으로 맛을 낸다. 광택은 루비 색깔이 난다. 신경통 · 류머티스 · 간장강화에 약효가 있다. 한편 불로장수의 술로 유명하다.

② 매이귀주루

매이귀주루(玫瑰露酒)는 고량주를 증류하여 그 증기를 이용하며, 태양이 뜨기 전에 따낸 장미잎의 향을 흡수시켜 만든, 장미향의 풍미를 즐길 수 있는 신기한 명주이다.

무색투명의 술로 허베이성과 톈진이 주산지이다. 주정은 48~50%이다.

4) 기 타

① 대국주

대국주(大菊酒)는 향수와 같은 강렬한 향을 맡기만 해도 도연해지는 세계적인 명주이다. 쓰촨(四川)성을 발상지로 하는 고급 고량주이다.

② 죽엽청주

죽엽청주(竹葉淸酒)는 대나무잎과 각종 초근목피(草根木皮 : 풀뿌리와 나무껍질)를 대국주에 침투시켜 만든 최고급 스테미너주이다. 이 술은 오래된 것일수록 향기가 난다.

중국차

중국의 고지(高地)에서 많이 생산되고, 애음(愛飮)되는 차이다. 일상생활에서 차를 음용하는 관습은 중국에서부터 시작되었고, 그 종류도 많아 녹차(綠茶)·홍차(紅茶)·우롱차(烏龍茶)·화향차(花香茶) 등이 있다.

마시는 방법으로는 전차(前茶 : 조리다), 중차(仲茶 : 화하다), 파오차(泡茶 : 거품나다), 옌차(流茶 : 우리다), 모차(沫茶 : 가루차), 나이차(好茶 : 우유를 타다) 등의 방법으로 마신다. 또 찻잔에 직접 찻잎을 넣고 열탕을 부어 뚜껑을 덮은 후 얼마 동안 두었다 마시는 차도 있다.

(1) 역 사

중국차의 음용은 신농씨(神農氏) 때부터 시작되어 5,000년의 역사를 가졌으며, 현재도 광둥이의 '차', 푸젠어의 '데'가 세계적으로 '차'란 말로 불리고 있다.

근래에 이르기까지 중국차는 세계에서 가장 질이 좋은 차의 하나였으나, 최근에 인도·스리랑카의 홍차에 그 명성을 빼앗기고 있다가 현재 다시 애음되고 있다. 특히 광둥의 잉더홍차(英德紅茶)는 좋은 평가를 받고 있다.

중국차가 일반화되어 세계로 널리 퍼지게 된 것은 명나라 이후이다. 또 중국에서는 수십 년 묵은 차에 여러 가지 한약을 넣어 민간약으로 사용하기도 한다. 이렇듯 중국차는 약차(藥茶)로 마시기 시작해서 점차로 기호차가 되었다.

1) 중국차의 종류

① 홍 차

발효차의 대표적 품종으로 찻잎을 시들게 해서 발효시켜, 비비고, 볶고, 체로 치는 순으로 작업하여 만든다. 푸젠(福建)의 궁푸홍차(工夫紅茶)

와 안후이(安徽)의 세먼홍차(邪門紅茶)는 향기 때문에 특히 영국에서 호평받고 있다.

② 녹 차

발효시키지 않는 찻잎을 사용해서 만든 것으로 중국과 인도에서 처음으로 생산·이용되었다. 그 후 일본·실론·자바·수마트라 등의 아시아 각 지역으로 전래되었으며, 오늘날에는 중국에 이어 일본이 녹차(綠茶)의 으뜸가는 생산국으로 등장하고 있다. 새로 돋은 가지에서 딴 어린 잎을 차(茶) 제조용으로 사용한다. 대개 5월, 7월, 8월의 세 차례 걸쳐 잎을 따는데, 5월에 딴 것이 가장 좋은 차가 된다. 이 차나무는 상록수로 비교적 따뜻하고 강우량이 많은 지역에서 잘 자란다.

녹차를 제조하려면 딴 잎을 즉시 가열하여 산화효소를 파괴시켜 녹색을 그대로 유지하는 동시에 수분을 증발시켜 잎을 부드럽게 하여 좋은 상태로 만든다(예전에는 가마솥에서 잎을 부드럽게 하여 직접 잎을 손으로 비벼 둥글게 말았다). 그 후 가열을 계속하여 수분을 거의 제거하여 어느 정도 바삭바삭하게 만든다.

근래에 와서는 증열기·조유기·위염기·재건기·정유기·건조기 등을 사용하여 차를 제조하고 있다. 대표적인 녹차는 룽징차(龍井茶)인데 그중에서도 핑수이주치진메이차는 외국인이 즐겨 마신다.

③ 우룽차

녹차와 홍차의 중간적인 성질을 가진 반발효차로서 원래는 중국에서 만들어졌으나, 1890년경부터 타이완에서 생산하게 되었다. 빛깔은 까마귀처럼 검고, 모양은 용(龍)처럼 휘어졌으므로 이런 이름이 붙었는데, 보통 중국차라고 한다.

6월~8월 사이에 차나무 새싹을 사용하는데 우선 햇볕을 쬐여서 시들게 한 후 실내로 옮겨서 저어가며 수분을 제거해 발효시킨 후 솥에 볶아서 효소작용을 멈추게 한다. 이것을 잘 비빈 후 건조시켜 제품을 만든다. 뜨거운 물에 우려내면 등황색(橙黃色)을 띠며, 향기가 매우 좋다.

④ 좐 차

건전하게 성장한 잎의 부스러기를 한꺼번에 눌러서 벽돌 모양으로 만든 차로서, 좐차(磚茶) 뭉치를 적당하게 떼어 물에 넣고 끓이면 차가 된다. 신선한 음식이 없는 몽고나 티베트 사람들에게는 필수품이다.

러시아인들은 홍좐차(紅傳茶)를 즐긴다. 중앙아시아 사람들은 좐차에 우유나 소금・버터를 넣고 약한 불에서 끓인 후 버터를 녹여서 마신다.

⑤ 기 타

미국인들이 좋아하며 푸젠의 무이 산에서 나는 옌차는 차에 대해 전문지식을 가진 사람들에게 널리 알려져 있다.

모리화차(茉莉花茶)는 우롱차보다 약하게 발효시킨 차에 꽃봉우리를 몇 번이고 갈아가면서 만든 것으로 특히 베이징(北京)에서는 샹피엔(香片茶)라고 하여 많이 애음되고 있으며, 고기와 마늘의 냄새를 없애는 작용을 한다.

샹피엔차에는 자스민과의 치자나무꽃을 혼합하거나 녹차에 국화를 혼합하기도 한다. 또 홍차(紅茶)에 리찌(枝)나 장미꽃을 넣고 향을 낸 것도 있다.

윈난(雲南)의 푸얼차(普 茶)나 토차(沱茶)는 약차로서 런토우차(人頭茶)・빙차(餠茶) 등으로 불린다. 덩어리로 되어 있지만 열탕에 넣으면 간단히 풀어지고, 본래의 차 형태가 된다.

2) 차 만드는 법

① 오차 주전자에 1스푼 정도의 중국차를 뜨거운 물에 넣어 2~3분간 둔다.

② 오차의 물이 뜨겁지 않으면 차의 잎이 퍼지면서 차의 맛이 나지 않는다.

③ 중국차는 끓이면 향기가 나지 않고 자스민향을 잃게 되어 원래의 차맛을 낼 수 없다.

3) 차 서빙방법

뜨거운 물에 차잎을 넣어서 마시게 된 것은 고대부터라고 전해진다. 차는 뚜껑이 덮인 주전자를 사용해서 적당량의 차잎을 컵에 넣고 뜨거운 물을 부었다가 조금 후에 마신다. 차를 더 원하는 고객은 보통 찻주전자 뚜껑을 열어두는데, 이때 서비스 종사원은 새로운 것으로 교체해주어야 한다.

4) 다기(茶器)의 종류

① 차치(茶凡, cha chi) : 찻잔을 올려놓는 소반

② 차탁자(茶卓子, cha to tzu) : 차탁자

③ 차충(茶忠, cha chung) : 차공기

④ 차배(茶杯, cha pei) : 찻잔

⑤ 차식(茶食, cha shih) : 다식

⑥ 차과첩아(茶果蝶兒, cha kuo tieh rh)

⑦ 차후(茶壺, cha hu) : 찻주전자

⑧ 차반(茶盤, cha pan) : 찻잔 받치는 예반

제3절 일 본

1 일본요리의 특징

일본요리의 역사는 고대 중국으로부터 한반도를 통하여 전래되어온 문물과 함께 그 효시가 이루어졌으며, 문화가 발달함에 따라 일본인의 기호와 지역적 특성에 맞는 색 · 향기 · 맛을 위주로 하면서 고유한 특징을 지닌 요리로서 발전해온 것이다.

일본열도는 북동에서 남서로 길게 뻗어 있고, 바다로 둘러싸여 있어서 지형과 기후의 변화가 많다. 따라서 4계절에 생산되는 재료가 다양하고 계절에 따라 맛도 달라지며, 해산물이 매우 풍부하다.

이러한 조건 속에서 일본요리는 쌀을 주식으로 하고 농산물 · 해산물을 부식으로 형성되었는데, 일반적으로 맛이 담백하고 색채와 모양이 아름다우며, 풍미(향기, 혀끝 감촉, 씹는 맛)가 뛰어난 것이 특징이다.

그러나 이러한 특징을 너무 존중한 나머지 때로는 식품의 영양적 효과를 간과하는 경우도 있었는데, 제2차 세계대전 후부터는 구미(歐美) 식생활의 영향을 받아 서양과 중국풍의 요리가 등장하게 되면서 영양면을 더 한층 고려하게 되었다. 또한 일상의 가정요리도 신식품(新式品)의 개발과 식품의 보급으로 다양하게 변화되고 있다.

2 일본요리의 구분

(1) 지역에 의한 구분

① 관동요리

관동요리(關東料理)는 무가(武家) 및 사회적 지위가 높은 사람들에게 제공하기 위한 의례요리(儀禮料理)로서 맛이 진하고, 달고 짠 것이 특징이다. 당시에는 설탕이 '우아미'(맛이 좋은)라고 할 만큼 귀했는데, 설탕을 많이 사용했다고 하는 것은 관동요리가 그만큼 고급요리였다는 것을 보여준다.

또한 관동지방은 외해(外海)에 인접해 있어 단단하고 살이 많은 양질의 생선이 풍부했으나, 내해(內海)는 토양과 수질 등이 관서지방에 비해 거칠었기 때문에 관서요리가 부드러운 맛을 창출한 것에 비해 관동요리는 농후(濃厚)한 맛을 이룩하게 되었다. 그러나 최근에는 교통의 발달 및 문화의 교류에 의해 관동요리와 관서요리의 특색 및 구별이 서서히 무너지고 있는 실정이다

② 관서요리

관서요리(關西料理)라는 말은 최근에 사용하기 시작한 말로서 그 이전에는 가미가타(上方 : 교토 부근지방) 요리라고 하였다.

관서요리는 관동요리에 비해 맛이 농후하지 않고 부드러우며, 비교적 설탕을 사용하지 않으며, 재료 자체의 맛을 살리면서 조리하는 것이 특징이다. 따라서 관서요리는 재료의 외양과 색깔이 거의 유지되기 때문에 모양이 아름답다.

관서요리의 대표적인 것으로 교토(京都) 요리와 오사카(大阪) 요리가 있다. 교토 요리에는 공가(公家 : 조정에 출사하는 집안)의 요리로서 양질의 두부, 야채, 밀기울, 말린 청어, 대구포 등을 이용한 요리가 많다. 최근의 관서요리는 거의가 약식(略式)이며, 회석요리가 중심이 되고 있다.

(2) 형식적 특징에 따른 분류

1) 본선요리

본선요리(本膳料理 : 혼젠 요리)는 옛날 일본 도산(374~400년 전) 시대의 조리법으로 전해내려오다가, 에도 시대로 들어서면서 조리법이 문화의 변천에 따라 상이 화려해지고 요리도 예술성을 띠어 정식 향연요리에 이용하게 되어 지금까지 전해내려오고 있다.

시대의 변천에 따라 조리법도 발달하고(1392~1573) 조리기술도 향상되어 오늘날의 회석요리의 원조인 혼젠 요리가 확립되었다. 1085~1830년에는 상류사회에서 하류사회에까지 화려한 생활을 연회를 통해서 즐기는 시대였다. 그러나 혼젠 요리는 시간이 많이 걸리고 복잡하므로 이 혼젠 요리를 기본으로 하여 연구해낸 것이 회석요리이다. 회석요리는 간편하고 즐겁게 식사할 수 있는 연회요리이다.

연회요리는 야채·어패류·육류 모든 것을 사용할 수 있다. 식단의 기본은 일즙삼채(一汁三菜), 이즙오채(二汁五菜), 삼즙칠채(三汁七菜) 등이 있으나 일즙오채(一汁五菜), 이즙칠채(二汁七菜), 삼즙구채(三汁九菜), 삼즙십일채(三汁十一菜) 등으로 수정된 것도 있다. 또 선(膳)의 수도 여러 가지 있으며, 혼젠(本膳), 니젠(二膳), 산젠(三膳), 요젠(與膳), 고젠(五膳) 등으로 되어 있으며, 이때 젠(膳) 수는 단의 즙(汁)과 채(菜)의 수에 따라 결정된다.

2) 회석요리

① 회석요리의 종류

㉠ 혼가이세키(本懷石)

본래는 선종의 승려들이 가루차[말차(抹茶)]와 함께 먹었던 간단한 식사였다. 수행중의 승려들은 아침과 오후에 두 번밖에 식사를 하지 않기 때문에 추운 밤이면 빈속으로 잠을 이룰 수가 없어 불돌을 싸가지고 배에 대어 빈속을 견디어냈다는 데서 회석이란 말이 유래되었다고 한다.

그리고 현대에는 차도의 정식초대에는 반드시 회석요리(會席料理 : 가이세키 요리)가 나오며, 차도의 취지에 따라 아침·낮·밤, 그리고 계절에 따라 메뉴가 변한다.

회석요리 후에는 짙거나 엷은 가루차를 드는 것이 원칙으로 되어 있다. 본선요리가 처음부터 요리를 전부 상에 늘어놓는 데 비해 회석요리(懷石料理)는 한 가지씩 나오므로 고객의 맛이 변하지 않는 동안에 먹을 수 있는 합리성이 있으며, 연회에도 이런 형태를 취하는 일이 많다. 라쿠 가이세키(略懷石)와 점심(도시락용) 요리로 구별하므로 정식 표석을 혼가이세키라고 한다.

ⓛ **라쿠가이세키(平懷石 : 히라카이세키)**

정식 회석요리의 순서를 밟지 않고 중간에 요리를 맛볼 수 있다는 취지에서 나온 것으로 형식으로는 혼가이세키를 약식으로 한 것이다.

관서에서 발달되어 이른바 관서요리의 간판격으로 나온 것이 약회석이다. 요리를 내는 법, 만드는 법이 회석요리와 같지만 주인과 고객과의 까다로운 관계가 아니라 때로는 한 가지씩 자신이 골라 주문할 수도 있어서 변화 있게 음식을 맛볼 수 있다.

ⓒ **점심(弁當 : 밴도)**

차와 같이 나오는 아주 간단한 요리로서 보통 후지다가(緑高) 또는 쇼오가도오(松花堂)라고 부르는 그릇에 밥과 요리가 함께 담겨 나온다(먹는 방법은 가운데 놓인 요리를 상의 앞쪽에 놓인 그릇에 가져다 먹는다).

② 회석요리의 특징

말 그대로 연회석에 나오는 요리다. 일본인들이 거의 일상적으로 가장 접할 기회가 많다고 하는데, 오늘날의 일본요리 형태라고 말할 수 있다. 그러나 최근에는 가이세키 요리라는 것 가운데에서도 혼젠요리(본선요리) 형식의 흐름을 이은 것과 회석요리의 흐름을 이은 것이 구별되고 있다.

전자는 대중음식점에서 쓰는 다리 달린 밥상에 요리가 차려져서 배열되어 있는 것이고, 후자는 고급식당에서 쓰는 다리 없는 상(오시카 : 네모난 쟁반 같은 것)에 차례로 요리가 놓이는 것이다.

회석요리는 고객이 먹는 속도를 헤아려서 한 가지씩 내놓는 것이다. 그 이유는 따뜻한 것은 따뜻할 때 차가운 것은 찰 때 들게 함으로써 가장 맛있을 때 먹게 한다는 요리의 원칙을 지키기 위해서다. 먹을 수 있을 만큼 나오는 요리, 즉 다 먹어치우게 되는 요리이다.

이는 간사이시키(關西式 : 교토, 오사카 지방)나 간사이후우(關西風)라고 불리는 요리형식인데, 이 형식이 오늘날 일반적 형식이라 말할 수 있다. 맛에 있어서는 전체적으로 엷은 맛이고, 재료가 가진 본래의 맛을 살리는 요리방법이다. 이것이 일본요리에 있어서 가장 자랑할 만한 특색이다.

요리의 구성을 보면, 가장 간단한 것은 삼채(三菜)부터 시작하고, 오채(五菜)가 되면 즙물(汁物)은 이즙(二汁)이 되며, 칠채(七菜), 구채(九菜), 십일채(十一菜) 등의 기수(奇數)로 증가된다. 밥은 채(菜)의 가지 수에 포함되지 않는다. 회석요리(會席料理)의 식단은 다양하나 대략 다음과 같이 차린다.

전채(前菜), 조림(煮物), 맑은 장국(吸物), 찜, 튀김(合魚), 회 또는 초무침(向付), 식초를 사용하여 무친 것, 생선, 큰새우, 일본식 알쌈 등의 전채, 된장국(止葬) 구이(燒物), 술(酒) 등이다. 회석요리는 육류를 전혀 사용하지 않았지만, 점차로 연회를 주로 하는 회석요리로 발전해가는 과정에서 육류 및 모든 식재료를 사용하게끔 되어 있다.

3) 차회석요리(차가이세키 요리 : 茶懷石料理)

차회석 요리는 천형휴가 귀족사회의 혼젠요리와 정진요리(寺院料理)에서 창조한 것이다. 처음에는 검소한 식물성 요리였으나 시대가 흐름에 따라 생선도 이용되는 호화스러운 요리로 변했다.

차회석요리(茶懷石料理)는 일즙삼채(一汁三菜)가 보통이며, 밥, 국, 회종류(向付), 조림(煮物), 구이(燒物) 등으로 구성된다. 그러나 약식으로 일즙이채(一汁二菜)도 있으며, 일즙이채인 경우에는 구이가 생략되고, 일즙일채에는 조림과 구이가 생략된다.

차회석요리(茶懷石料理)는 양보다 질을 중요시하며, 재료 자체의 자연의 맛을 최대한으로 살리는 것이 특징이다.

4) 정진요리

정진요리(精進料理 : 쇼진 요리)는 다도가 보급되는 전후에 서민에게 전달되었다. 불교가 전래됨에 따라 중국의 불교승이 일본에 귀화하는 일이 많아지자 비린 냄새가 나는 생선과 수조육을 전혀 사용하지 않는 정진요리가 점차로 보급되었다.

쇼진 요리(精進料理)란 뜻은 유정(有情 : 동물)을 피하여, 무정(無情 : 식물)인 채소류 · 곡류 · 두류(豆類)를 이용해서 만들었다는 뜻으로 미식(米食)을 피하고 조식(粗食)하는 것을 의미한다.

불교 선종(禪宗)에서는 육식(肉食)을 금하는 것이 원칙으로 되어 있으며, 식단은 쇼진요리로서 일즙삼채(一汁三菜), 일즙오채(一汁五菜), 이즙오채(二汁五菜), 삼즙칠채(三汁七菜) 등의 기본에 따라 구성된다.

이러한 요리는 주로 사원(寺院)에서 크게 발달되었고, 중심지는 교토(京都)이다. 정진(精進)이라는 용어는 식물성 재료만으로 만들어진 국 또는 튀김이라는 뜻으로 이용되고 있다.

특징은 조리법에 있다. 야채는 짙은 맛이 없기 때문에 좋은 맛을 내는 방법을 연구해서 독특한 조리법을 창출해냈다.

① 오법 : 생것, 삶은 것, 굽는 것, 튀기는 것, 찌는 것

② 오미 : 간장, 설탕, 식초, 소금, 생강겨자(매운 것)

③ 오색 : 적, 청, 황, 흑, 백

5) 보채요리

보채요리(普菜料理 : 후차 요리)는 오바쿠요리(黄檗料理)라고도 불리며, 황벽산(黃壁山), 만복사(萬福寺)의 법주(法主)였던 스님(僧)이 중국에서 찾아오는 선종승(禪宗僧)들을 대접할 때 정진요리(精進料理)를 중국식으로 조리하였던 것으로서, 음식명도 중국식 명칭을 따른 것이 아직도 잔존하고 있다.

3 일식요리의 종류

일본요리 개요에서 밝힌 바 있으나, 현재의 일본요리는 과거에 비해 많이 달라졌다. 상차림에 있어서도 크게 달라진 면모를 보이고 있다. 밥과 국에 중점을 둔 과거의 상차림과는 달리 현대에는 술을 위주로 한 상차림으로 변하고 있으며, 처음에 제공되어야 할 밥과 국을 마지막으로 바꾸어놓은 것이다.

이러한 특징을 가지고 있는 회석요리는 호텔이나 전문식당 등에서도 보편화되어 있으며, 다음과 같은 순서로 제공되고 있다. 특히 유의하여야 할 점은 같은 재료의 중복을 피해야 한다는 점이다.

(1) 오도오시

오도오시(先付)는 식사전 별미요리(진미)로서 다른 말로는 쯔키다시(つきだし), 샤키쯔케(先付), 고쯔게(小鉢)라 하는데, 이 요리는 일식에서 식사를 주문하고 기다리는 시간에 제공하는 가벼운 술안주로 제공하는 음식이다.

(2) 젠사이

젠사이(前采 : 전채)는 식욕촉진제인 전채요리로서 다음에 나올 요리를 위해 입맛을 돋우는 역할을 하므로 재료・맛・모양・색깔・용기 등에 세심한 배려가 필요하다. 전채요리는 삼채(三采)에서 오채(五采)까지 있다. 양이 적어야 하며, 맛에 있어서도 매운 것, 신 것, 달콤한 것 등이 있는데 같은 맛이 겹치지 않도록 해야 한다.

(3) 스이모노

스이모노(すいもの, 吸物 : 맑은 국)는 다량의 즙액(汁液) 속에 소량의 고형(固形) 식품을 넣은 장국인데 담백한 조미와 청신한 향기로서 식욕을 증진시킨다.

(4) 사시미

요리는 크게 생식(生食)과 가열식(加熱式)으로 나누어지는데, 사시미(さしみ, 刺身 : 회)는 생식(生食)에 속하는 것으로 특히 재료에 주의하여야 한다. 채소류・과일류・회류 등은 가열하지 않으므로 풍부한 비타민을 섭취할 수가 있으나 식품의 변질에 주의하여야 한다.

사시미는 독특한 향기와 맛을 주기 때문에 신선하고 위생적인 조건을 충분히 갖춘 것이어야 한다.

(5) 야키모노

야키모노(やきもの, 燒物)는 재료에 높은 열을 가하여 재료의 겉부분을 익히거나, 지방분을 알맞게 녹이면서 익히는 조리법이다. 재료가 지닌 독특한 맛의 성분이나 영양분을 상실하지 않게 조리한다. 굽는 방법에는 석쇠나 꼬챙이를 사용하여 불에 직접 굽는 직접구이와 프라이팬이나 오븐 등을 사용하여 간접적으로 굽는 간접구이가 있다.

(6) 무시모노

무시모노(にもの, 煮物 : 조림)는 식품을 약간의 장국과 함께 가열하여 조미료로 향미를 가한 요리를 말한다. 식품을 가열하면 질이 연해지므로 소화가 잘 되고, 조미료로서 향미를 주었기 때문에 식욕증진에도 도움이 된다.

조림류는 일반적으로 반찬이나 술안주로 이용되기 때문에 다른 요리와 조화를 이루어야 하고, 생선이나 육류가 있는 식단에는 야채류의 조림이 좋다. 맛은 지방의 전통에 따라 특성이 있는데, 특히 관동식과 관서식에서 현저한 차이가 있다. 즉, 관동식은 일반적으로 물기가 적고 맛이 진한 것이 특징이며, 관서식은 물기가 많고 담백한 것이 특징이다.

(7) 아게모노

아게모노(あげもの, 揚物)는 재료가 지닌 자연의 맛을 그대로 살릴 수 있고, 영양가가 높다는 점에서 튀김 중 가장 뛰어난 조리법이다.

튀김옷(ころも)을 입혀 질이 좋은 식물성기름에서 튀기므로 재료의 맛은 튀김옷에 의해 완전히 보호되고, 기름이 스며들어 맛이 한결 좋아지며, 영양가도 높여준다.

(8) 스노모노

스노모노(すのもの, 酢の物)는 신선한 생선류・야채류・해조류・조수육류 등의 재료를 사용하여 양념한 것으로 새콤하고 산뜻한 맛이 입안을 개운하게 하고 식욕을 돋우어주므로 계절을 가리지 않고 많이 이용한다. 담백하고 맛이 있는 초회는 주로 술안주로 제공한다.

(9) 나베모노

나베모노(なべもの, 鍋物)는 냄비요리로서 다른 요리와는 달리 손질한 재료들을 여러 가지 방법으로 냄비에 담아서 식탁에서 직접 끓이면서 조리하는 것이다. 계절에 따라 재료를 다채롭게 사용하므로 영양가를 놓고 다음과 같이 분류된다.

① 진하게 조미하여 끓이는 것
② 담백하게 조미하여 끓이는 것
③ 국물에 조미하지 않는 것

(10) 스 시

스시(すし, 寿司)는 일본 초밥으로서 쌀밥과 식초(酢)를 사용하여 만드는 일본을 대표하는 음식으로서 조리방법도 지방에 따라 다르다.

재료는 생선・생선알・조개・김・계란말이・야채 등의 선택된 생선을 왼손에 준비하여 와사비를 약간 바르고 오른손으로 초밥을 한 입에 넣을 수 있는 양으로 손바닥에 올려놓아 만든다.

(11) 후 구

후구(ふぐ, 鰒)는 참복과에 속하는 바닷물고기인 복어로 만든 요리이다. 복어는 한자로 '鰒'이라 하는데 이는 배가 볼록한 데서 붙여진 이름이다. 몸이 뚱뚱하고 등지느러미가 작으며, 이가 날카로운 복어는 기름기가 적어 맛이 담백하고, 단백질이 많은 생선이다.

복어의 맛은 11월에서 그 다음해 2월까지가 가장 좋고, 봄에 꽃이 피면 복어의 독이 강해지면서 맛도 떨어지므로 가능한 한 먹지 않는 것이 좋다. 그러나 복어가 허리와 다리를 튼튼하게 하고, 치질에도 효과가 있으며, 쇠약한 환자에게도 좋다고 하는 이유는 우수한 단백질 때문이다.

이처럼 복어는 영양과 맛이 뛰어난 식품이지만, 그 독성은 치명적이기 때문에 면허 있는 조리사에 의하여 조리된 것이 안전하다.

(12) 미소시루

미소시루(みそしる, 味噌汁)는 된장을 기본으로 한 다시국물과 국건더기가 잘 조화된 일본식 된장국이다. 각 지방마다 독특한 것이 있어 단맛·짠맛·매운맛 등의 수십 종이 있는데, 미소시루의 맛은 된장의 품질과 기본 다시에 따라 달라진다.

일본차

(1) 차의 역사

일본의 대표적인 차(茶)는 녹차로서, 보통 오차(お茶)라고 불린다. 일본차의 역사는 멀리 신화시대(神話時代 : 3000년 전)부터라고 하는 설이 있으나 어디까지나

전설일 뿐 과학적인 확증은 없다. 오차나무는 중국 남부를 비롯하여 동부 아시아의 산지와 인도 동부의 아쌈 지방에 걸쳐서 야생의 상태로 분포되는데, 일본에는 서남쪽 따뜻한 지방인 서국 구주산간에 자생차로 생각되는 산차가 있지만 그것이 일본이 원산지인지 그렇지 않으면 도래된 것인지 아직은 알 수가 없다. 다만 식물학적인 조사나 제조방법 혹은 마시는 방법 등으로 보아서 중국의 오차와 거의 비슷하기 때문에 중국으로부터 전래되지 않았나 추측하고 있을 뿐이다.

특히 중국 동부의 저장성, 안후이성, 푸젠성 등지의 소엽종의 차나무와 많이 닮아서 이 지방들과 일본의 불교를 비롯해서 역사적인 관계가 많기 때문에 오차도 전래되지 않았나 하는 추측도 있지만, 중국의 소엽종과 일본의 초차나무를 자세히 관찰하면 암꽃술이 조금 틀리기 때문에 일본 오차나무는 일본자생이라는 설도 있다.

오차나무는 크게 2종류로 나눌 수 있다. 고목종류와 저목종류로 나눌 수가 있는데, 저목종류는 일본 각지에서 볼 수 있는 나무로서 오차잎이 10cm 내외로 작고, 고목종류는 나무 크기가 20m, 잎이 20cm 정도로 크게 자란다.

(2) 차의 성분

1) 오차의 주요 성분은 '타닌'

타닌은 차뿐만 아니라 감과 밤의 떫은맛을 낸다. 또한 타닌은 색을 차색(茶色)으로 착색시키기도 하고, 단백질을 응축(응고)시키는 성질도 있다. 이것이 오차에 포함된 '타닌'의 살균효과이다. 이 두 가지가 '타닌'의 종류로서 떫은맛을 내는 것이 타닌이고, 단맛을 나는 것이 중합타닌이라고 한다.

중합타닌(カテキン)은 타닌이 산화한 것으로 높은 온도를 가하거나 고온 발효시키면 변화된다. 우롱차 · 홍차 · 호지차의 떫은맛은, 일부의 떫은맛이 중합타닌으로 변한 것이다. 오차잎을 재배할 때 여름에 온도가 높은 때는 타닌

성분이 많아지게 된다. 따라서 남쪽나라(인도 · 스리랑카 등)에서 재배하는 오차에는 타닌의 함유량이 많은 것이 특징이다.

2) 각성작용이 있는 카페인이 함유

오차에는 타닌과 함께 카페인 성분도 들어 있는 것이 큰 특징이다. 카페인은 오차뿐만 아니고 커피의 주요 성분이기도 하다. 각성작용(覺醒作用)이 있을 뿐만 아니라 신경을 마비시키는 힘도 있다. 두통약의 효력도 카페인에 의해서 이루어진다. 카페인은 오차 중에서 상급차에 속하는 오차에 비교적 많이 함유되어 있다.

일본차에만 함유되어 있는 '데아닌'과 '타닌'이 어느 정도로 균형을 맞추고 있는가에 따라 맛이 결정된다고 할 정도로 중요한 역할을 하고 있다. 오차를 재배할 때 '데아닌'을 많이 함유하기 위해서 비료를 주기도 하고, 태양 직사광선을 차단시켜주기도 하는 작업을 하기도 한다.

3) 일본차에는 풍부한 비타민 C가 함유

오차나무에서 잎을 따서 오차를 만들 때 발효되지 않도록 높은 온도의 김으로 가마솥에서 쪄내면 효소의 활성이 없어져 녹색 그대로의 차를 만들 수 있는데, 이 또한 일본차의 특성 및 중국 녹차의 특징이다.

일본의 우롱차는 오차를 산화 발효시키면서 효소를 활용해서 만든 차이다. 따라서 오차를 발효시켰느냐, 발효시키지 않고 만들었느냐에 따라 많은 차이가 있다. 오차를 발효시키면 대부분 비타민 C가 파괴되어 소멸해버리고, 비타민 C를 그대로 존속시키기 위하여 훈기로 오차잎을 쪄서 비타민 C를 파괴하는 산화효소를 제거한 것이 불발효차(오차)로서 일본차가 이에 해당한다.

우롱차는 효소가 산화 발효되면서 비타민 C가 함유되어 있지 않으나 발효차에는 함유되지 않은 효소가 있어서 음식물의 소화를 도와주기도 하고, 지방의 분해를 도와주는 작용을 한다.

또한 오차와 마찬가지로 엽록소를 함유하고 있어서 엽록소만의 성분 등은 중요한 역할을 한다. 그래서 중국식당에서는 우롱차를 많이 사용한다.

(3) 차의 종류 및 용도

오차는 제조방법에 의해서 발효차와 불발효차로 분류된다. 중국차는 녹차를 제외하고는 거의 발효차이다.

높은 온도의 김(Steam)으로 쪄내어 효소의 움직임을 없애서 발효시키지 않고 녹색의 색으로 자연 그대로의 색으로 만든다. 30종류의 차가 있지만 일반적인 대중차는 6가지 있다.

① 맛 차

오차나무가 살짝 필 때 따서 고온으로 찐 다음 말려서 돌절구에 갈아 고운 가루를 만든다. 물은 수돗물보다는 자연생수를 사용하는 것이 오차의 진미를 더욱 느낄 수 있고, 물은 항상 100℃ 이상 끓여서 오차 용도에 알맞게 온도를 조절한다. 맛차는 60~70℃가 알맞다(단 음식을 곁들인다).

② 옥록차(玉綠茶)

오차나무를 재배할 때 태양의 직사광선을 차단시켜서 오차나무가 싹이 필 때 다시 고온으로 찐 다음 건조시켜 살짝 볶는다. 물의 온도는 60℃가 적합하며, 단 음식(단과자 · 단팥죽 · 요깡 등)을 곁들인다.

③ 센차(綠茶)

잎이 활짝 핀 다음 따서 고온으로 찐 다음 건조시켜 살짝 볶는다. 주로 생선회를 먹을 때 사용하며, 생선 비린내를 가시게 하다(물의 온도는 70 ~ 80℃).

④ 호지차

잎이 완전히 핀 다음 기계로 따서 고온으로 찐 다음 밤색 빛깔이 나타날 때까지 볶는다. 주로 식후에 사용하며, 타닌과 비타민 C, 카페인이 적기 때문에 어린이에게 좋으며, 일반가정에서 많이 사용하는 대중차이다(물의 온도는 90～100℃).

⑤ 반차(番次)

호지차를 만들 때 고온으로 찐 다음 밤색 빛깔이 날 때까지 볶는 것이 호지차이고, 살짝 볶는 것이 반차이다(물의 온도는 80 ~ 90℃).

⑥ 겐마이차(玄米茶)

볶은 쌀을 번차나 전차에 섞은 것이다(물의 온도는 80 ~ 90℃).

(4) 기타 일본차

① 사크라차

축하행사를 할 때 많이 사용하며(결혼 · 약혼 · 설날), 사쿠라꽃 형체를 그대로 이은 다음 소금에 절여 말려서 만든다(물의 온도는 70 ~ 80℃).

② 우메차

매실과 소엽(붉은색)잎은 말려서 갈은 다음 소금으로 배합하며 입맛이 없을 때나 식전에 사용한다(식욕 촉진시킴).

③ 곤부차

다시마를 갈아서 만든다. 혈압에 좋고 피를 맑게 한다(물의 온도 70 ~ 80℃).

(5) 오차의 보존법

오차가 변질된다는 것은 오차가 갖고 있는 성분 중 타닌의 산화와 함께 오차의 엽록소가 산화되어 분해된다는 것을 의미한다. 산화된다는 것은 오차의 녹색이 엷어지고 맛과 향기가 없어져서 오차의 가치를 잃어버리는 것을 말한다.

특히 일본차처럼 자연색과 향기와 맛을 중요시하는 차는 보관에 따른 주의가 매우 중요하다고 할 수 있다. 다시 말해서 일본은 생야차(生野茶)와 같은 성질을 갖고 있기 때문에 순수한 자연의 상태대로 일본차를 보관해야만 한다.

따라서 일본차가 갖고 있는 자연의 향기와 맛, 그리고 색깔을 오랫동안 보존하기 위해서는 다른 차에서는 생각할 수 없는 독특한 방법이 이용된다. 공기·고온·다습(습기)은 일본차의 적이다.

일본차는 공기·온도·습도, 그리고 태양광선을 오래 쬐면 향기와 맛이 변한다. 습기는 일본차뿐만이 아니고 우롱차·홍차 등 어떠한 차에도 매우 나쁘다. 또 태양광선에 의해서 엽록소가 분해되기는 하지만 이것은 단순히 태양광선에 의한 변화이기보다는 온도에 의해서 변한다고 말할 수가 있다. 일본차의 산화방지(防止)를 위해서 옛날에는 후지 산의 동굴에 보존하기도 하고, 토굴에 보존하기도 했다.

또 각 가정에서는 큰항아리에 차를 담아 입을 봉해서 선반이나 토굴에 보존했지만, 근래에 와서는 진공 팩(Pack)에 넣어 섭씨 5℃ 정도의 냉장고에 넣어 보관한다. 가정용으로 판매되는 것도 거의 대부분 진공 팩으로 되어 있어서 그대로 냉장고에 보관하면 된다.

그러나 팩을 개봉했을 때는 가급적 빨리 사용하거나 공기에 닿지 않도록 사용 후 잘 덮어놓는다. 중국의 녹차와 우롱차·홍차와 같이 제조과정에서 대개 완전히 산화 발효시켜 만든 것과 같은 차는 저장중에 거의 변질되지 않지만, 일본차는 불발효이기 때문에 저장중에는 변질되지 않게 세심한 주의를 기울여야 한다.

또한 어느 오차이건 후열작용이 있어서 저장중에 오차의 향기와 맛이 더욱 좋아지기도 한다. 때문에 금방 제조된 오차보다는 1년간 잘 보존한 오차가 향기와 맛이 훨씬 더 좋다. 또한 오차는 냄새를 탈취(奪取)하는 성질이 강하기 때문에 냉장고에 보관할 때는 주의가 필요하다. 가급적 팩을 잘 꾸려서 냉장고의 생선이나 고기 냄새 등이 배지 않도록 주의하여야 한다.

냉장고에 보관하지 않고 상자나 선반 같은데 보관할 때는 가급적 심한 냄새가 나는 것과는 같이 보관하지 않는 것이 좋다.

일식당의 기본 세팅

(1) 기본 세팅

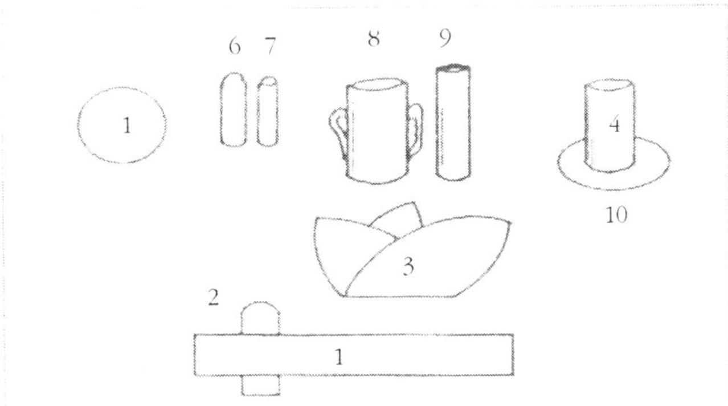

1. Chopstick, 2. Chopstick Holder, 3. Napkin, 4. Tea Cup, 5. Ashtray, 6. Salt, 7. Pepper, 8. Soy Sauce Bottle, 9. Toothpick Holder, 10. Tea Cup Underliner

(2) 조정식 테이블 세팅

1) 조정식

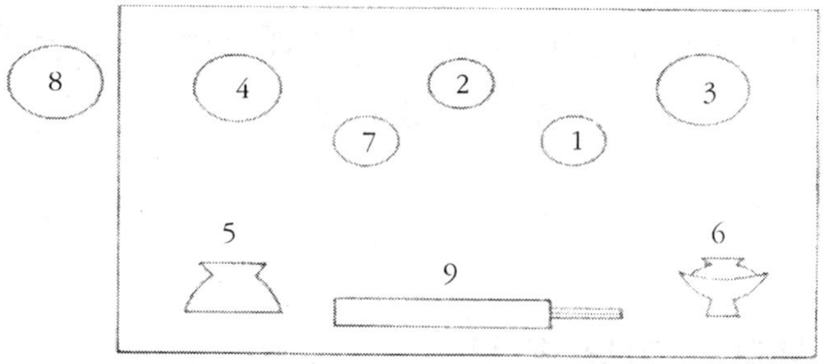

1. 小鉢(소량의 요리), 2. 小皿(젓갈류), 3. 煮物(삶은 요리), 4. 焼物(구이 요리),
5. 御飯(식사), 6. 赤出汁(된장국), 7. 香の物(일본김치), 8. おひつ(밥통), 9. 箸(젓가락)

2) 아침 정식

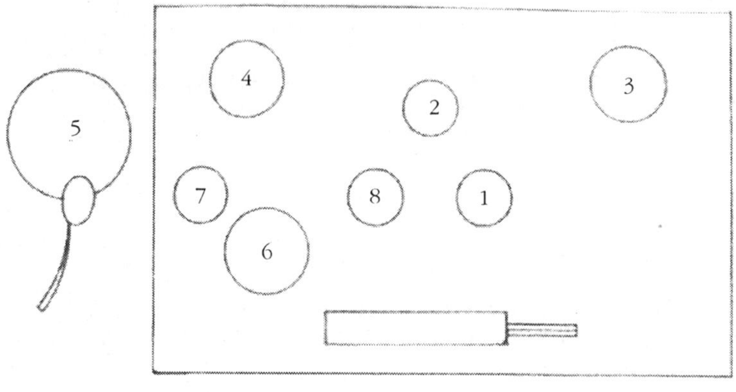

1. 小鉢(소량의 요리), 2. 小皿(젓갈류), 3. 煮物(삶은 요리), 4. 焼物(구이 요리),
5. おかゆ(죽), 6. おかゆ用の御飯茶苑, 7. おかゆあん(다레종류), 8. 香の物(일본김치)

(3) 회석요리 순서와 테이블 세팅

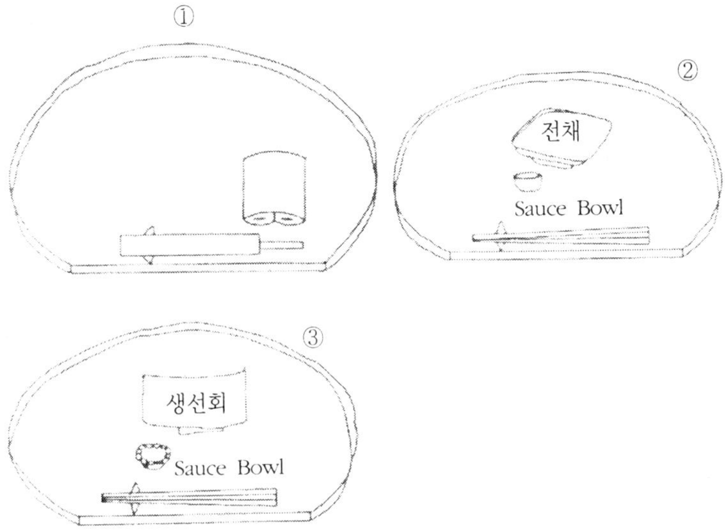

전채 · 생선회 등은 소스 볼과 함께 고객 앞에서 서비스한다.

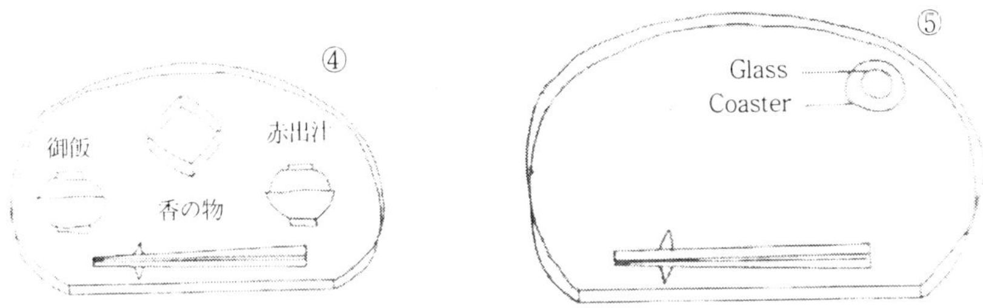

(1) 별미요리, 맑은 국, 조림, 생선요리, 초회 등은 쟁반 중앙에 놓아 서비스한다.
(2) 香の物(일본김치)와 赤出汁(된장국), 밥은 동시에 서비스한다.
(3) 과일 등 디저트 서비스시 요리쟁반 등을 치운 후 서비스한다.

① 先附(진미 별미요리)
② 前菜(식욕촉진요리)
③ 吸物(맑은물)
④ お造り(생선회)
⑤ 焚合せ(조림)
⑥ 燒物(구이요리)
⑦ 强肴(생선요리)
⑧ 酢物(초회)
⑨ 赤出汁(장국)
⑩ 香の物(일본김치)
⑪ 御飯(밥)
⑫ 果物(과일)
⑬ 水菓(일식과자)

(4) 냄비요리의 서비스 방법

냄비요리는 고객식탁에서 직접 끓이면서 조리하여 거품을 처음부터 끝까지 잘 걷어내야 하며, 고기나 야채를 덜 때 냄비에 닿지 않게 해야 한다.

1) 샤부샤부

재료는 스키야키와 비슷하지만 우엉과 양파가 빠진다. 끓는 물에 쇠고기를 젓가락을 잡은 후 2~3번 정도 흔들어서 고객에게 제공한다. 흔드는 행위를 '샤브샤브(しゃぶしゃぶ)'라고 한다. 고마다레(들깨와 땅콩을 갈아 만든 소스)와 폰스(유자와 라인원액, 간장을 섞어 새콤한 맛이 나는 소스)를 준비해서 고기는 고마다레, 야채는 폰스와 함께 먹도록 한다.

① 샤브샤브에는 다시마를 우린 국물을 사용한다.
② 국물이 끓으면 고기를 먼저 익혀 먹게 한다.
③ 불은 중간 정도로 하여야 한다.
④ 거품을 걷어낸다.
⑤ 고기를 살짝 익혀 덜어주고 계속 반복한다.
⑥ 떡은 맨 나중에 넣는다(우동 넣기 전에 넣을 것).
⑦ 고기를 1/2 정도 먹은 다음에 야채를 넣어야 야채가 부드러워지고, 맛있게 먹을 수 있다.
⑧ 우동은 중간 불로 끓이는데 아무 양념도 넣지 않는다.
⑨ 우동을 넣기 전에 냄비에 맛소금·후춧가루·파를 넣는다.
⑩ 우동 그릇에 떠서 그 위에 폰스를 약간 뿌려서 낸다(고객의 취향에 맞게 서비스해야 한다).

2) 전골 서비스

① 불은 중간불 정도로 한다.

② 팬에 파를 먼저 넣어 잘 볶는다.

③ 볶은 파 위에 고기를 얹어 익힌다. 그 다음 다레 소스를 붓고, 조리될 동안 계란을 풀어 고객 앞에 서비스한다.

④ 조리된 파와 고기를 서브한 뒤 고객에게 맛이 어떤가 물어본다.

⑤ 프라이팬에 다레 소스를 넣고 죽순 · 표고버섯 · 우엉 · 무 · 당근 · 당면 · 느타리버섯 · 두부 · 곤약을 조금씩 넣어서 익힌다.

⑥ 조리된 야채와 고기를 모두 고객에게 서브한다.

⑦ 이상의 것을 서브한 뒤에 다시와 다레로 간을 맞춘다.

⑧ 쑥갓은 제일 나중에 넣는다.

⑨ 바쁠 경우에는 조리된 것을 한쪽에 밀어놓고, 한쪽에 다시 야채를 익힌다.

⑩ 고객의 기호에 따라 시찌미(七味)를 낸다.

제 6 장

여행 매너

제1절 여 행

제2절 해외출장

제1절 여 행

인간은 사회적 동물이며 삶을 영위하기 위해 이동해야 하는 환경 속에서 살아가야만 한다. 이러한 인간의 기본적인 환경 속에서 경제 · 사회 및 문화적인 교류를 통해 상호간의 이익을 추구하고 있기 때문에 타지를 방문해야 하는 기회가 더욱 증가하고 있는 추세이다.

더욱이 요즘은 삶의 질이 향상되면서 노동의 시간이 단축되고 경제적인 풍요로움 또는 교통수단의 발달로 인하여 거주지를 벗어나 타지의 환경을 이해하려는 욕구는 여행이라는 추상적인 개념이 사회생활에 있어서 중요한 영역을 차지하게 되었다.

그리나 개인적인 욕구이든 일상생활의 연속이든간에 끊임없이 이동해야 하는 상황에서 무분별한 행위로 인하여 남들에게 불편을 주거나 사회적으로 물의를 일으키는 경우가 발생하고 있다. 따라서, 여행중에 우리가 지켜야 할 여러 가지의 사회적 관습과 에티켓이 요구되고 있다.

여행을 하는 데 있어서 여러 가지의 교통수단이 있으나 이 책에서는 항공기를 이용하는 여행을 중점적으로 살펴보기로 한다.

[그림 5-1] 항공사 카운터

1 항공사

(1) 티케팅 서비스

일반적으로 여행을 하기 위해서는 사전에 항공권을 구입하지만, 국내선인 경우 예약을 하지 않거나 특별한 경우에는 항공사의 카운터에서 티케팅(ticketing)을 하기도 한다.

만약 예약을 사전에 해놓은 경우에는 성명이나 예약번호(PNR : passenger name record)를 확인한 후 항공권을 대금 지불과 함께 발급받고, 예약하지 않았는데 여행을 위한 항공권을 구입하고자 할 경우에는 여행하고자 하는 목적지/시간대, 좌석등급, 선호하는 좌석 등을 항공사 터미널(terminal)에 근무하는 종업원에게 문의한 다음 항공권의 대금을 지불한다.

(2) 수 속

수속(check-in)은 구입한 항공권의 내용에 따라 항공기 탑승을 위한 수하물 탑재, 여권 및 목적지의 비자 점검, 좌석배치 등과 같은 사전절차를 의미한다. 따라서 수속과정에서 항공사의 카운터에 근무하는 종업원은 항공사의 운항 스케줄이나 기상관계, 연착 및 지연 등이나 여행 목적지의 국가에서 요구하는 각종 제한사항이나 규칙 등의 정보를 제공한다.

수속업무의 절차는 다음과 같다.

1) 각종 서류의 점검

① 여 권

국외여행의 경우 당연히 여권(passport)을 소지하겠지만 국가에 따라 여권 만료기간의 제한규정이 있기 때문에 만료기간을 확인한다. 예를 들어 인도네시아의 경우, 여권 만료기간을 6개월 이상으로 규정하고 있다. 만약 고객의 여권 만료기간이 여행국에서 규정하고 있는 기간 이내이면 항공사에서 책임을 지도록 되어 있다.

㉠ **여권의 종류**

ⓐ 관용여권

공무원과 정부투자기관의 임직원으로서 공무로 해외여행을 하는 사람이나 정부투자기관의 해외주재원, 그 배우자 그리고 미혼인 직계비속은 관용여권을 발급받을 수 있다.

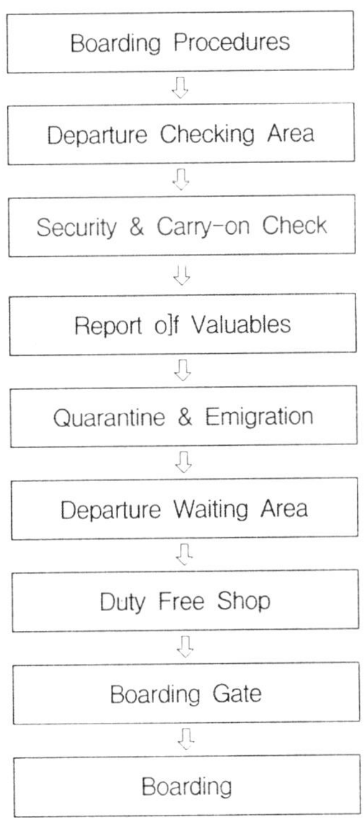

[그림 5-2] 출국수속 및 진행과정

ⓑ 외교관 여권

외교관 여권을 발급받을 수 있는 사람은 대통령, 국회의장, 외교통상부 장관, 그리고 외교통상부 소속 공무원 등과 그들의 배우자 및 미혼 직계비속이다.

ⓒ 일반여권

일반국민이 발급받을 수 있는 여권이다.

ⓛ **여권심사**

- 여권상의 사진으로 본인 여부를 확인한다.
- 여권의 유효 여부를 확인한다.
- 출국신고서 작성 여부를 확인한다.

② **비 자**

국적에 따라서 비자(visa)가 요구되는 경우가 있기 때문에 정확하게 확인할 필요가 있다. 여행하는 국가와 우리나라와 비자 면제협정이 체결된 경우에는 문제가 없겠으나 일본이나 미국 등과 같은 국가에서는 자국의 외무부에서 발급하는 소정의 비자를 요구하고 있으므로 여행하고자 하는 목적지의 비자에 관한 정보를 확인해야 한다.

여행사에서 인솔하는 단체의 경우에는 특별한 문제가 없으나 개인 출발인 경우에는 가끔 비자 문제로 인하여 불미스런 문제가 발생할 수 있기 때문에 사전에 정확한 정보를 얻어야 한다. 비자의 종류는 다음과 같다.

㉠ **사용횟수에 의한 분류**

ⓐ 단수비자(single entry visa)

1회 입국하여 출국하면 효력이 상실되는 비자

ⓑ 복수비자(multiple entry visa)

유효기간은 국가 또는 개인의 국적에 따라 차이가 있으나 유

효기간 내에는 몇 번이라도 출입국이 가능한 비자

㉡ 여행목적에 의한 분류

ⓐ 입국비자(entry visa)

해당 국에 입국하는 것을 주목적으로 하는 경우에 교부되는 비자

ⓑ 통과비자(transit visa)

최종 여행목적지 국가로 향하는 도중에 필요에 의해 경유지를 방문하는 경우 해당 경유국에서 발급하는 비자

③ 항공권

원하는 목적지를 안전하게 여행할 수 있도록 항공권(air ticket)의 날짜와 등급을 정확하게 확인한다. 참고로 항공권의 종류는 다음과 같다.

㉠ Passenger Ticket and Baggage Check

가장 일반석으로 통용되는 여행색용 항공권 및 수하물표로서 여행사가 발행하는 운송증퓨가 대부분이다.

㉡ Miscellaneous Charge Order(MCO)

항공권과는 달리 여행객이 필요시 화폐로 교환해서 사용할 수 있는 일종의 지불증으로 호텔 비용의 지불 및 항공권의 구입시에도 사용된다.

㉢ Collective Ticket for Passenger and Baggage

임시로 발행되는 단체 항공권이다.

㉣ Trip Pass and Baggage Check

100% 할인권으로서 무임 항공권이다.

㉤ Excess Baggage Ticket

수하물이 허용량을 초과하는 경우 항공사에서는 여객으로부터 초

과하물 비용을 수령하고 이를 확인해주는 초과 수하물 항공권이다.

④ 출국신고서

출국신고서(disembarkation card)는 출국하는 국가의 정부에 제출하는 신고서로서, 요구하는 내용을 정확하게 기재해야 한다.

〈표 5-1〉 항공권의 구성

종 류	내 용
심사용 (audit coupon)	항공권의 첫번째 쿠폰으로서, 여행사가 항공권을 발행할 때 제반 사항을 기록하고 항공사에 판매보고용으로 사용된다. 따라서, 여행객에게 건네주기 전에 이 쿠폰을 절취해야 한다.
발행자용 (agent coupon)	항공권을 발행한 여행사가 항공권의 분실 및 재발급시 참고자료로 사용하기 위해 장기간 보관하는 쿠폰이다. 따라서 이 쿠폰도 사전에 절취해야 한다.
탑승용 (flight coupon)	항공권의 종류에 따라 2매 또는 4매가 발행되며, 표시된 구간의 탑승수속시 제출하고 탑승권(boarding pass)과 교환한다.
승객용 (passenger coupon)	항공권에 명시된 여정을 여행하는 동안 승객이 소지하는 쿠폰으로서, 수속할 때 탑승용 쿠폰과 함께 제시해야 한다. 항공여행에 관한 각종 정보가 기록되어 있기 때문에 소중하게 취급해야 한다.

⑤ 공항세

공항세(airport tax)는 공항을 이용하는 승객에게 징수하는 세금으로서, 대부분의 공항에서 출국하는 승객에게 소정의 공항세를 부과하고 있다. 따라서 공항 내에 위치하고 있는 지정 은행에 공항세를 납부하고 납부 영수증을 공항수속시 제시하도록 되어 있다.

2) 좌석배정

좌석배정은 항공사에서 특별한 경우가 없는 한 개인이 선호하는 좌석으로 배정을 하도록 최선을 다하지만 만석(full house)일 경우에는 원하는 대로 좌석을 배정할 수 없기 때문에 항공사의 사정으로 인하여 원하는 좌석을 배정받지 못했을지라도 너그러운 이해가 필요하다.

일반적으로 항공사의 좌석은 보통석인 경우 앞쪽(front), 뒤쪽(rear), 창가 쪽(window), 복도 쪽(aisle) 등의 구역으로 구분한다. 그러나 좌석배정의 경우 어린이와 노약자 및 여성 고객을 우선적으로 처리하도록 규정하고 있다.

① 수하물이 없을 경우의 수속

개인 수하물이 없는 수속은 매우 간단하다. 상술된 바와 같이 여행 서류와 항공권을 항공사 카운터에 제시하면 확인한 후 좌석배정을 받아 탑승권(boarding pass)을 발급받는다. 수하물이 없으나 소지하고 기내에 탑승할 수 있는 휴대 수하물(hand carry baggage)은 배기지 클레임 택(baggage claim tag)이 발급되지 않으며, 휴대 수하물은 좌석 밑이나 혹은 좌석 위의 선반(overhead compartment)에 올려놓는다. 이때 휴대 수하물의 부피가 규정 이상으로 큰 것은 항공사에서 통제하도록 되어 있다. 보통 휴대 수하물의 부피는 3변의 합이 115cm를 초과할 수 없도록 규정하고 있다.

다음과 같은 수하물은 항공사의 사전허가가 없으면 항공기 운항의 안전을 위해 여행자의 수하물로 인정되지 않고 탑승을 거부당할 수도 있다.

㉠ 총기류(스포츠용 제외) · 폭발물 · 성냥류
㉡ 압축 가스
㉢ 인화성 물질(알코올 · 휘발유)
㉣ 산화성 물질
㉤ 극약

ⓑ 부식성 물질(산, 화공약품, 젖은 건전지)

ⓢ 방사능 물질

ⓞ 수은 · 자석류

ⓙ 맹인 · 인도견 · 농아 보조견 이외의 동물류

② **수하물을 동반한 경우의 수속**

대부분은 항공기의 화물칸에 맡길 수하물을 동반하여 여행한다. 이러한 경우 종종 항공사에서 규정하고 있는 수하물의 크기와 중량(2등석인 경우 : 보통 40cm×80cm/20kg)을 초과하여 항공사와 마찰을 빚기도 한다. 만약 수하물이 규정 중량이나 부피를 초과하는 경우에는 초과요금을 부과하도록 되어 있기 때문에 항공사의 규정을 꼼꼼히 살펴보아야 한다.

또한 다른 사람의 수하물과 바뀌지 않도록 수하물 택(baggage tag)에 행선지를 정확하게 표시해야 하며, 수하물 택은 항공권에 부착하여 출국시에 수하물을 찾는 데 용이하도록 한다. 그리고 무게를 측정한 수하물은 내용물의 검색을 위해 안전 검색대를 통과하는 약 2~3분 정도는 고객이 카운터에서 기다리도록 한다.

또한 수하물이 파손되기 쉬운 물건이나 특별히 취급해야 할 경우에는 항공사의 카운터에 특별히 부탁하여 '파손주의(fragile)' 택을 부착하여 항공사의 직원이 수하물 운반시 특별히 취급하도록 한다.

수하물 취급시 주의해야 할 사항은 다음과 같다.

㉠ 수하물의 포장상태 및 파손 여부를 확인한 후 가방에 부착되어 있는 과거의 택을 제거한다.

㉡ 현금, 고가품, 파손주의 물품 또는 중요서류가 포함되어 있는지를 확인한다.

㉢ 파손되기 쉬운 수하물일 경우에는 항공사의 직원에게 의뢰하여 파손주의 택을 부착한다.

㉣ 수하물이 다량이거나 무거울 경우 항공사의 지상 종업원에게 지원을 요청한다.

3) 보안검사

항공기 탑승구에 들어가기 위해서는 승객의 안전을 위해 반드시 보안검사대를 비롯하여 세관검사·검역 등의 절차를 거쳐야 하기 때문에 세관의 보안업무에 적극 협조해야 한다.

① 세관검사

출국할 때에는 소지한 카메라·비디오·장식용 보석 등 각종 고가의 외국상품을 신고하도록 규정하고 있다. 만약 신고하지 않고 출국하였을 경우에는 재입국할 때 외국에서 구입한 것으로 간주하여 관세를 징수하기 때문이디.

② 출입국 심사

국가의 치안유지의 차원에서 실시되는 것으로 정상적인 여행객인지의 여부를 판정하기 위해 여권·탑승권과 출국신고서·입국신고서를 세관원에게 제출하여 스탬프(stamp)를 받는 절차를 말한다.

이때 출입국 심사에 대해서 문의사항이 있을 경우 해당 항공사의 직원이나 세관직원에게 도움을 청하도록 한다. 만약 출국심사를 위한 세관검사가 지연될 경우에는 비행기의 이륙이 지연되기 때문에 가능하면 시간의 여유를 갖는 것이 좋다.

(3) 기 내

항공사의 객실 서비스는 기내 서비스를 의미하는 것으로, 최신 장비를 이용하여 장거리 여행을 할 수 있는 교통수단인 만큼 많은 사람이 이용할 수 있는 대중교통수단은 아니다.

그러나 외국을 장거리 여행하면서 한정된 공간과 서비스로 인하여 다소 불편한 점은 있으나 가장 신속하고 편리하기 때문에 많은 사람이 이용하고 있다.

기내에는 장시간 좁은 공간에 몸을 의지하고 여행해야 하기 때문에 자기통제가 요구된다. 물론 기내에서는 항공사 소속의 종업원(스튜어드 · 스튜어디스 · 사무장 등)들의 친절한 서비스가 제공되지만 장거리 여행인 경우에는 인내력이 필요하다. 또한 기내에서는 승객의 안전을 위해 지켜야 할 규정이 있는데, 승무원의 통제에 적극적으로 협조해야 한다.

〈표 5-2〉 기내 승무원 명칭

명 칭	영 어	비 고
수석사무장	chief purser	
선임사무장	senior purser	
사 무 장	purser	항공기의 기내업무를 총괄하는 사람이다.
보조사무장	assistant purser	사무장을 보좌하여 기내업무를 감독한다.
남 · 여 승무원	steward / stewardess	기내에서 승객에게 각종 서비스를 제공하는 사람으로서, 언어소통을 위해 취항국의 국적을 가진 승무원을 채용하는 경우도 있다.
수습승무원	trainee	정식승무원이 되기 위한 교육생

1) 승객의 안전에 관한 안내

항공기는 사고가 발생할 경우에는 대형사고로 이어지기 때문에 승객의 안전관리를 철저히 수행한다. 승객의 안전을 위해 이륙 전에는 반드시 안전에 관한 사항이 승무원을 통해 안내된다. 일부 항공사에서는 승무원의 육성으로 안내하지 않고 비디오를 통한 데몬스트레이션(demonstration)으로 안내하는 경우도 있다.

① 구명조끼와 산소 마스크의 착용방법

항공기의 비정상적인 작동으로 인하여 비상착륙을 시도할 경우 반드시 구명조끼(life vest)와 산소공급을 위한 마스크(oxygen mask)를 착용하도록 규정하고 있는데, 이 같은 상황에 대비하여 승객들이 당황하지 않고 신속하게 착용하고 사고에 대처하는 방법을 안내한다. 보통 산소마스크는 비상착륙시 좌석 윗부분의 수하물 칸에서 자동적으로 떨어지도록 되어 있고, 구명조끼는 의자 밑에 준비되어 있다.

② 개인 이동전화의 사용금지

최근에 사회문제로까지 급속하게 번지고 있는 이동무선전화(cellular phone)의 기내 사용은 항공기의 운항중 무선통신 또는 운항을 위한 각종 계기판의 작동에 방해가 되기 때문에 항공기의 안전운항을 위해 엄격하게 통제를 하고 있다. 따라서 승객이 소지하고 있는 무선전화의 스위치를 끈 상태로 소지하고 있어야 한다.

TIP

비행기 여승무원이 본 꼴불견 10가지

- 양말 벗기
- 기내물품 가져가기
- 빈자리 마구 앉기
- 공짜술로 만취하기
- 과다하게 면세품 구입하기
- 승무원에게 반말하기
- 큰소리로 떠들기
- 식사중에 등받이 젖히기
- 큰 짐 갖고 타기
- 착륙시 서둘러 나가기

일부 항공사에서는 운항중에 무선통신을 원하는 승객을 위해 인공위성을 통한 국제통화용 전화기를 좌석마다 설치하여 유료 전화 서비스를 제공하기도 한다.

2) 이 · 착륙시의 주의사항

항공기는 정상고도에서 운항중일 때는 비교적 안전하지만 이륙(take-up)과 착륙(landing)시에는 빠른 속도로 활주로를 질주하기 때문에 매우 위험하다. 특히 착륙의 경우 갑작스런 속도의 감속과 함께 기체가 지상과 접촉하기 때문에 기체가 많이 흔들려 안전벨트를 착용하지 않으면 안전사고가 발생할 수도 있다.

일반적으로 항공기의 이 · 착륙시 주의사항은 다음과 같다.

① 안전벨트의 착용
② 화장실 사용금지
③ 좌석 등받이의 정위치
④ 어린이나 노약자의 보호
⑤ 기내에서의 이동금지

3) 헤드폰 서비스

승객이 좌석의 팔걸이(arm rest)에 설치되어 있는 이어폰 잭(ear phone jack)을 이용하여 음악이나 비디오(video)를 이용할 수 있는 이어폰을 나누어 주는데, 항공사에 따라 유료 또는 무료로 서비스된다.

음악이나 기내에서 상영되는 영화의 음성은 좌석의 팔걸이(arm rest)에 설치되어 있는 장치의 조작에 의하여 승객이 원하는 소리의 크기로 들을 수 있으며, 다양한 프로그램을 준비하여 승객의 기호에 알맞은 것을 선택하여 즐길 수 있도록 되어 있다.

그리고 기내의 영화상영은 정해진 프로그램에 따라 상영되기 때문에 영화 프로그램을 제작하여 미리 배포한다.

4) 신문 및 잡지 서비스

승객의 편의를 위해 기내에서는 항공기 소속국가의 언어나 영어로 된 신문이나 잡지를 제공하여 승객의 편리를 도모한다. 그러나 원하는 모든 종류의 신문이나 잡지를 제공할 수 없기 때문에 필요한 잡지를 다른 승객이 보고 있을 경우 승무원이 승객에게 양해를 구하고 다종의 신문이나 잡지를 돌려 볼 수 있도록 한다.

5) 음료 및 식사 서비스

음료는 승객이 원할 경우 언제나 서비스하지만 식사의 경우는 항공사에서 정해진 시간에 제공되는데, 보통 사전에 한정된 음식의 메뉴를 승객에게 배부하여 선택하도록 한다.

기내식의 메뉴는 식사 전에 배부된다. 그리고 식음료 서비스의 경우 채식주의자나 환자 등과 같이 예약 당시 특별식(special meal)을 주문한 승객에게는 반드시 사전에 확인하여 요청한 음식을 제공한다.

또한 기내에서 주문 서비스하는 주류는 비즈니스 클래스(business class)나 일등석(first class)을 제외하고 유료인 경우가 많다. 기내의 식음료 서비스는 보통 어린이와 노약자를 우선적으로 서비스한다.

기내에서 음식을 먹을 경우에는 좌석의 공간이 넉넉하지 못해 매우 불편하기 때문에 음식을 제공할 때에는 많은 주의가 요구된다. 또한 사전에 예약은 하지 않았지만 특별한 음식에 알레르기(allergy)가 있는 승객에게는 음식 서비스에 특별한 배려가 있어야 한다. 대개 기내에서는 다음과 같은 식음료가 제공된다.

① 음료 및 주류

- 콜라(cock)
- 세븐업(seven up)
- 칵테일(cocktail)
- 양주류(whiskey)
- 포도주(wine)
- 커피(coffee)
- 차(tea)

② 음 식

기내음식의 메뉴는 보통 모든 사람이 먹을 수 있는 양식을 제공하나 국적기에 따라 전통음식이 제공되기도 한다. 특별 기내식으로서 정규 메뉴 이외에 종교식과 건강식 또는 어린이용 식사나 유아용 식사가 제공되며, 또한 환자를 위한 특별한 음식은 항공기 출발 하루 전에 항공사에 신청하면 제공하도록 되어 있다. 우리나라 국적기의 경우 고추장과 같은 특별한 음식을 준비하여 승객의 요구에 따라 제공하기도 한다.

- 쇠고기(beef steak)
- 닭고기(chicken)
- 면요리(noodle)
- 카레라이스(curry rice)
- 생선(fish)
- 야채(vegetable)
- 빵(bread)

6) 특별 서비스의 유형

① 어른이 동반된 어린이나 유아

기내에서 어린이나 유아가 기내의 답답함을 호소하면서 울음소리를 내면 수면중이거나 수면을 청하는 주위의 승객들에게 대단히 실례가 될 수 있으므로 잠을 자지 않는 동안 흥겹게 놀 수 있도록 최선을 다해야 한다. 일부의 항공사에서는 어린이나 유아를 위해 비행기의 모형 또는 장난감 등을 무료로 제공하며, 유아들을 위해 우유·유아용 음식·기저귀 등을 준비하고 있기 때문에 요청을 하면 서비스를 받을 수 있다. 대개 어린이나 유아를 동반하는 승객은 활동할 수 있는 공간을 고려하여 앞부분의 좌석으로 배치되도록 특별히 배려하기도 한다.

〈표 5-3〉 특별 기내식의 종류

기내 특별음식	음식의 내용
종 교 식	종교적인 이유로 고기를 먹지 않는 승객들에게 제공하는 야채 음식(VGML : vegetarian meal)
	고기류뿐만 아니라 계란·우유·버터 등 동·식물성 음식류를 일체 먹지 않는 엄격한 채식주의자용 음식(VGML strict : strict vegetarian)
	통발굽을 가진 네발짐승과 어패류를 먹지 않는 이슬람교 승객용의 모슬렘 기내 음식
	소고기를 뺀 힌두교도 승객용의 기내음식(HNML : no beef)
	유태 정교도 음식인 코셔 밀(Kosher Meal)
건 강 식	저지방 음식
	저칼로리의 다이어트 음식(diet meal)
	유제품을 사용하지 않은 음식
	과일만을 사용하는 푸르트 음식(fruit meal)
유 아 식	유아들을 위한 분유(BBML : baby food)
어린이용 식사	4세 이상의 어린이를 위한 햄버거나 샌드위치 등과 같은 식사
환자용 식사	당뇨병 환자의 식사(sugar free : diabetic meal)
	위궤양 환자의 식사(bland : ulcer meal)
	심장질환 환자의 식사(fat free : low cholesterol)
	신장염 환자를 위한 식사(salt free : low sodium)

② **어른이 동반되지 않은 어린이(UM : unaccompanied minor)**

항공사에서는 생후 3개월 이상 13세 미만의 유아나 어린이가 어른을 동반하지 않고 혼자서 여행할 경우 목적지까지 안전하게 여행하도록 보호하고 공항에서 보호자에게 인계하는 제도를 운영하고 있다.

③ **맹 인**

맹인(blinder)이 혼자서 항공기를 이용하여 여행할 경우에는 불편하다. 경우에 따라서는 맹인이 인도견을 동반하기도 하지만 지팡이만을 이용하여 여행하는 승객을 위해 특별히 안내 서비스가 제공된다.

④ **스트레처 승객(stretcher passenger)**

승객의 개인적인 질환으로 인하여 누워서 여행을 해야 하는 경우에는 탑승을 위한 소정의 절차를 거쳐 탑승해야 한다. 이와 같은 경우에는 항공사에서 특별한 서비스와 함께 환자의 보호를 위해 일정한 규정을 정해놓고 있다.

7) 환자의 보호

가끔 환자를 수송하는 경우에는 예약을 접수할 때 환자의 상태를 알 수 있는 진단서를 요구하고 긴급한 환자는 가능하면 탑승이 거부되는 경우도 있다.

그러나 중환자를 위해 항공사와 소정의 계약을 체결하고 탑승을 한 경우에는 전문 의사 및 간호원이 동승하도록 하고, 비행중에는 환자의 보호에 최선을 다해야 한다. 또한 비행 도중에 발생한 환자는 승무원에게 지체없이 알려 안내를 받도록 해야 한다.

8) 기내 면세품 구매

대부분의 항공사에서는 운항중에 식사가 끝나면 스카이 숍(sky shop)이라고 불리는 면세품 판매점(duty free shop)을 운영하는데, 기내에서 판매 가능한 상품이 한정되어 있기 때문에 적당한 수량을 구매하는 것이 예의이다.

일부의 항공사에서는 고급의 주류나 특별한 상품의 경우, 미리 준비할 수 없기 때문에 입국할 때도 동일한 항공편을 이용하는 승객에게 출국할 때 필요한 상품을 신청하여 입국할 때 구매할 수 있는 제도를 도입하고 있다.

또한 최근에는 기내 면세품을 신용 카드를 이용하여 구매할 수 있도록 하고 있다.

9) 입국 준비

항공기가 목적지에 착륙하기 약 1시간 전에는 승객의 입국 준비를 위해 도착국의 입국을 위한 서류를 기내에서 배부하는데 대개 영어로 기록하게 되어 있다.

만약 입국에 필요한 서류를 작성하는 데 어려움이 있을 경우에는 승무원에게 도움을 청하면 친절한 안내 서비스를 받을 수 있다.

(4) 하기 준비

장시간 항공기의 탑승으로 인하여 대부분의 승객은 피로한 상태로 기내를 떠나기 때문에 비행기를 내릴 때에는 질서를 지키도록 해야 한다. 특히, 비행기는 착륙을 했을지라도 빠른 속도로 활주로를 이동하기 때문에 비행기가 안전하게 계류장에 도착할 때까지 안전벨트를 착용한 상태에서 기다려야 한다.

Quarantine & Immigration Check

⇩

Security Check & Baggage Retrieval

⇩

Customs Clearance

⇩

Through Airport Exit Gate

⇩

Arrival Waiting Area

[그림 5-3] 입국수속 및 진행과정

TIP

항공기 내에서 지켜야 할 에티켓

1. 좌석표에 정해진 번호에 착석한다.
2. 착석중에는 반드시 안전벨트를 맨다.
3. 기내에서는 개인용 휴대전화의 사용을 금한다.
4. 좌석에서 일어날 경우에는 옆 좌석의 사람에게 실례를 범하지 않도록 한다.
5. 기내에서 제공되는 음식은 즐겁게 먹을 수 있도록 노력한다.
6. 어린이나 유아를 동반한 경우에는 보채거나 떠들지 않도록 최선을 다한다.
7. 동료와 큰 소리로 잡담을 하거나 떠들지 않도록 한다.
8. 화장실을 사용할 경우에는 차례를 지키도록 한다.
9. 면세품은 소량으로 구입한다.
10. 탑승중에는 승무원의 통제에 적극적으로 협조한다.
11. 항공기가 도착했을지라도 착석하여 승무원의 통제에 따른다.

또한, 항공기가 계류장에 도착하면 일등석 및 비즈니스 좌석의 승객, 장애자, 어린이 및 노약자, 일반 승객의 순으로 내리기 때문에 자신의 처해 있는 상황에 따라 행동을 해야 한다.

숙 박

숙박시설이란 관광 호텔을 의미하는 것으로, 여행을 하는 사람은 반드시 호텔을 이용하게 되는데 숙박시설을 운영하는 사람은 가능하면 국제적으로 널리 인정되는 설비와 서비스를 제공하기 위해 노력을 하고 있다.

따라서 여행을 하는 사람은 숙박시설을 이용하거나 서비스를 제공받을 경우에 지켜야 할 여러 가지의 에티켓을 알고 있어야 하겠다.

(1) 예 약

문화인으로서 사회생활을 하는 데 있어서 모든 서비스를 제공받기 위해서는 반드시 사전예약이 필수적이다. 특히, 호텔은 여행을 하면서 머물러야 할 지역에 원하는 숙박기간과 객실의 형태를 사전에 예약하는 것이 기본 자세이다.

물론 특별한 예정 없이 떠돌이생활을 하면서 여행하는 경우에는 예약이 필요 없겠지만, 그렇지 않고 정해진 코스대로 여행을 하기 위해서는 반드시 여정에 따라 숙박에 관한 사항을 예약해야 한다.

(2) 체크인

체크인(check-in)은 숙박을 위한 정식절차를 의미하는 것으로 호텔에 도착하여 개인정보를 제시하고 예약한 객실 형태의 객실번호를 부여받는다.

TIP

호텔 예약시 지켜야 할 에티켓

1. 호텔을 예약할 경우에는 반드시 예약번호를 받는다.
2. 입숙일과 퇴숙일을 정확하게 확인한다.
3. 객실의 형태와 요금을 반드시 확인하고 예약한다.
4. 호텔 예약 담당자가 예약자의 신용 카드에 대한 문의를 할 때 불쾌하게 생각하면 안 된다(예약을 보증하기 위한 수단이다).
5. 예약이 완료된 직후 객실번호를 묻지 않도록 한다(객실번호는 특별한 경우가 없는 한 도착 당일에 부여된다).

TIP

호텔 체크인 때의 에티켓

1. 가방이나 짐을 들고 호텔에 도착하였을 경우 종업원의 도움을 거절하지 않는다.
2. 종업원의 인사에 미소와 함께 화답한다.
3. 등록정보는 정확하게 기록한다.
4. 종업원의 신용 카드 정보 요구에는 기쁜 마음으로 제공한다.
5. 등록시 선호하는 객실 형태나 기타 서비스를 종업원에게 말한다.

[그림 5-4] 호텔 로비

먼저 호텔에 도착하면 예약날짜와 예약자의 이름을 알려주고 등록과 지불방법을 이야기한 다음 객실 열쇠를 건네받는다. 이때 필요 이상의 거드름을 피우거나 호텔의 종업원을 마치 하인 다루듯이 행동하면 안 된다. 예약하지 않고 호텔을 방문하였을 경우에는 등록시 보증금이나 개인 신용 카드 정보를 요구하기도 하는데, 적극적으로 협조해야 한다.

(3) 객 실

대개 체크인이 완료되면 종업원이 객실까지 안내를 하는데, 이때 개인 짐은 종업원이 운반하도록 맡긴다. 호텔에 따라 서비스의 제공 형태가 다양하지만 종업원의 안내 서비스가 있을 경우 엘리베이터 안에서 종업원은 서비스에 대한 정보를 제공하기도 한다.

객실에 도착하여 추가로 필요한 사항이 있을 경우 지체없이 안내한 종업원에게 요구하면 서비스를 제공받을 수 있다.

TIP

호텔에서 숙박할 경우 삼가야 할 행위

1. 등록시 주소나 여권번호 등과 같은 개인정보를 허위로 기재하는 행위
2. 호텔 종업원을 부를 때 상대방을 무시하는 호칭(어이·이봐·야 등)을 사용하는 행위
3. 객실에 비치되어 있는 타월이나 비품 등을 가지고 나오는 행위
4. 객실에 걸려 있는 그림이나 장식품을 손상시키는 행위
5. 미니바의 내용물을 시중품과 교환하는 행위
6. 속옷 차림으로 호텔 복도를 활보하는 행위
7. 여러 명의 방문객과 객실에서 큰 소리로 떠드는 행위
8. 호텔 객실에서 취사하는 행위
9. 호텔 객실에서 도박하는 행위
10. 종업원에게 정도가 지나친 농담을 하는 행위

호텔의 객실은 여러 사람이 이용하는 공공시설이고 주위에 많은 사람이 함께 투숙하고 있기 때문에 쾌적한 분위기 가운데 편안하게 머물기 위해서는 항상 나부터 정숙해야 한다는 자세가 매우 중요하다.

TIP

팁에 관한 에티켓

팁(tip)은 본래 호텔이나 식당 등의 업장에서 종업원으로부터 정확하고 신속한 서비스를 제공받았을 경우 서비스에 대한 감사의 표현으로 종업원에게 제공하는 은전으로, 일부의 국가에서는 고객의 의지보다 의무적으로 제공해야 하는 관례로 고정화되고 있는 추세이다. 팁은 국가의 문화나 습관에 따라 다양하게 해석되고 있으나 때로는 뇌물의 수단으로도 이용되고 있기 때문에 일부의 국가에서는 서비스 요금의 일부(약 5~20%)를 의무적으로 부과하는 경우가 있다. 다시 말하면 봉사료의 정도에 따라 제공되는 서비스의 질과 양이 달라져 고객들에게 동일한 서비스를 제공할 수 없다는 것이다.

필자도 외국을 여행하는 과정에서 경험할 수 있었다. 즉, 서비스를 제공하는 종업원에게 봉사료를 많이 주면 귀찮을 정도로 과잉 서비스를 하고 반대로 봉사료를 주지 않거나 조금 주면 고객에게 무관심한 태도로 서비스를 제공하는 태도를 발견할 수 있었다. 우리나라에서는 이와 같은 불합리한 제도를 사전에 제거하기 위해 관광 호텔이나 관광식당에서는 서비스 요금에 일률적으로 10%를 부과하고 있으나, 대부분의 고객들이 이러한 제도를 알면서도 추가로 봉사료를 지불하고 있어 고객에게 이중부담을 주는 경우도 있다.

동남 아시아를 방문하는 경우 대부분의 국가에서는 우리나라와 같이 일정률의 봉사료를 부과하고 있으나 개별적으로 서비스를 제공받을 때에는 반드시 봉사료를 추가로 지불해야만 한다. 만약 봉사료를 지불하지 않으면 종업원으로부터 대우는커녕 홀대를 받을 수 있기 때문이다.

아무튼 외국을 여행할 때 개별적인 서비스를 제공받을 경우에는 팁을 주어야 한다는 사실을 염두에 두어야 한다. 예를 들면, 미국의 경우 택시를 타더라도 요금의 10~15%를 팁으로 주어야 하고 호텔에서는 짐을 운반해주는 종업원, 승용차의 주차 서비스를 하는 종업원, 객실의 룸메이드, 룸서비스 담당 종업원 등에게 반드시 팁을 주어야 한다. 팁의 금액은 서비스의 내용에 따라 달라지겠지만 보통 1~5달러 정도를 지불하면 된다.

따라서 외국을 여행할 때에는 사전에 은행에서 잔돈을 준비하는 것을 잊어서는 안 된다.

(4) 체크아웃

체크아웃(check-out)은 숙박의 여정을 모두 마치고 제공받은 모든 서비스의 요금을 지불하는 절차를 의미하는 것으로, 체크인 못지 않게 중요한 절차이다. 어떤 사람은 체크인할 때 모든 비용을 지불했기 때문에 별도로 체크아웃 절차를 거치지 않아도 된다는 잘못된 생각을 갖고 있으나, 이러한 경우에도 반드시 체크아웃을 해야 한다.

체크아웃은 계산절차가 개입되기 때문에 가능하면 신속한 서비스를 위해 사전에 프론트 데스크(front desk)에 체크아웃 시간을 알려주는 것이 좋다. 최근에는 객실에 설치되어 있는 TV화면으로 자신이 제공받은 서비스 목록을 확인할 수 있는 호텔도 있기 때문에 체크아웃 절차를 간소화할 수 있다.

체크아웃을 위해 객실의 짐을 본인이 직접 운반하는 것보다 호텔의 종업원에게 부탁하는 것이 자연스럽다. 참고로 이러한 서비스를 배기지 다운 서비스(baggage down service)[13]라고 한다. 또한 교통수단이 필요할 경우에도 호텔의 종업원에게 부탁하는 것이 좋다.

식 당

식당은 호텔에 부설되어 있는 식당 또는 독립적으로 운영하는 전문식당을 말하는 것으로, 식사를 위해 방문하는 사람은 주위의 사람들을 위해 식사중에 지켜야 할 에티켓이 복잡하다고 할 수 있다. 식당에서 지켜야 할 테이블 매너에 대해서는 앞의 제4장 제2절에서 상세히 설명하였기 때문에 여기에서는 여행중 식당에서 지켜야 할 기본적인 에티켓을 중심으로 살펴보기로 한다.

13) 체크아웃시 호텔 종업원이 객실에 있는 고객의 수하물을 로비로 운반하는 서비스를 의미한다.

식당은 인간이 살아가는 데 있어서 기본적인 욕구를 충족시킬 수 있는 장소이기 때문에 인간의 본심을 가장 정확하게 읽을 수 있는 장소이기도 하다. 따라서 여러 사람이 공동으로 이용하는 공동장소이므로 스스로 욕구를 자제해야 할 경우도 있다는 것을 명심해야 한다.

식당에서 지켜야 할 몇 가지 내용을 살펴보면 다음과 같다.

(1) 단체여행

단체여행인 경우에는 사전에 식당과 메뉴를 정해서 예약을 하기 때문에 특별히 식당에 요구하지 않아도 무방하지만 상대를 존중한다는 차원에서 질서를 지켜야 하겠다. 보통 질서의 통제는 여행의 인솔자가 담당하므로 인솔자의 통제에 적극적으로 협조해야 원만한 여행이 될 수 있다.

① 식당에 도착하면 먼저 화장실에서 손을 깨끗이 씻는다.
② 단체식사는 어린이 · 어른 · 여성의 순서로 하는 것이 좋다.
③ 개인적으로 필요한 것이 있으면 지체없이 식당 종업원에게 요청한다.
④ 단체식사는 개인이 선호하는 식사의 메뉴가 아니라 대부분 동일한 메뉴의 식사가 제공되기 때문에 자신의 욕구를 양보하는 자세가 필요하다.
⑤ 개인적으로 특별한 메뉴가 필요한 경우에는 단체의 인솔자에게 요청한다.
⑥ 식사중에는 불필요한 잡담이나 큰 소리를 내지 않도록 한다.
⑦ 식사가 종료되면 서비스 정도에 따라 약간의 봉사료를 지불한다.

(2) 개인여행

개인적으로 여행을 하는 경우에는 주로 선호하는 음식을 선택하여 먹을 수 있기 때문에 편리하다는 장점이 있으나 가격이 약간 비싸다는 것을 염두에 두어야 한다.

식사에 대한 매너는 단체의 식사와 동일하다. 식당에서 메뉴를 선택할 경우에는 평소에 선호했던 음식보다는 경험하지 못했던 음식을 주문하는 것도 좋은 방법이다. 특히 우리나라 사람들은 외국을 여행할 때 평상시에 즐겨 먹던 고추장이나 김치 또는 라면 등을 소지하고 여행중에 먹는 것을 자주 보았는데, 필자의 경험에 의하면 여행하는 나라의 토속음식을 맛보는 것도 타국의 음식문화를 이해하는 데 도움이 될 수 있다.

관 광

관광은 패키지(package)를 이용한 단체관광과 개별관광으로 구분할 수 있는데, 단체관광은 대개 인솔자와 현지 가이드에 의해서 관광이 실시된다. 따라서 타지의 볼거리 · 먹거리 · 놀거리를 대상으로 관광을 실시하는 데 있어서 지켜야 할 에티켓을 살펴보기로 한다.

관광의 사전적 의미는 자기가 생활하는 지역을 떠나 타지역의 문화를 습득하고 풍습을 이해하면서 새로운 경험을 바탕으로 자신의 지식의 폭을 넓히는 데 그 목적이 있는 것이다.

그렇기 때문에 보다 성숙한 관광활동이 되기 위해서 관광자는 정숙한 가운데 자신이 추구하고 있는 소기의 목적을 달성하는 데 최선을 다해야 하겠다. 그렇지 않고 관광지의 문화나 전통을 무시하고 무질서하게 행동한다면 불쾌한 관광이 될 것이다.

TIP

관광자가 삼가야 할 행위

1. 관광지의 전통이나 풍습을 무시하는 행위
2. 전시된 물품이나 기구를 손으로 만지는 행위
3. 서비스를 제공하는 종업원에게 무리한 봉사료를 제공하는 행위
4. 현지인을 얕보는 행위
5. 인솔자의 통제를 위반하는 행위
6. 관광지에서 규정하고 있는 규율을 지키지 않는 행위
7. 관광지의 편의시설을 훼손하는 행위
8. 관광지의 기념품을 필요 이상으로 구매하는 행위
9. 현지인이나 가이드에게 지나친 농담을 하는 행위
10. 기타 국가의 명예를 실추시키는 행위

5 쇼 핑

여행에 있어서 쇼핑(shopping)은 큰 의미를 부여하고 있다. 특히, 관광지의 특산물이나 자국에서 생산되지 않는 물품 또는 가격이 저렴한 상품을 기념품이나 선물용으로 구입을 하는데 쇼핑도 시대의 변화에 따라 그 형태가 변화하고 있는 것을 경험할 수 있다.

과거에는 여행자들이 여행의 목적보다 쇼핑에 많은 비중을 두어 쇼핑관광처럼 느껴지는 경우도 있었으나 최근에는 해외여행이 보편화되고 있기 때문에 쇼핑에 대한 문화도 점차 간소화되고 있는 추세이다.

따라서 여행중에는 간단한 기념품이나 일상생활에서 필요한 특수한 상품을 구입하여 건전한 쇼핑을 즐기도록 해야 한다.

제2절 해외출장

국가간 상거래의 활성화로 인하여 직장생활이나 기업을 경영하는 사람들은 거래 관계 또는 시장조사 관계 등으로 인하여 해외를 드나드는 기회가 증가하고 있는 추세이다. 해외출장은 원거리를 여행해야 하기 때문에 시간적 또는 경제적인 낭비를 고려하여 가능하면 짧은 시간에 많은 업무를 처리할 수 있는 지혜가 요구된다.

따라서 효율적인 해외출장을 위해서는 사전에 준비해야 할 사항이나 현지의 사정을 인지하고 구체적인 일정을 수립해야 하겠다.

출장 준비

업무와 관련한 해외출장은 본래의 목적을 달성하면서 편안한 마음으로 여행하기 위해서 사전에 정확한 정보와 준비해야 할 사항이 있다. 사전준비가 미비하여 업무처리가 비효율적으로 진행되고 시간이 낭비되는 경우도 종종 발생하기 때문이다.

따라서 해외출장을 위해서 다음과 같은 사항들을 구체적으로 준비하는 과정이 필요하다.

(1) 여 정

상기된 바와 같이 출장에 대한 여정(itinerary)은 방문지의 사정에 따라 결정될 수 있으나 시차나 업무시간 등을 고려하여 구체적으로 계획을 수립한다. 대개 일정계획을 수립하기 위해서는 다음과 같은 내용을 고려해야 한다.

1) 항공편

항공기(flight)는 항공사에서 출발 및 도착시간표가 배포되지만 천재지변이나 항공사의 사정으로 인하여 지연될 수도 있으며, 예기치 못한 상황으로 인하여 도착시간이 변경되는 경우도 발생하기 때문에 약간의 시간적 여유가 필요하다.

2) 시 차

세계의 표준시차는 영국의 그리니치 천문대를 기준으로 지구의 경도에 따라 시간이 각각 다르기 때문에 시차(time difference)를 정확하게 파악해야 한다.

예를 들면 미국의 본토에서는 국내일지라도 동부 · 중부 · 서부의 시간이 2시간씩 차이가 난다.

3) 방문자의 사정

방문하고자 하는 사람의 사정을 정확하게 파악하여 상대방이 가장 편리한 시간대에 방문할 수 있도록 일정을 잡는다.

4) 방문지의 거리

공항으로부터 방문지가 어느 정도 떨어져 있는지를 사전에 파악하여 이동하는 데 필요한 시간을 예측하고 일정계획을 수립하는 데 참고해야 한다.

(2) 환 전

해외여행을 하기 위해서는 비용문제가 대두되므로 사전에 국제적으로 통용되고 있는 미국화폐로 예상되는 비용을 환전해야 하나, 최근에는 신용 카드의 사용이 일반화되어 있기 때문에 약간의 용돈만을 환전하여도 문제가 없다.

다만, 해외여행중에는 호텔이나 식당 등에서 서비스를 제공받고 팁을 주어야 하기 때문에 잔돈(1달러짜리 지폐)의 확보는 필수적이다.

(3) 휴대용품

해외출장을 하는 데 있어서 잠시 머무는 동안에 여러 가지의 휴대용품이 필요지만 특히 출장의 경우에는 복장에 신경을 써야 한다. 여행을 하는 데에는 간편한 복장이 어울리지만 현지에서 활동을 하기 위해서는 정장을 해야 하기 때문에 출장기간을 고려하여 적당한 수량의 정장을 휴대하도록 해야 한다.

일반적으로 해외출장시 휴대해야 할 용품은 다음과 같다.

① 가방
② 세면도구 및 화장품
③ 상비약
④ 필기구
⑤ 정장
⑥ 선글라스
⑦ 잡지류
⑧ 알람시계
⑨ 명함
⑩ 현지지도

⑪ 신분증

(4) 구급약

① 수면제 : 여행지의 환경 · 음식 · 기후 등의 변화로 잠을 이루지 못할 경우

② 감기약 : 기후의 변화에 따른 온도차로 인하여 감기에 걸릴 경우

③ 진통제 : 두통 · 치통 · 생리통 등에 대비

④ 멀미약 : 항공기나 배 멀미, 자동차 멀미 등을 위해 준비

⑤ 지사약 : 물갈이나 배탈에 대비하기 위해 준비

⑥ 소화제 · 변비약

⑦ 기타 : 항생연고 · 물파스 · 밴드 · 반창고 · 지혈제 등

〈표 5-4〉 시차극복 방법

구 분	내 용
출 발 전	현지시간대에 맞추어 식사를 하고 수면을 취한다.
	목적지가 출발지로부터 서쪽이면 취침시간을 하루에 1시간씩 늦추어 시차에 적응한다.
	목적지가 출발지로부터 동쪽이면 취침시간을 하루에 1시간씩 앞당겨 시차에 적응한다.
여 행 중	중간 기착지에서 하루쯤 머물면서 생체 리듬을 조절한다.
	기내에서는 커피와 술과 같은 이뇨작용이 강한 음료는 피하고 물과 과일을 많이 섭취한다.
목 적 지	가능하면 현지 시간대에 따라 활동을 하면서 적응하도록 한다.
	낮 시간을 줄이는 것보다 늘리는 편이 적응하는 데 도움이 된다.

2 회의 참석

해외출장은 대개 회의를 주재하거나 특정한 단체나 개인이 주관하는 회의에 참석하는 경우가 빈번해지고 있다. 따라서 회의에 참석하는 목적과 회의 내용에 대한 정보를 사전에 파악하는 습관이 필요하다.

3 보고서 작성

출장을 마치고 돌아오면 반드시 출장에 대한 보고서를 작성하게 되는데 보고서의 내용은 사실에 근거하여 보다 구체적으로 작성해야 한다. 왜냐하면 출장의 성격에 따라 차이가 있겠으나 출장중에 얻은 정보를 여러 사람이 공유해야 하는 경우가 대부분이기 때문이다.

(1) 출장내용

출장중에 처리한 업무나 회의 내용을 일정별로 정리하여 자료와 함께 정확하면서도 간략하게 정리하여 보고서를 작성한다.

보고서는 출장 명령자가 쉽게 볼 수 있고 이해할 수 있도록 6하 원칙을 준수하여 작성하도록 한다. 보고내용이 복잡하고 분량이 많을 경우에는 매일 조금씩 메모를 해두면 보고서를 작성하는 데 도움이 될 것이다.

(2) 비 용

출장은 항상 비용이 동반되기 마련이므로 출장 전에 계획했던 예산과 비교하여 실제로 사용된 비용을 날짜별로 정리하여 보고서를 작성한다. 여행비용은 회사의 정산규정에 따라 정확하게 작성하여 제출하도록 한다. 그러나 출장기간이 장기인 경우에는 비용정산을 손쉽게 하기 위해서 매일 지출된 비용을 메모해두는 것이 편리하다.

[그림 5-5] 회의장면

제 7 장

나를 표현하는 자기소개서

제1절 자기소개서

자신을 소개한다 함은 타인을 대상으로 어떤 특별한 의도를 가지고 자신의 언어로써 자신을 드러내는 것이다.

이력서가 한 개인을 개괄적으로 이해할 수 있는 자료가 되는 한편, 자기소개서는 출신대학이나 전공학과 등 이력서에 객관적으로 명시된 개인의 신상명세로는 파악할 수 없는 실제 기업에서 궁금해하는 대인관계, 조직에 대한 적응력, 경력, 성격 등 개인에 대한 구체적인 정보와 성장과정이 드러난다.

때문에 자기소개서는 면접과 더불어 입사의 당락에 큰 영향을 미치는 변수로 등장하고 있으며, 차후 면접의 기초자료가 된다.

몇 년 전까지만 해도 출신대학·출신학과와 학교 성적 및 필기시험 성적 등이 기업에서 개인을 평가하는 절대적인 요소였지만, 최근에는 급변하는 국내외 기업환경으로 인해 기업의 인재관은 많은 변화를 보이고 있다.

그 중에서 가장 두드러진 변화는 입사지원자의 외적인 배경보다는 실질적인 능력과 조직구성원으로서의 자질을 더욱 중시한다는 점이다. 따라서 입사 지원자의 내실을 평가할 수 있는 구체적인 자료의 하나인 자기소개서의 중요성은 더욱 커진다고 볼 수 있다.

(1) 기업에서 자기소개서를 요구하는 이유

① 기업은 사람을 구하는 입장에서 지원자의 지원동기와 장래성을 본다.

② 그 사람의 성장배경을 통해 대체적인 성격과 인생관 등을 파악한다.

③ 자기소개서를 통해 문서작성과 자신의 논리를 전개시켜나가는 능력을 본다.

④ 자기소개서는 면접의 자료가 된다.

자기소개서는 입사 지원서로는 결코 소홀히 할 수 없는 중요한 입사 서류이다. 그러므로 성실성과 적극성 이것이 자기소개서 작성의 가장 중요한 핵심이다.

(2) 자기소개서에 꼭 들어가야 할 내용

1) 성장배경

현재의 자신을 이루는 원형적인 부분에 해당하는 것으로 본인에 대해 가장 솔직하고 도식적이지 않은 표현으로 자신의 이미지를 무리 없이 심어주는 대목이 되어야 한다.

자기소개서는 '저는…', 혹은 '나는…'이라는 어구로 평범하게 시작하지 말고 자신을 핵심적이고 뚜렷하게 부각시킬 수 있는 유년기의 에피소드나 가족관계에 얽힌 이야기, 혹은 자신이 성장한 고향의 이야기 등을 글의 전개에 무리가 되지 않는 선에서 신선하게 끌어들여 말문을 여는 것이 더 참신한 방법이 될 수 있다.

또는 유년기에 가졌던 호기심이나 문제의식 등을 전공이나 현재의 관심분야에 연결시켜 언급하는 것도 읽은 사람에게 깊은 인상을 심어줄 수 있다.

또한 성장과정이나 가족관계에서 어려움이 있었다면 솔직하게 밝히면서 그것이 본인에게 미친 긍정적인 영향이나 어려움을 극복한 과정 등을 정리해준다면 신뢰를 얻을 수 있을 것이다.

2) 성 격

본인의 성격에 대해 언급할 때 단정적이기보다는 교우관계나 가족관계 등에서 간접적이고 집약적으로 자신을 표현할 수 있는 가벼운 에피소드 등을 소개하는 것도 한 방법이 될 수 있다. 그리고 성격에서 자신 있는 점이 있다면 상대에게 거부감을 일으키지 않을 정도의 어법으로 구체적인 표현을 해주는 것이 좋고, 만일 단점이 있다면 개선의 의지와 노력을 보이면서 드러내주는 것도 솔직하고 발전적인 인상을 줄 수 있다.

3) 생활태도

생활태도를 서술하는 데 있어서도 상투적이거나 과장된 표현에 주의해야 한다. 생활태도는 성격과 더불어 지극히 개인적인 서술이 되므로 이 부분에서 참신함이나 독특함이 보이면 전체적으로 개성 있는 자기소개서가 될 수 있을 것이다.

4) 학창생활

이 부분에서 중요하게 다루어야 할 부분은 대학생활이다. 고등학교 시절까지는 특징적이고 개괄적인 것을 간단히 소개하는 선에서 마무리하고 본격적인 이야기는 대학생활이나 최종학교의 생활에 맞추어서 한다. 전공이나 활동했던 분야를 지원업종과의 연관성에 초점을 두고 구체적으로 서술해준다.

또한 대학은 평생의 직업을 준비하는 곳이라는 의미 외에도 그 사람의 인생관이나 세계관을 확립하고 건강한 사회진출을 결정짓는 장으로서의 의미도 있다.

그러므로 대학생활까지의 학창시절 동안 형성된 인생관이나 학문에 대한 관심 등을 주제의 흐름에 벗어나지 않을 정도로 언급하는 것도 그 사람을 깊이 이해할 수 있는 계기로 적용될 수 있다.

5) 지원동기 및 앞으로의 포부

자기소개서를 통해 기업의 입장에서 실제적인 관심사가 되는 부분이 바로 이 대목이다.

아무리 전반부에서 기업에서 필요한 유능한 인재로 판단이 되었다 해도 이 부분에서 확고한 모습을 볼 수 없을 때 결정적으로 신뢰감을 주지 못하게 된다.

지원동기와 포부를 표현함에 있어서 거창하고 추상적인 구호 속에 지원자의 알찬 목소리가 가려지는 경우가 있다. 기본적으로 강한 의지를 담되, 지원하려는 기업의 구체적인 환경에 대한 사전지식 속에서 솔직하게 쓰는 것이 좋다. 자기소개서는 차후 면접의 기본자료로 활용되기 때문이다.

6) 기타 첨가사항

그리고 국가나 관계 단체 등에서 인정해주는 자격증을 소지하고 있다면 그것에 대해서도 구체적으로 언급해야 하고, 국가나 특정 단체를 대상으로 자원봉사활동 등을 했다면 그것에 대해 말해주는 것도 좋다.

또한 자신의 장점을 드러내는 것보다 신체적인 결함이나 장애가 있다면 면접이나 입사 후 중요한 자료가 되는 것이므로 숨김없이 솔직하게 이야기해야 한다.

(2) 작성시 항상 주의할 점

1) 기본적인 내용을 필수적으로 포함시킬 것

양식이 정해져 있을 땐 양식에 맞게, 그렇지 않을 경우엔 너무 개성 있고 독특하게 쓰려는 욕심으로 자칫 소개서가 갖추어야 할 기본적인 사항을 빠뜨리는 경우가 있다.

자신을 드러내고 싶은 부분에 중점적인 투자를 하되, 사람을 이해하는 데 기본적인 요소가 되는 성장배경, 교육, 지원동기, 각오 등은 꼭 포함시키도록 한다.

2) 객관적인 서술을 할 것

자기소개서는 자기의 이야기를 하는 것이지만 남을 염두에 두고 쓰는 글이다. 따라서, 자신이 좋아하는 소재나 단어에 얽매이지 말고 타인과의 의사소통이 가능한 어휘나 소재를 선택해야 한다.

또한 부분부분 자신의 주장을 피력함에 있어서 주관적이고 배타적인 시각이나 표현은 삼가고 상식적인 선에서 거부감 없는 내용이 되어야 한다.

3) 모든 서술이 자신을 나타내는 데 전념하도록 할 것

많은 자기소개서에서 자신의 이야기를 뒤로 한 채 특정 사안에 대한 일반적인 주장을 펴고 있는 경우가 있다. 지원동기나 인생관 등을 나타내는 부분에서 자신을 누군가에게 소개한다는 전제를 망각한 때문이다.

일단은 타인에게 자신을 소개한다는 본래의 취지를 염두에 두고, 그러한 전제에서 사실과 주장이 균형을 이룰 수 있도록 모든 이야기들이 그 목적을 뒷받침하는 구성으로 이끌도록 해야 한다.

4) 추상적인 문구는 지양할 것

성격이나 장래의 포부를 말할 때 특히 주의해야 할 사항이다. 성격이 원만하고 적극적이다, 최선을 다하겠다와 같은 막연하고 일반적인 문구는 상투적이고 의미를 주지 못하는 말일 뿐 아니라, 구 부분에 대한 지원자의 구체적인 관심이나 지식의 결여로 읽힐 수 있기 때문이다.

모든 사실의 서술에서 정확하고 구체적인 표현으로 치밀하고 솔직한 인상을 심어주도록 한다.

5) 한자나 외래어 사용에 주의할 것

문장에서 불가피하게 한자나 외래어를 써야 하는 상황이 있을 때, 자신이 확신하는 선에서 주의를 기울여 사용하도록 한다.

한자나 외래어는 뜻이 빠르게 전달되고 문장이 고급스러워질 수 있는 반면, 잘못 사용되었을 경우 사용하지 않은 것만 못한 효과를 낼 수도 있기 때문이다.

6) 표현에 일관성을 유지할 것

흔히 문장의 첫머리에는 '나는 …이다'라고 했다가 어느 부분에 이르러서는 '저는 …습니다'라고 혼용하는 경우가 많다. 그 어느 쪽을 쓰든 한 가지로 일관되게 통일해서 써야 한다.

동일한 대상에 대한 반복 표현을 피하기 위해 다양한 표현을 쓰는 것이 좋으나 호칭이나 종결형 어미, 존칭어 등은 일관된 표현을 쓰는 것이 바람직하다.

(3) 자기소개서 작성의 여러 유형

자기소개서 작성의 바람직한 글의 양을 배분하여 도표로 보이면 다음과 같다.

	1. 출생
1/3	2. 성장
	종합정리(내면의 이야기 포함)
	3. 교육
2/3	4. 취미 · 교우관계 기타
	종합정리(내면의 이야기 포함)
	5. 지원 동기
	6. 총정리 및 지원서에 대한 각오

〈표 6-1〉 자기소개서 작성 요령

	내 용
1. 출생	강릉의 교외 작은 어촌에서 저는 태어났습니다. 다른 어촌들이 그런 것처럼 집 앞은 바다가 끝없이 펼쳐져 있고, 마을 뒤로 동해고속도로가 지납니다. 때문에 도시화가 되어가는 어촌입니다.
2. 성장 (가정환경)	어부이신 아버지와 아버지에 순종하는 한국의 보통 여자인 어머니 사이에 2남 1녀 중 맏딸입니다. 따라서 집안은 보수적이며 전통적인 가정입니다.
종합	어머니는 몸짓으로 여자의 길을 가르쳐주셨지만, 저는 이에 고분고분하지 못했습니다. 오히려 바다가 가르쳐주는 교훈, 생명의 용솟음과 자연의 냉엄함 속에 진취적인 자아를 만들어나갔던 것 같습니다
3. 교육 (학창생활과 활동분야)	대학은 서울의 OO대학교 지리학과를 졸업했습니다. 강릉에서 고등학교까지 마치고 아버지의 반대를 무릅쓰고 서울로 진학했습니다. 여성의 몸으로 아르바이트로 학비와 생활비를 마련하면서 다닌 대학생활은 힘들었으나 한편 재미있던 시절이었습니다.
4. 취미 및 특기사항	가입한 서클은 없었고, 대신 여행을 즐겼습니다. 어려웠던 중에도 틈틈이 절약하며, 마음에 맞는 친구와 함께 여행을 했습니다. 여행은 산과 바다 섬과 내륙의 오지 마을로 두루 다녔습니다.

종합	이러한 여행에서 자연이 훼손되고 오염된 것을 도처에서 목격했습니다. 그리고 유년과 소년시절에 바다로 달려가 자연으로부터 많은 교훈을 배우고, 구원을 청했던 기억이 새로워졌습니다. 이러한 성장배경과 여행은 산과 바다, 섬과 내륙의 오지 마을로 두루 다녔습니다
5. 지원동기	이제 짧은 여행 같았던 대학생활을 마감하고 사회에 첫발을 내디디게 되었습니다. 그러다가 저는 귀사가 발행한 환경관련 잡지 발행취지가 인간을 인간답게 살도록 한다는 사실에 감명 받았습니다.
6. 전체종합 및 지원사에 대한 각오	지금까지 대학생활에서 사유하고 행동했던 자유분방한 모습은 현실에 밀착한 것이 아님을 압니다. 제가 사회에 첫발을 내디딤과 동시에 과거 대학생활에서 보였던 자유분방한 모습에서도 함께 졸업을 하려 합니다. 그래서 그때의 여러 경험들을 현실 속에서 있는 어떤 어려움이라도 극복해낼 수 있는 의지로 만들고 싶습니다. 그리하여 떳떳한 사회의 일원으로서 그리고 조직의 일원으로서 제 역할을 충분히 수행하는 조직에 필요한 사람이 되겠습니다.

제2절 이력서 작성하기

이력서는 자신의 상품성을 나타내는 중요한 도구가 된다. 자신이 가지고 있는 많은 재능과 능력, 자질도 중요하지만 이를 잘 표현하는 것 또한 매우 중요함을 잊지 말아야 할 것이다. 서류전형은 30초 안에 당락이 결정된다.

(1) 이력서 작성방법

1) 앞 10줄에 승부를 걸어라

차별화된 인재를 찾기 마련인 기업으로서는 '짧지만, 분명하게' 자신의 커리어를 드러낸 이력서를 주목한다. 많은 이력서를 받는 경우 몇십 초 만에 서류전형의 통과가 판가름난다. 그렇다면 앞 10줄에서 모든 것이 결정된다고 해도 과언이 아니다.

인사담당자가 한 사람의 이력서에 눈길을 주는 시간은 짧다. 인사담당자가 자신의 이력서를 세 줄 이상 읽고 있다면 일단 성공한 셈이다. 이를 위해 자신이 성공적으로 해낸 업무를 구체적으로 적는 게 필요하다.

예를 들어 과거에 참여했던 프로젝트에 대해 언급할 경우 단어를 선택하는 데 있어 '열심히 했다', '좋은 평가를 얻었다'보다는 매출액이나 구체적인 평가 지점을 짚어주는 것이 중요하다.

2) 직무 분야와 연관된 내용을 기재하라

온라인 이력서는 기업체가 키워드를 걸어서 원하는 능력을 가진 사람을 찾는 방식이다. 예컨대 인터넷 문서인 html을 잘하는 사람을 구한다면 이를 키워드로 쳐서 수많은 이력서 중에서 해당하는 사람을 검색하는 것이다.

이렇게 해서 수백, 수천 장의 이력서가 목록에 올라오면 인사담당자는 당장 제목부터 관심을 갖게 된다. 결국 온라인 이력서 파일의 제목이 눈길을 끌어야 하는 것이다.

지원할 업체의 성격에 맞는 개성 있는 이력서를 제출하기 위해서는 여러 형태의 이력서를 작성해 등록해두는 방법도 있다. 한 이력서에는 자신의 웹디자인 경력만 넣고 컴퓨터 프로그래밍 경력은 뺄 수도 있고 다른 이력서에는 거꾸로 컴퓨터 프로그래밍 경력만 넣어둘 수도 있는 것이다.

TIP

짧은 이력서에 '쓰지 말아야 할 내용'은 어떤 것일까.

경력직의 경우 지원한 직무 분야와 동떨어진 다른 분야에서의 경험이 나열되면 되레 점수를 깎일 수 있다. 수많은 자격증이 지원한 분야와 직·간접적으로 관련되지 않을 경우에도 마이너스로 작용할 수 있다.

3) 이력서의 형식을 이용하라

이력서는 세 가지 스타일로 분류할 수 있다. 학력 중심, 경력 중심, 업무 중심의 이력서로 이를 어떻게 사용할 건지는 자신의 필요에 맞게 선택되어야 할 것이다.

① 학력 중심의 이력서

최근 것부터 과거로 거슬러 올라가게 서술하고, 처음 시작하거나 경험이 많지 않은 경우에 적합한 이력서이다. 군 복무도 경력사항으로 넣어 자신의 경험을 십분 활용하는 것이 좋다.

② 경력 중심의 이력서

대기업에서의 업무경험이 있거나 경력이 많은 경우, 이러한 스타일의 이력서가 좋다. 현재로부터 거슬러 올라가거나 과거로부터 현재로 내려 쓸 수 있다. 가급적이면, 최근에 있었던 일부터 기록할 것을 권장한다. 현재 필요로 하는 직종과 가장 근접한 자격요건을 최근 경력에서 볼 수 있기 때문이다.

③ 업무 중심의 이력서

업무의 시작과 끝에 상관없이 특정한 업무를 중심으로 자신의 능력을 서술하는 형식이다. 자신이 원하는 직책에 어울리는 전문지식이나 능력 등을 중심 집약적으로 서술하는 것으로 직장을 많이 옮긴 사람의 경우 적합하다.

(2) 이력서 주의사항

1) 사소한 실수를 하지 마라

철자가 틀리거나 오타가 난 경우에는 중요한 이력서를 점검도 해보지 않고 보내는 사람으로 비춰질 수 있으며 더불어 그의 사무능력까지 의심받을 수 있다. 불성실하다고 오인될 경우가 있으므로 실수하지 않도록 꼼꼼히 점검하는 과정이 반드시 필요하다.

종종 본인은 정상적으로 이력서를 보냈는데 받는 사람의 입장에서는 파일이 열리지 않거나 파일이 깨어져 있는 경우가 있을 수 있다. 이럴 경우를 대비해 본인이 보낸 이력서를 복사본으로 만들어 따로 보관해두거나, 이메일을 통해 친구에게도 복사본을 저장할 수 있도록 하는 것도 좋은 방법이다.

2) 약어, 속어 등을 쓰지 않는다

약어, 속어를 쓰면 경박해보일 수 있다. 이력서도 공문서이므로 약어, 속어, 유행하는 문구 또는 방언들을 사용하지 않았는지 점검하여 가능한 표준어만을 구사하도록 한다.

3) 한 페이지가 넘어가면 페이지 번호를 남겨라

페이지 번호를 남길 수 있다는 것은 기본적인 문서작성 능력이 있는 것으로 보일 수 있으므로 사소하지만 중요한 부분이라고 볼 수 있다. 작은 것을 배려하는 지원자들이라면, 좀 더 좋은 점수를 얻을 수 있다.

4) 최근에 있었던 일부터 기록하라

학력사항이든 경력사항이든 가장 최근에 있었던 일부터 기록하는 것이 순서이다. 예를 들자면 중학교, 고등학교, 대학교보다 대학교, 고등학교, 중학교 순으로 적는 것이 좋으며, 특히 경력사항일 경우에는 가장 최근에 다닌 회사부터 적는 것이 좋다.

현재 필요로 하는 직종과 가장 근접한 자격요건을 최근 경력에서 볼 수 있기 때문이다.

5) 군대를 경력사항으로 넣어라

젊은 나이에 군에서 시간을 낭비하고 왔다 라고 생각하는 사람들도 있는 반면, 군이 현재 지원하는 회사의 업무 또는 본인에게 도움을 줄 수도 있으므로 본인의 군 경력을 가볍게 여기지 말고 해당 업무와 유사했던 부분들이 있다면 좀 더 꼼꼼하게 군 생활에 대한 내용을 기술하는 것이 좋다.

(3) 이력서의 중요성

취업을 하기 위해선 여러 가지 자격요건이 필요하겠지만, 뛰어난 능력의 소유자라 할지라도 자신의 능력을 적절하게 포장하지 못한다면, 자신의 몸값을 제대로 받지 못할 수도 있다.

많은 사람들이 첫인상에 대한 선입견을 가지고 있듯이 첫 느낌이 좋은 이력서는 일반적인 이력서보다 인사담당자들의 시선을 끌기 마련이다. 거기에다 동등한 실력을 보유하고 있는 지원자라고 할 경우 두말할 것 없이 성실하고 깔끔하게 이력서를 작성한 사람을 선택하게 되는 것은 인지상정이다.

〈표 6-2〉 이력서 양식

<table>
<tr><td colspan="3" rowspan="3">사 진</td><td colspan="5">이 력 서</td></tr>
<tr><td>성 명</td><td colspan="2"></td><td colspan="2">주민등록번호

</td></tr>
<tr><td>생년월일</td><td colspan="4">20 년 월 일생 (만 세)</td></tr>
<tr><td colspan="3">주 소</td><td colspan="5"></td></tr>
<tr><td colspan="3">호적관계</td><td>호주와의 관계</td><td></td><td>호주성명</td><td colspan="2"></td></tr>
<tr><td colspan="3">년 월 일</td><td colspan="4">학력 및 경력 사항</td><td>발령청</td></tr>
<tr><td></td><td></td><td></td><td colspan="4"></td><td></td></tr>
<tr><td></td><td></td><td></td><td colspan="4"></td><td></td></tr>
<tr><td></td><td></td><td></td><td colspan="4"></td><td></td></tr>
<tr><td></td><td></td><td></td><td colspan="4"></td><td></td></tr>
<tr><td></td><td></td><td></td><td colspan="4"></td><td></td></tr>
<tr><td></td><td></td><td></td><td colspan="4"></td><td></td></tr>
<tr><td></td><td></td><td></td><td colspan="4"></td><td></td></tr>
<tr><td></td><td></td><td></td><td colspan="4"></td><td></td></tr>
<tr><td></td><td></td><td></td><td colspan="4"></td><td></td></tr>
<tr><td></td><td></td><td></td><td colspan="4"></td><td></td></tr>
<tr><td></td><td></td><td></td><td colspan="4"></td><td></td></tr>
<tr><td></td><td></td><td></td><td colspan="4"></td><td></td></tr>
</table>

기획, 마케팅, 또는 일반 사무직을 모집하는데 이력서 하나 제대로 꾸미지 못하는 사람에게 어떻게 회사의 중대한 문서나 제안서 등을 맡길 수 있겠는가?

이력서를 잘 쓰는 것만으로도 몇백 만원의 연봉 차이가 날 수 있다는 것을 알지 못한다면 경력 관리를 제대로 하고 있는 사람이라고 보기는 어려울 것이다.

큰 유통회사에서 경력직 남자직원을 뽑은 적이 있다. 수만 명의 지원자들이 몰렸고 나름대로 좋은 경력을 가지고 있었다. 그러나 합격의 영예를 안은 이는 신입 여자직원이었다. 어떻게 된 일일까?

대학을 다니는 동안 같은 회사의 편의점에서 3년 동안의 아르바이트 경험이 있는 그녀는 회사의 유통구조에 대해 경험을 하였고, 이에 대한 개선 방안과 아르바이트 경험으로 얻은 깨달음을 수치로 표현하는 등, 여러 자료를 이력서에 제시하였고, 남자를 선호하는 유통시장에 뛰어들어 취업이라는 소기의 목적을 달성하였던 것이다.

자신이 가지고 있는 많은 재능과 능력, 자질도 중요하지만 이를 잘 표현하는 것 또한 매우 중요함을 잊지 말아야 할 것이다.

제 8 장

감동을 불러일으키는 프레젠테이션 기술

제1절 프레젠테이션 개요

프레젠테이션(presentation)이라는 용어는 여러 가지 의미를 가지고 있다.

① 프레젠테이션이란 컴퓨터나 기타 멀티미디어를 활용하여 그 안에 담겨 있는 각종 정보를 청중에게 전달하는 행위, 즉 오버헤드 프로젝터(OHP : Over Head Projector)를 이용하여 청중에게 컴퓨터로 작성된 화면을 영사기와 연결하여 보여주는 일련의 행위들을 말한다.

② 프레젠테이션이란 영화나 텔레비전 프로그램, 광고물 등의 내용을 청중에게 제시하고 설명하는 일련의 과정이다. 특히 광고대행사가 광고주에게 광고활동에 관한 계획안을 제시하는 것을 말한다. 매체사가 광고대행사나 광고주에게, 독립제작 프로덕션이 광고대행사 · 매체사 · 광고주에게 행하는 특정 캠페인에 관한 크리에이티브 기획, 마케팅이나 광고활동에 관한 특정문제의 해결책 등을 제시하는 일련의 행위를 말한다.

③ 프레젠테이션은 회사를 대표하는 계획안이므로 그 승인 여부에 따라 프레젠테이션 이후의 광고활동의 윤곽이 결정되기 때문에 광고대행사는 각 부문별 스태프에 의한 그룹활동을 하기도 하며, 그 계획안을 심의하기 위해서 플랜스 리뷰 보드(plans review board)를 설치하기도 한다.

이상과 같이 프레젠테이션은 사회의 각 분야에서 다양하게 정의되고 있는데, 보편적으로 사용되는 개념은 다음과 같다.

1 프레젠테이션의 정의

프레젠테이션이란 발표자가 일정한 목적을 달성하기 위하여 청중, 고객, 직원, 학생 등 대상자들에게 컴퓨터 등을 이용하여 체계적이며 효과적으로 정보를 전달하는 모든 과정을 말한다.

효과적인 프레젠테이션을 위해서는 명확한 목표가 설정되어야 하며, 충분한 기획과 시각효과, 그리고 종합적인 정보전달이 필수적이다. 철저한 준비와 자료 수집은 프레젠테이션의 정확성과 신뢰성을 높여주고, 정보의 효과적인 전달은 대상들의 이해력을 높여주는 데 중요한 역할을 한다.

2 프레젠테이션의 목적

프레젠테이션을 구분하면 내부 프레젠테이션과 외부 프레젠테이션으로 나누어볼 수 있다.

(1) 내부 프레젠테이션

동료나 상사들에게 어떠한 사실이나 사건, 의견, 대안 등을 정확하게 전달함으로써 정보를 공유하거나 정확한 의사결정을 내릴 수 있게 도와주는 프레젠테이션을 말한다. 이때 중요한 것은 사실을 있는 그대로 정확하고 효율적으로 전달해야 한다는 점이다.

(2) 외부 프레젠테이션

자신의 목표, 의견, 정보, 대안, 견해, 상품에 대한 정보 등을 청중들에게 효율적으로 전달하여 결과적으로 발표자가 원하는 목표(프로젝트 수주, 제품판매, 기업 이익의 달성, 기업홍보 등)를 달성하는 프레젠테이션을 말한다. 이때 중요한 것은 발표자의 장점을 최대한 부각시켜야 한다는 점이다.

제2절 프레젠테이션 준비

프레젠테이션의 주요 구성요소는 ① 발표자, ② 대상자(청중), ③ 발표 내용과 목적으로 이루어져 있다. 따라서 발표자는 대상자(청중)에 대한 철저한 이해를 바탕으로 프레젠테이션의 내용을 구성해야 한다.

대상자(청중)에 대한 철저한 이해

발표자가 제일 먼저 고려해야 할 사항은 대상자(청중)에 대한 철저한 이해이다.

① 프레젠테이션의 대상자들은 어떤 사람들인가?
② 발표내용에 대한 이해도와 만족도는 어느 정도인가?
③ 대상자들이 원하는 것은 무엇인가?
④ 대상자들의 지적 수준은 어느 정도인가?
⑤ 참석 대상자들은 몇 명인가?
⑥ 전에 프레젠테이션을 받아본 적이 있는가?

프레젠테이션이란 발표자와 대상자(청중) 사이의 커뮤니케이션이다. 따라서 대상자(청중)의 욕구, 취향, 기대수준 등을 잘 파악하여 프레젠테이션을 수행하여야 한다.

2 프레젠테이션의 필요성

대상자가 프레젠테이션에 참석하면서 바라는 바가 무엇인지를 정확히 파악하고 있다면 프레젠테이션의 내용구성과 발표방법이 효율적으로 전달될 수 있다. 따라서 발표자는 프레젠테이션의 필요성에 대하여 숙지하고 있어야 한다.

3 핵심내용 전달

성공한 프레젠테이션은 핵심적인 내용을 효과적으로 전달했을 때 이루어진다. 중언부언하거나 일관성있게 설명하지 못하면 대상자(청중)들은 흥미를 잃어버리거나 집중력을 상실하게 된다.

따라서 가장 중요한 것, 즉 핵심이 되는 내용을 집중적으로 인식시켜주어 대상자(청중)의 마음을 사로잡아야 한다. 그리고 적절한 유머를 섞어 진행하면 더 효과적이다.

4 효과적인 구성

프레젠테이션을 시작할 때 발표자는 대상자(청중)에게 이 프레젠테이션의 목적에 대하여 명확하게 설명해주고, 내용의 구성과 장비 활용법 등에 대하여 개괄적으로 알려주어야 한다. 그래야 대상자(청중)의 마음속에 이 프레젠테이션의 개요가 인식되어 프레젠테이션의 과정에 자연스럽게 참여할 수 있게 된다.

5 사전연습

성공적인 프레젠테이션을 위해서는 사전연습이 가장 중요하다. 전달해야 할 핵심내용을 메모를 중심으로 실제처럼 연습을 해봐야 한다. 그래야 적절한 시간안배가 가능하며, 핵심내용을 효과적으로 전달할 수 있는 테크닉이 향상된다.

6 시각에 호소

프레젠테이션 수행중에 발표자가 대상자(청중)에게 말로만 정보를 전달한다면 대상자(청중)의 관심을 지속적으로 유지하기 어렵다. 그래서 간간이 시각적인 자료를 활용하여 정보를 전달해야 만 대상자(청중)의 관심과 집중도를 높일 수 있다.

시각적인 자료에는 슬라이드, 도표, 사진 등 여러 가지가 있는데 프레젠테이션의 성격에 따라 다양한 시각적 자료의 활용이 필요하다.

심리학에서 말하는 시각적 자료의 긍정적인 효과는 다음과 같다.

① 청중의 주의를 집중시키고, 이해도를 높일 수 있다.

② 슬라이드, 사진, 도표 등을 직접 보여줌으로써 신뢰도를 높일 수 있다.

7 깔끔하고 세련된 옷차림

옷차림도 전략이라는 말처럼 발표자는 깔끔하고 세련되어야 청중의 마음을 움질일 수 있다. 그러나 화려한 액세서리 등을 착용하여 청중의 시선을 혼란스럽게 해서는 안 된다.

제3절 청중을 감동시키는 발표방법

1 눈 맞추기

눈은 마음의 창이라는 말처럼 청중들과 자연스럽고 친밀하게 눈을 맞추며 프레젠테이션을 수행해야 청중들의 마음을 사로잡을 수 있다.

2 적절한 목소리의 크기와 속도

발표자는 목소리의 크기와 속도를 적절히 조절해야 한다. 목소리의 크기가 지나치게 크거나 작으면 전달하려는 내용에 대한 이해도가 떨어져 청중의 관심과 참여도를 떨어뜨린다. 따라서 평상시보다 조금 더 천천히 말함으로써 내용의 전달이 분명해지도록 해야 한다.

3 친밀성 보이기

발표자가 연단 뒤에 서서 발표를 계속한다면 청중들의 관심도가 집중력은 약화될 것이다. 그러므로 적절한 타이밍을 잡아 청중에게 다가가 친밀성을 보여주는 것이 좋다.

4 적절한 유머 활용

웃음은 만병통치약이다. 사전연습을 통하여 발표내용과 관련되어 있는 적절한 유머를 활용한다면 청중들의 마음을 부드럽게 해줄 수 있다.

5 적절한 시간 배정

프레젠테이션은 발표자와 청중 사이의 커뮤니케이션이다. 발표자가 신이 난다고 발표시간을 더욱 길게 가져가면 대다수의 청중들은 흥미를 잃어버리거나 지루해하기 쉽다. 탁월한 발표자는 청중의 심리흐름을 명확히 파악하여 발표시간을 적절하게 조절하는 능력을 가져야 한다.

제4절 질 문

프레젠테이션 수행시 발표자는 청중들에게 질문을 받게 되는데 질문은 청중들의 이해도를 직접적으로 반영하므로 매우 중요하다. 질문에는 프레젠테이션을 시작하기 전에 미리 질문을 받아 프레젠테이션 수행 중에 답변하는 질문과 중간 질문, 그리고 프레젠테이션의 끝난 후의 질문이 있다.

이 중 가장 중요한 것은 프레젠테이션 수행 후의 질문인데 이 질의응답 시간을 통하여 프레젠테이션이 얼마나 성취되었는지를 파악할 수 있다.

제5절 청중을 감동시키는 화법

청중을 감동시키려면 청중의 마음을 사로잡아야 한다. 따라서 발표자는 청중과 하나가 되기 위한 화법을 가지고 있어야 한다. 사람마다 화법은 다 다르지만 훌륭한 화법을 끊임없는 노력과 연구에서 시작된다는 사실을 명심해야 한다.

훌륭한 화법을 익히는 방법은 다음과 같다.

① 자신감 있는 태도로 분명하게 말한다.

② 청중의 심리상태를 예의주시한다.

③ 아랫배에 힘을 주고 힘이 넘치게 말한다.

④ 우물쭈물하거나 자신감없는 태도를 보이지 않는다.

⑤ 거울을 보면서 자신의 말할 때의 얼굴 표정이 어떻게 변하는지 세밀하게 살펴보고, 어색한 표정은 사전연습을 통하여 교정한다.

제6절 성공 프레젠테이션 연출법

① 발표할 내용의 목적을 명확히 한다.

② 발표할 내용을 효율적으로 구성한다.

③ 사전연습을 충분히 하여 실수가 없도록 한다.
④ 적절한 유머를 활용하여 청중의 마음을 풀어준다.
⑤ 컴퓨터 등 시각적 자료를 충분히 활용하고, 프레젠테이션 수행시 문제가 없도록 사전에 점검한다.
⑥ 시간 안배에 신경을 쓴다.
⑦ 청중과 시선을 마주하며 발표한다.
⑧ 자신감있게 설명한다.
⑨ 질의응답 시간을 잘 활용한다.

제7절 프레젠테이션 실전준비 6단계

프레젠테이션의 핵심은 발표자가 청중에게 발표내용을 효과적으로 구성하여 시각적 자료를 활용 등을 통하여 잘 전달함에 있다. 따라서 프레젠테이션 실전준비 6단계 유형은 보통 다음과 같은 과정으로 이루어진다.

① 프레젠테이션의 목표 설정
② 폭넓고 다양한 정보의 수집
③ 효율적인 내용 구성
④ 완벽한 자료 작성
⑤ 철저한 사전연습
⑥ 프레젠테이션 수행

(1) 제1단계 : 프레젠테이션 목표 설정

① 프레젠테이션 목표

② 청중의 기대

③ 프레젠테이션 효과

유 형	형 태	목 표
내부 프레젠테이션	제 안	의사결정권자의 허락을 얻어 일(사업) 추진
	업무보고	정보공유
	설명회	정보공유, 사업추진
외부 프레젠테이션	업무보고	회사홍보
	제품설명회	제품판매, 계약체결

(2) 제2단계 : 폭넓고 다양한 정보의 수집

정보수집의 주요대상은 청중에 대한 각종 정보수집이다. 청중이 프레젠테이션에 참여하는 목적을 비롯하여 청중의 나이, 직업, 학력, 성별, 인원 등이다. 이러한 정보를 바탕으로 프레젠테이션 스케줄이 결정된다.

(3) 제3단계 : 효율적인 내용 구성

프레젠테이션의 효율적인 내용 구성의 큰 골격은 ① 청중의 입장을 최대한 반영해야 하며, ② 청중의 수준에 맞추어 이해하기 쉽게 구성되어야 하며, ③ 핵심적인 부분만 명료하게 설명해야 한다는 점이다. 이렇게 하기 위해서는 첫째, 핵심전달 사항을 뽑고, 둘째, 제목을 정한 후, 셋째, 내용을 흐름별로 정리하고, 넷째, 우선순위를 정하고, 다섯째, 표현자료를 결정하여 원고를 완성시켜야 한다.

효율적인 내용 구성을 위한 일반적인 형식은 다음과 같다.

자기소개와 인사	프레젠테이션의 개요
서 론	주제 제시
본 론	주요 내용 집중적 설명
결 론	주제요약 및 재확인
질의응답	질의응답을 통하여 프레젠테이션의 성취도 평가

(4) 제4단계 : 완벽한 자료 작성

1) 원고 작성법

원고내용은 발표주제를 명확히 담고 있어야 한다. 논리전개가 자연스러워야 하며, 구체적이고 상세한 내용을 담아야 한다.

그리고 청중이 공감할 수 있어야 하며, 청중이 이해하기 쉬워야 한다. 적당한 때 활용할 수 있는 유머가 첨가되어야 하고, 청중의 관심을 계속 유지할 수 있어야 한다.

2) 시각적 자료의 활용법

심리학자들의 연구에 의하면, 프레젠테이션 수행시 발표자가 단순히 말로 설명하는 것보다 시각적 자료를 활용할 때 더 효과가 있다.

따라서 시각적 자료를 활용할 때는 너무 복잡한 자료를 피하고 단순한 자료를 사용해야 하며, 일관성있게 구성해야 하며, 흑백보다는 컬러 자료가 더 효과적이라는 사실을 명심해야 한다. 시각적 자료의 종류로는 사진, 도표, 차트, 슬라이드, OHP, 오디오, 비디오 등이 있다.

⑸ 제5단계 : 철저한 사전연습

프레젠테이션을 성공적으로 수행하기 위해서는 무엇보다도 철저한 사전연습이 필수적이다. 거울을 보면서 자기의 표정, 말의 속도와 강약, 제스처 등을 체크해하면서 문제점이 있으면 바람직한 방향으로 고쳐나가야 한다.

사람에 따라 다소 차이가 있을 수 있으나 무대공포증이 없는 사람은 없다. 무대공포증은 연단에 혼자 서서 발표를 할 때 드러나기 쉬운 증상으로 떨림, 안절부절한 심리상태, 두려움 등으로 나타나기 쉬운데 잘할 수 있다는 자기 확신을 바탕으로 부단히 연습함으로써 극복할 수 있다.

⑹ 제6단계 : 프레젠테이션 수행

앞에서 제시한 5단계 과정이 준비과정이었다면 이제 프레젠테이션을 성공적으로 수행하는 일만 남았다. 잘할 수 있다는 자기암시를 끊임없이 주면서 자신감을 가지고 프레젠테이션을 수행해야 한다.

프레젠테이션 실제 수행시 약간의 실수가 발생할 수 있지만 사람은 누구나 실수할 수 있다는 여유로운 마음으로 극복해나가야 한다.

그리고 프레젠테이션 수행 후 질의응답 시간을 통하여 프레젠테이션의 성과를 평가하고, 미비했던 점이나 부족했던 점을 체크하여 다음 프레젠테이션 수행시 반영해야 한다.

참고문헌

금한나, 『이미지와 국제매너』, 한울출판사, 2002.
김기영 외, 『식음료 서비스 실무론』, 대왕사, 1999.
김성혁, 『서비스산업론』, 형설출판사, 1997.
김은희 · 이용일 · 김영주 · 이웅규, 『예절과 서비스』, 대왕사, 2002.
박한모 · 손일락 · 최호열, 『현대인과 국제매너』, 한올출판사, 1999.
박종원, 『직장예절』, 학현사, 1998.
신강현, 『글로벌매너 가꾸기』, 형설출판사, 2000.
신정화 외, 『호텔식음료실습』, 도서출판 갈채, 2006.
오성환 · 김금수, 『직장예절』, 형설출판사, 2000.
이선희 · 김금종, 『국제매너와 에티켓』, 한올출판사, 1999.
이원재 · 최기종, 『국제매너』, 학문사, 2000.
원융희, 『국제매너』, 백산출판사, 1999.
원융희, 『와인 이야기』, 학문사, 1999.
이형철, 『테이블 매너 & 회화법』, 김영사, 1994.
임붕영, 『서비스쿠테타』, 형설출판사, 1999.
장수용, 『고객만족을 위한 친절서비스』, 현대미디어, 1994.
조관일, 『서비스에 승부를 걸어라』, 도서출판 다움, 1998.
채용식 · 박재완 · 주영환, 『매너학』, 학문사, 2001.
최동렬, 『관광서비스론』, 기문사, 1999.
호텔신라, 『현대인을 위한 국제매너』, 김영사, 1994.
홍윤선, 『네티켓』, 중앙 M&B, 2001.

Hotel & Restaurant, 2000년 2월호
매일경제신문, 2000년 4월 28일자
조선일보, 2001년 2월 10일자
2002년월드컵축구대회 문화시민 운동중앙협의회, 문화시민 에티켓
http://www.tuxedo.co.kr/index_fr.html
www. resumenara.co.kr

찾아보기

* ㅊ

* ㅋ

* ㅌ

* ㅍ

저자약력

■ 김 영 호

- 경기대학교 대학원 관광학 박사(관광경영 전공)
- 두산건설(주) 서울호프관광호텔 총지배인
- (주)글로리관광호텔 총지배인
- (주)기도여행사 해외영업팀 이사
- (주)여행생각 영업부 이사
- (社)한국관광산업포럼 이사
- (社)미래사회교육개발원 연구원
- 동북아문화관광연구원 원장
- 호원HTC컨설팅 이사
- 당진군청 축제평가위원
- 현)대한관광경영학회 이사
- 현)한국호텔리조트카지노산학학회 이사
- 현)문화관광연구학회 이사
- 현)국제관광산업학회 이사
- 현)한국유머경영학회 사무국장
- 현)한국음식업중앙회 전문 서비스 강사
- 현)외식산업경영학회 이사
- 현)호원대학교 관광대학 서울교육원 학부장
- 주요저서
  - 고품격 관광서비스 실무론
  - 관광산업과 서비스 실무
  - 호텔객실 서비스
  - 최신 관광정보론
  - 인터넷 관광정보론
  - 국제화 시대의 호텔마케팅
  - 최신관광법규
  - 관광객행동론

국제예절과 고품격 매너

1판 4쇄 발행 2015년 2월 25일

저 자 김 영 호
발행인 남 승 우

발행처 남두도서

서울시 동작구 사당로9가길 6(사당동 220-43)
TEL : (02) 595-1692~4
FAX : (02) 595-1394
E-mail : namdoo6@unitel.co.kr
신고 : 5-76호 (1998. 11. 4)

정가 24,000 원

ISBN 978-89-5780-109-3 93980